上海汽车工业教育基金会资助图书

"十二五"国家重点出版物出版规划项目

中国汽车工程学会
汽车工程图书出版专家委员会　　**推荐出版**

新能源汽车关键技术研究丛书

混合动力耦合系统构型与耦合装置分析设计方法

Analysis and design method of the power-split device for hybrid system

曾小华　王继新　著

北京理工大学出版社
BEIJING INSTITUTE OF TECHNOLOGY PRESS

内 容 简 介

本书叙述了混合动力耦合系统构型与耦合装置分析设计方法中的关键技术。详细分析了车辆工况能耗和功率需求，阐述了现有行星式混联混合动力系统构型及其特点，介绍了混合动力系统仿真技术的应用；重点介绍了差速动力耦合器的设计、差速动力耦合器的热分析、接触分析及动力学相关分析；差速动力耦合器现代优化设计方法；最后简述了关键零部件载荷谱编制理论中的几个前沿问题。

本书内容丰富，理论性、实用性强，可作为从事新能源汽车相关领域的工程技术人员和科研人员的参考书。

图书在版编目（CIP）数据

混合动力耦合系统构型与耦合装置分析设计方法／曾小华，王继新著. —北京：北京理工大学出版社，2015. 11

（"十二五"国家重点出版物出版规划项目　新能源汽车关键技术研究丛书）

ISBN 978 – 7 – 5682 – 1498 – 8

Ⅰ. ①混…　Ⅱ. ①曾…②王…　Ⅲ. ①混合动力汽车 – 耦合系统 – 构造 – 研究②混合动力汽车 – 耦合系统 – 动力装置 – 研究　Ⅳ. ①U469. 7

中国版本图书馆 CIP 数据核字（2015）第 285297 号

出版发行／北京理工大学出版社有限责任公司
社　　址／北京市海淀区中关村南大街 5 号
邮　　编／100081
电　　话／（010）68914775（总编室）
　　　　　（010）82562903（教材售后服务热线）
　　　　　（010）68948351（其他图书服务热线）
网　　址／http：//www. bitpress. com. cn
经　　销／全国各地新华书店
印　　刷／保定市中画美凯印刷有限公司
开　　本／710 毫米 × 1000 毫米　1/16
印　　张／17. 5
彩　　插／8　　　　　　　　　　　　　　　　　　责任编辑／李秀梅
字　　数／314 千字　　　　　　　　　　　　　　文案编辑／李秀梅
版　　次／2015 年 11 月第 1 版　2015 年 11 月第 1 次印刷　责任校对／周瑞红
定　　价／56. 00 元　　　　　　　　　　　　　　责任印制／王美丽

图书出现印装质量问题，请拨打售后服务热线，本社负责调换

汽车的节能技术是当前最重要的研究方向之一，也是各车企为谋求新产品开发，提高产品竞争力，争取市场主动的重要技术手段。当前，混合动力技术是汽车节能技术的重要发展热点方向，其关键核心是动力耦合系统的构型和这种新型动力耦合装置的分析设计方法。

本书从整车工况能耗和车辆功率需求的角度出发，通过直观、形象的图表统计法分析了整车的实际能量消耗特性。能耗与功率需求是混合动力车辆动力耦合系统的能量需求原始输入，该方面的研究是当前节能技术的重要课题之一。另外，能耗的计算依据功率，即如何能直接有效地计算动力耦合系统所需的功率，也是混合动力汽车车辆设计中亟待解决的问题之一。根据上述问题，本书提出了一套直接通过加速性指标设计整车动力源总功率的实用求解方法，并通过举例对其进行验证。

当今国际市场上涌现出大量的混合动力车型，其中混联式混合动力系统已经成为市场主流。混联式混合动力车型多数都以行星齿轮机构作为核心动力耦合装置（Power-Split Device，PSD），该动力耦合装置可以实现电动无级变速功能（Electric continuously Variable Transmission，EVT），在动力性和燃油经济性方面优势明显。当前，全球销量最好，也是最成功的混合动力车型——丰田普锐斯，便是采用这种装置。本书将对当前极为典型的 EVT 系统构型进行详细介绍，主要包括国际最重要的两大汽车公司：丰田和通用推出的多种成熟的动力耦合装置。丰田以输入式功率分流构型为主，最具代表性的是 Toyota Hybrid System（简称 THS）；通用以组合式功率分流系统为主，通常被称为 Advanced Hybrid System（简称 AHS）。本书将在分析当前的典型 EVT 构型的基础上，对这两种系统的工作原理和分析方法进行详细的论述；另外，本书也将提出两种国内自主开发的新型 EVT 构型方案——差速耦合动力系统（Differential-based Hybrid System，DHS）和行星式液压混联混合动力系统，并针对这两种新系统进行分析和验证。

仿真技术作为混合动力汽车研发过程中的重要技术，不仅便于灵活地调整设计方案，优化设计参数，而且可以降低研究费用，缩短开发周期。目前，在混合动力汽车性能仿真中使用最为广泛的仿真软件为：ADVISOR、CRUISE 和 AMESim。本书结合仿真实例分别介绍在这三个仿真平台下进行混合动力系统建模的典型应用。

动力耦合器是混合动力车辆传动系统中的重要传动部件，在高转速运行条件下产生发热量大、热平衡失调、高温磨损、异常振动和早期疲劳失效等问题。针对这些问题，本书重点阐述了多场耦合条件下的动力耦合器相关设计方法，建立了差速动力耦合器仿真模型，基于混合动力车辆的协调控制策略和节能控制策略，对其动力系统参数进行匹配；介绍了动力耦合器热分析方法、接触分析方法和动力学分析方法；在机—热—流体耦合环境下，介绍了差速动力耦合器动态耦合性能分析的方法；详述了动力耦合器全局优化设计方法；最后，简单介绍了混合动力差速动力耦合系统的载荷谱编制中几个前沿问题，此部分内容可为在多场条件下开展关键件的失效机理和工作寿命预测研究提供基础。

我们相信，具有一定基础知识的读者，依照本书所介绍的方法，按图索骥，基本可以掌握混合动力耦合装置的构型、性能和结构分析设计方法。

本书的部分内容得到了国家自然科学基金（基金号：51075179，51575221）的资助。本书由吉林大学汽车仿真与控制国家重点实验室课题组和机械科学与工程学院课题组联合完成，主要编写人员包括曾小华、王继新、杨智宇、杨南南、彭宇君、王忠达、王小平、冯双诗、胡信鹏、李研、马永江、沈望皓、秦雨默、刘庆松、刘岩、周健、汪长虹等。

感谢对本书提出宝贵意见的评审专家！感谢上海汽车工业教育基金会支持本书的出版！在本书编写过程中也得到了出版社的大力支持，在此表示由衷的谢意！对课题组研究生杨顺、李高志、王广义、姚明尧、庞昭、闫敬文、孔维康、翟新婷等为本书编写所做出的贡献表示感谢！

由于编者水平有限，错误与不妥之处在所难免，期望广大读者批评指正。

为方便读者反馈交流，特提供如下联系方式：

1）混合动力耦合系统构型与耦合装置分析设计方法应用交流群 QQ：131726378.

2）E-mail：zengxh@jlu.edu.cn；jxwang@jlu.edu.cn。

作　者

目录

2

第 1 章

车辆工况能耗分析与功率需求

汽车的节能技术是当前最重要的研究方向之一[1-4]，也是各汽车企业为谋求新产品开发，提高产品竞争力，争取市场主动的重要技术手段。当前国内还存在不少经济性较差的传统汽车，如何有效地降低车辆油耗成为一个至关重要的课题。本章首先通过直观、形象的图表法分析了整车的实际能量消耗特性，根据分析结果就当前轿车（混合动力轿车的原型车——传统车）如何通过混合动力技术以实现高效节能提出了指导意见；然后，针对混合动力汽车车辆设计中十分重要的车辆需求功率求解问题，提出了一套直接通过加速性指标设计整车动力源总功率的实用求解方法。

1.1 车辆工况能耗分析

传统汽车由单一动力源驱动，所有动力均来自发动机，使得按最高车速、最大爬坡及极限加速性等动力性要求设计的发动机功率，与整车一般行驶工况下的功率需求之间存在较大差别。在设计某些传统汽车时，为保证其加速和爬坡性能，发动机的最大功率定为车辆以 100 km/h 在平路上行驶时需求功率的 10 倍，或者是在 6% 坡度上以 100 km/h 行驶时需求功率的 3 ~ 4 倍[5]。因此，传统汽车势必存在着发动机大部分时间是以轻载、低负荷工作的问题，即出现"大马拉小车"的现象。然而，发动机在低负荷工作时的效率与排放性能极差，会造成整车燃油经济性与排放性能的恶化。传统汽车单一动力源所决定的固有缺陷造就了车辆的能量消耗特性，这些特性对混合动力汽车节能技术研究和整车设计具有指导意义，这也正是本章的研究重点。

本节针对当前某款传统汽车燃油经济性较差的事实，重点结合不同循环工况进行其燃油消耗特性的统计分析，寻求一种直观有效的分析手段，利用统计图表法说明当前传统车的能量消耗特征，针对该能量消耗特点提出其节能设计措施，可为企业的产品更新和节能化设计提供实际指导。

1.1.1 循环工况燃油消耗

本节选择具有代表性的中国商用车循环工况（A – CCDC）、欧洲 NEDC 工况（B – NEDC）、日本 1015 工况（C – 1015）、美国 UDDS 工况（D – UDDS）作为车辆燃油分析的循环工况。

1.1.1.1 传统轿车参数

表 1 – 1 为某传统轿车的参数。该传统轿车的发动机为 4 缸发动机，功率为 64 kW，此轿车的车速在 0 ~ 100 km/h 范围内时加速时间为 16.6 s，其最高车速为 180 km/h。

表 1 – 1　某传统轿车的参数

整车参数	质量/kg	1 500
	变速器	5 挡手动
	滚动阻力系数	0.009
发动机参数	[最大功率/kW]/[转速/(r·min^{-1})]	64/6 000
	[最大转矩/(N·m)]/[转速/(r·min^{-1})]	120/4 200

1.1.1.2 传统轿车油耗

建立该传统轿车仿真模型，在中国商用车循环工况及国外典型工况下进行仿真，得到其在各工况下的燃油消耗，如表 1 – 2 所示。

表 1 – 2　某传统轿车各工况油耗

工况	A – CCDC	B – NEDC	C – 1015	D – UDDS
百公里油耗/L	7.6	7.0	8.1	7.2

由表 1 – 2 中的数据可知，该传统轿车在不同循环工况下的燃油消耗差别较大。其中，1015 工况油耗最大，而 NEDC 工况油耗最小，但总体来看，无论何种仿真工况，此传统轿车油耗都较高，其平均油耗为

7.5L/100km。

　　"传统轿车到底如何消耗燃油"是分析其油耗较高原因的关键。对此问题，不能仅局限在其燃油消耗总量上，而更应注重分析其油耗率变化的细节，即车辆的燃油消耗主要分布在发动机的哪些区域，这些燃油消耗有何主要特征。通过分析其燃油消耗的特性，寻求传统车费油的根本原因，才能为进一步改善整车的燃油状况提供解决方法。

1.1.2　工况油耗特性分析方法

　　分析车辆燃油消耗的特性，主要对车辆行驶过程中发动机工作点的分布进行研究。根据工况燃油消耗的仿真结果考察发动机的输出转速、转矩、发动机燃油消耗率等，即研究发动机工作点的分布及工作点在发动机 MAP 上的分布特性。

　　早期针对发动机工作点分布的研究，主要从发动机二维分布点着手[6-8]，只能定性得到其工作点在发动机 MAP 上的分布特性，很难直观和定量地分析发动机 MAP 上工作的时间比例及所消耗的燃油比例。

　　本节针对发动机工作点在其 MAP 上的分布特性，利用统计分析的方法对其进行定量研究：

　　1）研究发动机不同工作点（区域）的时间比例，探求发动机负荷的时间分布情况。

　　2）研究发动机不同工作点（区域）累计消耗燃油分布，寻找主要消耗燃油的工作点（区域）。

　　上述定量分析可为发动机 MAP 设计及汽车节能方向提供更有实际价值的指导。

1.1.3　基于循环工况油耗特性统计分析

　　在仿真软件 ADVISOR 平台上建立整车仿真模型，选择上述工况进行仿真，并根据上述油耗特性分析方法，针对每一种工况分别对其发动机工作点时间比例及油耗比例进行定量分析。

1.1.3.1　CCDC 工况油耗特性统计

　　基于图 1-1 中工况，其工作范围内的发动机 MAP 及发动机的工作点分布如图 1-2 所示。

3

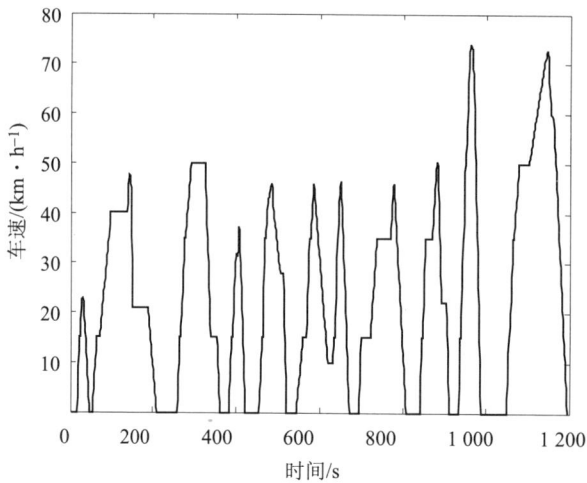

图 1-1　CCDC 工况车速—时间曲线

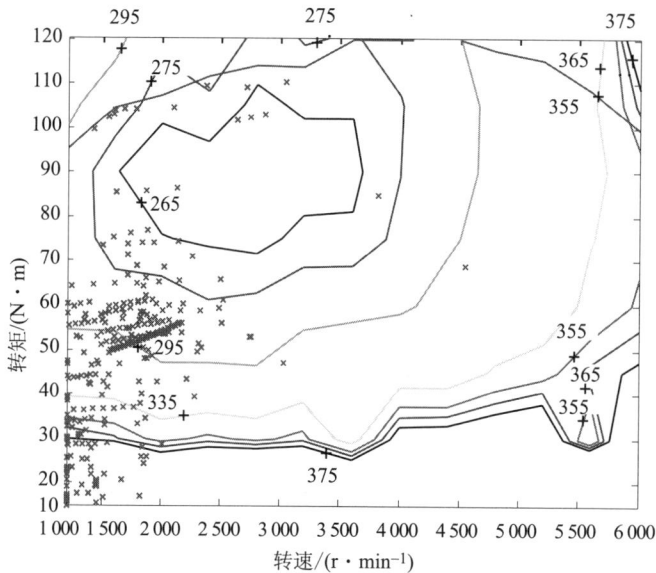

图 1-2　CCDC 工况下发动机工作点分布

1. 工作点时间比例分析

根据仿真结果，对发动机在此工况下不同区域内其工作点的时间比例进行统计，其工作点时间分布频率如表 1-3 所示。

表1-3 中国商用车循环工况下发动机工作点时间分布频率 %

转矩/(N·m) 转速/(r·min⁻¹)	0	20	40	60	80	100	120
1 200	22.1	36.8	28.5	6.8	0.7	2.0	0.0
2 400	0.0	0.0	1.0	0.5	0.0	1.0	0.0
3 600	0.0	0.0	0.0	0.2	0.2	0.0	0.0
4 800	0.0	0.0	0.0	0.0	0.0	0.0	0.0
6 000	0.0	0.0	0.0	0.0	0.0	0.0	0.0

图1-3所示为发动机在此工况下的工作点时间分布频率图。

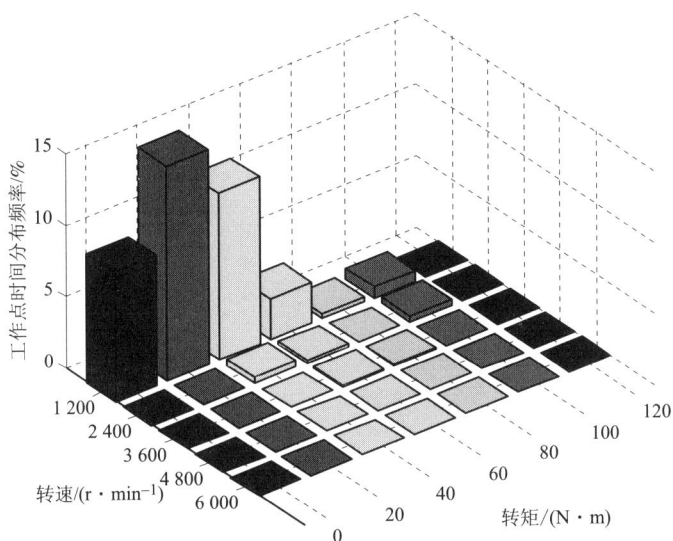

图1-3 中国商用车循环工况下发动机工作点时间分布频率

2. 工作点油耗比例分析

表1-4所示为发动机在此工况下不同区域内其累计消耗燃油的分布频率。

表1-4 中国商用车循环工况下发动机工作点累计消耗燃油的分布频率 %

转矩/(N·m) 转速/(r·min⁻¹)	0	20	40	60	80	100	120
1 200	11.5	26.5	36.2	10.8	1.7	4.6	0.0
2 400	0.0	0.0	2.1	1.0	0.0	3.8	0.0

转速/(r·min⁻¹) ＼ 转矩/(N·m)	0	20	40	60	80	100	120
3 600	0.0	0.0	0.0	1.0	0.8	0.0	0.0
4 800	0.0	0.0	0.0	0.0	0.0	0.0	0.0
6 000	0.0	0.0	0.0	0.0	0.0	0.0	0.0

图 1-4 所示为发动机在此工况下的累计油耗的分布频率。

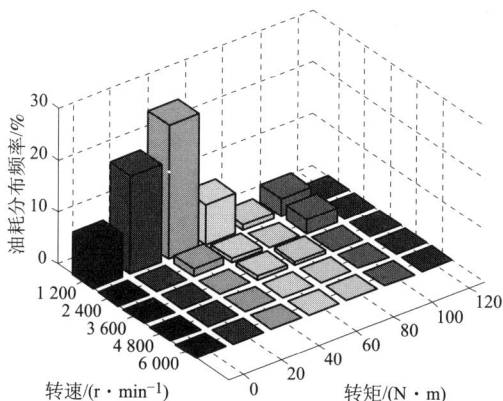

图 1-4 中国商用车循环工况下累计油耗分布频率

1.1.3.2 NEDC 工况油耗特性统计

基于 NEDC 工况进行仿真，整车车速跟随情况以及发动机的工作点分布分别如图 1-5 和图 1-6 所示。

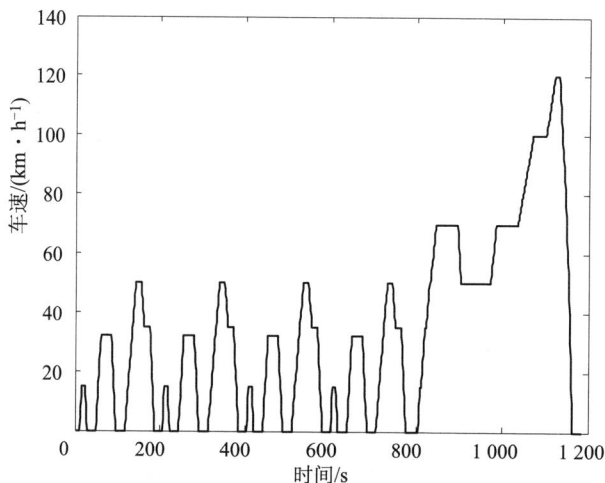

图 1-5 NEDC 工况车速—时间曲线

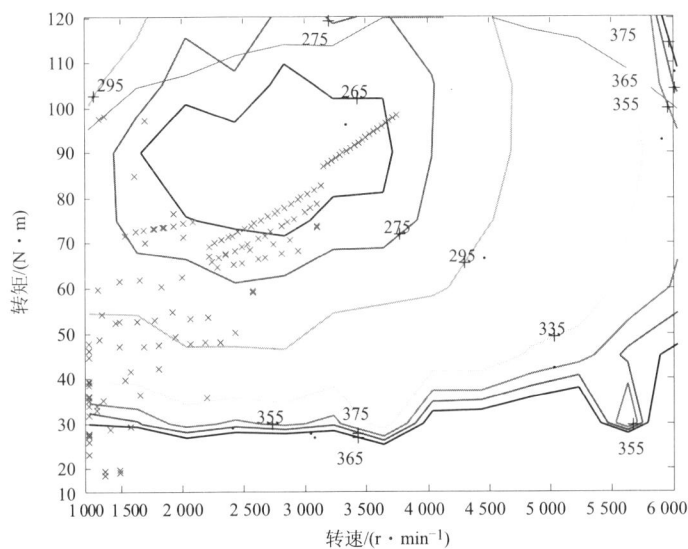

图1-6　NEDC工况下发动机工作点分布

1. 工作点时间比例分析

　　根据仿真结果，对发动机在此工况下不同区域内其工作点的时间比例进行统计，其工作点时间分布频率如表1-5所示。

表1-5　NEDC工况下发动机工作点时间分布频率　　　　　　　　%

转速/(r·min⁻¹)　＼　转矩/(N·m)	0	20	40	60	80	100	120
1 200	17.9	28.5	25.9	10.1	0.6	0.0	0.0
2 400	0.0	0.0	5.5	7.8	3.2	0.0	0.0
3 600	0.0	0.0	0.0	0.0	0.6	0.0	0.0
4 800	0.0	0.0	0.0	0.0	0.0	0.0	0.0
6 000	0.0	0.0	0.0	0.0	0.0	0.0	0.0

　　图1-7为发动机在此工况下的工作点时间分布频率图。

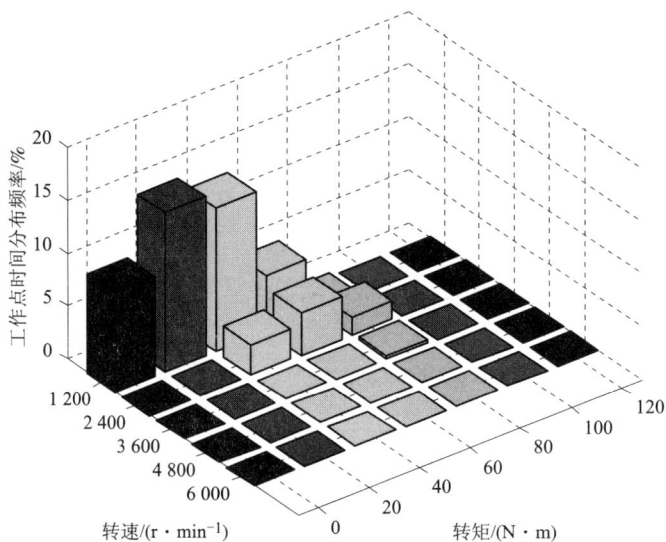

图 1-7　NEDC 工况下发动机工作点时间分布频率

2. 工作点油耗比例分析

表 1-6 为发动机在此工况下不同区域内其累计消耗燃油的分布频率。

表 1-6　NEDC 工况下发动机工作点累计消耗燃油的分布频率　　　　　%

转矩/(N·m) 转速/(r·min⁻¹)	0	20	40	60	80	100	120
1 200	7.9	17.0	24.0	14.5	1.0	0.0	0.0
2 400	0.0	0.0	8.5	15.6	9.3	0.0	0.0
3 600	0.0	0.0	0.0	0.0	2.3	0.0	0.0
4 800	0.0	0.0	0.0	0.0	0.0	0.0	0.0
6 000	0.0	0.0	0.0	0.0	0.0	0.0	0.0

图 1-8 所示为发动机在此工况下工作点累计油耗分布频率。

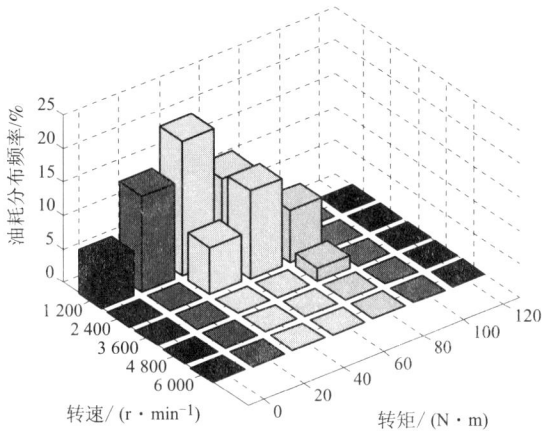

图1-8 NEDC工况下发动机工作点累计油耗分布频率

1.1.3.3 1015工况油耗特性统计

基于1015工况进行仿真,整车车速跟随情况以及发动机的工作点分布分别如图1-9和图1-10所示。

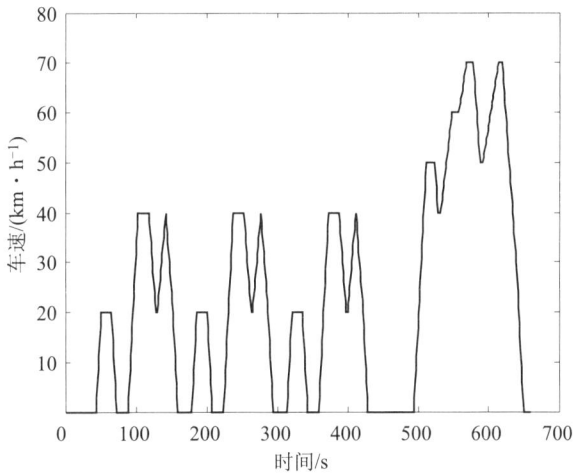

图1-9 1015工况车速—时间曲线

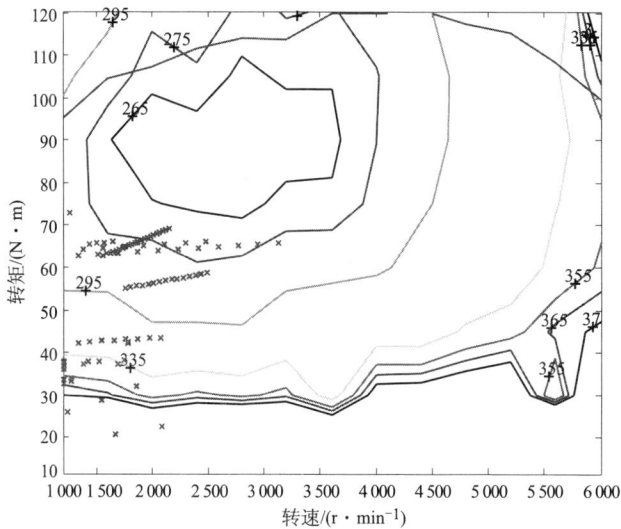

图 1-10 1015 工况下发动机工作点分布

1. 工作点时间比例分析

根据仿真结果，对发动机在此工况下不同区域内其工作点的时间比例进行统计，其工作点时间分布频率如表 1-7 所示。

表 1-7 1015 工况下发动机工作点时间分布频率　　　　　　　　　%

转速/(r·min⁻¹) ＼ 转矩/(N·m)	0	20	40	60	80	100	120
1 200	17.6	38.0	17.6	23.6	0.0	0.0	0.0
2 400	0.0	0.0	0.7	2.8	0.0	0.0	0.0
3 600	0.0	0.0	0.0	0.0	0.0	0.0	0.0
4 800	0.0	0.0	0.0	0.0	0.0	0.0	0.0
6 000	0.0	0.0	0.0	0.0	0.0	0.0	0.0

图 1-11 为该工况下发动机不同工作区间的工作点时间分布频率。

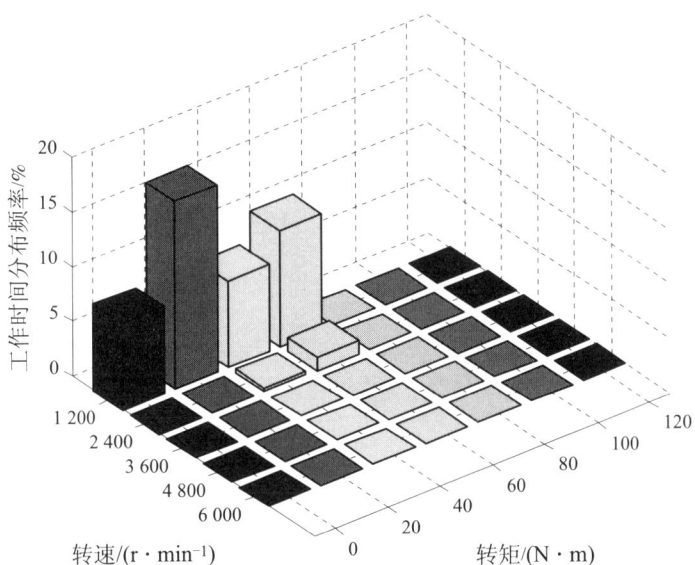

图 1-11 1015 工况下发动机工作点时间分布频率

2. 工作点油耗比例分析

表 1-8 为发动机在此工况下不同区域内其累计消耗燃油的分布频率。

表 1-8 1015 工况下发动机工作点累计消耗燃油的分布频率　　　　　%

转速/(r·min⁻¹) ＼ 转矩/(N·m)	0	20	40	60	80	100	120
1 200	7.5	27.4	21.1	36.6	0.0	0.0	0.0
2 400	0.0	0.0	1.3	6.1	0.0	0.0	0.0
3 600	0.0	0.0	0.0	0.0	0.0	0.0	0.0
4 800	0.0	0.0	0.0	0.0	0.0	0.0	0.0
6 000	0.0	0.0	0.0	0.0	0.0	0.0	0.0

图 1-12 为发动机在此工况下的工作点累计油耗分布频率。

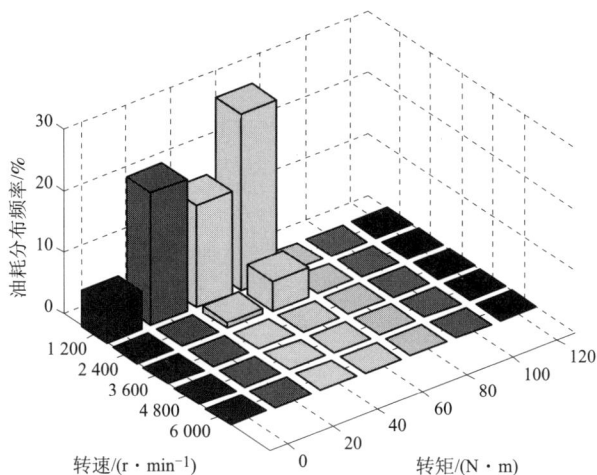

图 1-12　1015 工况下发动机工作点累计油耗分布频率

1.1.3.4　UDDS 工况油耗特性统计

基于 UDDS 工况进行仿真，车速变化情况以及发动机的工作点分布分别如图 1-13 和图 1-14 所示。

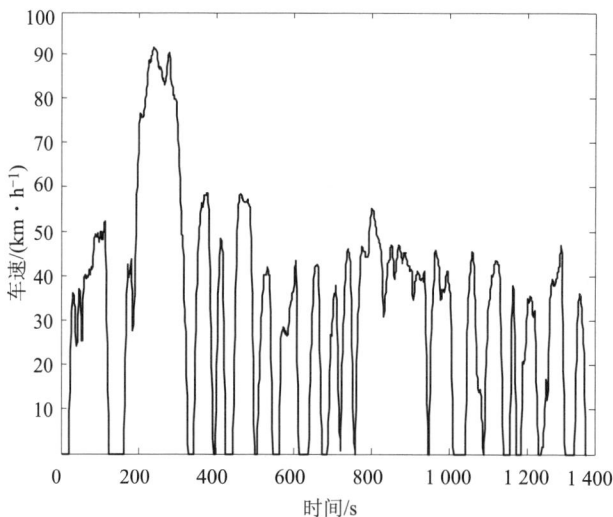

图 1-13　UDDS 工况下车速—时间曲线

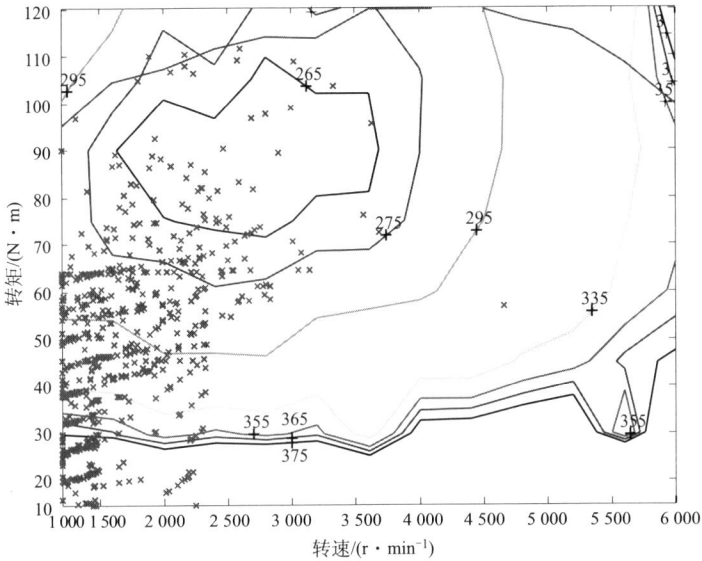

图1-14 UDDS工况下发动机工作点分布

1. 工作点时间比例分析

根据仿真结果,对发动机在此工况下不同区域内其工作点的时间分布进行统计,如表1-9所示。

表1-9 UDDS工况下发动机工作点时间分布频率 %

转速/(r·min⁻¹) \ 转矩/(N·m)	0	20	40	60	80	100	120
1 200	15.7	28.2	29.2	16.2	2.8	0.9	0.0
2 400	0.0	0.0	1.0	3.9	1.0	0.5	0.0
3 600	0.0	0.0	0.2	0.2	0.2	0.0	0.0
4 800	0.0	0.0	0.0	0.0	0.0	0.0	0.0
6 000	0.0	0.0	0.0	0.0	0.0	0.0	0.0

图1-15为发动机在此工况下的工作点时间分布频率。

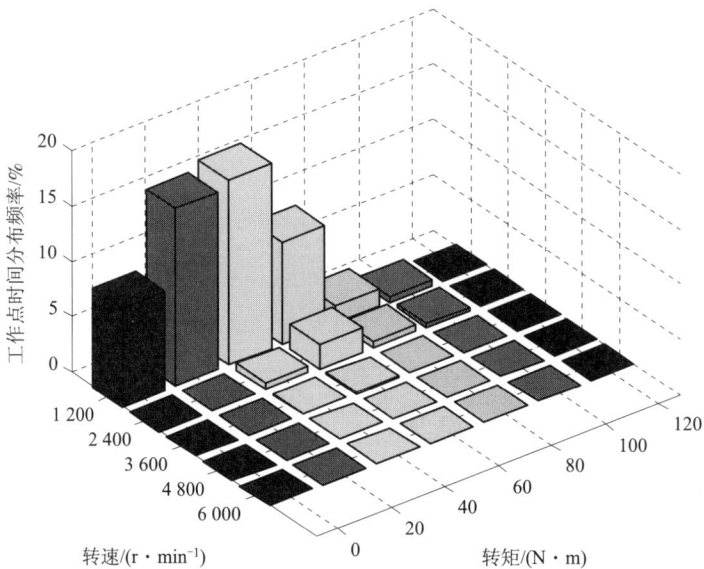

图 1-15 UDDS 工况下发动机工作点时间分布频率

2. 工作点油耗比例分析

表 1-10 为发动机在此工况下不同区域内其累计消耗燃油的分布频率。

表 1-10 UDDS 工况下发动机工作点累计消耗燃油分布频率 %

转速/(r·min⁻¹) ＼ 转矩/(N·m)	0	20	40	60	80	100	120
1 200	5.6	18.5	30.3	21.7	5.0	2.2	0.0
2 400	0.0	0.0	1.9	8.4	2.9	1.9	0.0
3 600	0.0	0.0	0.6	0.5	0.6	0.0	0.0
4 800	0.0	0.0	0.0	0.0	0.0	0.0	0.0
6 000	0.0	0.0	0.0	0.0	0.0	0.0	0.0

图 1-16 为发动机在此工况下工作点累计油耗分布频率。

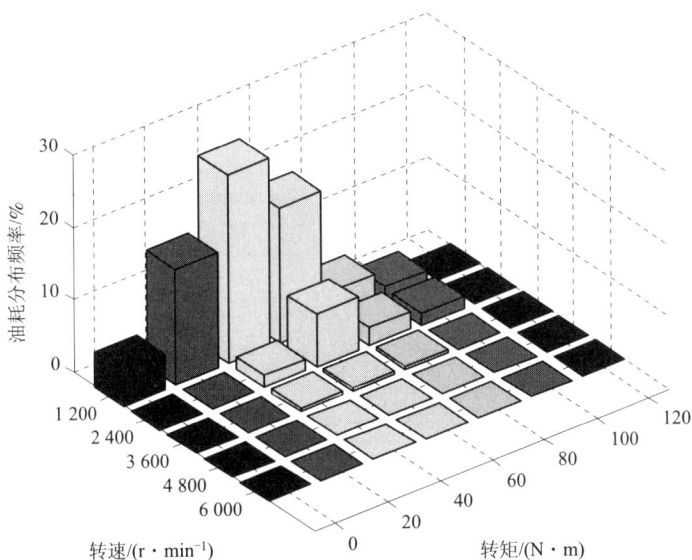

图 1-16　UDDS 工况下发动机工作点累计油耗分布频率

1.1.3.5　工况油耗特性统计分析

上述基于循环工况的油耗特性统计结果表明：当前传统轿车针对典型循环工况，大部分时间均工作在低速、低负荷的区域内，并且在此低负荷区域内消耗大量的燃油。

当发动机转矩在 40 N·m（负荷约为 30%）以下，转速在 1 200 r/min（最高转速的 20%）以下的时候，发动机的工作点在不同工况下的时间比例和所消耗的燃油比例如表 1-11～表 1-14 所示。

中国商用车循环工况的时间比例为 87.4%，在此区域内所消耗的燃油占总燃油消耗的 74.2%。

NEDC 工况的时间比例为 72.3%，在此区域内所消耗的燃油占总燃油消耗的 48.9%。

1015 工况的时间比例为 73.2%，在此区域内所消耗的燃油占总燃油消耗的 56.0%。

UDDS 工况的时间比例为 73.1%，在此区域内所消耗的燃油占总燃油消耗的 54.4%。

表 1-11　发动机工作点低负荷分析（中国商用车循环工况）

转矩/(N·m)　　　转速/(r·min⁻¹)	0～20		20～40	
	时间比例/%	油耗比例/%	时间比例/%	油耗比例/%
0～1 200	58.9	38.0	28.5	36.2

表 1 – 12   发动机工作点低负荷分析（NEDC 工况）

转矩/(N·m) 转速/(r·min⁻¹)	0 ~ 20		20 ~ 40	
	时间比例/%	油耗比例/%	时间比例/%	油耗比例/%
0 ~ 1 200	46.4	24.9	25.9	24.0

表 1 – 13   发动机工作点低负荷分析（1015 工况）

转矩/(N·m) 转速/(r·min⁻¹)	0 ~ 20		20 ~ 40	
	时间比例/%	油耗比例/%	时间比例/%	油耗比例/%
0 ~ 1 200	55.6	34.9	17.6	21.1

表 1 – 14   发动机工作点低负荷分析（UDDS 工况）

转矩/(N·m) 转速/(r·min⁻¹)	0 ~ 20		20 ~ 40	
	时间比例/%	油耗比例/%	时间比例/%	油耗比例/%
0 ~ 1 200	43.9	24.1	29.2	30.3

可见，发动机在低负荷工作的时间比例非常大，这些低负荷工况主要对应于怠速与低速制动的时间。在此过程发动机主要以怠速消耗率运行，其燃油消耗速度（即发动机喷油率）低于其他工作区域，因此，此区域的累计消耗燃油量占总燃油消耗量的比例不如其时间比例大。但同样由于累计燃油消耗是燃油消耗率与时间的乘积，因此该过程也消耗较多的燃油，例如：NEDC 工况下发动机在低速与低负荷区域（1 200 r/min，40 N·m 以下）的时间比例为72.3%，而此区域消耗总燃油的48.9%，即有超过三分之二的时间发动机工作在低速低负荷区（1 200 r/min，40 N·m 以下），而此过程的油耗占总燃油消耗量的将近二分之一。

1.1.4   小结

循环工况是表征某个国家或地区道路交通状况的代表工况，代表着与当前此种车型实际工况相近的工况特性，因此基于工况的燃油消耗分析更具有实际意义。本节通过直观与形象的图表法分析了传统方法难于解析的问题——整车的实际能量消耗特性，并为当前轿车（混合动力轿车的原型车——传统车）如何通过混合动力技术以实现高效节能提供指导。如针对本节所研究的标准典型工况，整车在低速低负荷区域内工作的时间比例均很大，并在此区域消耗过多的燃油，故可通过选择较小功率的发动机，以及在此区域通过消除怠速或按纯电动行驶，可有效提高整车的综合效率。此分析方法及结果对改善整车油耗及优化设计发动机 MAP 均有重要的实际价值，如本节研究的发动机 MAP 高效区设计应重点向负荷30%以下，转速1 200 r/min(约20%最高转速)以下的区域移动，可以为汽车整车厂非常关心的汽车节能设计提供重要指导。

1.2　车辆功率需求的实用求解方法

　　混合动力汽车设计包括整车特性参数设计和控制算法两大部分。混合动力汽车特性参数设计指的是在系统构型与总成类型选择的基础上，对各部件参数进行合理匹配设计与优化的一系列过程，其主要任务是合理确定各动力总成如发动机、电动机、电池的功率和容量等特性参数[6-13]。控制算法主要是在整车传动系统构型及特性参数确定的基础上，通过控制和协调各总成的工作，实现整车的控制目标，如逻辑门限值、模糊控制、神经网络、遗传算法等[14-18]。混合动力汽车控制的核心问题是两动力源之间功率的合理分配，而确定两动力源之间功率合理分配的基础在于车辆功率需求的求解。

　　本节给出了一般的传统功率计算方法，然后针对传统功率计算方法的不足，提出一种直接通过加速性指标设计整车动力源总功率的合理实用的求解方法。

1.2.1　传统功率计算方法

　　传统由动力性求解汽车总功率需求的方法一般是通过理论与仿真相结合，采用逐步迭代的方法来确定。

　　传统功率计算方法从保证汽车预期最高车速的角度来初步选择汽车总的需求功率。传统计算方法中认为最高车速作为动力性指标中的重要一项，也能够反映出汽车的加速和爬坡能力。依据车辆的最高车速，用式(1-1)估算车辆的最大需求功率：

$$P_1 = P_f + P_w = \frac{1}{3\ 600 \cdot \eta_t}\left(m \cdot g \cdot f \cdot v + \frac{C_D \cdot A}{21.15}v^3\right) \qquad (1-1)$$

式中，P_1 为车辆以最大车速行驶时的总功率，是滚动阻力功率 P_f 与空气阻力功率 P_w 之和；C_D 为空气阻力系数；A 为汽车迎风面积；f 为汽车滚动阻力系数；η_t 为传动系统的机械效率；m 为满载质量；g 为重力加速度；v 为车速。

　　为了确保车辆能够满足设计中的爬坡度的要求，计算出车辆以一定的速度在一定的坡度上行驶时车辆的需求功率：

$$P_2 = P_f + P_w + P_i = \frac{1}{3\ 600 \cdot \eta_t}\left(m \cdot \cos\theta \cdot g \cdot f \cdot v + \frac{C_D \cdot A}{21.15}v^3 + mg \cdot \sin\theta \cdot f \cdot v\right)$$

$$(1-2)$$

式中，P_2 为车辆以一定的速度在一定的坡度上行驶的总功率，是滚动阻力功率 P_f、空气阻力功率 P_w 和坡度阻力功率 P_i 之和；θ 为道路坡度角度；η_t 为传动系统的机械效率。

最终，采用 P_1 和 P_2 中的较大值作为整车功率的功率需求值。由于该传统功率计算方法仅考虑了车辆的最高车速和爬坡性能的要求，依据该公式计算出来的最大功率不是总能满足车辆百公里加速时间的要求。因此，一般情况下，还需要进行以下几步才能最终确定出正确的整车需求功率：

1）先结合附件功率初定一个最大功率，然后依据该参数进行混合动力汽车各个动力源参数的匹配。

2）得到各部件的参数后，在仿真软件中建立混合动力汽车整车模型，进行仿真，求解当前车辆的百公里加速时间。

3）当仿真得到的加速时间不符合车辆设计要求时，对需求功率进行修改，然后重复上述步骤 1）和步骤 2），直到仿真的结果达到设计要求中规定的百公里加速时间时，需求功率才能够被确定下来。

这种传统的求解汽车总功率需求的方法通过理论与仿真相结合，采用逐步迭代的方法来确定，这种方法一方面不直观，另一方面存在往返周期长[7,9,19]的问题。

1.2.2 实用的功率计算方法及应用

为了解决上述传统汽车总功率需求求解不直观、往返周期长的问题，本节初步探讨一种依据加速性指标计算需求功率的方法[20]，并将详细推导此种方法的理论方程，探讨方程中的影响系数，与汽车的加速过程仿真曲线进行综合对比，以探求并验证该求解方法的合理性和实用性。

1.2.2.1 实用的功率计算方法

对于大多数汽车，动力源最大功率往往是由加速性指标决定，即只要加速性指标得到满足，其他动力性指标同时也会满足[21]。例如，文献[22]在设计某传统汽车时为保证其加速和爬坡性能，发动机的最大功率定为车辆以 100 km/h 在平路上行驶时需求功率的 10 倍，或者是在 6% 坡度上以 100 km/h 行驶时需求功率的 3~4 倍。图 1-17 是质量为 1 000 kg 的汽车在平路加速过程所需功率与匀速（100 km/h）过程所需功率的仿真对比，可见整车加速功率需求远大于高速匀速行驶功率需求。

1.2.2.2 车辆加速性理论方程

依据车辆加速性指标直接求解动力源总功率时，首先作如下假设：

1）动力源输出特性曲线为等功率曲线（传统汽车的多挡变速，纯电动汽车（EV）的电动机外特性均近似等功率）；

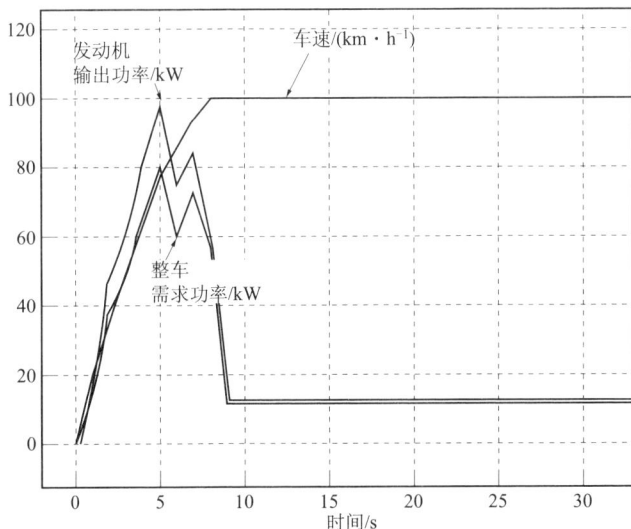

图1-17　加速功率与高速匀速功率需求对比

2)忽略加速过程的滚动阻力与空气阻力(对于低速加速过程,道路阻力数值很小)。

根据此假设,汽车的动力平衡方程如式(1-3)。

$$F \cdot v = P \rightarrow F = A/v \qquad (1-3)$$

令等功率数值为 A,公式推导如下:

$$a = F/m = \frac{\mathrm{d}v}{\mathrm{d}t} \xrightarrow{F(v)=A/v} \frac{A}{m \cdot v} = \frac{\mathrm{d}v}{\mathrm{d}t} \xrightarrow{B=A/m} B \cdot \mathrm{d}t = v \cdot \mathrm{d}v \qquad (1-4)$$

$$\int_0^{t_\mathrm{m}} B \mathrm{d}t = \int_0^{v_\mathrm{m}} v \mathrm{d}v \qquad (1-5)$$

$$2B = \frac{v_\mathrm{m}^2}{t_\mathrm{m}} = \frac{v^2}{t} \rightarrow v = v_\mathrm{m} \left(\frac{t}{t_\mathrm{m}} \right)^{0.5} \qquad (1-6)$$

因此,汽车起步加速过程车速曲线可以按式(1-7)来近似表示[20,22],即:

$$v = v_\mathrm{m} \left(\frac{t}{t_\mathrm{m}} \right)^x \qquad (1-7)$$

式中, x 为拟合系数,一般为0.5左右; t_m、v_m 分别为加速过程的时间和最终车速; t 为时间; v 为 t 时刻的当前车速; F、v 分别为动力源的驱动力与车速; m 为整车质量。

1.2.2.3　加速性理论方程影响系数分析

由上节可见,利用式(1-7)来表示汽车加速过程车速曲线,可方便地估计汽车的动力性。汽车实际加速过程与式(1-7)的系数 x 之间的关系如何?

关键是这里的拟合系数 x 对整车加速性能的影响。文献[20]对此系数进行了初步的论述，认为 x 的大致范围为 $0.47 \sim 0.53$。因为汽车动力源的外特性本身就是近似等功率曲线，若车辆的加速性比较好，即大于等功率曲线，说明汽车加速性好，则 x 系数向小的数值取值，这一点，文献[20]的说法却是相反的。当 x 系数取不同数值，该曲线变化规律根据上述理论公式(1-7)可知，它就是一条指数函数 a^x 变化曲线，当 a 小于 1 时，x 越小，指数函数值越大，即汽车加速的车速越高。对比仿真曲线，验证了这一结论，如图1-18所示。

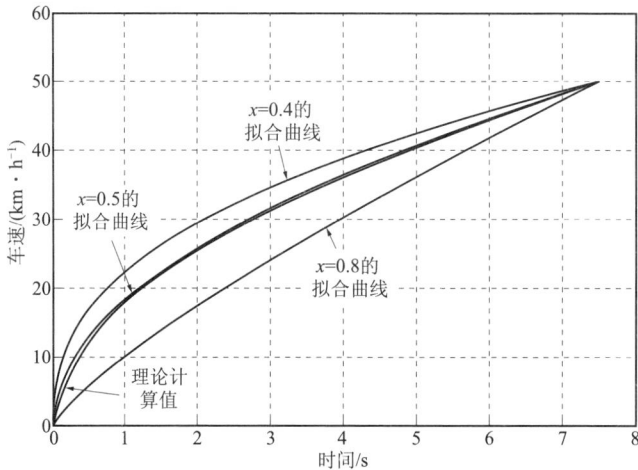

图 1-18 加速曲线拟合比较

通过上述推导与对比可得：

拟合系数 x 为 0.5 是通过假设为理想等功率源，并忽略滚动阻力与空气阻力得到的。

对于实际情况：

1) 当考虑阻力时，车速增加较慢，则拟合系数 $x > 0.5$，x 越大说明车辆阻力越大。

2) 当不考虑阻力时，或对于动力性强的汽车，其动力源外特性比等功率特性曲线靠外，则拟合系数 $x < 0.5$，x 越小说明其动力性越强，而文献[21]对此论述有误。

1.2.2.4 动力源总功率

依据上述加速性理论方程，可推导出直接由加速性指标求动力源总功率的方法。假设整车在平坦路面加速，根据整车加速过程动力学方程，其瞬态过程总功率为：

$$P_{\text{all}} = P_{\text{j}} + P_{\text{f}} + P_{\text{w}} = \frac{1}{3\,600 \cdot \eta_{\text{t}}} \left(\delta \cdot m \cdot v \frac{dv}{dt} + m \cdot g \cdot f \cdot v + \frac{C_{\text{D}} \cdot A}{21.15} v^3 \right)$$

$$(1-8)$$

式中，P_{all} 为加速过程总功率；P_{j} 是加速功率；P_{f} 为滚动阻力功率；P_{w} 为空气阻力功率；δ 为旋转质量换算系数。

由于假设加速过程中动力源最大输出功率为等功率，所以整个加速过程的动力输出平均功率与动力源最大功率相同，即：

$$P_{\text{all}} = \frac{W}{t_{\text{m}}} = \frac{\int_0^{t_{\text{m}}} (P_{\text{j}} + P_{\text{f}} + P_{\text{w}})\,dt}{t_{\text{m}}}$$

$$= \frac{1}{3\,600 \cdot t_{\text{m}} \cdot \eta_{\text{t}}} \left(\delta \cdot m \cdot \int_0^{v_{\text{m}}} v\,dv + m \cdot g \cdot f \cdot \int_0^{t_{\text{m}}} v\,dt + \frac{C_{\text{D}} \cdot A}{21.15} \int_0^{t_{\text{m}}} v^3\,dt \right)$$

$$(1-9)$$

令 $v = v_{\text{m}} \left(\dfrac{t}{t_{\text{m}}} \right)^{0.5}$，代入上式：

$$P_{\text{all}} = \frac{1}{3\,600 \cdot t_{\text{m}} \cdot \eta_{\text{t}}} \left[\delta \cdot m \cdot \frac{v_{\text{m}}^2}{2} + m \cdot g \cdot f \cdot \int_0^{t_{\text{m}}} v_{\text{m}} \left(\frac{t^{0.5}}{t_{\text{m}}^{0.5}} \right) dt + \frac{C_{\text{D}} \cdot A}{21.15} \int_0^{t_{\text{m}}} v_{\text{m}}^3 \left(\frac{t^{1.5}}{t_{\text{m}}^{1.5}} \right) dt \right]$$

$$(1-10)$$

化简得：

$$P_{\text{all}} = \frac{1}{3\,600 \cdot t_{\text{m}} \cdot \eta_{\text{t}}} \left(\delta \cdot m \cdot \frac{v_{\text{m}}^2}{2} + m \cdot g \cdot f \cdot \frac{v_{\text{m}}}{1.5} \cdot t_{\text{m}} + \frac{C_{\text{D}} \cdot A \cdot v_{\text{m}}^3}{21.15 \times 2.5} \cdot t_{\text{m}} \right)$$

$$(1-11)$$

汽车动力源输出功率的主要项为第一项，即加速功率，一般整车的加速功率需求远大于其他两项。

1.2.3　加速性动力源总功率应用

1.2.3.1　驱动外特性假设

为了说明上述理论计算公式是否能应用到汽车动力源功率设计中，假设某一驱动电动机，其外特性尽可能按等功率曲线输出，但由于实际动力源不可能完全做到等功率输出，比如，某纯电动汽车动力源为近似等功率输出特性的驱动电动机，当匹配两挡变速器后，假设此时动力源外特性曲线的最高转速与基速的比值为30，其动力源更接近于等功率曲线，该外特性曲线如图 1-19 所示。

根据此动力源外特性，分别进行理论计算与仿真，并分别就考虑与不考虑汽车加速过程的其他阻力(滚动阻力与空气阻力)，对比不同的计算方法求解的整车加速性能。

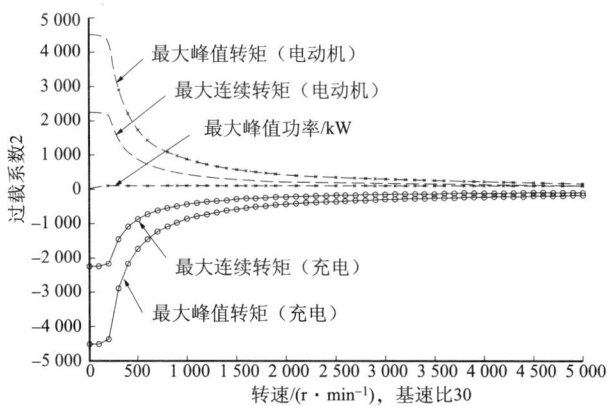

图 1 - 19　动力源外特性

1.2.3.2　仿真结果与理论对比

对于上述近似等功率特性的动力源，驱动整车行驶，实际仿真曲线、理论积分计算加速曲线与拟合曲线对比如图 1 - 20 所示。

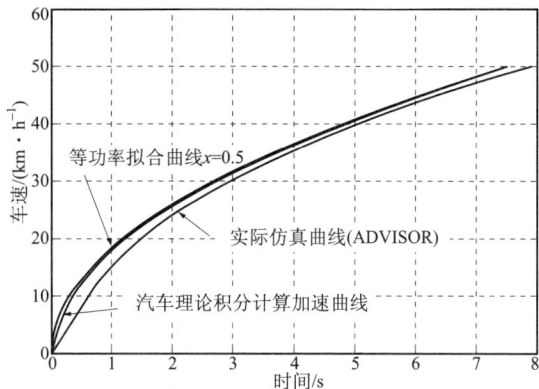

图 1 - 20　不同方法对加速功率计算和车速预测

可见，上述各条加速过程曲线吻合较好，特别是等功率拟合曲线与理论积分法得到的加速曲线基本完全吻合，而它们与实际仿真曲线在加速后期吻合也较好。

在上述三条曲线的基础上增加实际的阻力项，即考虑整车的空气阻力与滚动阻力时，利用不同的计算方法对其加速曲线与加速时间进行计算，结果对比如表 1 - 15 所示。

表 1 - 15　不同计算方法加速过程曲线对比

项　目 计算方法	0 ~ 50km/h 加速时间/s	与仿真结果偏差/s	误差率/%
真实动力源 实际仿真曲线	7.9	—	—
等功率动力源 忽略阻力拟合曲线法 $x = 0.5$	7.51	0.39	4.9%
真实动力源 忽略阻力理论积分法	7.51	0.39	4.9%
真实动力源 不忽略阻力理论积分法	8.17	0.27	3.4%

四种计算方法的汽车加速时车速曲线对比如图 1 - 21 所示。

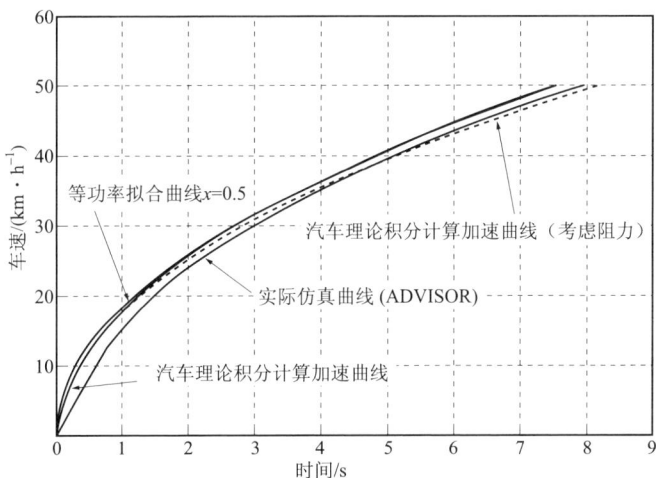

图 1 - 21　四种计算方法的汽车加速时车速曲线对比

上述结果表明，用汽车理论公式法得到的曲线和等功率拟合曲线非常吻合。汽车理论公式法是通过逐一迭代积分求解，即通过对动力源外特性驱动力求解后，求得加速度，利用加速度倒数积分得加速曲线。这种方法与等功率拟合曲线 $v = v_{\mathrm{m}} \left(\dfrac{t}{t_{\mathrm{m}}} \right)^{0.5}$ 的计算方法均是在一种假定理想状态下（即没有考虑阻力项）进行的，因此，它们之间只是在加速初期偏差稍大，而其后基本完全吻合。这是由于汽车理论公式法计算时不是完全按等功率（这里假设的动力源基速 170 r/min 以下为恒转矩，不可能无穷大），因此低速加速时车速稍小。

而理论计算与实际仿真的加速曲线有一定偏差，产生偏差的原因之一在于仿真过程并没有忽略加速过程的滚动阻力与空气阻力，还有一部分原因是ADVISOR仿真平台要考虑实际整车电系统本身的最大电流、电压限制，使电动机的实际最大输出功率（或能力）有一定降低，即存在功率损失，使加速时间要大于理论计算的 7.5s（仿真为 7.9s）。但通过上述仿真对比，表明这些理论假设计算的动力源功率与真实仿真还是具有很好的吻合性，所计算的最大偏差不超过 5%。说明按此公式，由加速性指标预测的动力源总功率及加速过程参数（时间、车速），与实际仿真情况的偏差控制在工程允许的误差范围内。

进一步分析考虑和不考虑汽车加速过程中的阻力影响的情况。如图 1 - 21 所示，考虑阻力的理论计算曲线与不考虑阻力的理论计算曲线，在低速时吻合非常好。对比两驱动力与去除阻力后的净驱动力，如图 1 - 22 所示。

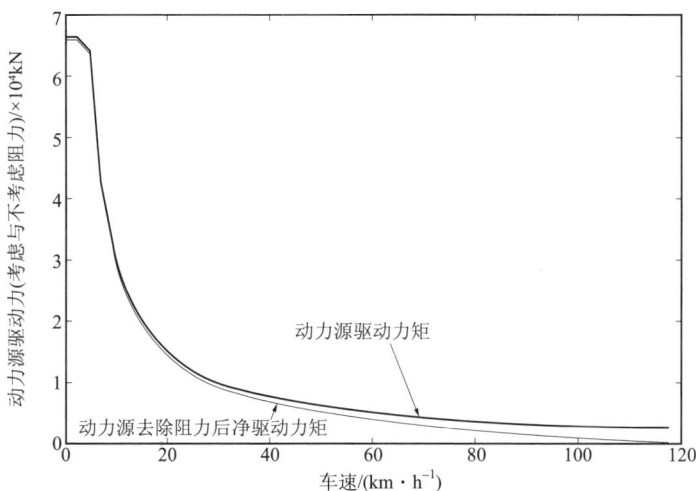

图 1 - 22　动力源驱动力矩与净驱动力矩对比

可见，由于低速阻力小的原因，两者驱动力接近，因此加速曲线非常吻合，在高速时由于空气阻力增加，两者之间的吻合性不如低速时好。

考虑阻力后，按理论积分计算的加速曲线与 ADVISOR 实际仿真曲线还是比较接近。理论计算的加速时间（当速度为 0 ~ 50 km/h 时）为 8.17 s，与ADVISOR 仿真的 7.9 s 的偏差更小些，仅为 3%。

1.2.4　小结

通过对汽车加速过程的问题探讨，可得到以下结论：

1）汽车的动力源总功率主要由加速过程来决定。

2）汽车加速过程可简化为等功率加速过程，并推导和分析了其中关键的影响因子。

另外，将其中的几种计算方法与实际仿真比较发现：以直接曲线拟合法求解动力源总功率需求的方法最直观且有效。这样，可以通过加速性指标直接估计动力源总功率，这给汽车动力源设计带来很大方便。

1.3　本章小结

通过直观、形象的图表法定量分析传统车辆的实际能量消耗特性，得出可以在混合动力汽车中通过选择较小功率的发动机、消除怠速和在发动机低效区采用纯电动行驶的方法来有效提高整车综合效率的结论。然后，针对混合动力汽车车辆设计中十分重要的车辆功率需求的求解问题，在分析了传统功率计算方法的基础上，提出了一套直接通过加速性指标设计整车动力源总功率的合理实用的求解方法。经过实际仿真计算验证，所提出的功率计算方法在求解动力源总功率需求时，直观、有效且准确。

参 考 文 献

[1] 陈清泉，孙逢春. 混合动力车辆基础[M]. 北京：北京理工大学出版社，2001.

[2] 李骏. 论汽车动力总成节能环保的若干核心产品技术及 FAW 的技术对策[J]. 中国工程科学，2009，11(08)：64 – 71.

[3] Raymond A. Sutula, Kenneth L. Heitner, Susan A. Rogers, Tien Q. Duong, Robert S. Kirk. Advanced Automotive Technologies Energy Storage R&D Programs at the U. S. Department of Energy Recent Achievements and Current Status[R]. SAE Technical Paper, 2000 – 01 – 1604.

[4] 方红燕，王今，刘克强. 汽车行业能耗分析与节能技术研究[J]. 汽车与配件，2009(35)：42 – 45.

[5] Yimin Gao, Khwaja M. Rahman, Mehrdad Ehsani. Parametric Design of the Drive Train of an Electrically Peaking Hybrid (ELPH) Vehicle[R]. SAE Technical paper 9702, 145 – 150.

[6] 曾小华. 混合动力轿车节能机理与参数设计方法研究[D]. 长春：吉林大学，2006.

[7] 初亮. 混合动力总成的控制算法和参数匹配研究[D]. 长春：吉林大学，2002.

[8] 王庆年，曾小华，等. 混合动力技术在军用汽车上的应用[J]. 吉林大学

学报(工学版),2003(1):38 – 42.

[9] 余志生.汽车理论[M].北京:机械工业出版社,1982.

[10] 何仁.汽车发动机性能指标的优选方法[J].汽车工程,1996(3):152 – 157.

[11] 何仁,高宗英.汽车传动系统最优匹配评价指标的探讨[J].汽车工程,1996(1):53 – 60.

[12] 刘惟信,戈平,李伟.汽车发动机与传动系统参数最优匹配的研究[J].汽车工程,1991(2):65 – 72.

[13] 葛安林,林明芳,吴锦秋.汽车动力传动系统的最佳匹配[J].汽车工程,1991(3):35 – 42.

[14] 庄继德.地面车辆系统分析与设计[M].北京:机械工业出版社,1989:93 – 94.

[15] 彭涛,陈全世.并联混合动力电动汽车的模糊能量管理策略[J].中国机械工程,2003,14(9):797 – 800.

[16] 赵树恩,李玉玲.并联混合动力汽车扭矩管理的模糊控制与仿真[J].车用发动机,2004(5):27 – 31.

[17] Lee H D,Sul S K. Fuzzy – logic – based Torque Control Strategy for Parallel – type Hybrid Electric Vehicle[J]. IEEE Transactions on Industrial Electronics,1998,45(4):625 – 632.

[18] Langari R,Won J S. Intelligent Energy Management for Hybrid Vehicle via Drive Cycle Pattern Analysis and Fuzzy Logic Torque Distribution[A]. IEEE International Symposium on Intelligent Control[C],2003,50(10).

[19] 刘明辉.混合动力客车整车控制策略及总成参数匹配研究[D].长春:吉林大学,2005.

[20] Henry K. Ng,Anant D. Vyas,Danilo J. Santini. The Prospects for Hybrid Electric Vehicles,2005 – 2020:Results of a Delphi Study[R],Argonne National Laboratory,SAE 1999 – 01 – 2942,1999.

[21] 陈清泉.21世纪的绿色交通工具——电动车[M].北京:清华大学出版社,2000.

[22] Andersson Tobias,Groot Jens. Alternative Energy Storage System for Hybrid Electric Vehicles[D]. Department of Electric Power Engineering Chalmers University of Technology,2003.

第 2 章

行星式混联混合动力系统

第 1 章中已经通过直观的图形方法分析了传统车的能耗特性，提出了传统车节能的基本途径，而传统车的混合动力化无疑是中短期内的最优选择。近年来市场上涌现出大量的混合动力车型，其中混联式混合动力系统已经成为市场主流车型。混联式混合动力车型多数都以行星齿轮机构作为核心动力耦合装置（Power – Split Device，PSD）。该动力耦合装置可以实现电动无级变速功能（Electric continuously Variable Transmission，EVT），在动力性和燃油经济性方面优势明显。当前，全球销量最好的混合动力车型——丰田普锐斯，便是采用这种装置。本章将对当前较为典型的 EVT 系统构型进行详细介绍，主要包括丰田公司和通用公司推出的数种构型。前者以输入式功率分流构型为主，最具代表性的是 Toyota Hybrid System（简称 THS）；后者以组合式功率分流系统为主，通常被称为 Advanced Hybrid System（简称 AHS）。本章将在分析当前的典型 EVT 构型的基础上，对这两种系统的一般性工作原理和分析方法进行论述，并展示当前国内自主开发的两种 EVT 构型方案——DHS（Differential-based Hybrid System）系统和行星式液压混联混合动力系统。

2.1 典型 EVT 构型

2.1.1 丰田的行星式混合动力系统

2.1.1.1 日本丰田公司单排行星轮构型

丰田公司于 2000 年 10 月 17 日获得了发明专利的授权[1]，公开了第

一、二代的普锐斯所使用的 THS 构型，其构型简图如图 2 - 1 所示，其中 120 为壳体，128 为齿圈套输出端的链轮，129 为链条，112 为双联齿轮，111 为主减速器的输入齿轮，114 为差速器，139、149 为扭转减震器，150 为发动机，156 为动力输入轴，MG1、MG2 为电动机。杠杆模型如图 2 - 2 所示。

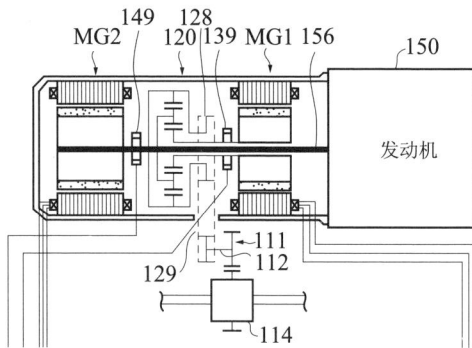

图 2 - 1　第一代普锐斯的 THS 构型简图

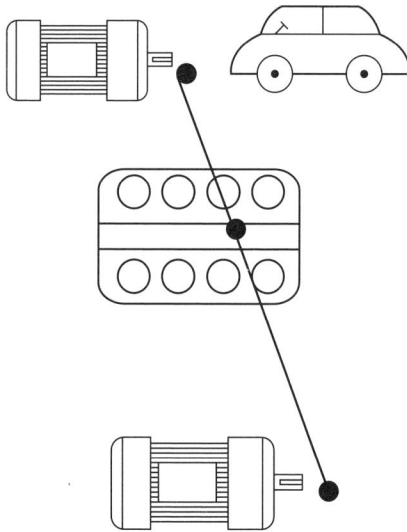

图 2 - 2　第一代普锐斯的 THS 杠杆模型

　　由图 2 - 1 可知，THS 构型中发动机与行星架相连，通过行星齿轮将动力传递给外齿圈和太阳轮，齿圈左端通过扭转减震器与电动机相连，齿圈右端通过传动链与传动轴相连，太阳轮轴与发电机相连。根据杠杆分析法[2]，可以获得该构型的转速、转矩关系如下：

$$n_{\text{out}} = \frac{1+k}{k}n_e - \frac{1}{k}n_{m1} \qquad (2-1)$$

$$T_{\text{out}} = T_e\frac{k}{1+k} + T_{m2} \qquad (2-2)$$

式中，T_{out} 为系统输出转矩；n_{out} 为输出轴转速；n_e、n_{m1} 分别为发动机转速和电动机 MG1 的转速；T_e、T_{m2} 分别为发动机转矩和电动机 MG2 的转矩；k 为行星齿轮机构特征参数，等于齿圈齿数和太阳轮齿数之比。

　　该系统将发动机大部分转矩通过齿圈直接传递到驱动轴上，将小部分转矩通过太阳轮轴传给发电机，发电机发出的电能根据指令用于电池充电或驱动电动机，以增加驱动力。这种结构可以实现转速、转矩的双解耦，通过调节发动机的转速和驱动电动机的转矩，使其像无级变速器一样工作，这样就能使发动机一直工作在高效率区或低排放区。但是该构型只有输入式功率分流（Input - split）一种工作模式，无法实现多模式间的切换。其具体运行模式如图 2 - 3 所示。

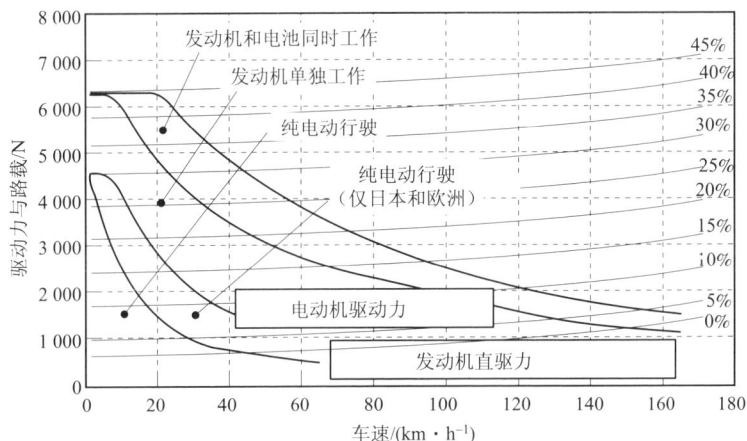

图 2 - 3　普锐斯运行模式图

　　该种构型主要应用于丰田公司的第一、二代的普锐斯车型。1997 年 12 月，丰田公司在全球开始销售第一代普锐斯汽车，2003 年又推出第二代普锐斯汽车，2005 年已经推出第三代 2006 款的普锐斯。主要的改型集中在发动机和电力驱动系统上，其动力耦合系统仍采用 THS 系统构型。在该系统中，丰田的普锐斯采用速比（行星齿轮速比 = 齿圈齿数/太阳轮齿数）为 2.6 的设计，灵巧精密的行星机构对发动机的输出功率进行重新分配，达到合理平衡发动机负荷的目的。

　　丰田公司于 1999 年发明专利提出了 THS 的另一结构方案[3]，其构型简图如图 2 - 4 所示，其中 10 指整个混合动力系统，12 为发动机，14 为扭转减震器，16 为发电机，22 为驱动电动机，22r 为电动机的转子，18 为动力输出元件，26 为动力输出主动齿轮，30 为传动大齿轮，28 为齿轮轴，32 为传动小齿轮，34 为差速器，20 为行星齿轮机构，20r 为齿圈，20c 为行星架，20s 为太阳轮，24 为发电机轴，36 为发电机控制器，38 为驱动电动机控制器，40 为高压电源。

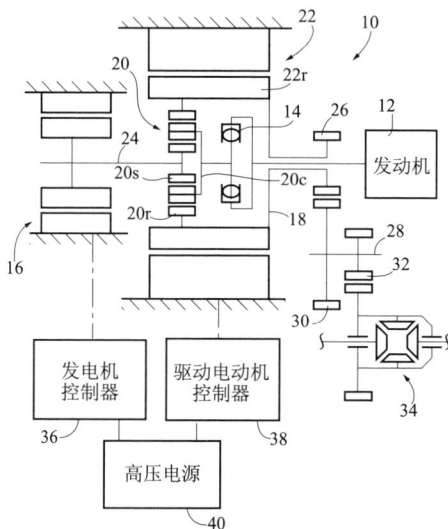

图 2 - 4 THS 新构型简图

此构型是普锐斯第三代的构型，与第一、二代的不同之处在于齿圈和驱动桥的连接方式。第一、二代普锐斯的传动系统为四轴结构，发动机、扭转减震器、动力耦合装置、电动机 MG1 和电动机 MG2 布置在第 1 轴上，第 1、2 轴之间通过传动链连接，第 2、3 轴之间为中间齿轮，第 3、4 轴之间为主减速器齿轮。与前两代普锐斯传动系统相比，第三代普锐斯的三轴结构取消了原结构中的传动链和中间齿轮，在轻量化的同时，使系统更加紧凑。

丰田公司于 2000 年又获得专利授权[4]，介绍了另一种单行星排的动力输出装置，其构型简图如图 2 - 5 所示，其中 150 为发动机，130、140 为电动机，120 为行星齿轮，121 为太阳轮，124 为行星轮，122 为齿圈，123 为行星架，156 为发动机曲轴，133、143 分别为两个电动机的定子，132、142 分别为两个电动机的转子，160 为离合器，162 为制动器，117、118、119 为转速传感器，165 为加速踏板位置传感器，166 为挡位传感器，114 为差速器，116 为车轴。

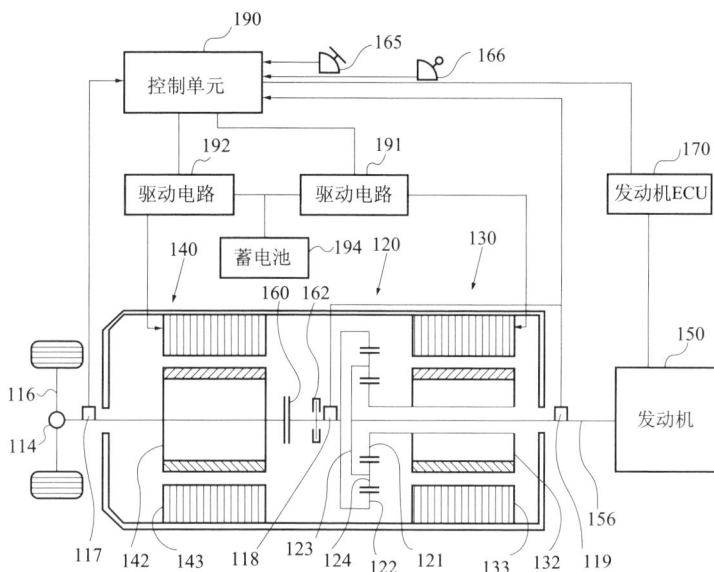

图 2 - 5　THS + 离合器构型简图

该系统与第三代普锐斯系统的区别在于，行星齿轮(120)与电动机(140)之间设置了一个离合器(160)以实现两者的分离和接合，设置一个制动器(162)以便当离合器(160)分离时固定齿圈(122)，借此实现串联式混合动力构型，而当离合器接合时，制动器分开可以实现混联式混合动力构型。根据车辆的行驶状态来切换这些运行模式，可以发挥每种模式的优点从而提高车辆的动力性和经济性。具体的模式分析如下：

模式一：离合器分离，制动器接合。其扭矩、转速关系分别如式(2 - 3)和式(2 - 4)所示。

$$T_{\text{out}} = T_{\text{m2}} \tag{2-3}$$

$$n_{\text{out}} = n_{\text{m2}} \tag{2-4}$$

模式二：离合器接合，制动器分离。该模式下，该构型的连接方式与第一、二代普锐斯的 THS 系统完全相同，转速、转矩关系如式(2 - 1)式(2 - 2)所示。

由上可知，在该构型中，离合器的分离能实现驱动电动机与发动机惯性系统的分离，以便更好地发挥电动机的驱动能力，提升纯电动行驶能力，而低速时采用串联模式也可以适当地提高发动机效率。

2.1.1.2　日本丰田公司 THS - C 系统

2001 年丰田公司在 THS 的基础上又推出 THS - C 系统[5]，所谓 THS - C，是由丰田混合动力系统(THS)与无级变速器(CVT)组合而成的混合动力驱动系统。其构型简图如图 2 - 6 所示。

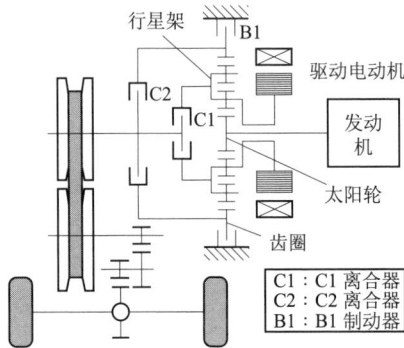

图 2 - 6 THS - C 构型简图

值得一提的是，此处的 THS 构型方式已与普锐斯的 THS 构型有所不同。此处的发动机是与太阳轮相连，发电机与行星架相连，齿圈处接有一个制动器 B1，齿圈和行星架分别通过离合器 C1、C2 与 CVT 相连，CVT 将动力输出给驱动桥。并且，此处的行星轮有两排，不过它们共用同一个行星架，其正向视图如图 2 -7 所示。

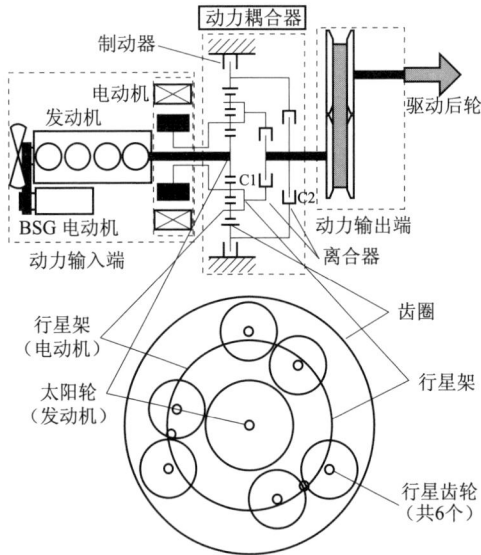

图 2 - 7 THS - C 结构正向视图

其转速关系式为：

$$(k-1)n_c = k \cdot n_r - n_s \tag{2-5}$$

式中，n_c、n_r、n_s 分别为行星架、齿圈和太阳轮的转速。

THS – C 系统主要应用于 Estima（大霸王）和 Alphard（埃尔法）这两款车型上。其中 Estima 于 2001 年 6 月下线，2003 年秋丰田又在 Estima 基础上推出了 Alphard，它们的动力总成基本相同，主要改进之处体现在控制和安全系统上。在 Estima 和 Alphard 上，THS – C 系统应用于前驱动单元，后驱动单元由一个单独的后电动机来提供动力，其结构图如图 2 – 8 所示。

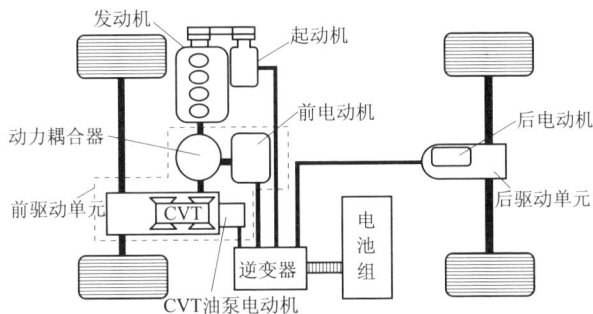

图 2 – 8　THS – C 动力系统结构图

Estima 和 Alphard 都属于 MPV（多功能型车）车型，与小轿车相比，MPV 车的车身大而重，油耗较多，这种类型的车辆采用混合动力系统之后，减少 CO_2 排放的效果会更加显著。但是原有 THS 系统对驱动电动机的依赖程度较大，如果只是简单地增大 THS 各个部件的尺寸，将它应用到 MPV 车型上，需要加大电动机、逆变器、动力电池等部件的尺寸，在成本、质量、装车性等方面存在很多难题。因此，丰田公司决定利用现成的皮带式无级变速器（CVT），以便用较小的电动机就能确保所需要的驱动转矩。同时减少逆变器与驱动用蓄电池的体积，由此降低成本，提高装车性，并显示出混合动力系统的节油效果。另外，对于 MPV 车型来说，由于传动轴及其他部件质量的增加，四轮驱动（4WD）相比于两轮驱动的油耗会增加很多，而采用电动式 4WD 便可以取消传动轴等部件。而且，仅在必要时才采用 4WD，并通过前、后两电动机回收制动能量，将 4WD 引起的油耗恶化降低到了最低程度。另外，改变了发动机、发电机与行星排的连接关系，发动机连接太阳轮，发电机连接行星架，由齿圈输出动力，这样可以使发动机获得更大的速比，提升发动机的输出能力。

但是，THS – C 系统存在很多缺陷。该系统多数时候相当于并联构型，由前轴的 THS – C 系统与后轴的驱动电动机一起驱动车辆，这样很难保证动力电池的 SOC（State of Charge，荷电状态）平衡，存在蓄电池充电不足时便无法使用电动机驱动的问题。另外，THS – C 系统既有能实现 EVT 功能的 THS 系统，又有 CVT，机构十分复杂，成本高昂，这是限制其使用的关键因素。而 CVT 的加入导致系统中需要一个电动机来驱动 CVT 的液压泵，这些因素又进一步加剧了系统结构的复杂程度。因此，THS – C 的整体效果并不十分理想，在 2006 年 1 月，Estima 混合动力版重新改型，不再采用 THS – C 系统，而是直接采用 THS Ⅱ结构。在 THS Ⅱ中，由于马达与发电机各自独立，因此在行驶过程中随时可以使用马达提供驱动力，如果蓄电池电力不足，发电机可立即进行充电，提高了燃油经济性。实验表明，采用 THS Ⅱ结构的 Estima 在 1015 工况下的油耗为 5L/100km，而采用 THS – C 系统的 Estima 的油耗为 5.5L/100km，新版的油耗降低了 9%。

2.1.1.3 日本丰田公司双排行星轮构型

丰田公司于 2005 年发明了专利[6]，描述了一种混合动力车辆用动力输出装置，该装置拥有双排行星轮构型，其构型简图如图 2 – 9 所示。其中：20 表示整个混合动力系统，22 为发动机，24 为发动机控制器，28 为减震器，26 为曲轴，30 为行星排，31 为太阳轮，32 为齿圈，33 为行星轮，34 为行星架，32a 为齿圈轴，35 为减速器，60 为齿轮机构，62 为差速器，63a、63b 为驱动轮，41、42 为逆变器，50 为蓄电池，54 为电力线，40 为电动机控制器，43、44 为转子位置传感器，46 为电动机转速传感器，47 为电流传感器，70 为整车控制器，52 为蓄电池控制器，51 为温度传感器，80 为点火信号，81 为变速器操纵杆，82 为 81 的位置传感器，83 为加速踏板，84 为 83 的位置传感器，85 为制动踏板，86 为 85 的位置传感器，88 为车速传感器。

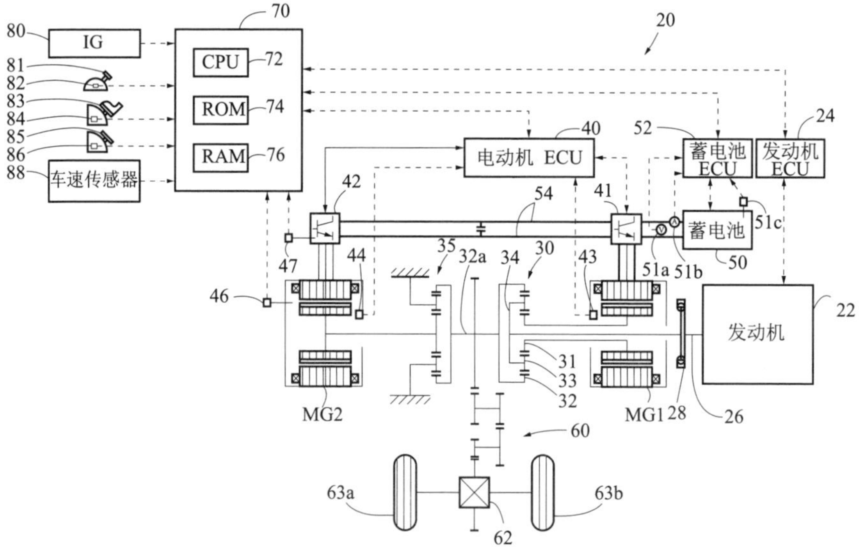

图 2 – 9　THS 双排行星轮构型简图

从构型图中可以看出，发动机通过扭转减震器与前排行星架相连，前排太阳轮与电动机 MG1 相连，后排太阳轮与电动机 MG2 相连，后排行星架固定，因此电动机 MG2 将动力以固定传动比传输给后排齿圈。而前排齿圈与后排齿圈相连，动力在此处实现耦合，然后一起输出给驱动桥（图 2-10）。

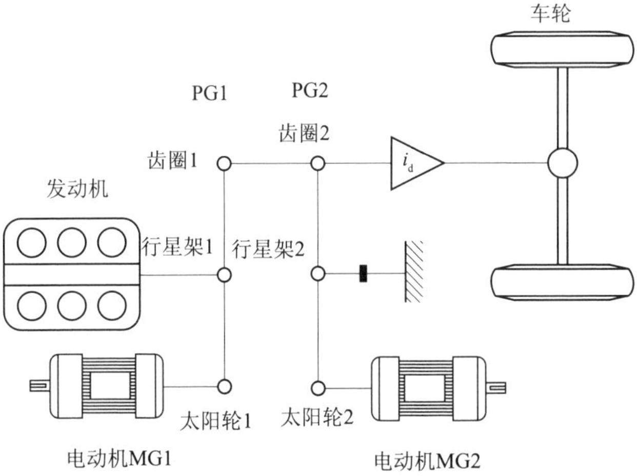

图 2-10　THS 双排行星轮杠杆模型

由构型图可以得出其转矩、转速关系式如下：

$$T_{out} = T_e \frac{k_1}{1+k_1} + T_{m2} \cdot k_2 \tag{2-6}$$

$$n_{out} = \frac{1+k_1}{k_1} n_e - \frac{1}{k_1} n_{m1} \tag{2-7}$$

Hermance 等也对此构型进行了分析[7]。这种装置在原来 THS 的基础上增加了一个单排行星齿轮，由原来的四轴结构变为三轴结构，构型更加紧凑。同时通过固定后排行星架实现了对电动机的减速增扭作用，显著提高了驱动电动机的转矩输出能力。但是由于后行星排只是一个简单的行星齿轮机构，因此只能实现一种工作模式[8]。

该专利所述的构型被应用在丰田公司的 Lexus RX400h、Camry 和 Lexus Highlander 这三款 HEV 车型上[9]。对比式（2-2）和式（2-6）可以看出：这种构型是在普锐斯构型的基础上进行了改造，使驱动电动机不直接与前行星排齿圈相连，而是通过后排的传递变速之后再与前排齿圈相连。后排的 $k_2 = 2.478$，这样一来，就可以输出更大的扭矩，因此 Lexus RX400h、Camry 和 Lexus Highlander 这三款车型在不增大驱动电动机尺寸的前提下，便能实现比普锐斯更好的动力性和越野性。

2.1.1.4　日本丰田公司拉维娜（Ravigneaux）构型

丰田公司于 2007 年推出的 Lexus GS450h 车型，其动力耦合机构使用了一种特殊的双排行星轮构型，属于丰田混合动力系统的第二代——THS Ⅱ系统，又称为输入分配增扭型结构(Input Split Multiplication)[10]，其构型简图见图2-11。

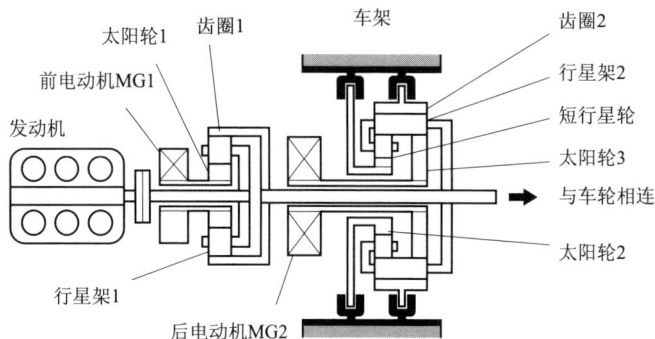

图 2-11　Lexus GS450h 构型简图

从图2-11中可以看出，其前排是一个普通的行星齿轮机构，而后排采用了拉维娜行星齿轮机构，这种行星齿轮机构又称为复合式行星齿轮机构(Compound Planetary Gear)，它是由两个普通的行星齿轮结合而成的单排式的动力耦合装置，包含两个太阳轮，即前太阳轮2和后太阳轮3，还包含一个公共的复合式行星架，此复合式行星架是由两个半径不同的行星架组合而成，小行星架的行星轮与前太阳轮相啮合，大行星架的行星轮内侧与后太阳轮啮合，外侧与齿圈啮合。显然，这种复合式的行星齿轮机构能够看成一个双行星齿轮共用一个行星架和一个齿圈。

2005年3月22日，丰田公司推出的两款高功率型强混合动力SUV(Sport Utility Vehicle)，Harrier和Kluger，它们采用的就是上述THSⅡ结构。Harrier与Kluger混合动力SUV具有良好的燃油经济性。美国环境保护局(EPA)公布的Harrier的综合燃油经济性达到7.8 L/100km，比传统车型的油耗降低了30%左右。后来，此构型成为丰田公司混合动力车型的主要构型。在2007年，该构型又被应用到Lexus LS600hL车型上。

该构型中含有一个发动机、双行星排、一个发电机、一个驱动电动机和两个制动器，通过制动器的不同组合状态，后排行星齿轮机构可以提供1.9和3.9两种不同的速比关系，从而实现两种不同的工作模式，分别适用于高速和低速两种工况，其模式切换曲线如图2-12所示。

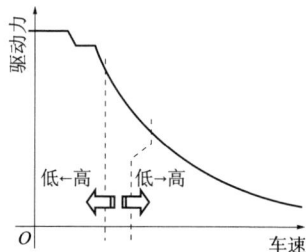

图 2-12　Lexus GS450h
模式切换曲线

1. 低速模式(高负荷)

在低速模式下，Lexus GS450h 的后排齿圈 R2 被制动，后排小太阳轮处于空转状态，其低速构型简图和杠杆模型如图 2–13 和图 2–14 所示。

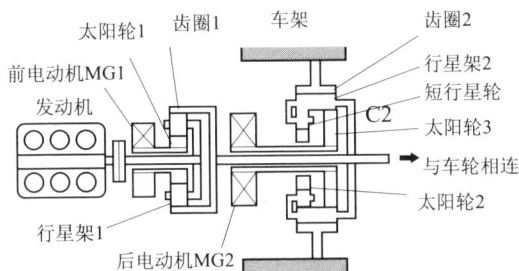

图 2–13　Lexus GS450h 低速构型简图

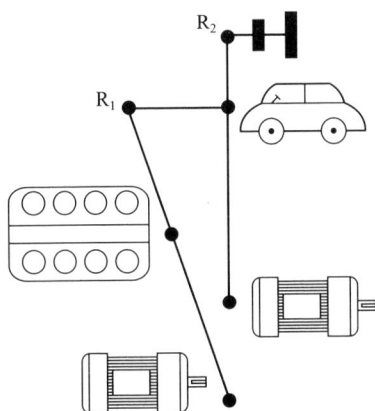

图 2–14　Lexus GS450h 低速杠杆模型

由此可以得出扭矩关系式：

$$T_{\text{out}} = T_e \frac{k}{1+k_1} + T_{\text{m2}}(1+k_2) \qquad (2-8)$$

2. 高速模式(低负荷)

在高速模式下，Lexus GS450h 的后排小太阳轮 S3 被制动，后排齿圈处于空转状态；其高速构型简图和杠杆模型如图 2–15 和图 2–16 所示。

由此可以得出扭矩和转速的关系式：

$$T_{\text{out}} = T_e \frac{k_1}{1+k_1} + T_{\text{m2}} \frac{k_2+k_3}{k_3} \qquad (2-9)$$

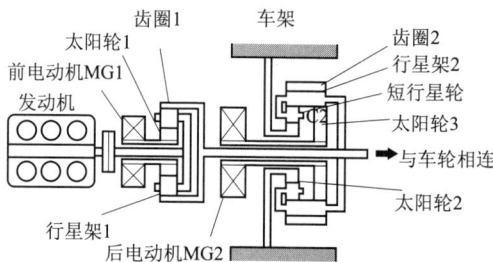

图 2 - 15 Lexus GS450h 高速构型简图

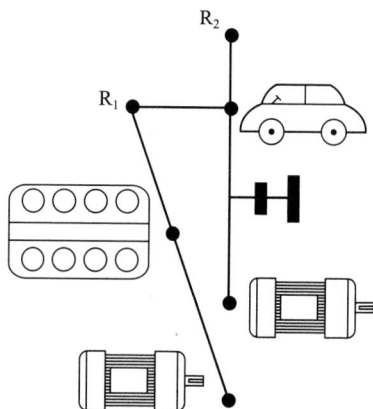

图 2 - 16 Lexus GS450h 高速杠杆模型

$$n_{\text{out}} = n_e \frac{1 + k_1}{k_1} - \frac{1}{k_1} n_g \qquad (2-10)$$

式中，$k_1 = 2.6$，$k_2 = 2.9$，$k_3 = 3.2$。

代入具体的数值可以算出，Lexus GS450h 在低速模式下能够输出较大的扭矩，而且在高速模式下的转速提速性能更为明显，它能够实现比一般混合动力车型更强的高速提速性能。

2.1.1.5 日本丰田公司 EVT 构型总结

纵观日本丰田公司在 EVT 混合动力耦合系统方面的发展路线和技术成就，可以总结出其在动力耦合构型上的技术路线，如表 2 - 1 和图 2 - 17 所示。从单排到双排，从普锐斯到 Lexus GS450h，丰田公司的 EVT 构型演变非常清晰，始终以最原始的 THS 构型作为精华部分，在其基础上进行演变、多样化、复杂化，又产生了其他各种各样性能优越的构型。

表 2 – 1　丰田公司 EVT 构型总结

	发明时间	文献来源	用于车型	构型	特点
单排	2000 年	US 6、131、680	第一、二代的普锐斯	THS	原款普锐斯——EVT 经典车型，实现功率分流
	1999 年	US 5、934、395	第三代的普锐斯	THS	将原款普锐斯的链连接改为齿轮传动
	2001 年	SAE2002 – 01 – 0931 等论文	Estima Alphard	THS – C 系统	将行星排功率分流的特点和 CVT 无级变速的特点整合在一起，适用于 MPV
	2000 年	CN1336879A		THS + 离合器	对原款普锐斯的改进，多加一个离合器，就多一种模式
双排	2005 年	CN1819934A	Lexus RX400h Camry Lexus Highlander	单排 + 单排	普锐斯加一个速比的减速增扭
	2007 年	SAE2007 – 01 – 0296	Lexus GS450h Harrier Kluger Lexus LS600hL	单排 + 拉维娜	普锐斯加两个比例的减速增扭

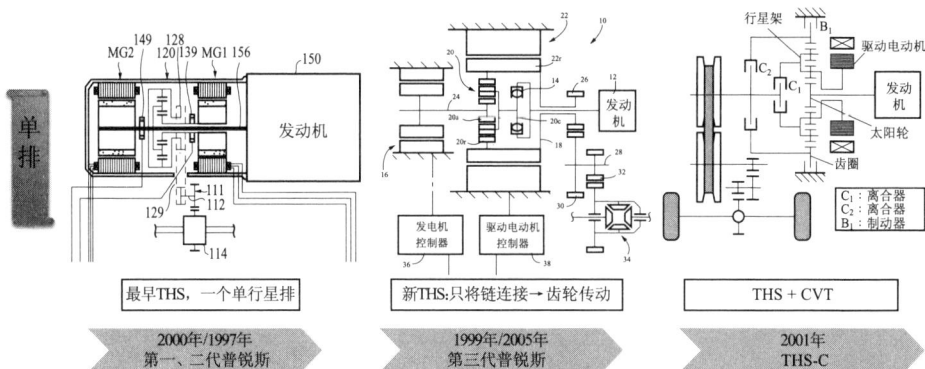

图 2 – 17　丰田公司 EVT 构型演变路线

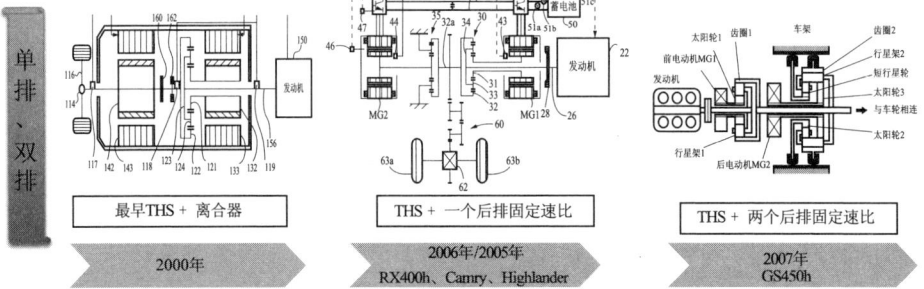

图 2-17　丰田公司 EVT 构型演变路线(续)

2.1.2　通用(GM)的行星式混合动力系统

2.1.2.1　美国通用公司双排行星齿轮构型[11]

美国通用公司早在 1996 年就发表过专利[12]，描述了一种输入型混合动力双排行星齿轮机构，这是比较早期的行星排构型，发电机和电动机都不是直接和行星排相连，其结构比较粗浅和复杂，并没有被长期利用和研究。其构型简图如图 2-18，其中 110 表示整个混合动力系统，124 为发动机，112 为曲轴，120 为发电机，122 为电动机，168、142、154 为离合器，114 为行星排，132 为齿圈，136 为行星轮，134 为太阳轮，138 为行星架，139 为齿圈输出轴，140 为太阳轮输出轴，166、163 为传动齿轮，160A 为输出齿轮，159 为惰轮，162 为驱动齿轮，164 为电动机轴，156 为驱动齿轮，158 为电动机

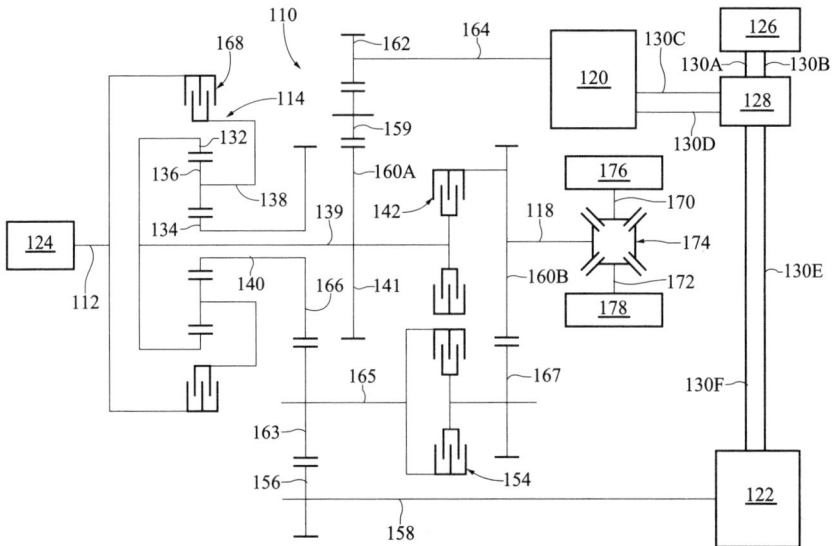

图 2-18　通用公司早期三排构型简图

轴，165 为传动轴，167 为输出主动齿轮，160B 为输出从动齿轮，118 为动力输出轴，174 为差速器，170、172 为半轴，176 为驱动轮，126 为蓄电池，128 为电控单元，130A、130B、130C、130D、130E 和 130F 为电力导线。

2002 年通用公司发表了专利[13]，介绍了一种新型双行星排的混合动力耦合机构，该构型又称为 The Timken System，其构型简图如图 2–19。

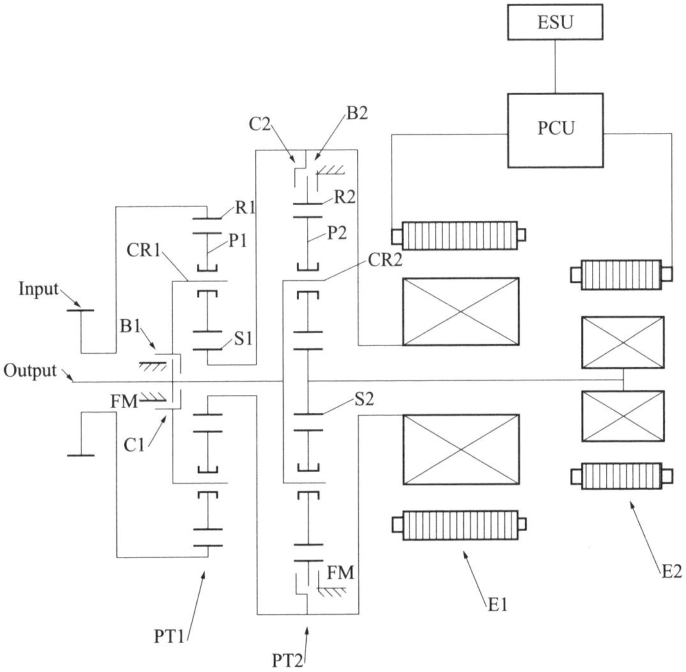

图 2–19　The Timken System 构型简图

该构型中，含有一个发动机、两个电动机、两个离合器和两个制动器。其中发动机与前排齿圈相连，前排行星架和后排行星架相连，前排太阳轮与发电机相连，并通过离合器与后排齿圈相连，后排太阳轮与驱动电动机相连，后排齿圈与制动器相连，前后排行星架与动力输出轴相连。通过控制离合器与制动器的不同状态，可以实现适用于高速和低速的两种不同工作模式。分析如下：

1. 低速模式(高负荷)

C1 接合，C2 分离，B2 接合，B1 分离。杠杆模型如图 2–20 所示。

其转矩与转速关系式如下：

$$T_{out} = T_e \frac{k_1 + 1}{k_1} + T_{m2}(k_2 + 1) \tag{2–11}$$

$$n_{out} = \frac{1}{1 + k_2} n_{m2} \tag{2–12}$$

2. 高速模式(低负荷)

C1 接合，C2 接合，B2 分离，B1 分离。杠杆模型如图 2-21 所示。

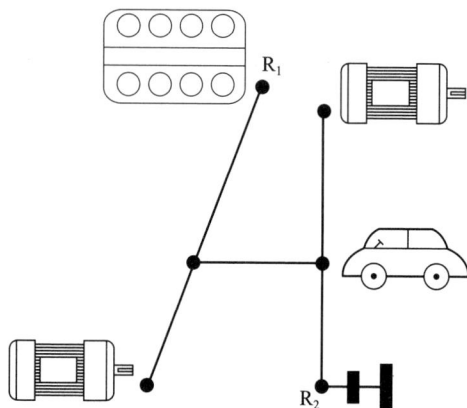

图 2-20 低速模式下的杠杆模型

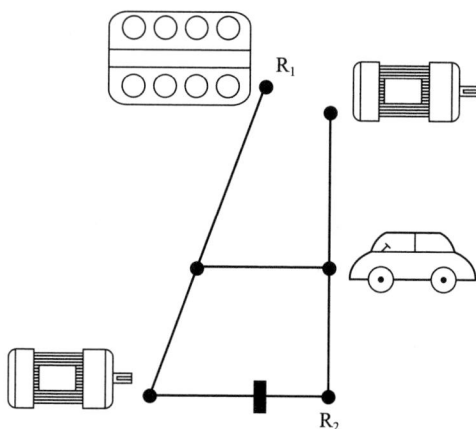

图 2-21 高速模式下的杠杆模型

其转速关系式如下：

$$n_{\text{out}} = \frac{k_2}{1+k_2}n_{\text{m1}} + \frac{1}{1+k_2}n_{\text{m2}} \qquad (2-13)$$

2005 年，The Timken Company 的 Xiaolan Ai 和 Ricardo Inc. 的 Scott Anderson[14]也对此构型进行了仿真和分析，其扭矩曲线如图 2-22 所示，模式分类如表 2-2 所示。

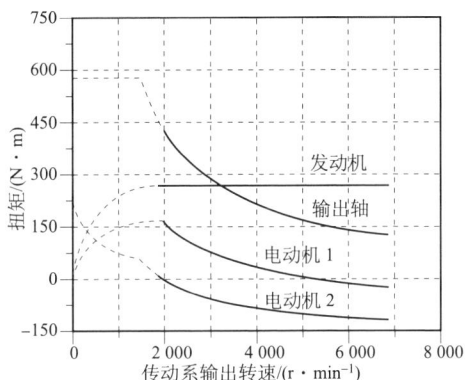

图 2-22　The Timken System 扭矩曲线

表 2-2　The Timken System 模式分类

模式/状态	制动器接合		离合器接合		电动机状态	
	B1	B2	C1	C2	E1	E2
驻车/发动机关	是	是	是	是	关闭	关闭
驻车/发动机开	是	是	是	否	发电	关闭
驻车/发动机开	是	否	是	否	发电	发电
空挡	否	否	否	否	—	—
起动发动机/停车	是	是	是	否	关闭	电动
起动发动机/空挡	是	否	否	否	电动	—
前进/低速	否	是	是	否	发电	电动
前进/高速	否	否	是	是	电动/发电	发电/电动
倒车1/串联模式	是	是	否	否	发电	电动
倒车/输出式分流	否	是	是	否	发电	电动
零排放1/ 单电动机驱动	否	是	否	否	—	电动
零排放2/ 双电动机驱动	否	否	否	是	电动	电动

　　结果表明，与四挡的传统车相比，该构型提高了加速性能，并且降低了燃油排放。以 MPG(Miles Per Gallon)计算，在 FTP 工况中燃油经济性提高了158%，在 HWFET 工况中燃油经济性提高了92%。并且该构型对电动机容量

的需求小于普锐斯对电动机的需求，其电动机最大扭矩需求是普锐斯的 1/3，电动机最大功率需求只是普锐斯的 2/3。该论文中，作者也将该构型和普锐斯构型的燃油经济性和动力性进行了对比，得出了该构型更为优化的结论，一些对比曲线如图 2 - 23 ~ 图 2 - 26 所示。

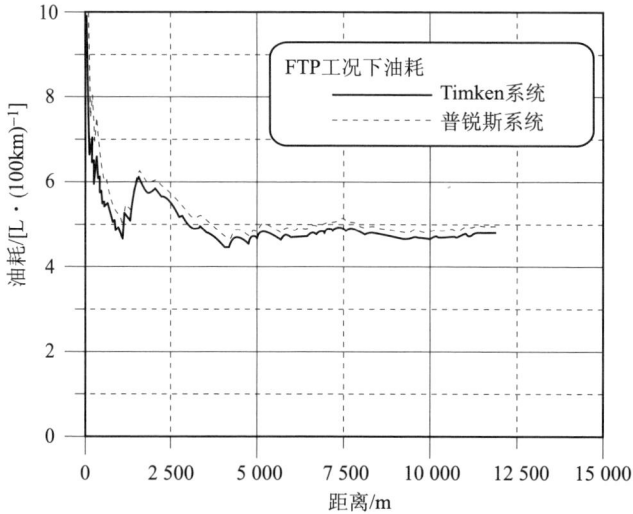

图 2 - 23　燃油经济性对比曲线(FTP)

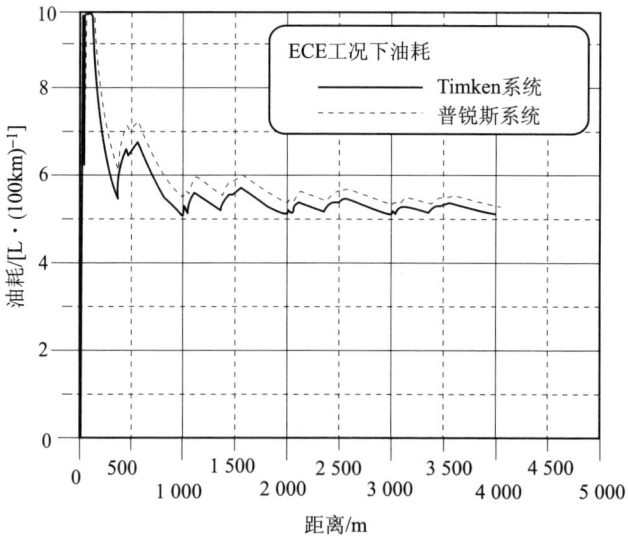

图 2 - 24　燃油经济性对比曲线(ECE)

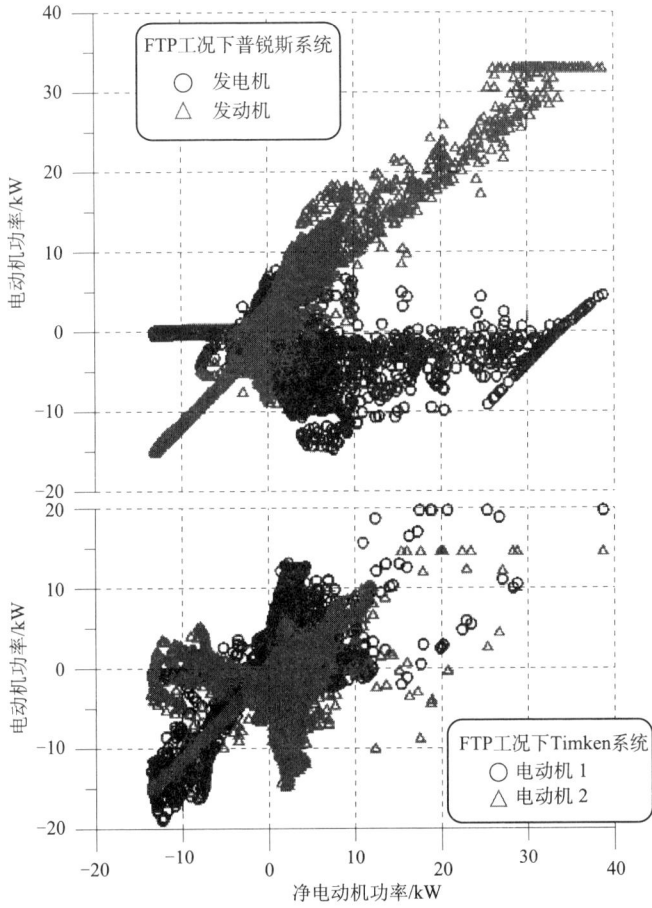

图 2 - 25　动力源需求对比

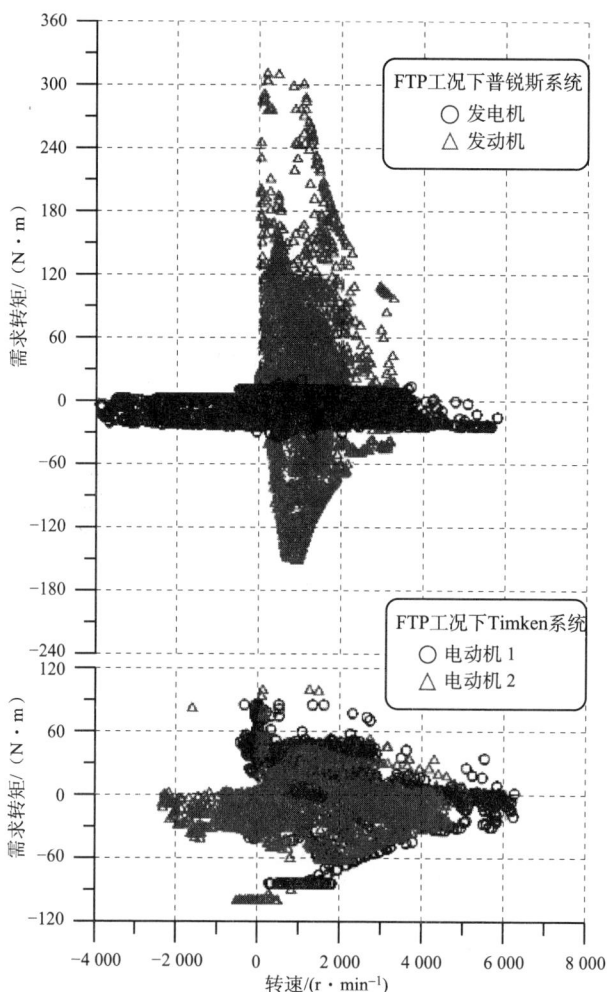

图 2 - 26　动力源需求对比

2003 年通用公司再次发表专利[15]，研制了一种双排双模的行星齿轮动力耦合机构，简称为 AHS(2PG)，其构型简图如图 2 - 27 所示。

由构型简图可以看出，发动机 12 通过离合器 16 与前排行星架 26 相连，前排太阳轮 24 与发电机 56 相连，并且通过离合器 64 与后排齿圈 32 相连，后排齿圈又通过离合器 62 与车架 54 相连，前排齿圈 22 与后排太阳轮 36 相连，并且一起与驱动电动机 68 相连。该种构型通过控制离合器 64、62 的分离与接合，可以实现两种不同的工作模式，分别适用于高速低负荷和低速高负荷的情况，以达到优化发动机工作曲线、提高燃油经济性的目的。该种构型主要应用在通用公司的 Yukon 和 Tahoe 这两款 HEV 车型上，适用于对动力性要求较高的 SUV 车型。

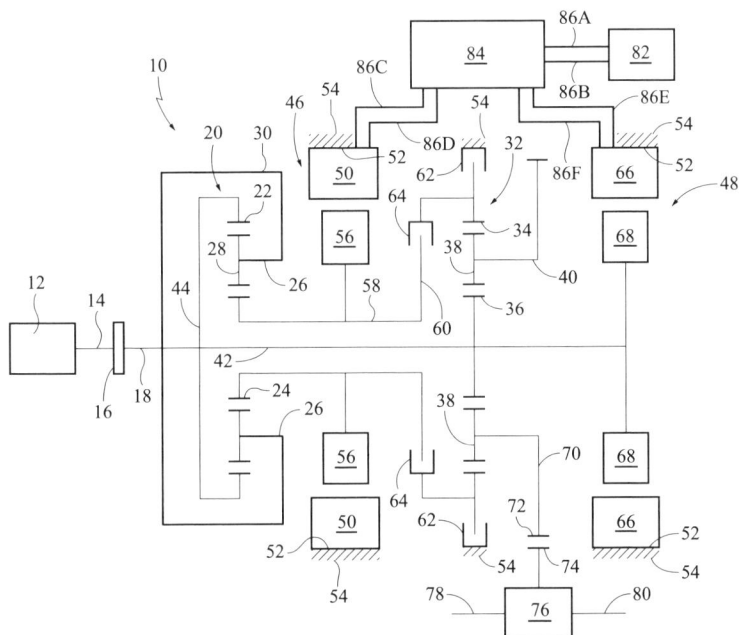

图 2 - 27　AHS(2PG)构型简图

1. 低速模式(高负荷)

AHS(2PG) 的离合器 64 分离，离合器 62 接合，即后排齿圈被锁死，其低速模式构型简图如图 2 - 28 所示，杠杆模型如图 2 - 29 所示。

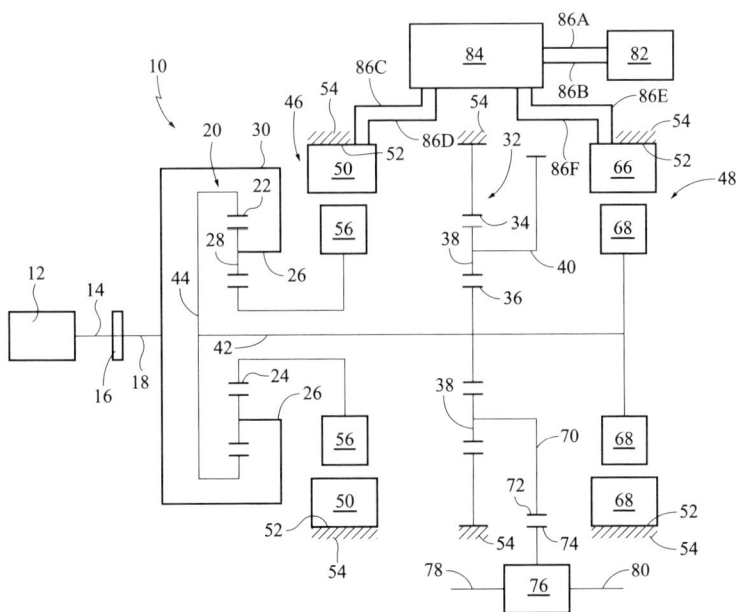

图 2 - 28　Yukon 低速模式构型简图

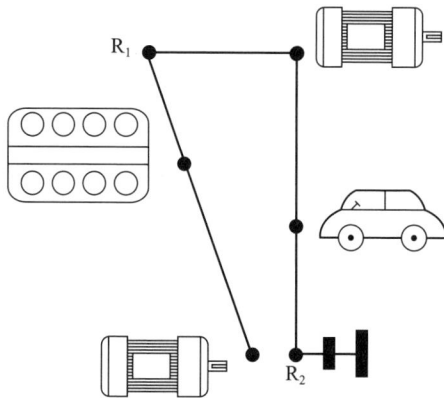

图 2 - 29　Yukon 低速模式杠杆模型

其扭矩关系式如下:

$$T_{\text{out}} = (1 + k_2)\left(T_e\frac{k}{1 + k_1} + T_{\text{m2}}\right) \qquad (2-14)$$

2. 高速模式(低负荷)

AHS(2PG)的离合器 62 分离,离合器 64 接合,其高速模式构型简图如图 2 - 30 所示,杠杆模型如图 2 - 31 所示。

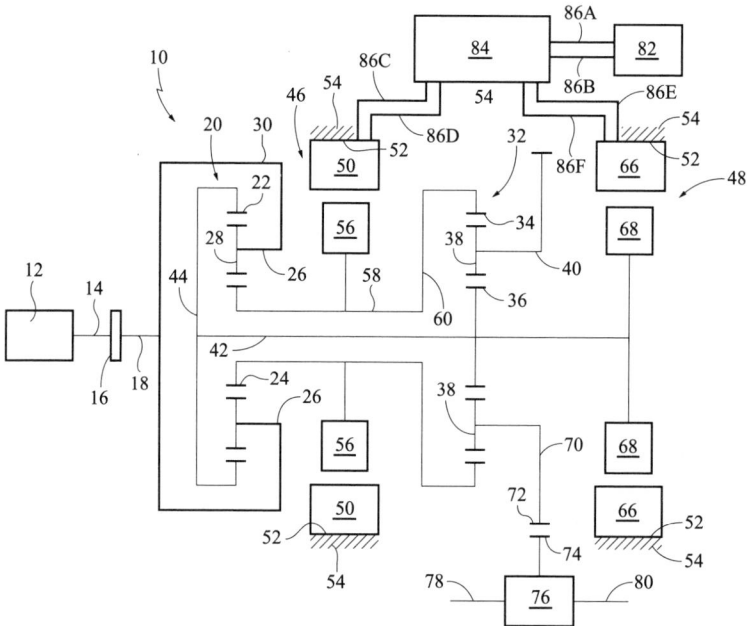

图 2 - 30　Yukon 高速模式构型简图

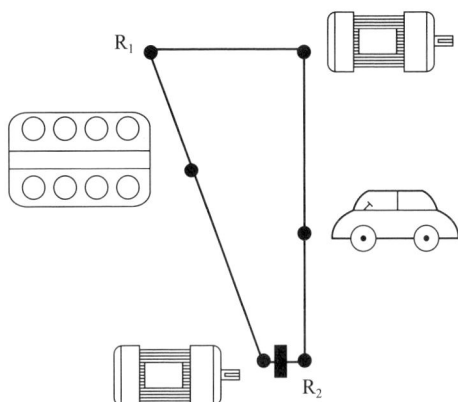

图 2 – 31　Yukon 高速模式杠杆模型

其扭矩和转速的关系式如下：

$$T_{out} = (1 + k_2)\left(T_e \frac{k_1}{1 + k_1} + T_{m2}\right) \qquad (2-15)$$

$$n_{out} = \left(\frac{1 + k_1}{k_1} \cdot \frac{1}{1 + k_2}\right)n_e - \frac{1 - k_1 k_2}{k_1(1 + k_2)}n_{m1} \qquad (2-16)$$

代入具体的数值可以发现，在高速模式下，Yukon 的增速效果不明显，且需要 MG2 运行于高速模式下。而在低速模式下，Yukon 的输出扭矩比一般的混合动力车的输出扭矩更大，驱动性能更强，因此，Yukon 属于大型的 SUV 车型。

2.1.2.2　美国通用公司三排行星齿轮构型[16]

1. AHS(3PG)构型

1999 年通用公司的 Michael R. Schmidt 发表专利[17]，介绍一种三排的行星齿轮动力耦合机构，简称为 AHS(3PG)，其构型简图如图 2 – 32 所示，杠杆模型如图 2 – 33 所示。

由构型简图中可以看出，发动机 14 与第一排齿圈 30 相连，发电机 56 与第一排太阳轮 32 相连，并且与第二排齿圈 38 相连，第一排行星架 36 与第二排行星架 44 相连，并且通过离合器 62 与第三排行星架 52 相连，第三排行星架与动力输出轴 64 相连，第二排太阳轮 40 与第三排太阳轮 48 相连，并且与驱动电动机 72 相连，第三排齿圈 46 通过离合器 70 与车架 68 相连。该系统通过控制离合器的分离与接合，可以实现高速和低速两种不同的工作模式。

2. AHS(3PG)加 4FG 速比构型

2007 年通用公司的 Tim M. Grewe，Brendan M. Conlon 和 Alan G. Holmes[11]介绍了一种新的三排行星齿轮构型，它是在 AHS(3PG) 的基础上又增加了两个离合器 C3、C4 衍生而成的，其构型简图如图 2 – 34 所示，模式分类见图 2 – 35。

49

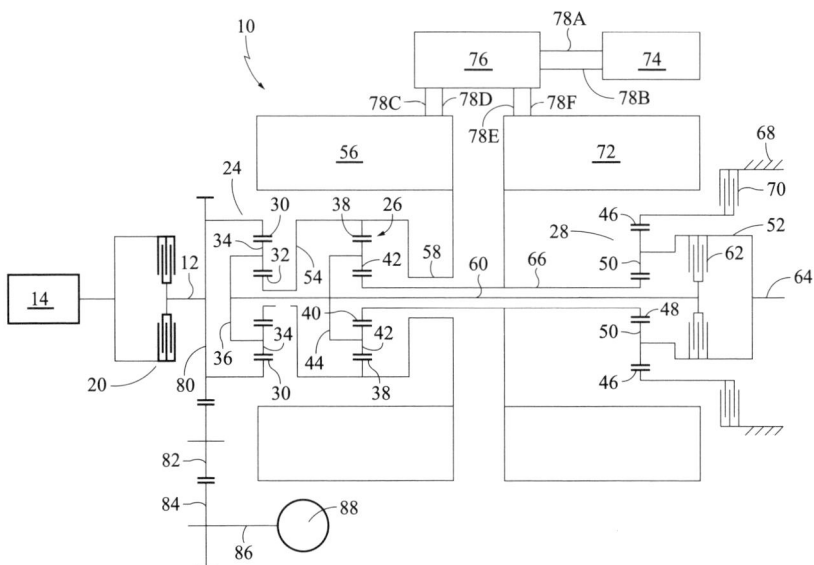

图 2－32　AHS(3PG)构型简图

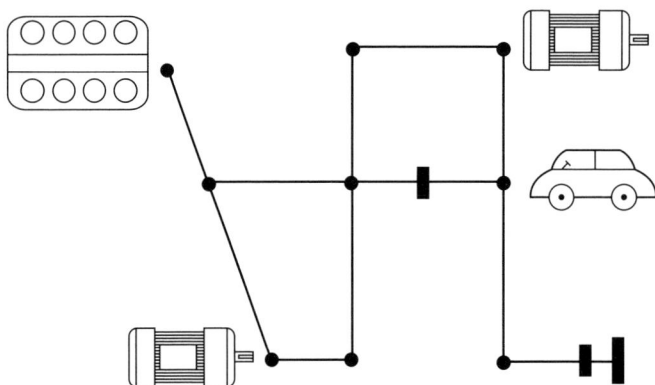

图 2－33　AHS(3PG)杠杆模型

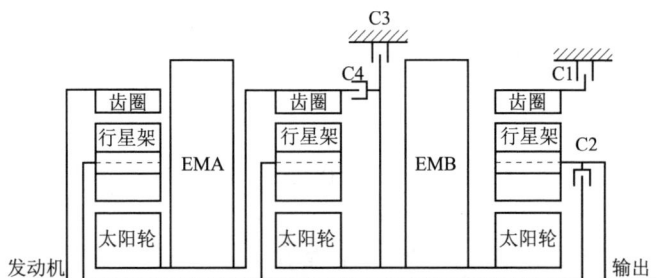

图 2－34　带固定速比的 AHS(3PG)构型简图

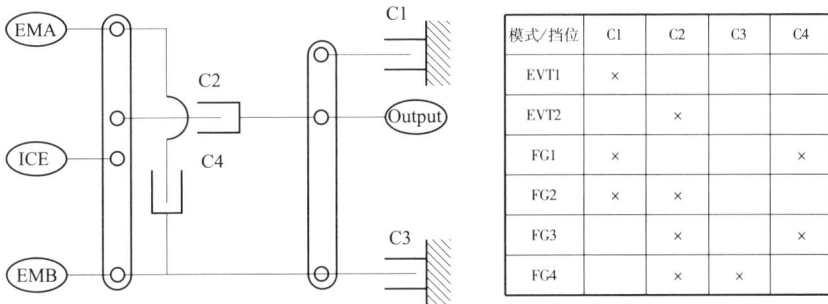

模式/挡位	C1	C2	C3	C4
EVT1	×			
EVT2		×		
FG1	×			×
FG2	×	×		
FG3		×	×	
FG4		×	×	

图 2 - 35　带固定速比的 AHS(3PG) 模式分类

多了两个离合器 C3、C4 之后，工作模式也增加了 4 个固定速比的工作模式，即双模(高速和低速)加 4 个固定速比(FG)。该构型应用于通用公司新版本的 Yukon 和 Tahoe 车型上。通用公司的 Benjamin Kaehler[18] 也对这种改进之后的新构型进行了分析，最后表明该构型更适合于重型车辆和大马力的 SUV 车型，它最大化地优化了燃油经济性能，同时也满足了 SUV 的越野性能。下面分析它的各种模式。

(1)EVT1 模式——适合于低速。

EVT1 模式其实相当于一个 Input Split 形式的构型，此时只有离合器 C1 接合，其他离合器均分离，简化后的模型如图 2 - 36 所示。

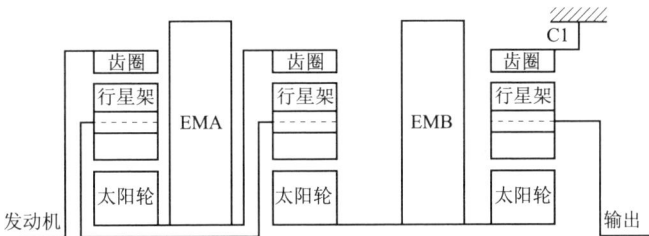

图 2 - 36　EVT1 模式构型简图

其转矩与转速关系式如下：

$$T_{out} = \left(T_e \frac{k_1 + 1}{k_1} \times \frac{1}{k_2 + 1} + T_{mB} \right)(k_3 + 1) \qquad (2-17)$$

$$(1 + k_3)n_{out} = \frac{1 - k_1 k_2}{1 + k_1} n_{mA} + \frac{k_1 + k_1 k_2}{1 + k_1} n_e \qquad (2-18)$$

由上式可以看出：EVT1 模式是可以实现无级变速的，即通过调节发电机的转速 n_{mA} 来调节传动比。

(2)EVT2 模式——适合于高速。

EVT2 模式相当于一个复合式功率分流形式的构型，此时只有离合器 C2 接合，其他离合器均分离，简化后的模型如图 2 - 37 所示。

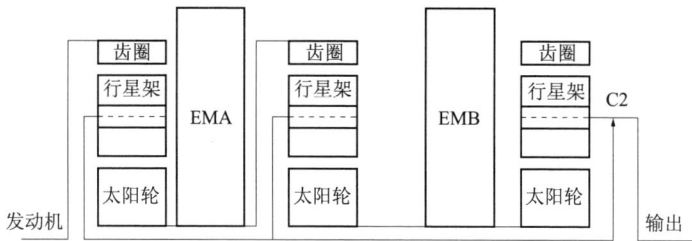

图 2-37　EVT2 模式构型简图

其转矩与转速关系式如下：

$$T_{out} = T_e \frac{k_1 + 1}{k_1} + T_{mB}(k_2 + 1) \qquad (2-19)$$

$$(1 + k_1)n_{out} = n_{mA} + k_1 n_e \qquad (2-20)$$

同样，由上式可以看出，EVT2 模式也是可以实现无级变速的，即通过调节发电机的转速 n_{mA} 来调节传动比。

（3）FG1：离合器 C1、C4 接合（图 2-38）。

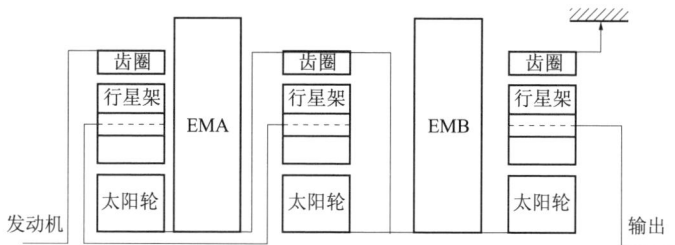

图 2-38　FG1 模式构型简图

其转速与转矩关系式如下：

$$n_{out} = \frac{1}{k_3 + 1} n_e \qquad (2-21)$$

$$T_{out} = (T_e + T_{mB})(k_3 + 1) \qquad (2-22)$$

此时，前两排传动比都为 1，PG1、PG2 属自锁。

（4）FG2：离合器 C1、C2 接合（图 2-39）。

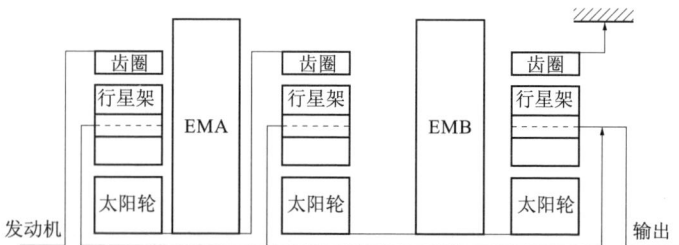

图 2-39　FG2 模式构型简图

其转速与转矩关系式如下：

$$n_{\text{out}} = \frac{k_1 k_2}{k_1 k_2 + k_3} n_{\text{e}} \qquad (2-23)$$

$$T_{\text{out}} = T_{\text{e}} \left(\frac{k_3}{k_1 k_2} + 1 \right) + T_{\text{mB}} (k_3 + 1) \qquad (2-24)$$

（5）FG3：离合器 C2、C4 接合（图 2 - 40）。

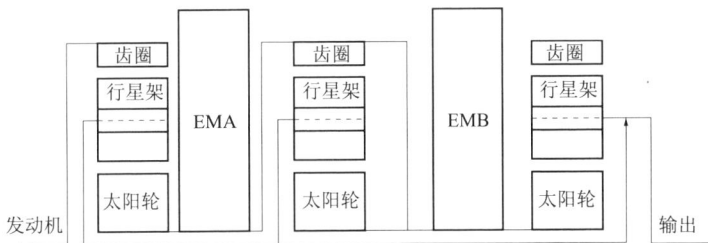

图 2 - 40　FG3 模式构型简图

其转速与转矩关系式如下：

$$n_{\text{out}} = n_{\text{e}} \qquad (2-25)$$

$$T_{\text{out}} = T_{\text{e}} + T_{\text{mB}} \qquad (2-26)$$

此时，PG1、PG2、PG3 都属于自锁，传动比为 1。

（6）FG4：离合器 C2、C3 接合（图 2 - 41）。

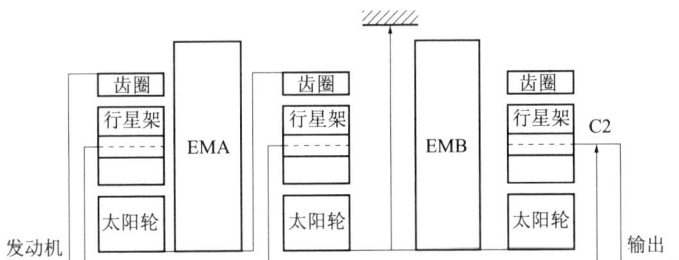

图 2 - 41　FG4 模式构型简图

其转速与转矩关系式如下：

$$n_{\text{out}} = \frac{k_1 k_2}{k_1 k_2 - 1} n_{\text{e}} \qquad (2-27)$$

$$T_{\text{out}} = T_{\text{e}} \left(1 - \frac{1}{k_1 k_2} \right) \qquad (2-28)$$

下面对 EVT1 与 EVT2 模式进行比较。

扭矩比较： 由 EVT1 与 EVT2 的扭矩公式相减得两模式的扭矩之差为：

$$\Delta T_{\text{out}} = \left[T_e \frac{k_1 + 1}{k_1(k_2 + 1)} + T_{\text{mB}} \right](k_3 - k_2) \qquad (2-29)$$

一般地，$k_3 > k_2$，所以 $\Delta T_{\text{out}} > 0$，即 EVT1 的扭矩大，所以适合于低速、启车模式。若将 Lexus GS450h 的 $k_1 = 2.6$，$k_2 = 2.9$，$k_3 = 3.2$ 代入上式，可得：

$$\Delta T_{\text{out}} = 0.11 T_e + 0.3 T_{\text{mB}} \qquad (2-30)$$

显然，EVT1 的输出扭矩比 EVT2 的输出扭矩大，更适合于低速模式。

转速比较：将具体数值代入公式，也可得到转速关系式。

EVT1：$n_{\text{out}} = -0.43 n_{\text{mA}} + 0.67 n_e$

EVT2：$n_{\text{out}} = 0.28 n_{\text{mA}} + 0.72 n_e$

综上可见：EVT1 模式适用于低速工况，EVT2 模式适用于高速工况，而且 EVT1 与 EVT2 切换的临界点是 FG2。将以上各种模式的运行区域表达于图 2-42 ~ 图 2-44 中，其中，图 2-42 的 FG1 ~ FG4 表示 4 个固定速比，EVT1、EVT2 为系统两个工作模式的运行区间，图 2-43 中的 4 个黑点表示 4 个固定速比的位置，图 2-44 中的最上面那条曲线为单模运行特性曲线，左下为双模系统的 EVT1(即图例：模式1)运行曲线。

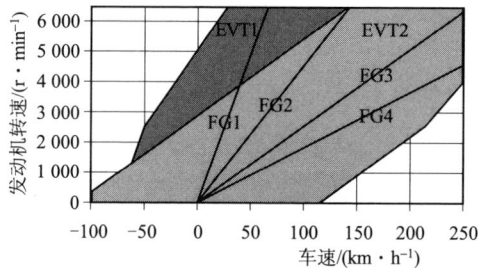

图 2-42　带固定速比的 AHS(3PG) 模式分布

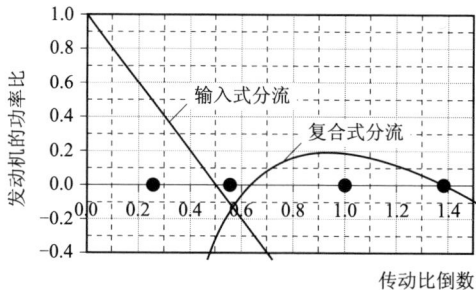

图 2-43　带固定速比的 AHS(3PG) 模式分布

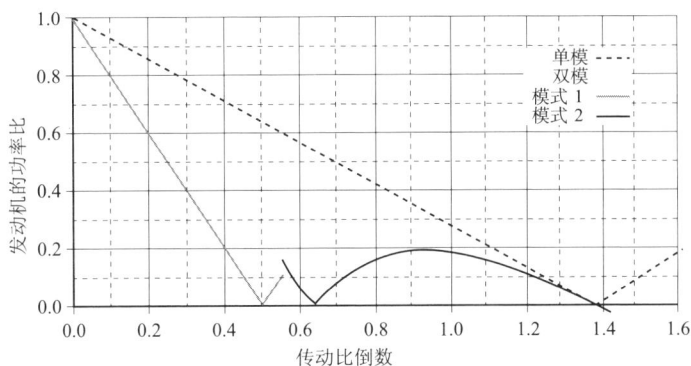

图 2 - 44　带固定速比的 AHS(3PG) 模式分布

3. 2MT 加 4FG 构型

2009 年，Hendrickson J 等人[19] 和 Meisel J[20] 又介绍了一种新的 2MT +
4FG 的构型，该构型用于前驱，也是第一种用于前驱的 2MT +4FG 构型，它
被命名为 2MT70，应用于通用公司的 Saturn Vue Green Line 车型上。其本身是
一个三排的构型，但在分析的时候都将其简化为双排来分析，图 2 - 45 是其
构型简图。

55

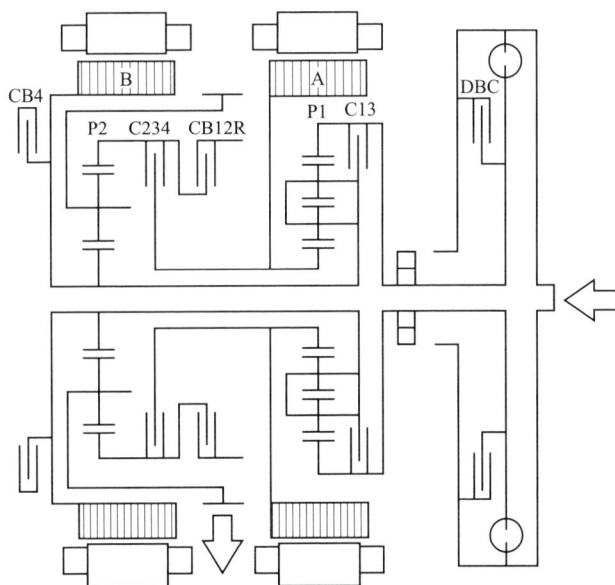

图 2 - 45　2MT70 构型简图

2MT70 模式分类如表 2 - 3 所示。

表 2-3　2MT70 模式分类

离合器工作模式	CB12R	C234	C13	CB4	DBC
纯电动驱动	EV	接合			
发动机起/停	ESS	接合			接合
低速 EVT	EVT1	接合			
固定速比 1	FG1	接合		接合	
固定速比 2	FG2	接合	接合		
高速 EVT	EVT2		接合		
固定速比 3	FG3		接合	接合	
固定速比 4	FG4		接合		接合

四个固定速比各有自己的特点和用处：

（1）FG1 相当于锁住 PG1，使其等速传递，在四个固定速比中，能够提供最大的牵引力。作为并联模式，电动机 A 和 B 都可提供额外的转矩。

（2）FG2 相当于锁止电动机 A，使其转速为 0，此时为第一机械点（即发动机输出功率全部通过机械路径输出），可实现两个 EVT 模式的切换。作为并联模式，电动机 B 可提供额外的转矩。

（3）FG3 相当于锁住 PG1 和 PG2，使整个机构传动比为 1，能够提供较为理想的爬坡和牵引性能。作为并联模式，电动机 A 和 B 都可提供额外的转矩。

（4）FG4 相当于锁止电动机 B，使其转速为 0，此时为第二机械点，在四个固定速比中，最适合高速巡航。作为并联模式，电动机 A 可提供额外的转矩。

2MT70 构型有许多优点：①实现了将全功能双模混合动力驱动单元安装在普通前驱车结构中；②在不牺牲较多动力性的前提下，最大限度地提高了经济性；③增加了创新性的减震器旁路系统，使其发动机起停技术在行业中领先。

2MT70 性能改善对比如表 2-4 所示。

表 2-4　2MT70 性能改善对比

项目	Saturn Vue 传统车型	双模混合动力 Saturn Vue
0~60 mi/h 加速时间	6.9 s	7.5 s
EPA 燃油经济性	基准	提高 50%

图 2 - 46 所示为 2MT70 燃油经济性提高量。

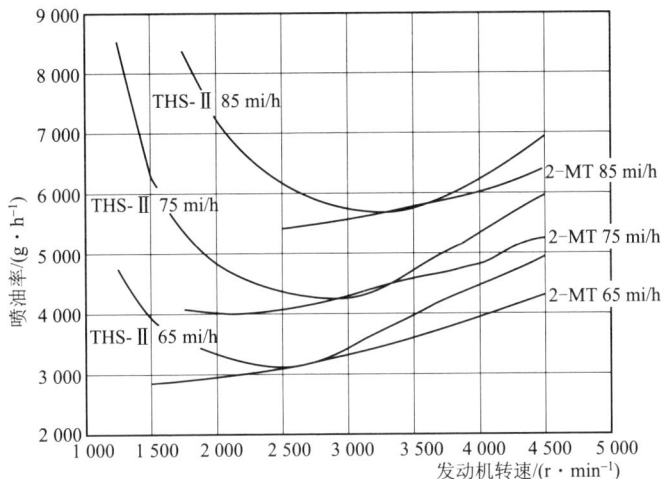

图 2 - 46　2MT70 燃油经济性提高量

注：mi 即英里，1 mi = 1.609 344 km

此外，1999 年通用公司发表专利[21]，介绍了一种三排的行星式动力耦合构型，该构型和以上提出的构型比较相似，而且业内对此构型研究较少，其使用率不高。2007 年通用公司的工程师发表专利[22]，介绍了 15 种三排行星齿轮的构型简图，将三行星排构型的混合动力耦合器基本都罗列了出来，并且给出了速比设计的数字样例，但并没有做出很详细的分析。该专利中的其中一个构型如图 2 - 47 所示。

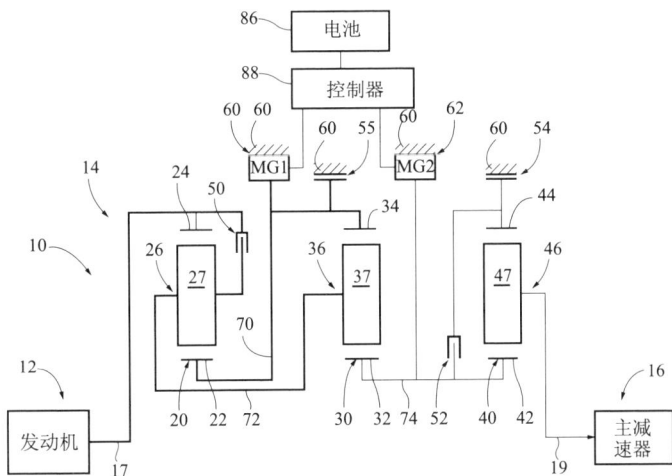

图 2 - 47　通用公司早期三排构型简图

2.1.2.3　美国通用公司 EVT 构型总结

纵观美国通用公司在 EVT 混合动力耦合系统方面的发展路线和技术成就，可以总结出其科研成果路线，如图 2 - 48 所示。通用公司的技术演变路线并没有 Toyota 公司那么清晰明朗，而且结构上比丰田公司更为复杂，多数集中于双排、三排的研究，尤其是在三排方面，发表了一些专利，总结如表 2 - 5 所示。

表 2 - 5　美国通用公司的 EVT 构型总结

	发明时间	文献来源	用于车型	构型	特点
双排	1996 年	US 5、558、588	—	—	比较原始、复杂
	2002 年	US 6、478、705 B1 SAE2005 - 01 - 0281	—	The Timken System	实现高、低两种模式，更优于普锐斯
	2003 年	US 6、527、658 B2	Yukon Tahoe	AHS(2PG)	双模式、适用于 SUV
三排	1999 年	US 5、931、757	—	AHS(3PG)	两个离合器，实现两种模式
	2007 年	SAE 2007 - 01 - 0273	新版本的 Yukon Tahoe	AHS(3PG) +4FG	构型与上一个完全一样，只是又加了 2 个离合器，可实现两模式 + 4 个固定比变速
	2007 年	US 7、238、131、B2	—	AHS(3PG)	罗列了 15 种三排构型
	2009 年	SAE 2009 - 01 - 0508、SAE 2009 - 01 - 1321	Vue Green Line	2MT70	第一次用于前驱的构型，很好地提高了经济性

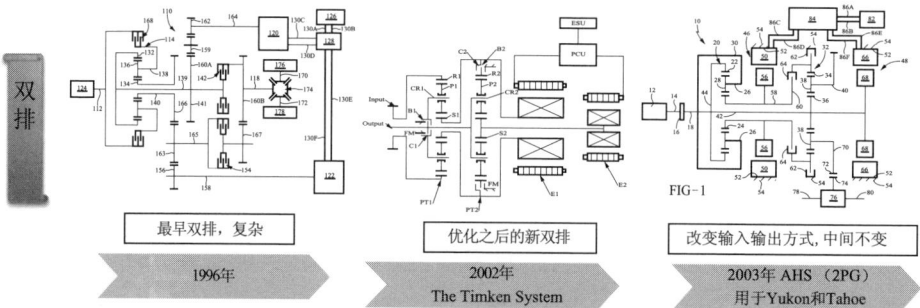

图 2 - 48　通用公司 EVT 构型演变路线

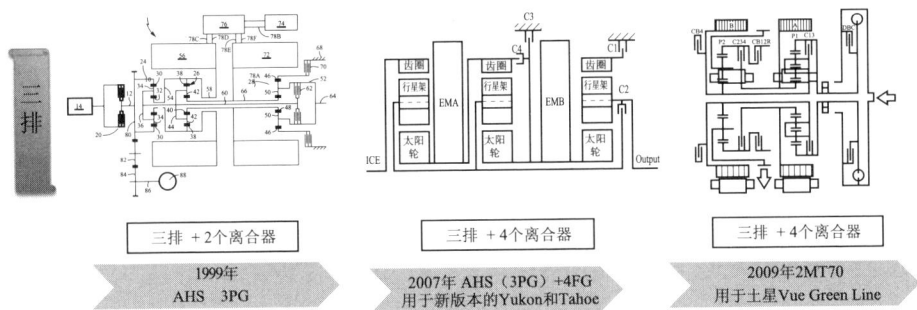

图 2-48　通用公司 EVT 构型演变路线(续)

2.1.3　小结

对比丰田公司和通用公司的 EVT 构型不难看出,通用的 AHS 系统因为能实现不同的功率分流模式,控制更灵活,可在不同的条件下采用不同的工作模式,因此,综合效率和动力性都优于丰田的 THS 系统。然而,AHS 通常具有两排或三排行星齿轮,以及多个离合器、制动器,结构过于复杂,生产制造难度大,控制策略也十分复杂。

2.2　EVT 系统工作原理

在典型 EVT 构型介绍的基础上,本节将建立 EVT 系统中核心部件——行星耦合装置的通用分析模型,对其转速、转矩关系进行探讨,进而得到 EVT 系统的基本工作原理。在此基础上,还将根据行星耦合装置的特点对 EVT 系统构型进行分类,讲解不同类型的特点。

2.2.1　行星耦合装置的基本原理

根据 EVT 型混联式混合动力系统通用杆分析模型,可以建立静态特性的杆分析模型,如图 2-49 所示。其中,ω_A 和 T_A 分别表示电动机 MG1 的转速和转矩,ω_B 和 T_B 分别表示电动机 MG2 的转速和转矩,ω_i 和 T_i 分别表示发动机的转速和转矩,ω_o 和 T_o 分别表示行星排与驱动桥相连接的齿轮输出转速(与车速成正比)和转矩。

根据系统受力平衡可得:

$$T_A + T_B + T_i = T_o \tag{2-31}$$

对输出节点 O 取力矩可得式(2-32):

$$T_i + \alpha T_A + \beta T_B = 0 \tag{2-32}$$

由转速关系可得:

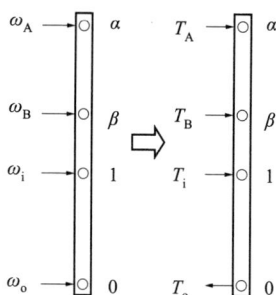

图 2 - 49   EVT 型混联式混合动力系统静态特性杆分析模型

$$\frac{\omega_i - \omega_o}{1} = \frac{\omega_A - \omega_o}{\alpha} = \frac{\omega_B - \omega_o}{\beta} \qquad (2-33)$$

由以上式(2-31)、式(2-32)和式(2-33)整理可得：

$$\begin{cases} \omega_A = \alpha\omega_i + (1-\alpha)\omega_o \\ \omega_B = \beta\omega_i + (1-\beta)\omega_o \\ T_i = -\alpha T_A - \beta T_B \\ T_o = (1-\alpha)T_A + (1-\beta)T_B \end{cases} \qquad (2-34)$$

对于这种 EVT 型混联式混合动力系统，发动机的功率将通过两条路径传递到车轮，用以驱动车辆：一条路径为机械路径，即发动机的部分功率通过齿轮机构直接传递到车轮；另一条路径为机电路径(发动机→电动机 MG1→电动机 MG2)，即电动机 MG1 通过行星齿轮机构吸收发动机部分功率转化为电能，直接驱动电动机 MG2 帮助驱动车辆或为电池充电(电池 SOC 值小于上限值时)。显然，机械路径因不存在能量的二次转换，其效率将高于第二条的机电路径。所以，当输入/输出转速的比达到机械点时，即任意一个电动机的转速等于零，传动系统的效率达到最高。

对于输入功率分配模式(Input - split)混合动力汽车，由式(2-34)可知，只存在一个机械点，即 $\omega_A = 0$，可表示为式(2-35)。

$$\frac{\omega_i}{\omega_o} = \frac{\alpha-1}{\alpha} \qquad (2-35)$$

对于复合功率分配模式(Compound - split)混合动力汽车，由式(2-34)可知，存在两个机械点，即 $\omega_A = 0$ 和 $\omega_B = 0$，可表示为式(2-36)。

$$\frac{\omega_i}{\omega_o} = \frac{\alpha-1}{\alpha}, \frac{\beta-1}{\beta} \qquad (2-36)$$

2.2.2 行星耦合装置的分类

根据动力源及整车与 EVT 连接位置关系的不同，可将 EVT 型混联式混合动力汽车划分为输入功率分配型(Input – split Mode)、输出功率分配型(Output – split Mode)、复合功率分配型(Compound – split Mode)和组合分配型(Combinations of Modes)。根据杆模型分析方法可以建立混联式混合动力系统的通用模型，如图 2 – 50 所示，可以定义与整车相连的输出节点为基准点(0 点)，从输入到输出节点之间的距离为 1，从电动机 MG1 到输出节点的距离为 α，从电动机 MG2 到输出节点的距离为 β。若 α 和 β 为负值，则表示电动机 MG1 和电动机 MG2 在基准点以下，若都为正值则表示都在基准点以上。可以通过下面的具体实例来进一步了解这个抽象的分析模型。

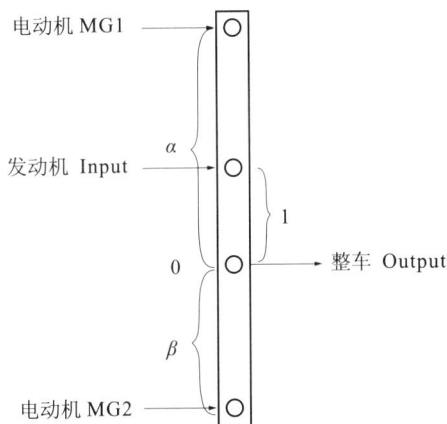

图 2 – 50　混联式混合动力系统通用杆分析模型

(1)输入功率分配型(Input – split Mode)。

当 $\alpha = 0$ 或 $\beta = 0$ 时，可以得到输入功率分配型混合动力系统。例如普锐斯汽车的 THS 系统和 AHS 系统的低速模式，如图 2 – 51 所示。

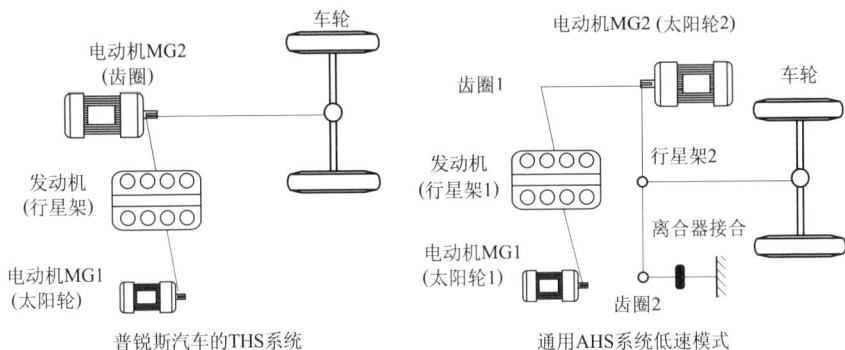

图 2 – 51　输入功率分配型混合动力系统

(2)输出功率分配型(Output – split Mode)。

当 $\alpha = 1$ 或 $\beta = 1$ 时，可以得到输出功率分配型混合动力系统。此混动力系统在驱动模式下一直存在电功率循环而降低了整个动力总成系统的效率。因此，这种系统未见采用。

（3）复合功率分配型（Compound – split Mode）。

当 $\alpha \neq 0$ 或 $\beta \neq 0$，同时，$\alpha \neq 1$ 或 $\beta \neq 1$，可以得到四个节点的动力系统。如丰田的 Lexus GS450h 汽车的 THS II 系统。

（4）组合分配型（Combinations of Modes）。

上述两种或三种分配型的组合型式。如通用公司的 Allison EP – 40/50 变速器（图 2 – 52），其中，前面的行星排（拉维娜式行星齿轮机构）在高负荷驱动模式下（当车辆起车时），离合器 1 分离，离合器 2 接合，动力系统为输入功率分配型；在低负荷驱动模式下（当巡航行驶时），离合器 1 接合，离合器 2 分离，动力系统为复合功率分配型。

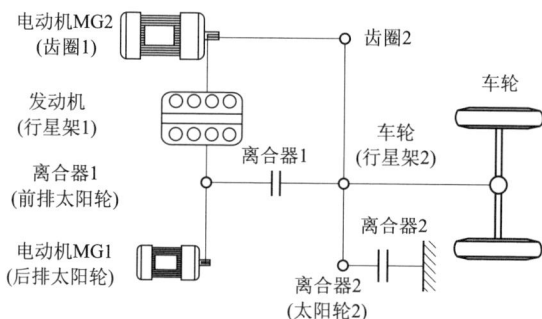

图 2 – 52　通用公司的 Allison EP – 40/50 变速器杆模型图

2.2.3　各分类构型的特点

2.2.3.1　输入功率分配型（Input – split）混合动力系统特性分析

对于 Input – split 模式混合动力系统，应有 $\beta = 0$，构型简图如图 2 – 53 所示。

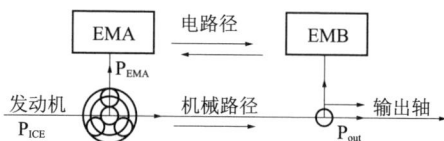

图 2 – 53　Input – split 构型简图

式（2 – 34）可以简化为式（2 – 37）。

$$\begin{cases} \omega_A = \alpha\omega_i + (1-\alpha)\omega_o \\ \omega_B = \omega_o \\ T_i = -\alpha T_A \\ T_o = (1-\alpha)T_A + T_B \end{cases} \tag{2-37}$$

若定义 $r_n \equiv \dfrac{\omega_i}{\omega_o} \Big/ \dfrac{\alpha-1}{\alpha}$，$r_n$ 为 EVT 的速比与机械点的比值，显然，当 $r_n = 1$ 时，EVT 达到了机械点，系统效率最高，则对于电动机 MG1 可进一步得到：

$$\begin{cases} \dfrac{\omega_A}{\omega_i} = \alpha\left(1 - \dfrac{1}{r_n}\right) \\ \dfrac{T_A}{T_i} = \dfrac{-1}{\alpha} \\ P_{A\_elec/eng} = \dfrac{\omega_A T_A}{\omega_i T_i} = \dfrac{1-r_n}{r_n} \end{cases} \tag{2-38}$$

若假定 $T_A\omega_A = T_B\omega_B$（即电池不参与工作），则对于电动机 MG2 可以得到：

$$\begin{cases} \dfrac{\omega_B}{\omega_i} = \dfrac{\alpha}{\alpha-1} \cdot \dfrac{1}{r_n} \\ \dfrac{T_B}{T_i} = \dfrac{\alpha-1}{\alpha}(r_n - 1) \\ P_{B\_elec/eng} = \dfrac{\omega_B T_B}{\omega_i T_i} = -\dfrac{\omega_A T_A}{\omega_i T_i} = \dfrac{r_n - 1}{r_n} \end{cases} \tag{2-39}$$

根据式(2-38)和式(2-39)可以得到 Input-split 模式混合动力系统的静态特性曲线，如图 2-54 所示。其中，横轴为 r_n，纵轴为电动机 MG1 和 MG2 相对于发动机的转速、转矩和功率比。

从图 2-54 可以看出，当车速为零时，$r_n \to \infty$，随着车速的增加，r_n 减小到 1（机械点），并且最终小于 1，则电功率的比例将迅速增加，系统的效率也将快速下降。另外，随着行星齿轮结构参数（$K_i = R_i/S_i$）的增大，α 值也将增大，相对于发动机的 MG1 的转速和 MG2 的转矩将不断变大。也有文献将结构参数定义为 $\rho = S_i/R_i$，但不影响动力系统的静态特性分析结果[23,24]。

因此，可以得出重要结论：此种混合动力系统需要一个大转矩的驱动电动机 MG2 和一个较大转速范围的电动机 MG1；机械点速比的选择其实质是在传动系统的效率和电动机尺寸之间的协调。

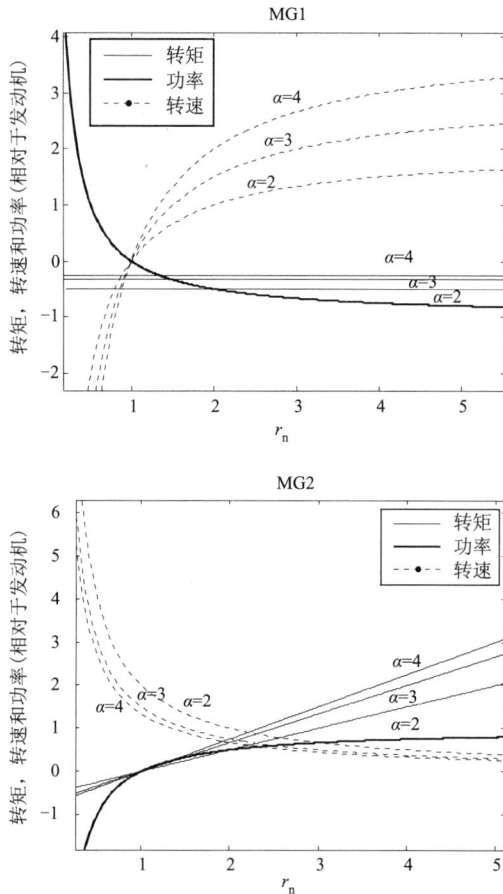

图 2 – 54   Input – split 模式混合动力系统的静态特性曲线

2.2.3.2   复合功率分配型(Compound – split)混合动力系统特性分析

首先,复合功率分配型(Compound – split)混合动力系统的构型简图如图 2 –55 所示。

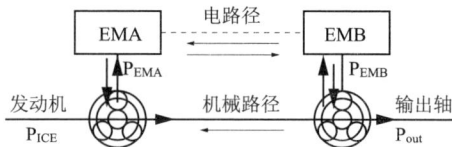

图 2 – 55   Compound – split 模式简图

相似地,通过式(2 – 34)可以获得 Compound – split 混合动力系统特性静态方程,如式(2 –40)所示。

$$\begin{cases} \dfrac{\omega_A}{\omega_i} = \alpha\left(1 - \dfrac{1}{r_n}\right) \\[3mm] \dfrac{\omega_B}{\omega_i} = \beta + \dfrac{\alpha(1-\beta)}{\alpha-1} \cdot \dfrac{1}{r_n} \\[3mm] \dfrac{T_A}{T_i} = \dfrac{\alpha - \beta + \beta(\alpha-1)(r_n-1)}{-\alpha(\alpha-\beta)} \\[3mm] \dfrac{T_B}{T_i} = \dfrac{(\alpha-1)(r_n-1)}{\alpha-\beta} \end{cases} \qquad (2-40)$$

如果定义 EVT 的速比范围为 Φ，那么 Φ 可以由等式（2-41）得出。

$$\Phi \equiv \dfrac{\alpha(\beta-1)}{\beta(\alpha-1)} \qquad (2-41)$$

下面将选择 $\alpha = 2$，$\beta = -1$ 的宽速比范围 $\Phi = 4$ 和 $\alpha = 4$，$\beta = -2$ 的窄速比范围 $\Phi = 2$ 的两个例子来说明 Compound-split 混合动力系统的静态特性，将 α 和 β 分别代入到式（2-40）中，可以得到静态特性曲线，如图 2-56 所示。

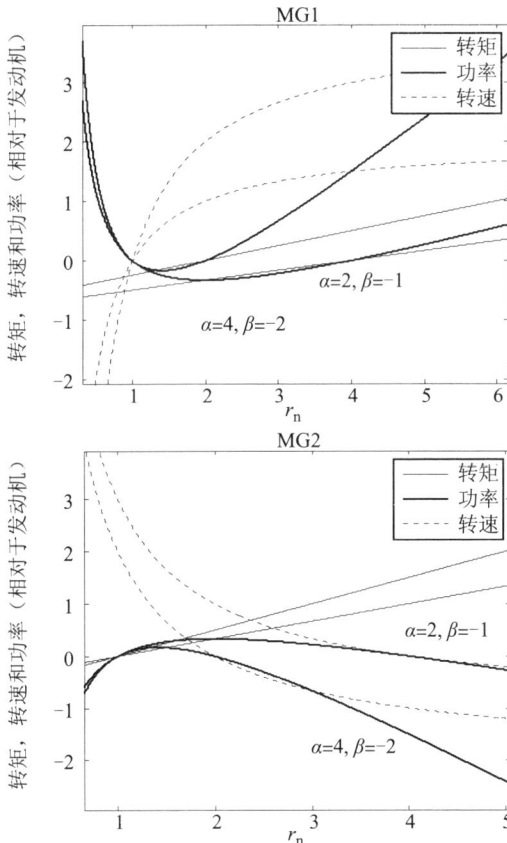

图 2-56　$\alpha = 2$，$\beta = -1$ 和 $\alpha = 4$，$\beta = -2$ 的 Compound-split 混合动力系统特性曲线

从图 2 - 56 的静态特性曲线可以看出，当车速等于零时 $r_n \to \infty$，随着车速的增加，r_n 将先到达第一个机械点（对于 $\alpha = 2$，$\beta = -1$，第一个机械点 $r_n = 2$，对于 $\alpha = 4$，$\beta = -2$，第一个机械点 $r_n = 1.5$），在两个机械点之间，电功率的比例较小，则系统效率也较高。同样，当 EVT 的速比超过第二个机械点，随车速的进一步提高，系统效率因为电功率比例的增加将迅速下降。其中，若电动机功率为负，则表示电动机发电；若电动机功率为正，则表示驱动。

可以得出重要结论，双模复合型混合动力系统的优点是适合于车辆中高速巡航工况（低负荷工况）；缺点是不适合于低速起车工况（高负荷工况）。尤其当车辆低速起车，发动机转速很高时，机电路径的电功率比例远大于 1，从而导致整个 EVT 的效率更低。

2.2.3.3 组合型（Combinations of Input/Compound splits）混合动力系统特性分析

这里以美国通用公司 Yukon 使用的 AHS 组合型混合动力系统为例，AHS 系统的低速工况（高负荷工况）为 Input - split 模式，AHS 系统的中高速工况（低负荷工况）为 Compound - split 模式，下面将按照这两种工况模式对 AHS 系统进行静态特性分析。

在低速工况时，AHS 系统的静态特性杆分析模型如图 2 - 57 所示。

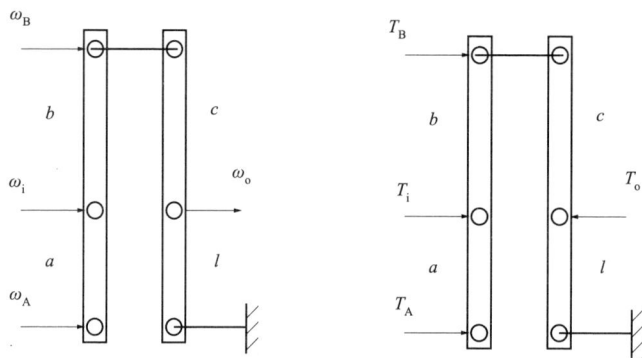

图 2 - 57　AHS 系统的静态特性杆分析模型

根据系统受力平衡以及转速关系可得：

$$\begin{cases} (T_A + T_B + T_i)(c+1) = T_o \\ (a+b)T_A + bT_i = 0 \\ \omega_B = (c+1)\omega_o \\ \omega_i = \dfrac{b}{a+b}\omega_A + \dfrac{a}{a+b}\omega_B \end{cases} \quad (2-42)$$

若定义 EVT 的速比 $R_n \equiv \dfrac{\omega_i}{\omega_o}$，则式(2－42)可以进一步整理为：

$$
\begin{cases}
\dfrac{\omega_A}{\omega_i} = \dfrac{a+b}{b} - \dfrac{a}{b} \dfrac{(c+1)}{R_n} \\[3mm]
\dfrac{\omega_B}{\omega_i} = \dfrac{c+1}{R_n} \\[3mm]
\dfrac{T_A}{T_i} = \dfrac{-b^2}{a+b}(R_n - 1) \\[3mm]
\dfrac{T_B}{T_i} = \dfrac{\dfrac{b^2}{a+b}\left(\dfrac{a+b}{b} - \dfrac{a}{b} \dfrac{(c+1)}{R_n} \right)}{\dfrac{c+1}{R_n}}
\end{cases}
\qquad (2-43)
$$

在高速工况时，AHS 系统是由双行星齿轮机构组合而成的复合功率分配型(Compound－split)混合动力系统，为分析其静态特性，需要先计算出这种混合动力系统中的 α 和 β 值。如图 2－58 所示。

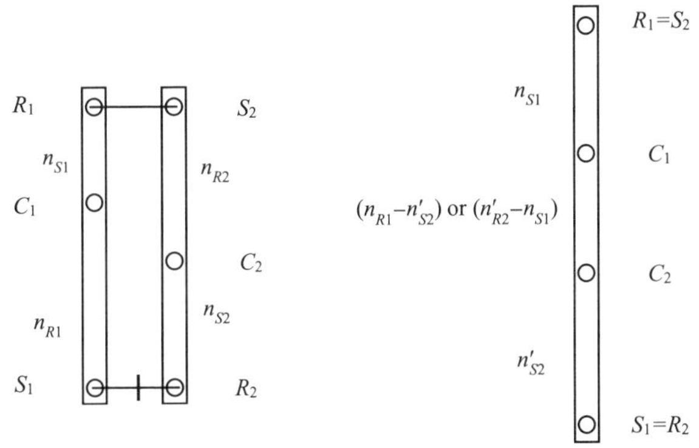

图 2－58　复合功率分配型混合动力系统杆分析模型

显然，当两个行星齿轮组合成一个复合齿轮机构(Compound Gear Set)时，图 2－58 左侧图中的 n_{R2} 和 n_{S2}，可由连接点转速关系相等求得，即 $n'_{R2} = n_{R2}/(n_{S1} + n_{R1})$，$n'_{S2} = n_{S2}/(n_{S1} + n_{R1})$。为了便于定性分析，这里可以取 $n_{R1} = 9$，$n_{S2} = 3$，$n_{R2} = 8$ 和 $n_{S2} = 4$，那么对应于动力源与各节点的连接关系，可得：$\alpha = 4/5$ 和 $\beta = 8/5$。

相似地，将式(2－42)中的 EVT 传动比 r_n 用 R_n 代替，可得式(2－44)。

$$
\begin{cases}
\dfrac{\omega_A}{\omega_i} = \alpha + \dfrac{1-\alpha}{R_n} \\[2mm]
\dfrac{\omega_B}{\omega_i} = \beta + \dfrac{1-\beta}{R_n} \\[2mm]
\dfrac{T_A}{T_i} = \dfrac{\alpha - \beta + \beta(\alpha-1)\left(\dfrac{\alpha}{\alpha-1}R_n - 1\right)}{-\alpha(\alpha-\beta)} \\[4mm]
\dfrac{T_B}{T_i} = \dfrac{(\alpha-1)\left(\dfrac{\alpha}{\alpha-1}R_n - 1\right)}{\alpha-\beta}
\end{cases}
\tag{2-44}
$$

将 $\alpha=4/5$ 和 $\beta=8/5$ 分别代入式(2-43)和式(2-44)，可得如下结论。

对于低速工况，机械点 $R_n=9/4$；对于中高速工况，两个机械点分别为：$R_{n1}=9/4$ 和 $R_{n2}=3/8$，通过式(2-43)和式(2-44)可以得到这种双模组合型混合动力系统(AHS)的静态特性曲线，如图2-59所示。

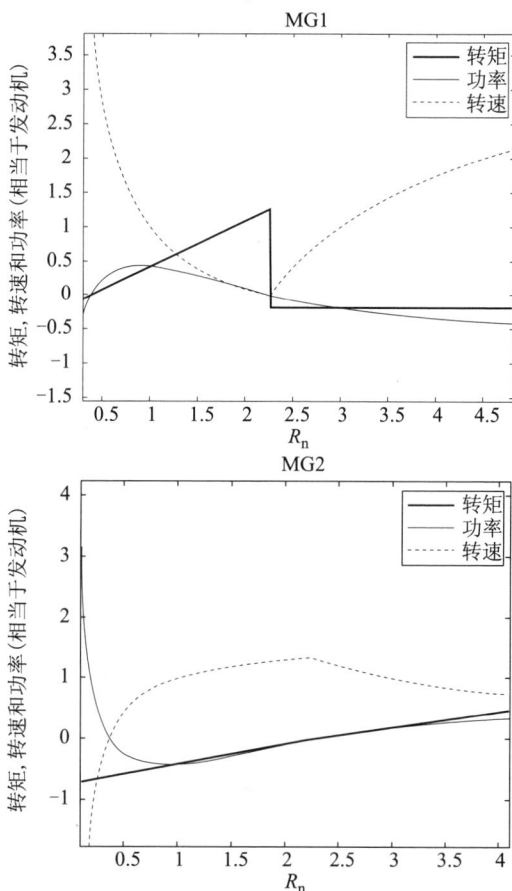

图2-59 双模组合型混合动力系统(AHS)的静态特性曲线

低速工况和高速工况的模式切换是在 Input – split 的机械点时刻，即电动机 MG1 转速等于 0 的时刻。从图 2 – 59 可以看出，在 R_n 从 $\infty \to 9/4$ 变化的过程中，即低速工况(高负荷工况)时，此工况利用了 Input – split 模式的优势，既保证了车辆的动力性，又避免了 Compound – split 混合动力系统的低速工况传动系统效率低的缺点；在 R_n 从 $9/4 \to 3/8$ 过程中，即中高速工况(低负荷工况)时，此工况利用了 Compound – split 模式的 EVT 效率高的优势驱动整车，保证了整车燃油经济性。

2.3　DHS 系统

为了给混联式混合动力汽车提供新型的动力耦合装置，同时突破丰田汽车公司的 THS 动力耦合系统专利的束缚，通过对传统锥齿轮差速器的结构及工作原理的研究与分析，并与日本丰田公司普锐斯混合动力汽车的 THS 系统中的 PSD(动力耦合装置)进行对比研究，得出传统的差速器作为混联式混合动力汽车的动力耦合装置的可行性。这种新型的系统被称作差速耦合系统 DHS[25]。本节将从连接方式和力学特性两方面对比 DHS 系统和 THS 系统，从原理上论证该系统的可行性。

2.3.1　动力总成连接方式对比

普锐斯所采用的 THS 系统构型的连接方式以及力学特性已经在前文中进行了详细介绍，此处重点介绍 DHS 系统的连接方式。

差速器作为混合动力汽车的动力传递装置，如图 2 – 60 所示。其中，系统Ⅱ的结构与系统Ⅰ相比只是在发电机与左半轴之间由单速比齿轮连接，其速比可按照与车速之间的转速关系或与发动机之间的扭矩关系确定。

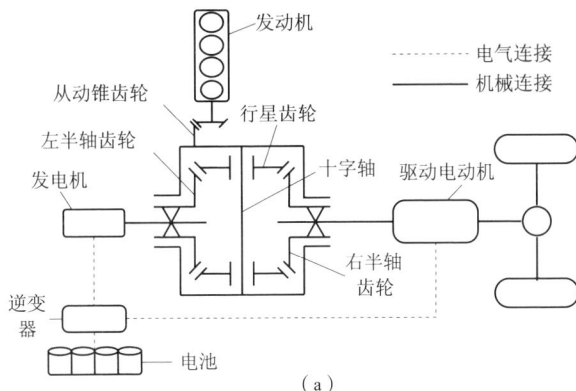

图 2 – 60　新型差速器动力耦合系统

(a)系统Ⅰ

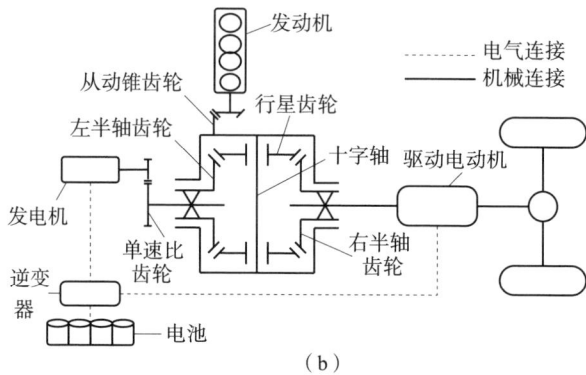

（b）

图 2 - 60　新型差速器动力耦合系统（续）

（b）系统Ⅱ

　　差速器的三端与动力源的连接为：左半轴齿轮—发电机；从动锥齿轮—发动机；右半轴齿轮—电动机。

　　由于差速器动力耦合装置与 THS - PSD 都属于 2K - H 结构（图 2 - 61），因此在结构连接上两者形式相同，无须重新设计整体结构，说明了连接方面的可行性。传统差速器式动力耦合装置

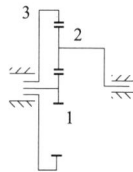

图 2 - 61　2K - H 行星结构
1—太阳轮；2—行星架；3—齿圈

改变了 DHS 三端转速及扭矩比，但可以通过单速比齿轮进行调整。所以除了上述的两种 DHS 结构型式之外，单速比齿轮也可以布置在发动机与从动齿轮或 DHS 右半轴齿轮和驱动电动机之间。

2.3.2　转速、转矩关系对比

　　THS 与 DHS 系统中,动力源之间的转速关系可以统一表示为：

$$k_1\omega_g + k\omega_m = (1+k)\omega_e \tag{2-45}$$

对于 THS 系统，$k = z_r/z_s = 2.6$，$k_1 = 1$。对于 DHS 系统，$k = 1$，$k_1 = 1$。

　　由式（2 - 45）可得如图 2 - 60 所示的动力总成结构各动力源转速及车速的关系（图 2 - 62）。其中 3 个主要动力元件（发电机、驱动电动机和发动机）之间的转速关系为：

$$\omega_g + \omega_m = 2 \times \omega_e \tag{2-46}$$

驱动电动机转速与车速之间的关系为：

$$\omega_m = 35.11 \times v \tag{2-47}$$

　　由式（2 - 46）和式（2 - 47）可得动力源之间的制约关系，如图 2 - 63 所示。

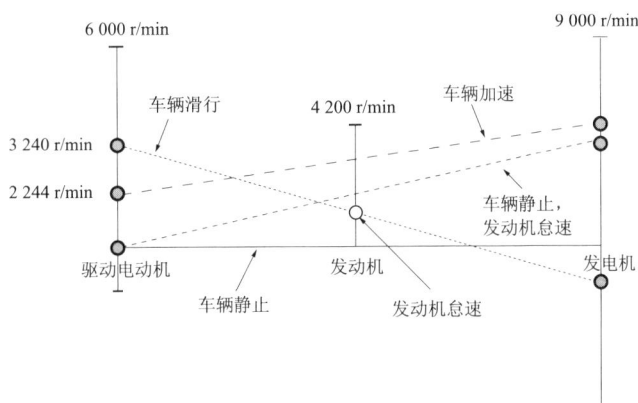

图 2 - 62　动力总成部件的转速关系

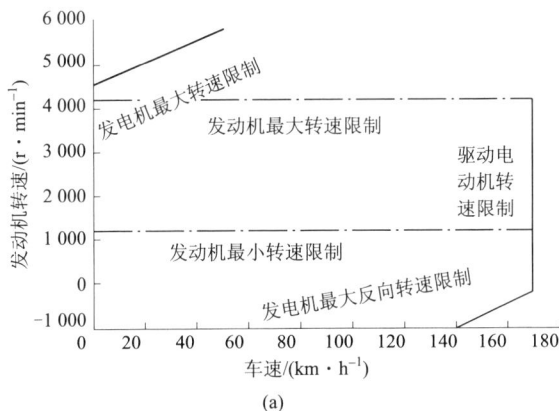

(a)

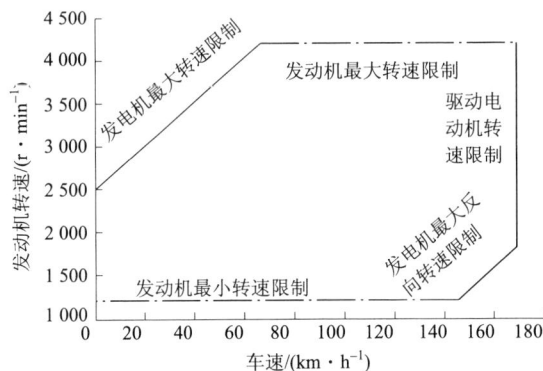

(b)

图 2 - 63　动力总成部件对发动机转速的限制

（a）DHS 系统；（b）THS 系统

将式(2-45)代入能量守恒方程，可得 DHS 系统的扭矩关系为[26-28]：

$$\begin{cases} T_{\text{left\_gear}} = T_{\text{right\_gear}} = kT_e/(1+k) \\ T_g/k_1 = T_e/(1+k) \end{cases} \quad (2-48)$$

式中，$T_{\text{right\_gear}}$ 为 DHS 右半轴齿轮扭矩。

对于 THS 系统，$k = z_r/z_s = 2.6$，$k_1 = 1$。对于 DHS 系统，$k = 1$，$k_1 = 1$。

由于电动机的尺寸与最大扭矩成正比，所以第一种结构所需的发电机尺寸略大于普锐斯汽车的发电机。如果第二种结构的单速比齿轮的速比为 3.6/2，根据转矩关系，其发电机的尺寸可以与普锐斯汽车的相同。

由转速极限关系可以看出，差速器耦合装置相对于 THS-PSD 不仅在整车加速过程中不会因为发电机的最高转速而限制发动机的最佳性能，而且也为动力总成部件匹配提供了更大的自由度，这无疑也在结构方面确定了差速器作为动力耦合装置的可行性。

2.3.3　小结

通过对传统差速器结构及工作原理的深入分析以及与成熟产品普锐斯汽车的对比研究，可见传统差速器作为动力耦合装置完全能够满足混合动力汽车的动力耦合要求。因此，差速器应用于混联式混合动力汽车动力耦合不仅具有可行性，还能够为混合动力汽车的动力耦合提供一种新的选择。

2.4　本章小结

本章介绍了当前世界上典型的行星式混合动力系统，主要包括以丰田公司为代表的 THS 系统和以通用公司为代表的 AHS 系统。在此基础上，讲解了行星式混合动力系统的一般性分析方法，并对输入功率分配型、输出功率分配型、复合分配型的特性进行了系统说明。最后，从连接方式和力学特性两方面分析 DHS 系统，从原理上论证了该系统的可行性。

参 考 文 献

[1] Harada O, Shibata Y, Yamaguchi K. Power output apparatus and method of controlling the same：U. S. ，Patent 6，067，801[P]. 2000-5-30.

[2] Benford H L, Leising M B. The lever analogy：A new tool in transmission analysis[R]. SAE Technical Paper, 1981.

[3] Koide T, Matsui H, Nada M. Hybrid vehicle drive system having two motor/

generator units and engine starting means：U. S. ，Patent 5，934，395［P］. 1999 - 8 - 10.

［4］ 畑祐志，松井英昭，茨木龙次. 动力输出装置、混合车辆及其控制方法：中国，CN 1336879A［P］. 2002 - 02 - 20.

［5］ Hidehiro Oba，Akihiro Yamanaka，Hiroshi Katsuta，Kensuke Kami-chi. Development of a Hybrid Powertrain System Using CVT in a Minivan［R］. SAE Technical Paper：2002 - 01 - 0991.

［6］ 菊池义晃. 动力输出装置、安装有该装置的汽车及该装置的控制方法：中国，CN 101010499［P］. 2007 - 08 - 01.

［7］ Hermance D W. Hybrid Vehicles：Lessons Learned and Future Prospects ［A］. 2006.

［8］ Koichiro Muta，Makoto Yamazaki，Junji Tokieda. Development of New Generation Hybrid System THS Ⅱ - Drastic Improvement of Power Performance and Fuel Economy［R］. SAE Technical paper：2004 - 01 - 0064.

［9］ Akihiro Kimura，Ikuo Ando，Kenji Itagaki. Development of Hybrid System for SUV［R］. SAE Technical Paper：2005 - 01 - 0273.

［10］ Kensuke Kamichi，Kazuomi Okasaka，Mamoru Tomatsuri，Takuji Matsubara，Yasuhiro Kaya，Hiroki Asada. Hybrid System Development for a High - Performance Rear Drive Vehicle ［R］. SAE Technical Paper：2006 - 01 - 1338.

［11］ Tim M. Grewe，Brendan M. Conlon，Alan G. Holmes，Defining the General Motors 2 - Mode Hybrid Transmission［R］. SAE Technical Paper：2007 - 01 - 0273.

［12］ Schmidt M R. Two - mode，input - split，parallel，hybrid transmission：U. S. ，Patent 5，558，588［P］. 1996 - 9 - 24.

［13］ Holmes A G，Schmidt M R. Hybrid electric powertrain including a two - mode electrically variable transmission：U. S. ，Patent 6，478，705［P］. 2002 - 11 - 12.

［14］ Xiaolan Ai，Terry Mohr. An Electro - Mechanical Infinitely Variable Speed Transmission ［R］. SAE Technical Paper：2004 - 01 - 0354.

［15］ Holmes A G，Klemen D，Schmidt M R. Electrically variable transmission with selective input split，compound split，neutral and reverse modes：U. S. ，Patent 6，527，658［P］. 2003 - 3 - 4.

［16］ Goro Tamai，Shannon Reeves，Timothy H. Grewe，Truck Utility & Functionality in the GM 2 - Mode Hybrid［R］. SAE Technical Paper：2010 -

01 – 0826.

[17] Schmidt M R. Two – mode, compound – split electro – mechanical vehicular transmission：U. S. ，Patent 5，931，757[P]. 1999 – 8 – 3.

[18] Benjamin Kaehler, Design Criteria. Methods of Analysis, and Evaluation of Power Split Transmissions Explained Through a Two – Mode Hybrid Application[R]. Aachener Kolloquium Fahrzeug – und Motorentechnik 2007.

[19] Hendrickson J, Holmes A, Freiman D. General motors front wheel drive two – mode hybrid transmission[J]. Training, 2009, 2014：05 – 22.

[20] Meisel J. An analytic foundation for the two – mode hybrid – electric powertrain with a comparison to the single – mode Toyota Prius THS – II powertrain[J]. Training, 2009, 2013：09 – 30.

[21] Schmidt M R. Electro – mechanical powertrain：U. S. ，Patent 5，935，035 [P]. 1999 – 8 – 10.

[22] Bucknor N K, Hendrickson J D, Raghavan M. Electrically variable transmission having three planetary gear sets and three fixed interconnections：U. S. ，Patent 7，238，131[P]. 2007 – 7 – 3.

[23] 滕培智，杨波. 行星齿轮变速器传动比和力矩计算与功率流图[J]. 轻型汽车技术，2006. 19(2)：18 – 20.

[24] 肖敏，孙逸华. 计算行星变速器内外力矩两种方法的比较[J]. 机械设计与制造，2003. (2)：114 – 115.

[25] 曾小华. 混合动力汽车用的动力耦合装置：中国，CN101020410[P]. 2007 – 08 – 22.

[26] 步曦，杜爱民，薛锋. 混合动力汽车用行星齿轮机构的理论研究与仿真分析[J]. 汽车工程，2006，28（9）：834 – 839.

[27] Liang Chu, Study on the parametric optimization for a parallel hybrid electric vehicle powertrain[R]. SAE Technical Paper，2000.

[28] Liu Jin – ming. Modeling and analysis of the Toyota hybrid system[J]. IEEE/ASM，2005，7：24 – 28.

第 3 章

混合动力系统仿真技术应用

由于混合动力汽车动力系统相对复杂，在研究和开发混合动力汽车时，要综合考虑的问题很多，如部件的选择、最佳结构的确定、整车控制策略的合理制定和优化等。通过仿真技术，可以在技术方案确定之前，对混合动力汽车各子系统以及整车建立合理有效的计算机模型，依据模型的仿真计算结果为每个候选的子系统以及混合动力汽车构型提供设计参数，从而简化了原先需要准备各种规格的候选子系统以及不同构型的试制工作。在确定了各个子系统和整车的构型后，通过仿真软件还可以快速地建立并优化整车的能量分配策略。

总而言之，仿真技术作为混合动力汽车研发过程中的重要技术，它不仅便于灵活地调整设计方案，优化设计参数，而且可以降低研究费用，缩短开发周期。目前，国外用于混合动力汽车的仿真软件很多。表 3 - 1 给出了当前适用于混合动力汽车的仿真软件的情况。

表 3 - 1   当前适用于混合动力汽车的仿真软件

软件名称	使用范围	开发者	仿真方法	开放性和通用性	GUI 界面
SIMPLEV	纯电动车、串联式混合动力车	Idaho 美国国家工程实验室	逆向仿真	在源代码中修改控制方法很困难	交互式菜单
HVEC	纯电动车、串联式混合动力车	Lawrence Livermore 美国国家实验室	逆向仿真	结构固定、柔性差	菜单界面

续表

软件名称	使用范围	开发者	仿真方法	开放性和通用性	GUI 界面
V – ELph	串、并联混合动力车	Texas A&M University	逆向仿真	易于改变部件、燃料和控制方法	友好
ADVISOR	纯电动车、混合动力车、燃料电池车及常规车辆	美国能源可回收试验室（NREL）	逆向仿真	易于改变模型和控制方法	友好
CRUISE	纯电动车、混合动力车、燃料电池车	AVL 公司	正向仿真	易于改变模型和控制方法	友好
PSAT	纯电动车、混合动力车、燃料电池车及常规车辆	USACAR、NASA、EPA 和 DOE	正向仿真	易于改变模型和控制方法	友好
HEVSim	混合动力车	Opal – RT 技术公司	—	开放性和可扩展性	交互式菜单
AMESim	纯电动车、混合动力车（包括液压混合动力）、燃料电池车及常规车辆	LMS Imagine. Lab AMESim	正向仿真	易于改变模型和控制方法	友好

大部分电动汽车用仿真软件开发集中在美国。开发方式主要有一次开发和基于 MATLAB/SIMULINK 二次开发两种方式。一部分软件采用逆向仿真，即根据路面循环工况计算各部件工况；而另一部分则采用正向仿真，即根据驾驶员行为或循环工况调节部件使得车辆各部件跟随路面循环工况。

上述软件中，目前在混合动力汽车仿真中使用最为广泛的为 ADVISOR、CRUISE 和 AMESim。下面结合仿真实例分别介绍这三个仿真平台在实际项目中的一些应用。

3.1　基于 ADVISOR 仿真平台的混合动力系统开发

ADVISOR(Advanced VehIcle SimulatOR)是一种汽车系统高级建模和仿真平台软件。于 1994 年 11 月由美国能源部(US DOE)开发，旨在管理混合动力驱动系统子合同项目，并于 1998 年 1 月正式命名为 ADVISOR。它是基于 SIMULINK 提供的交互式、图形化建模环境的平台，同时能够依托 MATLAB 提供丰富的仿真资源。

ADVISOR 具有基于模块化的编程思想、代码完全公开的特点，其相关的模型均是根据经验建立的准静态模型。它主要用于快速分析传统车、电动车以及混合动力车辆的动力性与经济性。同时，ADVISOR 也能够解决诸如跟随工况运行中车速是否能跟随循环工况要求车速、如何使电池荷电状态在整个循环周期内合理波动、如何分配发动机提供的转矩和转速等问题。鉴于代码开源、功能多样、能够满足混合动力汽车仿真的一般用途，而且 2002 及以前的版本可以在网上免费下载，ADVISOR 的应用极为广泛。

ADVISOR 里面所列举的混合构型也非常广泛，其平台下主要列举了当前国际上几种常用并联混合、串联混合及带行星机构的丰田普锐斯混联混合型式，即使针对其中某一种混合型式，也同样存在多种子混合型式，比如并联混合型式，电动机在离合器、变速器前、后各个位置不同，就存在多种型式的并联混合构型；针对行星混联混合型式，由于行星机构与动力源连接方式的不同，更是存在多种可能的行星混联子混合型式。当然，还有电源的复合系统，也是一种混合构型的变异，国内也同样正在进行研究，本节针对其中某一种混合构型的变异系统，介绍其二次开发的方法，以供其他构型的二次开发借鉴。

本节针对前一章中提到的 DHS 系统，分析其传递特性以及开发控制策略，根据这些分析，在 SIMULINK 中进行建模，并嵌入在被广泛应用的先进汽车仿真软件 ADVISOR 中，进行性能仿真测试和验证。

3.1.1　差速耦合行星机构动力学建模

1. 基本动力学方程

前面提到的 DHS 中的动力耦合装置是基于对称式差速器设计的。对称式差速器是一种较特殊的行星齿轮结构形式，它属于 2K – H 结构的行星齿轮系。因此，首先分析典型 2K – H 结构的行星齿轮，其形式如第 2 章的图 2 – 61 所示。其中，1、2、3 分别为太阳轮、行星架和齿圈，三者存在如下的转速关系。

$$\frac{\omega_1 - \omega_2}{\omega_3 - \omega_2} = -\frac{z_3}{z_1} \qquad (3-1)$$

式中，ω_1、ω_2、ω_3 分别为太阳轮、行星架及齿圈转速。

令 $k = \dfrac{z_3}{z_1}$，为齿圈与太阳轮的齿数比，公式（3 – 1）即可简化为：

$$\omega_1 = (1+k)\omega_2 - k\omega_3 \qquad (3-2)$$

对称式锥齿轮差速器应用于混合动力汽车耦合系统如图 3 – 1 所示，其中太阳轮 1 对应左半轴齿轮，并与发电机相连，行星架 2 对应从动锥齿轮，与主动锥齿轮相啮合并由发动机驱动，而另一半轴齿轮对应齿圈，通过电动机耦合，输出扭矩以驱动车轮。

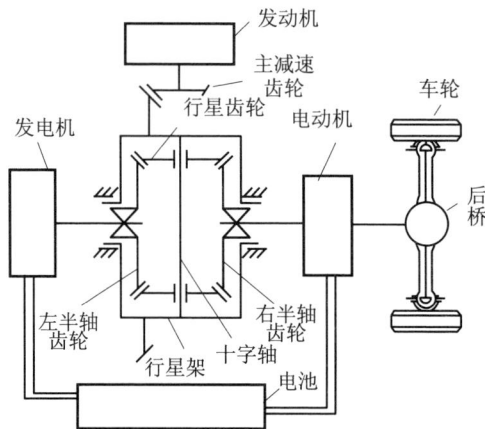

图3-1　对称式锥齿轮差速器应用于混合动力汽车耦合系统

可见，这种对称式锥齿轮差速器同样是一种 2K-H 的特殊行星齿轮，只不过行星架与太阳轮不同心，而成垂直分布，但同样满足 2K-H 行星齿轮转速关系，只是 $k=1$，因此具有：

$$\omega_1 + \omega_3 = 2\omega_2 \tag{3-3}$$

2. 差速耦合的混合动力传递特性分析

为研究方便，假设发动机到行星架的传递速比为1。则转速满足下式：

$$\omega_1 = \omega_g, \ \omega_2 = \omega_e, \ \omega_3 = \omega_m \tag{3-4}$$

同时各端口分别对应各动力源的转矩，即：

$$T_1 = T_g, \ T_2 = T_e, \ T_3 = T_L - T_m \tag{3-5}$$

式中，ω_g、ω_e、ω_m 分别为发电机、发动机及电动机的转速；T_1、T_2、T_3 分别为左半轴齿轮、从动锥齿轮及右半轴齿轮上的转矩；T_g、T_e、T_m 分别对应发电机充电转矩、发动机传递到从动锥齿轮上的转矩、电动机输出转矩。

对于齿圈，输出为两转矩之矢量和，即：

$$T_3 + T_m = T_L \tag{3-6}$$

式中，T_L 为负载转矩。

若忽略其内部摩擦损失，对称式锥齿轮差速器的特点为：半轴上转速可差速，而转矩相同，即：

$$T_3 = T_1 \Rightarrow T_g = T_L - T_m \tag{3-7}$$

进一步根据功率平衡关系式：

$$T_e \omega_e = (T_L - T_m)\omega_m + T_g \omega_g \tag{3-8}$$

且

$$2\omega_e = \omega_m + \omega_g \tag{3-9}$$

则两输出轴转矩为：

$$T_g = T_e/2 \qquad\qquad (3-10)$$

即发电机的充电转矩固定为发动机转矩的一半，剩余电动机的转矩为：

$$T_m = T_L - T_e/2 \qquad\qquad (3-11)$$

由上述分析可知，由已知的车速（与车轮固定速比连接的电动机转速 ω_m），可通过调节发电机转速 ω_g 来确定最佳的发动机工作点转速 ω_e；而对于转矩关系，当固定发动机最佳负荷点工作后，通过发电机、电动机的负荷调节可以满足整车车速及负荷要求，从而达到电动无级自动变速（ECVT）的目的。具体输出动力的调节关系为：通过式（3-10）和式（3-11），控制发电机的充电转矩，可确定发动机的转矩要求为其 2 倍，发电机发电存贮的能量通过电动机助力来提供给路面负载的转矩要求。

3.1.2　差速耦合系统建模及控制策略开发

1. 差速耦合系统建模

利用 ADVISOR 开放源代码特性进行二次开发，即整车、车轮、传动系统、动力源等模块均利用其已有模型，在此仅需开发差速耦合动力合成器模型及其控制策略。

基于差速耦合系统的连接关系及其动力传递特性，并延续 ADVISOR 的后向式建模风格，建立 SIMULINK 模型：输入分别为动力系统要求的动力、发动机实际输入动力、发电机实际输入动力、电动机实际输入动力；输出分别为发动机要求的动力、发电机要求的动力、电动机要求的动力、实际输出的动力。

2. 差速耦合的控制策略

差速耦合的控制策略主要依据差速耦合的动力传递特性。已知要求转矩 T_L，可通过调节发电机的负荷或转矩，来限制发动机不能在高油耗区工作，或控制发动机在某一高效点（区域）工作。发动机输出的转矩一半用于发电机发电，另外不足或多余的转矩又通过电动机来进行补充。

其具体实现如图 3-2 所示。

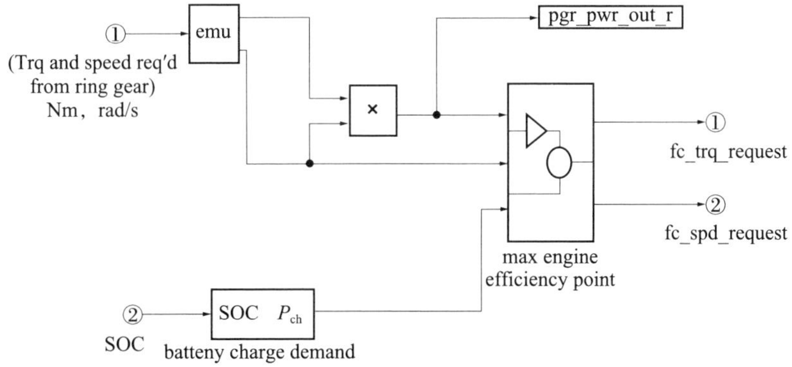

图 3-2　基于差速耦合的控制策略具体实现图

图 3 – 2 中，Trq and speed req'd from ring gear Nm, rad/s 表示齿圈需求的转矩和转速；SOC 为电池的电量；battery charge demand 为电池的充电需求；max engine efficiency point 表示发动机最高效率点（最优工作点）；pgr_ pwr_ out_ r 表示齿圈需求的功率；fc_ trq_ request 表示发动机需求转矩；；fc_ spd_ request 表示发动机需求转速。

输入为动力源的要求功率和转矩以及电池 SOC，且电池 SOC 的平衡功率利用拟合方程来求解，即：

$$P_{ch} = \frac{k \times (SOC_{Tgt} - SOC) \times V_b}{\eta_m} \qquad (3-12)$$

式中，P_{ch} 为电池充电功率需求；k 为拟合系数；SOC_{Tgt} 为目标 SOC；V_b 为电池电压；η_m 为电动机效率。

将充电功率 P_{ch}、需求功率 $P_r = \omega_L \times T_L$、要求转速 ω_L（或电动机、齿圈转速）输入到发动机开关及最佳工作点控制模块中，并输出发动机的最佳转速、转矩点。该关键模块包括两部分内容。

（1）发动机开关控制。

由需求功率 P_r、当前车速 v、电池 SOC 和发动机温度 T_{fc} 等信号判断是否可以让电动机单独驱动行驶，若同时满足以下设定条件：

$$\begin{cases} P_r < P_{r\_set} \\ v < v_{set} \\ SOC > SOC_{set} \\ T_{fc} > T_{set} \\ time_{off} > time_{set} \end{cases} \qquad (3-13)$$

则允许发动机关闭，即电动机单独驱动，而当上述任何一个条件不满足，发动机都参与工作。

（2）发动机最佳工作点控制。

由需求功率与充电功率之和来判断发动机是否工作在最佳转速点，该最佳转速点是根据发动机的效率曲线（万有特性）事先计算确定的。

同时考虑发动机本身的转动惯量，该最佳转速还受差速齿轮机构转速关系的限制，有：

$$\omega_e = \frac{\omega_g}{(1+k)} + \frac{k}{(1+k)}\omega_m \qquad (3-14)$$

即已知电动机转速（由工况要求车速确定），当发电机达到设定的最高转速时（并非发动机最高转速），则可调节发动机升速，但该转速必须小于发动机的最高转速；当发电机转速达到最小时（反转），可调节发动机降速，但该转速必须大于发动机怠速。然后根据发动机要求功率计算发动机的最佳转矩值，此转矩值同样也要受发动机的最大和最小转矩值的限制。

　　3. 搭建整车仿真平台

　　将上述所建立的差速动力耦合器模型及其应用于混合动力汽车的控制策略集成于 ADVISOR 仿真软件，即搭建整车仿真模型，其顶层模型如图 3 – 3 所示。

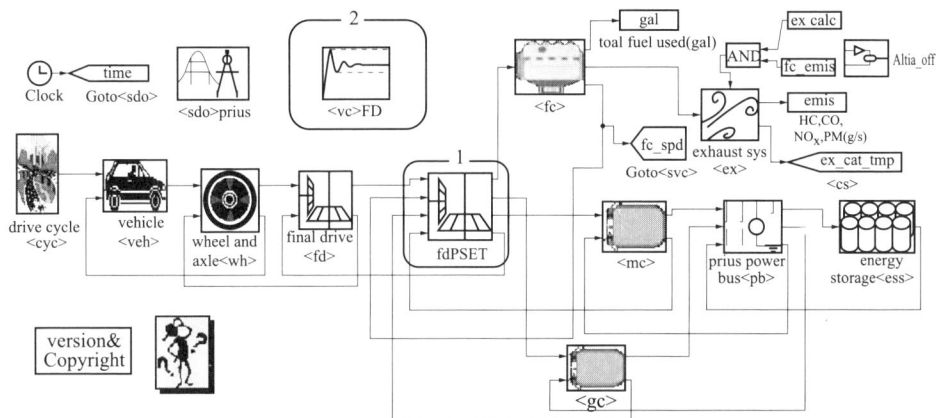

图 3 – 3　基于差速耦合的混合动力整车仿真顶层模型

　　上图中，整车仿真模型主要包括如下几个模块：驾驶工况（drive cycle）、车辆模型（vehicle）、车轮和车轴模型（wheel and axle）、主减速器模型（final drive）、动力耦合器模型（fdPSET）、发动机模型（fc）、电动机模型（mc）、发电机模型（gc）、排放系统模型（exhaust sys）、动力总线（prius power bus）和电池（energy storage）。

　　图中标识 1 为动力合成器模块，标识 2 为控制策略模块。基于此仿真平台，可对整车参数进行不同设置，以此分析差速耦合装置如何对各动力源进行转速、转矩的控制从而达到对发动机的最佳控制，并可取消变速器，实现电动无级变速 ECVT。

3.1.3　性能仿真

　　为了说明差速耦合动力传递特性，整车参数以基于 ADVISOR 2002 平台下的普锐斯为基础，整车主要参数如表 3 – 2 所示。

表 3-2　差速耦合混合动力汽车整车参数

整车参数	整车质量	1 386 kg
	车轮半径	0.287 m
	空阻系数	0.30
	迎风面积	1.746 m²
	滚阻系数	0.009
发动机参数	最大功率/转速	43 kW/(4 000 r/min)
	最大扭矩/转速	102 N·m/(4 000 r/min)
电动机参数	额定功率	31 kW
	最高转速	6 000 r/min
	额定转速	1 000 r/min
	最大扭矩	305 N·m
发电机参数	额定功率	15 kW
	最高转速	5 500 r/min
	额定转速	2 500 r/min
	最大扭矩	55 N·m
NIH 电池参数	标准放电容量	6 Ah
	电池块	40
动力传动参数	主减速比	3.939
	传动系统平均效率	0.85

1. 经济性仿真分析

基于 NEDC 工况的经济性仿真结果为 4.8 L/100 km，如图 3-4 所示。可见，整车燃油经济性同比传统车(同类传统汽车的燃油消耗为 7~8 L/100 km)节省 30%~40% 燃油。同时，输出的实际车速跟随工况非常好，电池 SOC 最终维持在目标值 0.6 附近。

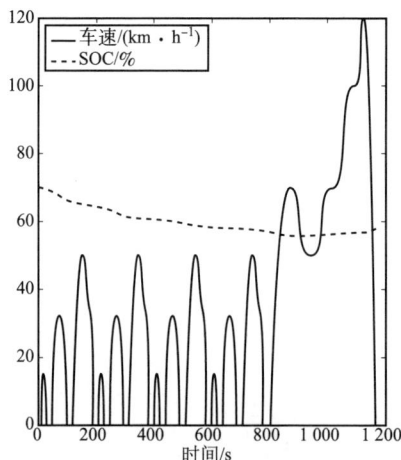

图 3-4　差速耦合 HEV 工况车速、SOC 曲线

2. 转矩关系仿真分析

基于 NEDC 工况，差速耦合器三端所对应动力源的实际输出转矩如图 3 − 5 所示。可见，各动力源的转矩均按正常要求进行控制，发动机基本被控制在其最佳转矩附近区内，工作变化比较平稳，在各加速段过程，不足的动力由电动机来提供。而发电机充电转矩与发动机输出的转矩成正比，其比值正好符合 50% 关系，如图 3 − 6 所示。

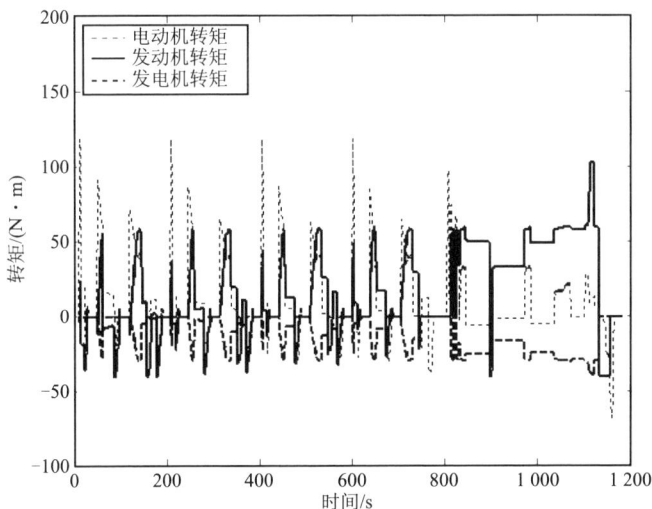

图 3 − 5　差速耦合动力源实际输出转矩仿真结果

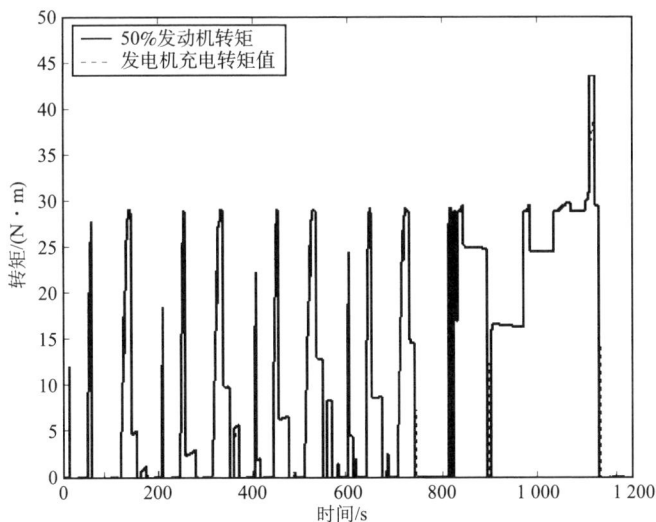

图 3 − 6　发电机充电转矩仿真结果

综合转矩关系仿真结果表明：上述建立的差速耦合器动力传递关系是正确的，并可实现发动机在最佳效率点工作，电动机在加速时助力，在制动减速时发电，并可维持电池 SOC 在目标值附近。

3. 转速关系仿真结果分析

基于 NEDC 工况，差速耦合器三端所对应动力源的实际转速如图 3 - 7 和图 3 - 8 所示。

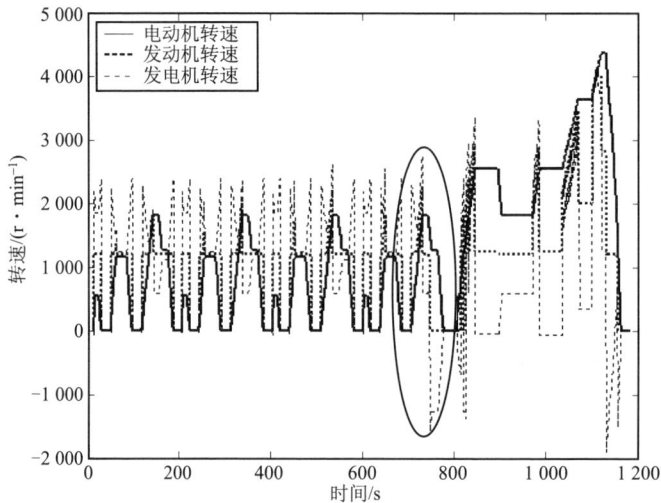

图 3 - 7　差速耦合动力源转速关系仿真结果

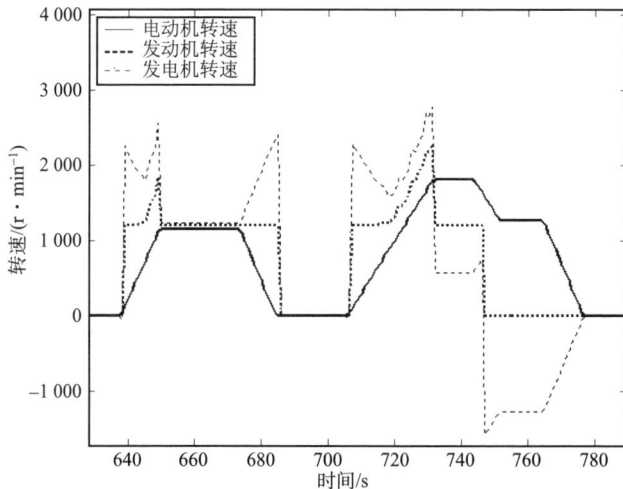

图 3 - 8　差速耦合动力源转速关系仿真结果局部放大图

可见，电动机转速与工况要求车速成比例变化，而发动机的转速则被控制在最佳转速点附近工作。在约 750s 时，发动机关闭，分析原因是发动机运行一段时间后，温升达到缓机状态，且满足发动机关闭的其他条件(车速较低、SOC 较高、需求动力较小)，发动机转速为零，此时，发电机通过调节其转速同样能使电动机转速跟随车速要求。总之，在发动机转速为最佳效率点转速或关断点时，均可通过调节发电机转速，使电动机转速与车速连续跟随，达到 ECVT 的调速功能。

　　将三者转速进行比较，如图 3 - 9 所示，可见电动机转速与发电机转速之和正好为发动机转速的两倍，验证了上述差速耦合的转速传递关系。

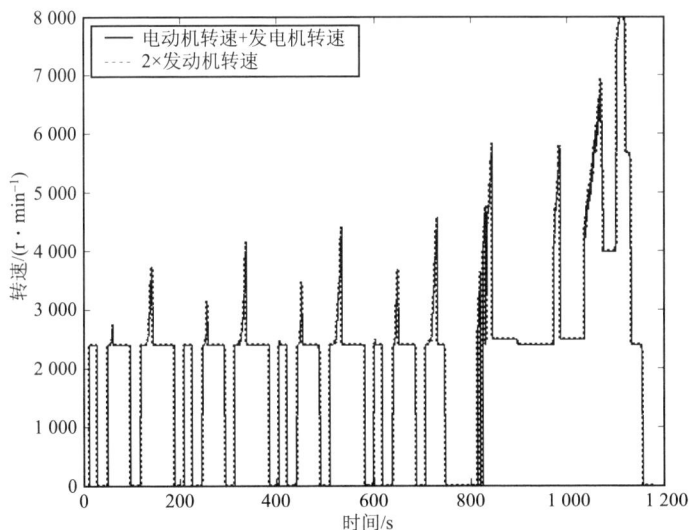

图 3 - 9　差速耦合动力源转速关系仿真结果

　　综合转速关系仿真结果表明：基于差速耦合的混合动力汽车可通过发电机的调节，控制发动机在最佳工作点工作，较大程度提高了整车经济性能。同时，应用此差速耦合器可取消变速器与离合器，并具有电动无级变速的功能(ECVT)。

3.1.4　小结

　　本节采用传统对称式锥齿轮差速器作为混合动力汽车动力耦合器，分析了差速耦合的动力传递特性，通过 MATLAB/SIMULINK 建立了差速耦合的混合动力汽车整车模型，提出并建立了基于此差速耦合的混联式汽车的整车控制策略模型，通过二次开发，把上述整车模型及控制策略模型嵌入 ADVISOR 软件平台上，可有效地进行整车性能仿真。转速、转矩以及整车的性能结果分析表明：此对称式锥齿轮差速器应用于混联式汽车具有节能优势，同时可取消变速器与离合器，并具有电动无级变速的功能(ECVT)，证明了此种新型方案的可行性。也进一步说明可利用 ADVISOR 源代码开放的特点，通过二次开发集成到其平台进行混合动力系统的新构型方案设计仿真测试与分析。

3.2 基于 CRUISE 仿真平台混合动力系统开发

AVL/CRUISE 软件可以轻松实现对复杂车辆动力传动系统的仿真分析，通过其便捷通用的模型元件，直观易懂的数据管理系统以及基于工程应用开发设计的建模流程和软件接口，AVL/CRUISE 软件已经成功地在整车生产商和零部件供应商之间搭建起了沟通的桥梁。软件的主要特点简述如下：

1)便捷的建模方法和模块化的建模手段使不同项目组可以对模型进行方便快捷的整合。可以快速搭建各种复杂的动力传动系统模型，可同时进行正向或逆向仿真分析；

2)可以实现对车辆循环油耗(针对不同的循环工况)、等速油耗(任意挡位和车速下)、稳态排放、最大爬坡度(考虑驱动防滑)、最大牵引力(牵引功率)、最大加速度、最高车速、原地起步连续换挡加速、超车加速性能(直接挡加速性能)、车辆智能巡航控制、制动/反拖/滑行等一系列车辆性能的计算分析；

3)在基于传统车辆模型的基础上可以快速搭建纯电动汽车或混合动力车辆模型，并可通过与 MATLAB(API, DLL, Interface)或 C(BlackBox)语言的接口实现整车控制策略的设计开发；

4)能够便捷地对新型动力传动模式(AT, AMT, DCT, CVT 等)及其控制策略进行研究分析。

鉴于现阶段 AVL/CRUISE 软件的广泛应用基础，本节将以某型混合动力客车为例，基于 AVL/CRUISE 软件和 MATLAB/SIMULINK 环境搭建应用于混合动力汽车研发阶段的正向、模块化的仿真平台。

3.2.1 技术方案概述

首先利用正向仿真软件 CRUISE 来快速完成整车模型的搭建，然后在 MATLAB/SIMULINK 环境下搭建整车标准化、平台化的控制策略，通过仿真手段从整车性能参数匹配设计、主要动力部件的瞬态控制及仿真、控制策略中主要性能参数优化方面来验证基于 CRUISE 软件的混合动力汽车正向仿真平台的可行性、通用性与便捷性。所要建立的混合动力客车的整车物理模型图和 CRUISE 平台下的整车模型分别如图 3-10 和图 3-11 所示。

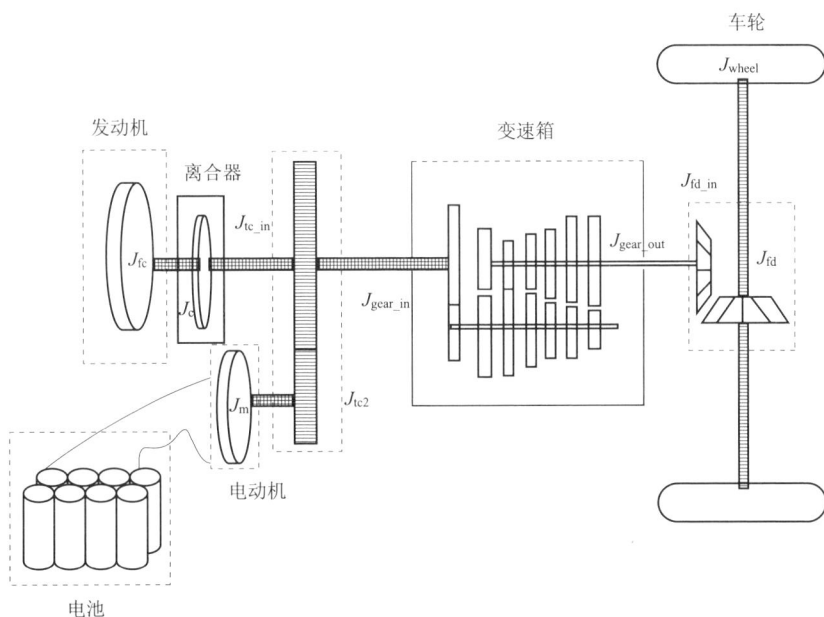

图 3-10　混合动力客车的整车物理模型图

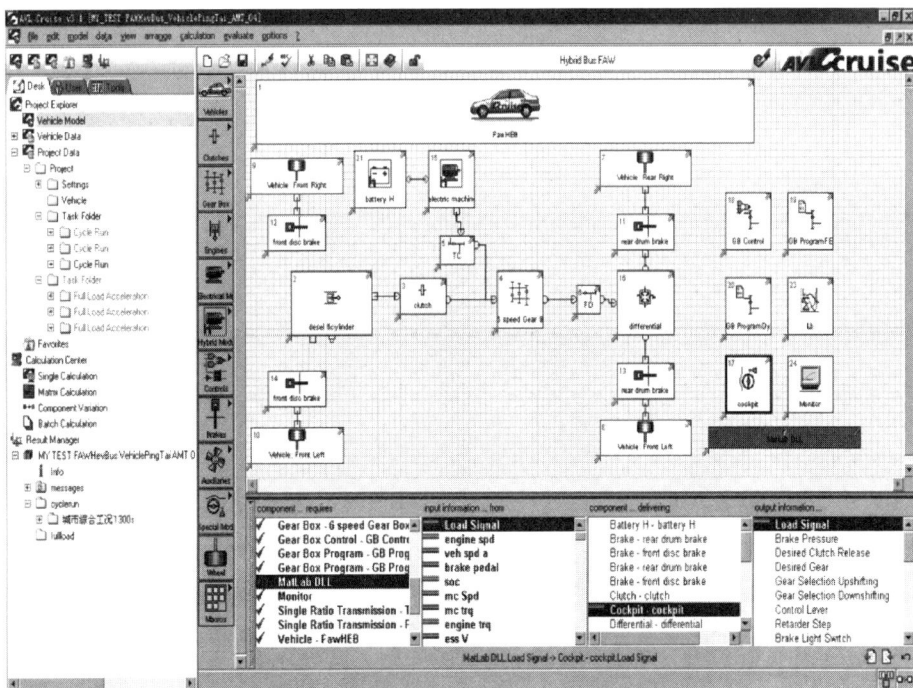

图 3-11　CRUISE 平台下的整车模型

在 CRUISE 软件平台上，可以从模块库中直接拖拽部件模块来搭建整车模型，通过对属性的修改来快速完成整车模型的参数设定与部件间的机械连接和电气连接，重点是 CRUISE 与 MATLAB/SIMULINK 平台的控制策略之间的信号连接，相当于整车与 HCU 的通信一样，需要重点完成。

3.2.2　MATLAB/SIMULINK 环境下的控制策略建模

3.2.2.1　建模原则

1）控制模块与整车模型独立；

2）建模清晰，便于阅读、修改（如子模块化，各种驱动模式独立分开）；

3）控制策略与实车控制策略更接近（如各输入判断条件以实际能测量为准）。

3.2.2.2　驱动模式和输入、输出变量

（1）驱动模式设置

为保证通用性，设置了 12 种驱动模式（包括停车、纯电动、滑行再生制动、发动机单独驱动、助力、充电、停车过渡过程、电动机起动发动机、停车充电模式、换挡、快速助力、制动），兼顾了混合动力轿车和客车，对于不同车型的特殊需要可以相应添加或减少模式的数量。

（2）输入参数和输出参数设置

考虑到第 3）条建模原则，便于与实车控制策略接近，设置了正向仿真平台必需的输入变量：加速踏板信号、发动机转速、实际车速、制动踏板信号、电池荷电状态、电动机转速、实际挡位、期望车速、变速箱输出轴的转速等。输出变量包括发动机的负荷信号、主电动机的负荷信号、副电动机的负荷信号、整车的工作模式、期望的离合器工作状态、要求挡位、换挡标识等。同样，对于不同车型或特殊需要，可以在 SIMULINK 中在预留的输入输出端口直接加入或删减输入和输出变量，这样也保证了仿真平台的兼容性。

3.2.2.3　标准化、模块化的控制策略平台介绍

图 3-12 中 1 模块为输入，11 模块为输出，3、4、5、6、7、8 分别为扭矩分配模块、电动机温度控制模块、离合器功能模块、电动机主动同步换挡模块、驱动功能模块、驻车功能模块。标准化、模块化的编辑控制算法，既便于调试，提高调试和仿真速度，同时也便于业内交流学习，能够避免类似于逆向仿真软件交叉性、复杂性引起的在对部件或控制算法进行部分修改时

导致的不必要的错误发生。

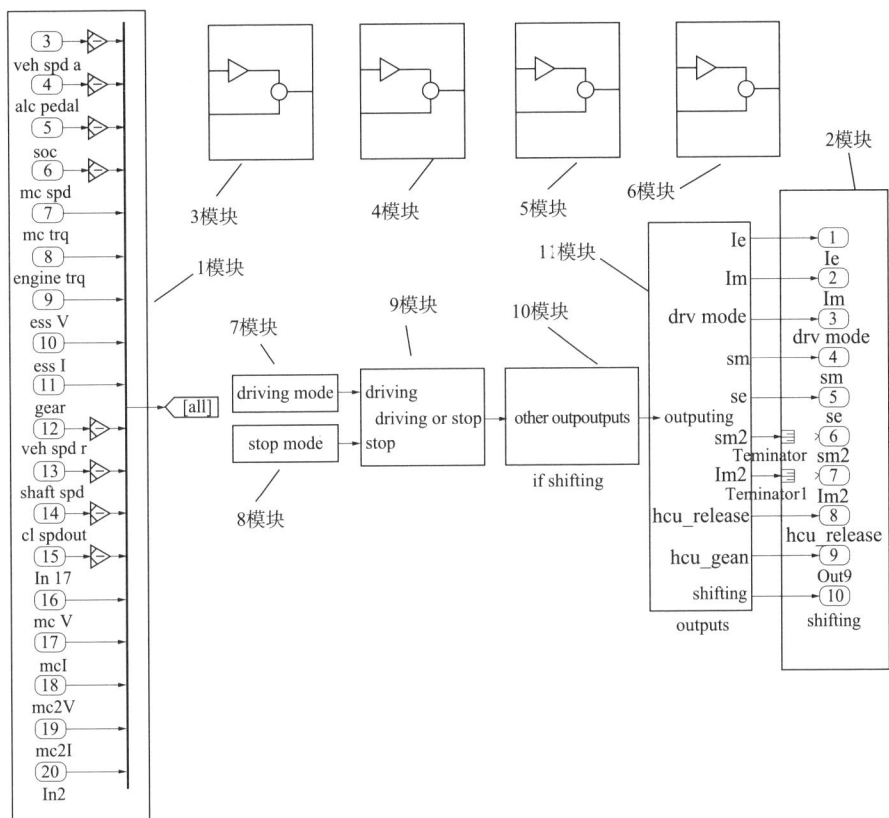

图 3 - 12　模块化的整车控制策略顶层模块

3.2.2.4　控制策略中驱动功能模块的控制算法流程图

整车控制策略的控制算法流程图如图 3 - 13 所示。其中，驱动功能的控制模块为整个控制策略中的主要模块，又分为加速、减速、匀速三种模式。

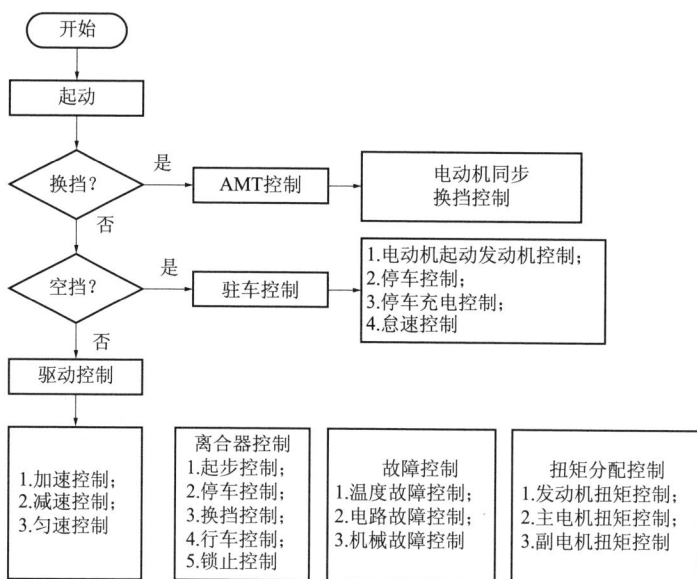

图 3 – 13　整车控制策略的控制算法流程图

3. 2. 3　基于 CRUISE 软件正向仿真平台的优点

对于实际工程而言，在整车的设计开发初期，设计者最需要的是有一个可靠、方便、快捷、标准化的仿真平台，以便对设计概念车进行相对准确的预测计算，对于给定的整车参数，可以达到什么样的性能指标正是 CRUISE 软件的优势所在，但要明确的是 CRUISE 软件只提供通用性、平台性的整车模型，完整的研发仿真平台还需要通用的控制策略。在精度方面，CRUISE 与其他逆向仿真软件基本相同[1]；在实用性方面解决了以下三个较重要的问题。

1）正向控制方面。例如 ADVISOR 等其他逆向仿真软件的控制策略基本是循环工况→轮胎→主要动力部件，这相当于需求功率→实际功率的能量链，其中没有驾驶员模型，等同于没有加速踏板等信号，这就与实际车辆的控制差异很大，而正向仿真软件 CRUISE 中加入了 COCKPIT 驾驶员模型，满足了这一要求。

2）瞬态控制方面。对于早期的逆向仿真软件，离合器基本包括分离、接合、滑转三种状态，而本节所提及的 SIMULINK 环境下的整车控制策略中包括四种状态：起车、换挡、停车、正常行驶。与 CRUISE 平台下的整车模型进行联合仿真，便可实现整车的瞬态控制。另外，在其他的车型中甚至可以加入发动机退出工作、发动机进入工作两种离合器工作状态，当离合器工作在换挡状态下时，就可以对发动机、电动机进行主动同步调速控制等动态控制。

3）参数优化方面。CRUISE 环境下的整车模型是封闭的，用户只要修改属性中的整车参数，就可以完成所要设计的车型。在控制策略方面，只要对其中所关心的参数通过 M 文件进行修改，就可以直接进行优化计算，方便快捷，避免了逆向仿真软件的交叉性、复杂性导致的调试性差的缺点，提供一个真正可信且稳定可靠的仿真平台。

3.2.4　仿真测试

以客车在城市综合工况下为例，进行了以下三方面的仿真及分析。

3.2.4.1　整车方面及主要动力部件的仿真

图 3-14 为整车的实际车速、希望车速和驱动模式之间的仿真结果。可以看到整车实际车速与希望车速吻合得很好，在不同的车速下，驱动模式也都正确(注：混合动力汽车的工作模式与其当前所处的工况密切相关，不同特点的工况对应着不同的模式。因此，在一个工况中不一定所有的驱动模式都出现才为合理)。从图 3-15 中可以清晰看出，起车时，驱动模式为换挡过

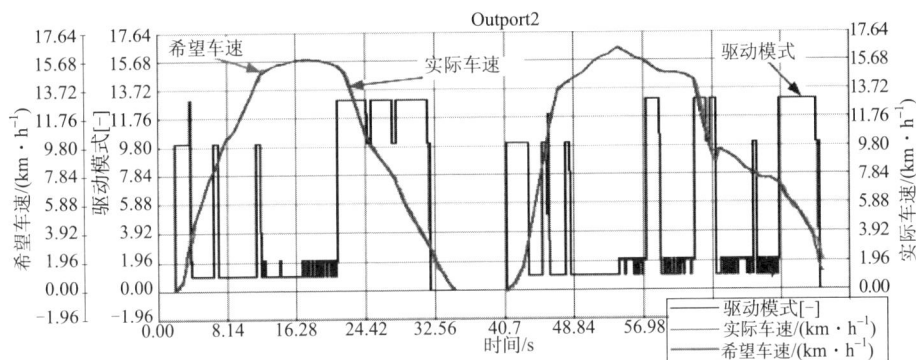

图 3-14　整车的希望车速、实际车速和驱动模式的仿真结果

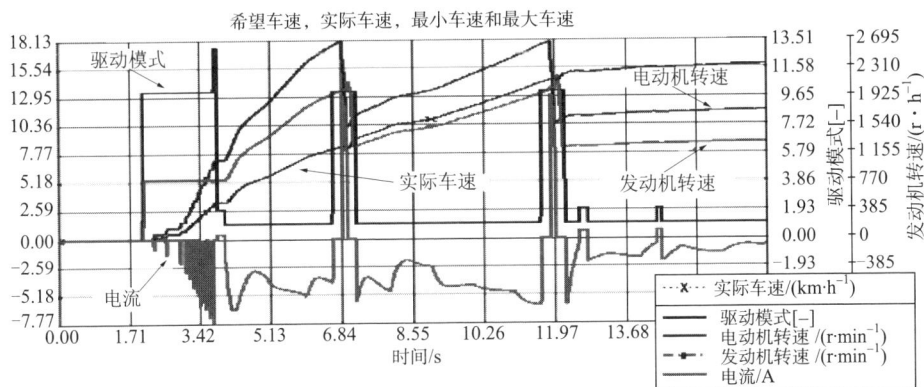

图 3-15　发动机、电池、电动机与驱动模式

程→电动机快速助力→发动机单独驱动等，发动机及电动机在换挡模式时的转速控制都与实际车辆的控制相接近，这说明 CRUISE 与 SIMULINK 结合建立的仿真平台与其他正向软件一样，不仅可以实时观测控制结果，还能从整体上仿真验证整车参数的匹配是否满足设计目标的要求[2]。设计者就可以根据仿真结果进行某些主要的整车参数的重新设置，以达到满足整车性能要求的目标。仿真平台还可以进行如动力性、经济性及转弯等特性的测试。

3.2.4.2　主要动力部件在换挡过程中的瞬态仿真[3]

由图 3 - 16 仿真结果可以得到，当离合器开始分离到完全分离的过程中，电动机的负荷信号为 0 ，电池的电流为 0，电池不供给电动机能量，电动机的转速维持不变；在离合器接合的过程中，发动机的转速降低，驾驶员根据加速的要求踩油门，此时发动机的负荷信号逐渐升高；图 3 - 17 为降挡过程中的仿真结果，与升挡类似，不予赘述。

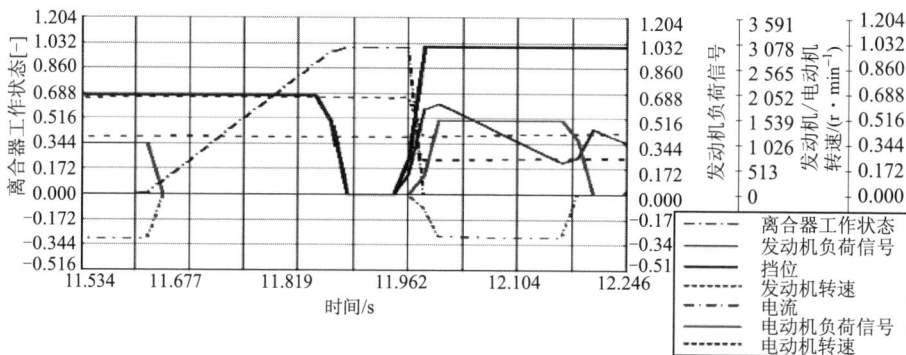

图 3 - 16　没有主动同步控制的升挡仿真图

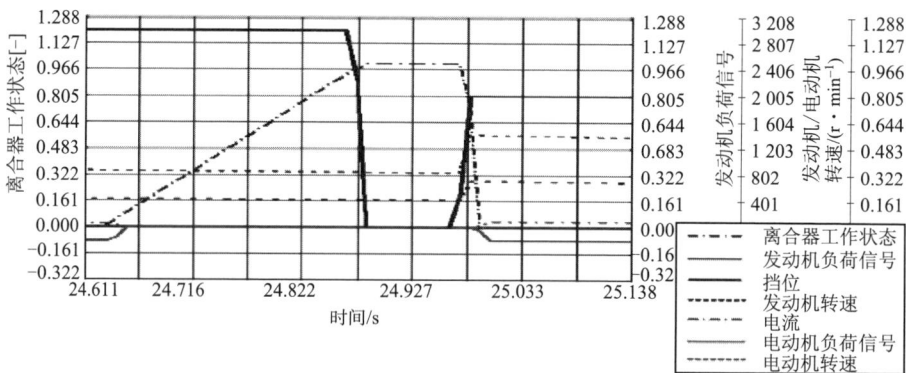

图 3 - 17　没有主动同步控制的降挡仿真图

图 3 - 18 中，当离合器开始分离到完全分离的过程中，发动机和电动机

的负荷信号都为 0，电池的电流为 0，都不参与工作；从离合器完全分离到开始接合的过程中，发动机不参与工作，负荷信号仍旧为 0，由于升挡降速，电动机根据目标转速将电动机的实际转速调低，电动机的负荷信号为 -1，全力降速，电池的电流逐渐减小，直至离合器开始接合，主动同步调速完成；在离合器接合的过程中，电动机的负荷信号为 0，不参与调速，保留传统车的由驾驶员来控制行车的习惯，这时只有发动机单独工作。图 3 - 19 的降挡过程与升挡分析类似。

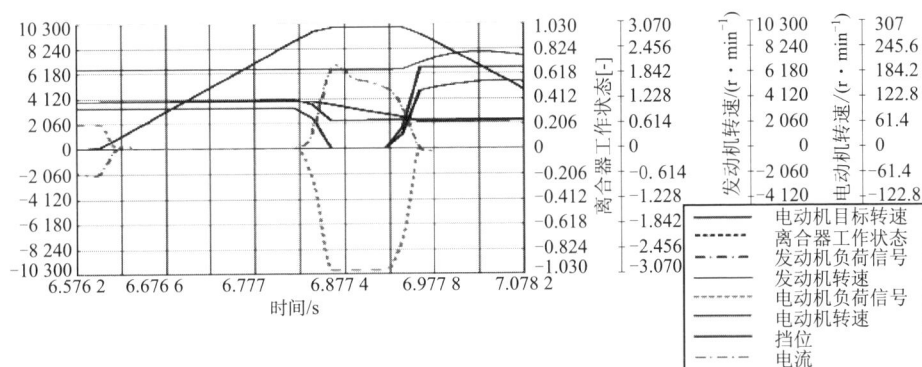

图 3 - 18　升挡时换挡过程与主要动力部件的仿真图

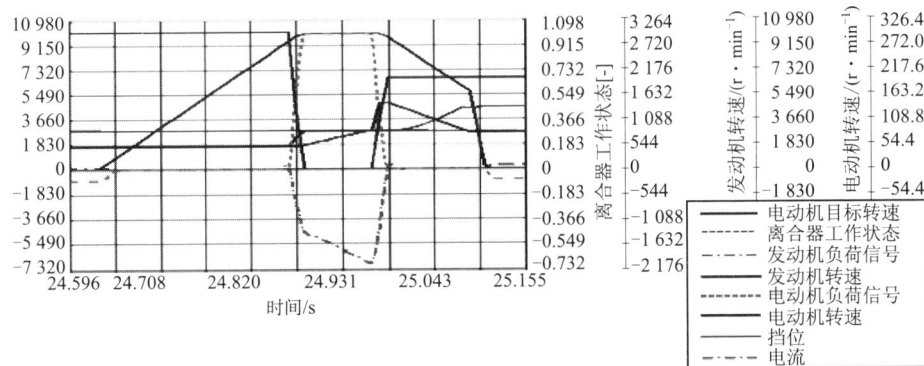

图 3 - 19　降挡时换挡过程与主要动力部件的仿真图

　　能够对瞬态过程进行分析的功能充分说明所开发的平台能够在进行正向仿真的同时，还可以对动态过程的主要动力部件进行细化控制与干预，可以对控制结果进行观测及调试，与实际车辆的调试极为接近，充分体现了此正向仿真平台的实用性。

3.2.4.3　控制策略中主要性能参数的优化仿真

　　一般所要优化的主要参数有 SOC 的上下限值，纯电动门限值车速，发动机的最大、最小转矩系数等，本节主要以参数 SOC 为例论述。图 3 – 20 中，四个曲线重合说明整车控制策略对城市综合工况而言，SOC 的上下限值对未校正的油耗没有影响。从图 3 – 21 中可以看到，SOC 的上下限值对 SOC 的变化量影响是不同的，即控制过程中，电动机起着辅助的驱动作用；从优化控制结果可知，在整个工况中尽量选择变化小的 SOC，仿真结束后，SOC 保持在较高水平上，故 SOC = 0.5 ~ 0.9 ，可见这个仿真平台可以实现优化控制。一般情况下，优化工作在某些优化软件上才能进行，而本节所开发的平台能够对设计者所关心的主要参数进行有效的优化，这又一次证明了所开发平台的实用性。

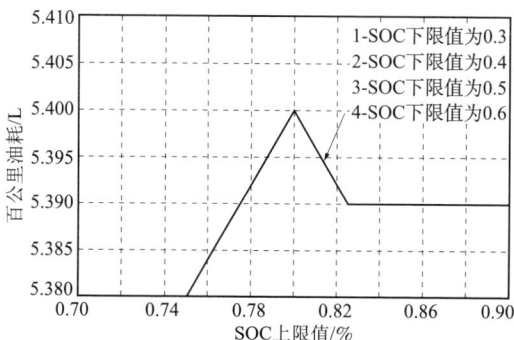

图 3 – 20 SOC 上下限值与百公里油耗之间的关系

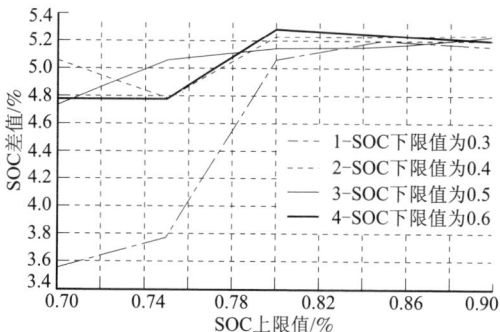

图 3 – 21 SOC 上下限值与 SOC 变化量之间的关系

综上，对应于预先制定的控制策略和控制逻辑，仿真结果给予了充分的验证。而且只要对输入、输出的变量及参数中某几个进行改动，再在 CRUISE 软件上对部件的参数进行重新输入，就可以完成一个完整的正向的整车仿真模型。从而证明了本节提出的基于 CRUISE 的整车模型和 MATLAB/SIMULINK 控制策略结合的混合动力汽车正向仿真平台具有通用性、多功能性及实用性。

3.2.5 小结

通过对某型混合动力客车在特定工况下的整车性能参数等方面的仿真分析，充分证明了正向仿真软件 CRUISE 平台的合理性、便捷性和通用性。该平台可以标准化研发环境，有利于业内人士之间的交流与研究，真正意义上为混合动力汽车初期研发仿真到实际控制系统开发过程提供可靠高效的正向仿真平台。

3.3 基于 AMESim 的混合动力系统开发

LMS Imagine. Lab AMESim（Advanced Modeling Environment for performing Simulation of engineering systems）为多学科领域复杂系统建模仿真平台。LMS Imagine. Lab AMESim 拥有一套标准且优化的应用库，拥有 4 500 个多领域的模型。用户可以在这个单一平台上建立复杂的多学科领域的系统模型，并在此基础上进行仿真计算和深入分析，也可以在这个平台上研究任何元件或系统的稳态和动态性能。

AMESim 面向工程应用的定位使得 AMESim 成为汽车、液压和航天航空工业研发部门的理想选择。工程设计师完全可以应用集成的一整套 AMESim 应用库来设计一个系统。AMESim 使得工程师迅速达到建模仿真的最终目标——分析和优化工程师的设计，从而帮助用户降低开发的成本和缩短开发的周期。

本节在 AMESim 软件平台搭建一种新型的液压混合动力车辆系统物理模型，然后通过 SIMULINK 搭建了基于最优工作曲线的逻辑门限值能量管理控制策略，将二者联合建模仿真。通过分析动力性、经济性及各个动力源工作点的仿真结果，验证本节提出的动力系统关键元件参数匹配方法和制订的控制策略是否可以完全满足设计要求。

3.3.1 AMESim 应用实例背景介绍

行星耦合混联式的液压驱动车辆，可以充分发挥液压驱动系统功率密度大、污染小、液压元件工作可靠性高、能量循环效率高及传动平稳等特点[4-8]。同时，液压系统在成本方面优势明显，具有很大的市场应用前景[9-11]。基于这种液压驱动系统的优势，国内外很多汽车厂家和研究单位相继有产品问世。

2005 年，EPA 与 Eaton 公司共同开发了 HLA 系统，并将其应用于 UPS 邮递车上，使其燃油经济性提高了 35% ~ 50%。澳大利亚的 Permo - Drive 公司开发了 RDS(Regenerative Drive System) 系统，应用在城市运输卡车上。这两种车型采用并联结构。2011 年，牵牛星"Altair"工业设计公司采用串联式结构，推出了液压混合动力大巴，其燃油经济性比传统车提高了 50% 。

虽然这些产品也能够在一定程度上节油，但是只发挥了液压驱动的优势，且一般应用在较大车型上。这类构型限制了其发挥更深层次的节能潜力和应用范围。而双行星排式动力耦合具有对发动机转矩及转速双解耦合无级变速的功能，同时，在液压马达与车轮之间还有两个固定速比传动，这样既可便于选型，又可拓宽应用领域。本文正是结合双行星排耦合的特点和液压驱动的优点，提出了行星耦合混联式液压驱动系统，并以城市客车为对象进行研究。

而这种构型车辆研究的难点和重点在于有效合理地分配行星耦合混联式液压驱动车辆的发动机、液压泵及液压马达三个动力源的动力，使其既满足动力要求又能提高系统的效率，并达到节油目的。这就要求从参数匹配和控制策略着手，研究新型行星耦合液驱系统。

本节针对当前技术现状，提出了一种适用于行星混联式液压驱动系统的参数匹配和控制方案。即在选定的车辆及工况下，结合既定的能量管理策略，提出了一种"由主及次"的参数匹配方法，以实现发动机及液压泵/马达运行于高效工作区和达到最优经济性的目标。

3.3.2　混联液压驱动系统工作原理

本节提出的行星混联液压驱动系统由发动机、液压泵/马达 A、液压蓄能器、液压泵/马达 B、行星齿轮耦合装置、驱动桥和相应的控制系统构成，如图 3－22 所示。本构型为发动机与前行星排的行星架相连，两个液压泵/马达

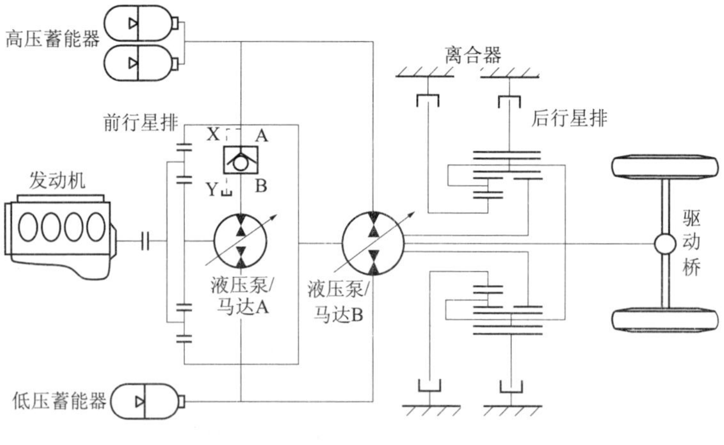

图 3－22　行星混联液压驱动系统原理图

A 和 B 分别与前后行星排的太阳轮相连，前行星排的齿圈与后行星排的行星架以机械形式连接，并与整车的驱动轴相连。通过两个离合器、两个液压泵/马达、两行星排的不同组合状态，可以实现多种工作模式，还可实现无级变速（CVT）的功能。

3.3.3　混联液压驱动系统数学模型及系统建模

图 3 - 23 中的模型包括循环工况、驾驶员模型、发动机模型、车体模型、液压驱动系统及行星排耦合系统。液压驱动系统由与前行星排相连的液压泵/马达 A，经一个单向阀，然后连接蓄能器的关闭阀和液压泵/马达 B，再由液压泵/马达 B 连接后行星排的小太阳轮。行星耦合系统由两个行星排和两个离合器组成，通过控制离合器的不同状态，可以实现高低速两个模式，以适应车辆的低速加速和高速巡航工况的要求。

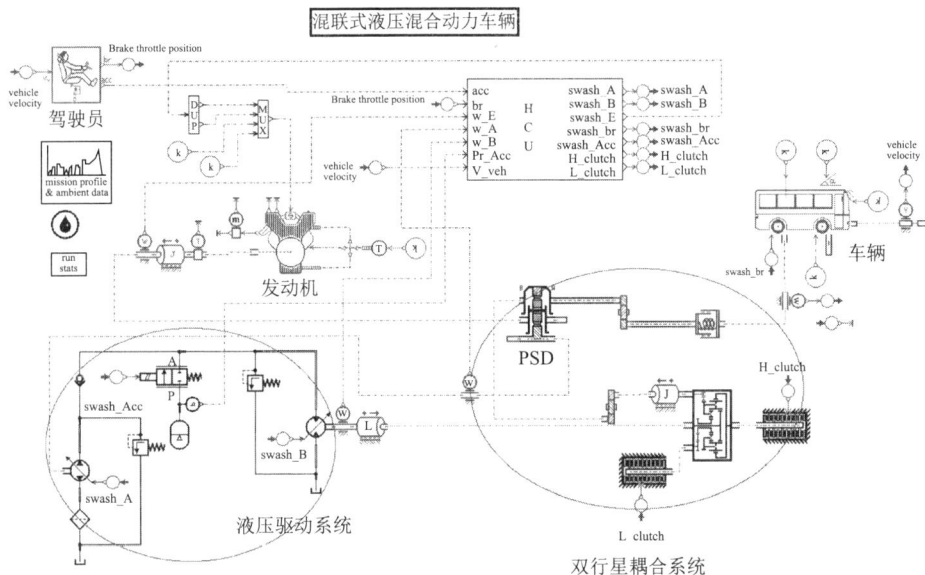

图 3 - 23　行星混联液压传动系统物理模型

3.3.3.1　发动机模型

发动机有效功率的计算如式（3 - 15）：

$$P_{eff} = \frac{T_X \times \omega_e}{1\,000} \tag{3 - 15}$$

式中，P_{eff} 是有效功率（kW）；T_X 是发动机转矩修正值（N·m）；ω_e 是发动机轴转速（rad/s）。发动机转矩修正值和外特性通过数表读入。

3.3.3.2 液压泵/马达

由于液压泵/马达 A 和 B 具有相似的数学模型，所以本节给定一般液压泵/马达模型。

1）液压泵/马达的流量 q_{pm} 满足式（3 - 16）

$$q_{pm} = \frac{V_{pm} \cdot n_{pm} \cdot swash_{pm} \cdot \eta_v}{1\,000} \tag{3 - 16}$$

式中，V_{pm} 为液压泵/马达的排量（mL/r）；n_{pm} 为液压泵/马达的转速（r/min）；$swash_{pm}$ 为液压泵/马达的排量控制开度，满足 $-1 \leqslant swash_{pm} \leqslant 1$；$\eta_v$ 为液压泵/马达的容积效率，若不考虑容积影响，此数值可以取 1。

2）液压泵/马达的输出扭矩 T_{pm}，满足式（3 - 17）：

$$T_{pm} = \frac{(P_{out} - P_{in}) \cdot V_{pm} \cdot swash_{pm}}{20 \cdot \pi \cdot \eta_{me}} \tag{3 - 17}$$

式中，P_{out} 和 P_{in} 分别为液压泵/马达两端的输出和输入压力（bar[①]）；η_{me} 为液压泵/马达的机械效率，若不考虑机械效率影响，此数赋值 1。

3.3.3.3 蓄能器

液压蓄能器中气体容积的变化 V_{gas} 有关系式（3 - 18）：

$$V_{gas} = V_0 \cdot \left(\frac{P_0 + P_{atm}}{P_{gas} + P_{atm}} \right)^n \tag{3 - 18}$$

式中，P_{atm} 为大气压力（bar）；P_0 为气体的初始压力（bar）；P_{gas} 为气体变化后的压力（bar）。

气体的压力变化 dP_{gas} 则有以下关系式（3 - 19）：

$$dP_{gas} = -\frac{n \cdot (p_{gas} + p_{atm}) \cdot q_{out}}{V_{gas}} \cdot \frac{p_0}{p_{gas}} \tag{3 - 19}$$

式中，p_0 与 p_{gas} 分别为气体在初始时刻 0 bar 下的密度和当前时刻压力下的密度。

3.3.3.4 行星排

前排行星齿轮机构的三个元件的转矩关系：

$$T_s : T_r : T_c = 1 : k : (-1 - k) \tag{3 - 20}$$

式中，T_s、T_r、T_c 分别为太阳轮、齿圈和行星架的转矩，单位都为 N·m。

前排行星齿轮机构的三个元件的转速关系：

$$(1 + k) \cdot n_c = n_s + k \cdot n_r \tag{3 - 21}$$

式中，n_c、n_s、n_r 分别为行星架、太阳轮和齿圈的转速。

而后行星排为拉维娜式复合行星排，由于动力约束，此结构的转速关系

---

① 1 bar = 100 000 Pa。

如式（3 - 22）和式（3 - 23）：

$$\omega_r \cdot R_r + \omega_{sr} \cdot S_r = \omega_c \cdot (R_r + S_r) \qquad (3-22)$$

$$\omega_r \cdot R_r + \omega_{sf} \cdot (-S_f) = \omega_c \cdot [R_r + (-S_f)] \qquad (3-23)$$

式中，ω_r 为齿圈转速；R_r 为齿圈半径；ω_{sr} 为大太阳轮的转速；S_r 为大太阳轮半径；ω_c 为行星架转速；ω_{sf} 为小太阳轮转速；S_f 为小太阳轮半径，半径的单位为 m，转速单位为 r/min。

3.3.3.5　车体

总的行驶阻力有坡度阻力、滚动阻力和空气阻力，如式：

$$\begin{cases} F_i = M_{equ} \times g \times \left(\arctan \dfrac{\alpha}{100} \right) \\ F_f = M_{equ} \times g \times (f + k \times v) \\ F_w = 0.5 \times C_d \times \rho_{air} \times A \times (v + v_{wind})^2 \end{cases} \qquad (3-24)$$

式中，F_i、F_f、F_w 分别是坡度阻力、滚动阻力、空气阻力（N）；α 为坡度；f 为滚动阻力系数；k 为速度系数（1/ms）；v 为车辆线速度（m/s）；C_d 为空气阻力系数；A 为迎风面积（m^2）；ρ_{air} 为空气密度（kg/m^3）；v_{wind} 为风速（m/s）；M_{equ} 是车体的等效质量（kg）。

3.3.4　混联液压驱动系统参数匹配方法

针对此类构型，提出了在选定的匹配对象、循环工况及能量控制策略的条件下，以保证车辆的动力性为前提，以实现燃油经济性最大化为目标的匹配思路。根据行星混联液压混合动力系统动力传动特性及其内在的能量流联系关系，提出如下的匹配原则：按照"由主及次"从车辆总需求功率→发动机功率→行星排的特征参数设计→液压泵/马达 A 的功率及排量、转速→液压泵/马达 B 功率及排量、转速→蓄能器的工作压力及容积的顺序来完成动力系统参数的匹配，并通过后续的仿真分析进行调整和优化。具体的匹配方法及流程如图 3 - 24 所示。

按照上述匹配的总体思路，对混联液压驱动系统中各个部件具体匹配过程加以详细介绍。

3.3.4.1　初始条件

以某城市公交客车为例，基于国家城市综合工况，进行动力系统参数匹配。整车基本参数如表 3 - 3 所示。经济性要求提高 35% 以上。整车动力性要求如表 3 - 4 所示。

```
              ┌──────────┐
              │   开始    │
              └──────────┘
                   │
   ┌──────────────────────────────┐      ┌──────────────────────┐
   │ 根据巡航、爬坡、工况要求确定    │─────→│   选择已有产品发动机    │
   │      发动机功率级别            │      └──────────────────────┘
   └──────────────────────────────┘
                   │
   ┌──────────────────────────────┐
   │      确定发动机最优工作曲线      │
   └──────────────────────────────┘
                   │
   ┌──────────────────────────────┐      ┌──────────────────────┐
   │ 根据功率分流特性由发动机确定    │─────→│ 由转速和转矩确定液压泵/马达A的 │
   │   液压泵/马达A的转速、转矩       │      │      排量及功率        │
   └──────────────────────────────┘      └──────────────────────┘
                   │
   ┌──────────────────────────────┐      ┌──────────────────────┐
   │ 根据动力性指标(主要为加速性)     │─────→│ 由最高车速确定液压泵/马达B的 │
   │ 确定的总功率和发动机机械传递     │      │      最高转速          │
   │ 功率,确定液压泵/马达B的功率      │      └──────────────────────┘
   │ 级别、扭矩。再根据最高车速确     │      ┌──────────────────────┐
   │ 定液压泵/马达B的最高转速         │      │ 由基速和加速性能确定液压泵/马 │
   │                              │      │      达B的扭矩         │
   └──────────────────────────────┘      └──────────────────────┘
                   │
   ┌──────────────────────────────┐      ┌──────────────────────┐
   │ 根据所选定的液压泵/马达初选系统  │─────→│ 由工况的制动平均减速度确定最 │
   │ 的最高和最低压力。由加速性确定   │      │      高压力            │
   │ 的总功率和发动机优化工作曲线上   │      └──────────────────────┘
   │ 功率,并考虑传递线效率和工况     │      ┌──────────────────────┐
   │ 的充放能要求最后确定蓄能器的能   │      │ 根据工况及系统的最大放能能量 │
   │ 量级别和有效工作容积            │      │ 和由平均速度的回收能量确定蓄 │
   │                              │      │      能器的有效工作容积    │
   └──────────────────────────────┘      └──────────────────────┘
                   │
   ┌──────────────────────────────┐
   │        建立系统仿真模型          │
   └──────────────────────────────┘
                   │
   ┌──────────────────────────────┐
   │ 输入设计参数,仿真动力性能,      │
   │ 进一步验算动力性是否达标        │
   └──────────────────────────────┘
                   │
              ┌──────────┐
              │   结束    │
              └──────────┘
```

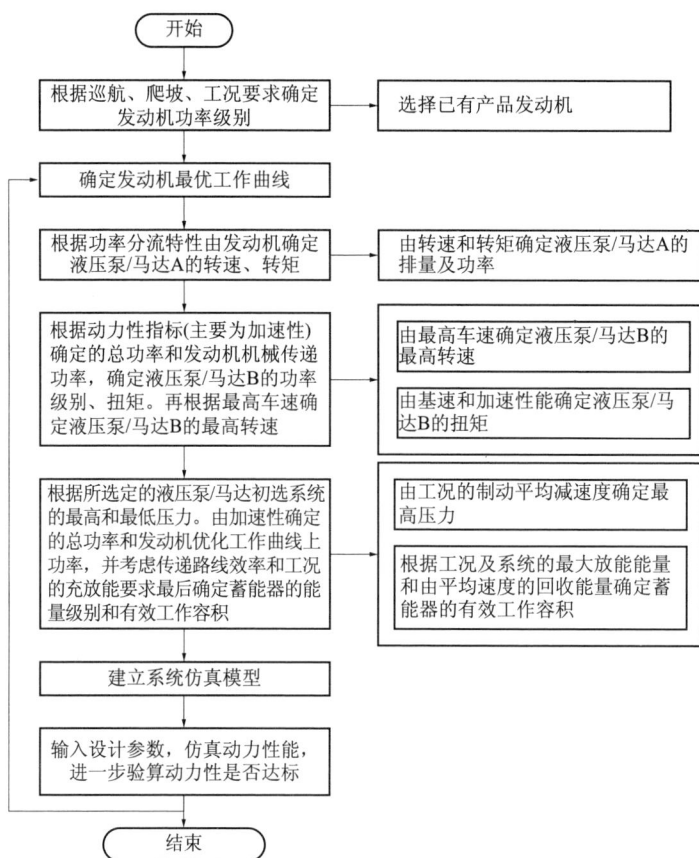

图 3 - 24　总体匹配方法及流程

表 3 - 3　整车基本参数

总质量/kg	整备质量/kg	风阻系数	滚动半径/mm	迎风面积/m²
15 000	11 000	0.65	509	55

表 3 - 4　整车动力性指标

最高车速/ (km·h⁻¹)	最大爬坡度/%	持续速度爬坡/ (km·h⁻¹)(@4%坡度)	当车速为0~60 km/h 时的加速时间/s
≥80	≥25	40	≤30

3.3.4.2　车辆总功率

车辆所需的总功率要满足传统车的动力性要求,在此基础上尽可能地降低燃油消耗和尾气排放。一般地,混合动力车辆总的需求功率主要根据最高车速、最大爬坡度和加速时间来计算。即如式（3 - 25）~ 式（3 - 28）所示[2,12]。

$$P_{max1} = \frac{v_{max}}{3\,600\eta}\left(mgf + \frac{C_DAv_{max}^2}{21.15}\right) \tag{3 - 25}$$

$$P_{max2} = \frac{v_i}{3\,600\eta_t}\left(mgf\cos\alpha_{max} + mg\sin\alpha_{max} + \frac{C_DAv_i^2}{21.15}\right) \tag{3 - 26}$$

$$P_{max3} = \frac{1}{3\,600T\eta_t}\left(\delta m\frac{v_t^2}{2\times3.6} + mgf\frac{v_t}{1.5}T + \frac{C_DAv_t^3}{21.15\times2.5}T\right) \tag{3 - 27}$$

$$P_{max4} = P_{all}(t)\bigg|_{t=t_m} = \frac{1}{1\,000\eta_t}\left(\delta mv_m\frac{dv_m}{dt} + mgfv_m + \frac{1}{2}C_D\rho Av_m^3\right) \tag{3 - 28}$$

式中，v_{max}、v_i、v_t、v_m 分别为最高车速、最大爬坡度车速、爬坡车速及加速末车速（km/h）；m 为车重（kg）；g 为重力加速度；f 为滚动阻力系数；A 为迎风面积（m^2）；C_D 为风阻系数；η_t 为传动效率；δ 为质量换算系数；t_m、T 为加速时间（s）；ρ 为空气密度；α_{max} 为最大坡度（%）。

又有，$P_{max} \geq \max(P_{max1}, P_{max2}, P_{max3}, P_{max4})$。综上所述，本系统液压混合动力车总需求功率至少为 122 kW。

3.3.4.3　发动机匹配

发动机的功率主要用来平衡液压蓄能器的能量输入输出以及补偿车辆在运行过程中所消耗的能量。所以，发动机功率只需满足平直路面以某一确定车速高速巡航的动力性要求或相应的略低的车速在一定坡度路面巡航行驶的动力需求，最终根据仿真分析过程的数据和实际产品系列来确定。式（3 - 29）、式（3 - 30）分别是由巡航车速、一定速度的爬坡所确定的发动机功率。

$$P_{e1} = \frac{1}{3\,600\eta_t}\left(Gf + \frac{C_DAv_{CRUISE}^2}{21.15}\right)v_{CRUISE} \tag{3 - 29}$$

$$P_{e2} = \frac{v_i}{3\,600\eta_t}\left(mgf\cos\alpha_i + mg\sin\alpha_i + \frac{C_DAv_i^2}{21.15}\right) \tag{3 - 30}$$

按最高巡航车速为 80 km/h 在水平路行驶时，发动机的功率为 55 kW。车辆按 40 km/h 的速度在 4% 坡度行驶时，需求功率为 88 kW。

综上，$P_e(min) \geq \max(P_{e1}, P_{e2})$。于是，根据发动机的功率等级和现有产品，选择了一台 4.76 L 的柴油发动机。此发动机在 2 300 r/min 处达到最大功率，其值约为 100 kW。其中，外特性曲线和发动机最优工作曲线如图 3 - 25 所示。

值得说明的是，对于混合动力汽车而言，对发动机基本运行曲线上最大的允许转速所对应的功率的确定比对发动机的功率等级的确定更有意义。

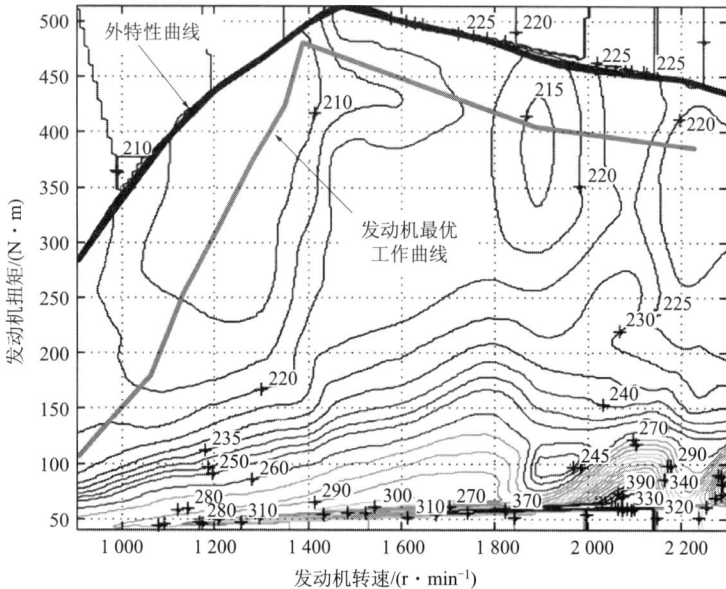

图 3 – 25　发动机 map 图

　　发动机期望转速应在 1 000 ~ 1 900 r/min，考虑发动机的工作效率，可初选 $\omega_{exp} = 1\,000$ r/min。

3.3.4.4　液压泵/马达 A 匹配

　　液压泵/马达 A 通过前排行星齿轮机构与发动机的输出轴连接，通过解耦发动机转速与车轮转速，使发动机尽可能工作在经济转速范围内。根据发动机的最优工作曲线的最大转矩，由式(3 – 31)可以求得液压泵/马达的理论排量 V_p。

$$V_p = \frac{2\pi T_{emap}}{\Delta p}\eta_{pm}\frac{1}{k+1} \tag{3 – 31}$$

式中，T_{emap} 为发动机工作曲线的最大转矩(N·m)；Δp 为压力差(MPa)；k 为行星排特征值；η_{pm} 为液压系统效率。

　　根据发动机最优工作曲线的最大功率 P_{emax}，由式(3 – 32)可以求得液压泵的理论流量 q_p。

$$q_p = \frac{60 \cdot P_{emax}}{\Delta p} \cdot \eta_{pm} \tag{3 – 32}$$

　　又前排行星齿轮机构的三个元件的转速关系如式(3 – 33)所示[5,13]：

$$(1+k) \cdot n_c = n_s + k \cdot n_r \tag{3 – 33}$$

式中，n_c、n_s、n_r 分别为行星架、太阳轮和齿圈的转速。

　　三个动力源在正常工作时的转速关系如图 3 – 26 所示。其中，起始时车速为零，液压泵/马达 A 工作在最高转速 3 800 r/min，发动机工作在最小工作转速 1 000 r/min；当开始加速时，液压泵/马达 A 一直工作在最高转速，而发动机则增加至最大允许工作转速 1 900 r/min；然后，发动机则维持在此转速下，液压泵/马达 A 则开始降速。所以，在整个加速过程中，当车速为 37km/h 时，液压泵/马达 A 的功率最大。

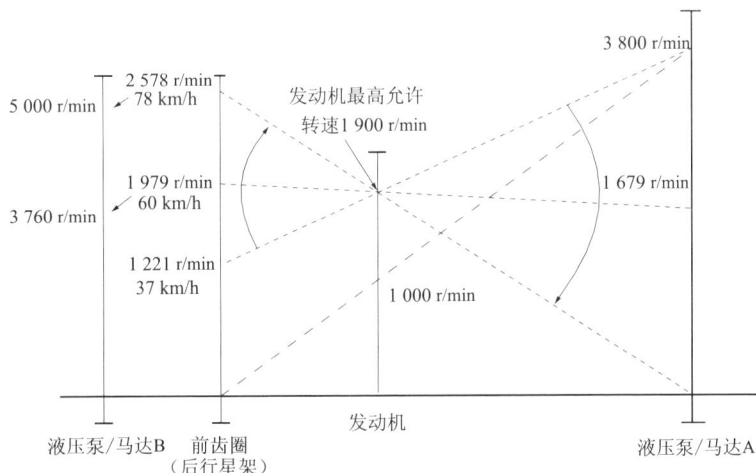

图 3-26　三动力源转速关系图

当取 $n_{Amax} = 3\ 800$ r/min，T_{emap} 是发动机的转速为 1 900 r/min 时对应最优工作曲线上的转矩，故液压泵/马达 A 的功率满足式（3-34）：

$$P_A \geq \frac{T_{emap} \cdot n_{Amax}}{(k+1) \cdot 9\ 550} \qquad (3-34)$$

从而，液压泵/马达 A 的功率等级计算为 42 kW。

3.3.4.5　液压泵/马达 B 匹配

1. 转速的选择

液压泵/马达 B 的转速要满足车辆以最高车速行驶时的要求，即：

$$n_{Bmax} \geq i_f \cdot \frac{v_{max}}{3.6 \cdot R} \cdot \frac{30}{\pi} \cdot i_d \qquad (3-35)$$

式中，i_f 为后行星排的高速比；i_d 为主减速器速比；R 为车轮半径。

2. 功率的选择

发动机提供车辆行驶过程中的稳态功率，而液压元件则提供陡变的峰值功率。在行驶过程中车辆需要的总功率与发动机克服阻力功率后的剩余功率之差即为液压泵/马达 B 的功率要求。

行驶的需求功率 P_d 计算如下：

$$P_d = \frac{1}{3\ 600 T\ \eta_t}\left(\delta m\ \frac{v_t^2}{2\times 3.6} + mgf\ \frac{v_t}{1.5}T + \frac{C_D A v_t^3}{21.15\times 2.5}T\right) \qquad (3-36)$$

在车辆加速过程中,发动机克服空气阻力、滚动阻力和爬坡阻力后剩余的功率为 P_{e_a},发动机的剩余功率计算公式如下:

$$P_{e\_a} = \frac{1}{t_m}\int_0^{t_m}(P_{e\_con} - P_r)\mathrm{d}t$$

$$= \frac{1}{t_m}\left[\frac{k}{1+k}\cdot\frac{T_e i_d \eta_t}{1\ 000R}\left(\frac{2}{3}v_m t_m\right) - \frac{mgf}{1\ 000}\left(\frac{2}{3}v_m t_m\right) - \frac{C_D \rho A}{2\ 000}\left(\frac{v_m^3 t_m}{2.5}\right)\right] \qquad (3-37)$$

式中,P_r 是行驶过程的滚动阻力与空气阻力功率之和;P_{e_con} 是发动机通过传动系统提供给车轮的功率,可通过式(3-38)计算:

$$P_{e\_con} = P_e - P_A = \frac{k}{1+k}\cdot\frac{T_e v i_d \eta_t}{1\ 000R} \qquad (3-38)$$

液压泵/马达 B 的功率 $P_{\text{final\_B}}$,按式(3-39)计算:

$$P_{\text{final\_B}} = P_d - P_{e\_a} \qquad (3-39)$$

根据 P_d 和 P_{e_a},可确定液压泵/马达 B 的功率等级,代入参数计算为 94 kW。

3. 扭矩的选择

根据液压泵/马达 B 的功率、转矩和基速三者的关系,如式(3-40)所示,可得其转矩。

$$T_{\text{Bmax1}} = \frac{9\ 550 P_{\text{Bmax}}}{n_{\text{Bspd}}} \qquad (3-40)$$

式中,n_{Bspd} 为由工况平均速度确定的基速;P_{Bmax} 为液压泵/马达 B 最大功率。

由于液压泵/马达 B 在车辆加速时提供峰值功率和峰值扭矩,所以液压泵/马达 B 应满足工况的最大加速度的要求,即如式(3-41)所示。

$$T_{\text{Bmax2}} \geq \frac{1}{2}\cdot\frac{m\cdot a\cdot R}{i_d\cdot i_f} \qquad (3-41)$$

式中,a 为工况的最大加速度。

在确定了液压泵/马达 B 的功率和转矩及转速范围后,就可以按照匹配液压泵/马达 A 的方法选择其流量和排量范围,然后再结合实际的产品最终选择液压泵/马达 B 的参数。

3.3.4.6 液压蓄能器匹配

液压蓄能器最高工作压力不得大于液压泵/马达所允许的最高工作压力。充气压力的选择需考虑使系统能量回收率较高。蓄能器容积的确定在城市综合工况下,按照回收车辆在最高速度设计,即:

$$E_{\text{acc}} = \frac{p_0 V_0}{n-1}\left[\left(\frac{p_0}{p_2}\right)^{\frac{1-n}{n}} - 1\right] \geq \frac{1}{2}mv_{\text{max}}^2 \qquad (3-42)$$

式中，p_0 为充气压力（MPa）；V_0 为充气压力下的体积（mL）；p_2 为最高工作压力（MPa）；n 为气体指数。

在确定了液压蓄能器工作压力范围和充气体积后，然后参照实际产品确定最终参数。

3.3.4.7　匹配结果

根据上述匹配原则，通过计算与选择，最终得到整车动力系统各动力源参数如表 3 – 5 所示。

表 3 – 5　整车动力系统各动力源参数

部件	选型	项目	参数
发动机	某款柴油发动机	额定功率/kW	105
		最大扭矩/(N·m)	520
		排量/L	4.76
液压泵/马达 A	力士乐 A6VM28	最大排量/(mL·r⁻¹)	28.1
		最高转速/(r·min⁻¹)	5 550
		最大扭矩/(N·m)	179
		最大允许流量/(L·min⁻¹)	156
液压泵/马达 B	力士乐 A6VM80	最大排量/(mL·r⁻¹)	80
		最高转速/(r·min⁻¹)	3 900
		最大扭矩/(N·m)	509
		最大允许流量/(L·min⁻¹)	312
蓄能器	美标蓄能器 MB14/5 000	流体体积/L	42
		最高工作压力/MPa	35
		最低工作压力/MPa	21

3.3.5　混联液压驱动系统控制策略

3.3.5.1　工作模式

根据负荷率和液压蓄能器 SOC 可以确定以下几个工作模式：

A：再生制动，即机械和液压共同制动或者单独液压制动。

B：机械制动。

C：液压泵/马达 B 单独驱动。

D：发动机单独驱动。

E：发动机和液压泵/马达 B 并联驱动。

F：发动机单独驱动，同时带动液压泵/马达 A 给液压蓄能器充能。

其中，前两个模式是根据车辆制动时的不同状态确定的。A 工作模式：

当整车所需的制动力矩小于液压泵/马达 A 所能提供的最大制动力矩时，采用单独液压制动；当整车制动力矩大于液压泵/马达 A 所能提供的制动力矩时，采用机械液压共同制动。B 工作模式：当紧急制动或液压蓄能器不能再蓄能时，则采用机械制动。

C ~ F 工作模式如图 3 – 27 和图 3 – 28 所示。

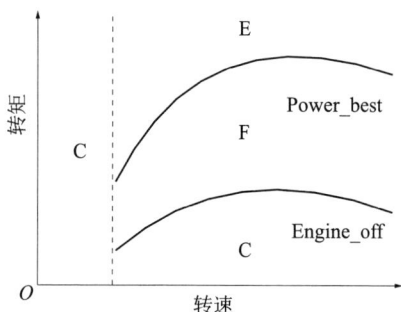

图 3 – 27　SOC > SOC_{low} 时　　　　图 3 – 28　SOC < SOC_{low} 时

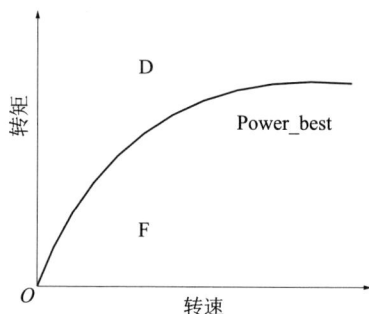

其中，"Power_best"为发动机最优工作曲线，"Engine_off"为发动机关闭曲线。

当蓄能器 SOC > SOC_{low} 时，按照式(3 – 43)确定工作模式：

$$\begin{cases} C & \omega_{req} < \omega_{str} \ \text{或} \quad T_{req} < T_{Engine\_off} \\ E & T_{req} > T_{power\_best} \\ F & T_{req} > T_{Engine\_off} \text{和} \quad T_{req} < T_{power\_best} \end{cases} \quad (3-43)$$

当蓄能器 SOC < SOC_{low} 时，按照式(3 – 44)确定工作模式：

$$\begin{cases} D & T_{req} > T_{power\_best} \\ F & T_{req} < T_{power\_best} \end{cases} \quad (3-44)$$

式中，ω_{req} 为需求转速；ω_{str} 为发动机起动转速；T_{req} 为需求转矩。

3.3.5.2　驱动控制策略

当车辆在循环工况下驱动行驶时，其驱动控制策略流程如图 3 – 29 所示。

首先，根据车辆的实际车速 v 和目标车速 v_req 计算出车辆的需求功率 P、转矩 T_r 和整车加速度 a_{cc}，驱动时，有 $a_{cc} \geqslant 0$。其次，由需求功率 P 和转矩 T_r 结合当前发动机的转速和液压蓄能器的 SOC 值，确定系统的工作模式。再次，依据系统的工作模式和液压蓄能器实际 SOC 值计算出发动机的需求转矩、转速，液压泵/马达 B 的输出转矩、转速和双行星排应处的挡位。最后，将上一步中确定的工作条件转换成具体的命令向执行机构发出。

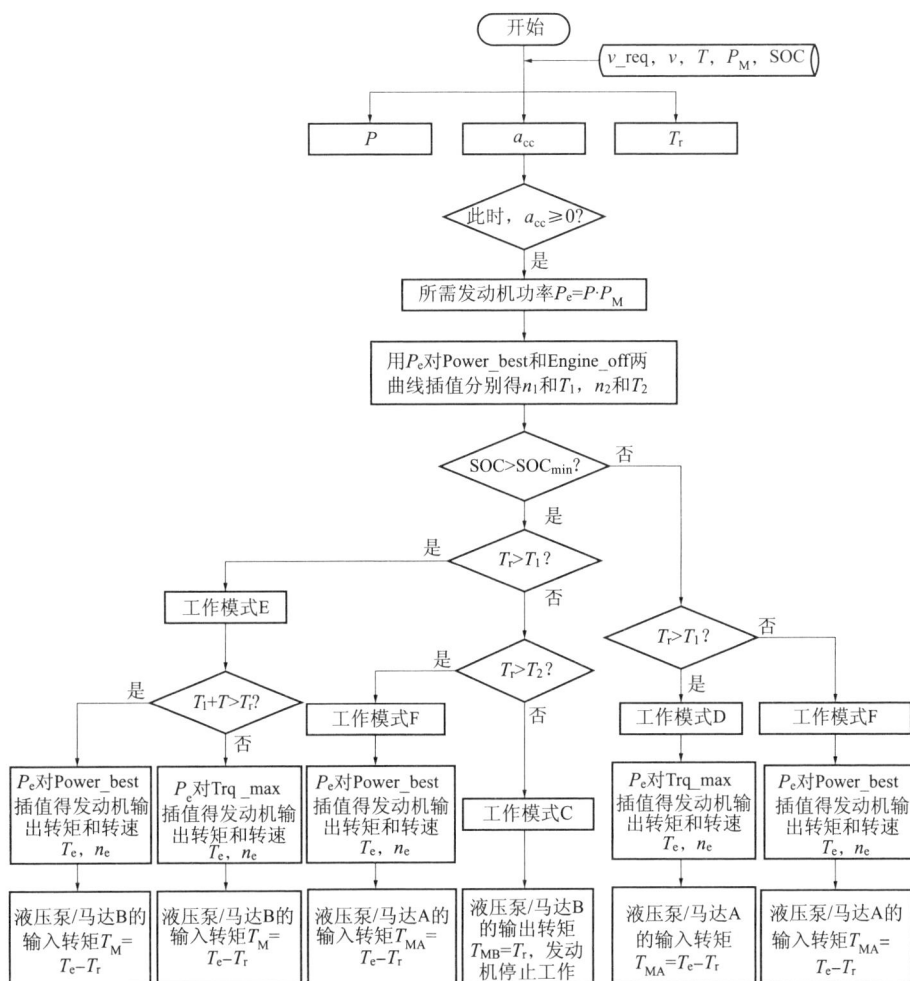

图 3 - 29　驱动控制策略流程图

3.3.5.3　制动控制策略

同样地,其制动控制策略流程如图 3 - 30 所示。首先,根据车辆的实际车速 v 和目标车速 v_req 计算出车辆的需求功率 P、转矩 T_r 和整车加速度 a_{cc},制动时,有 $a_{cc} \leqslant 0$。其次,由需求功率 P、转矩 T_r 和液压蓄能器的 SOC 值,确定系统的工作模式。再次,依据系统的工作模式和液压蓄能器实际 SOC 值分别计算出机械制动转矩、液压制动转矩和双行星排应处的挡位。最后,将上一步中确定的工作条件转换成具体的命令向执行机构发出。

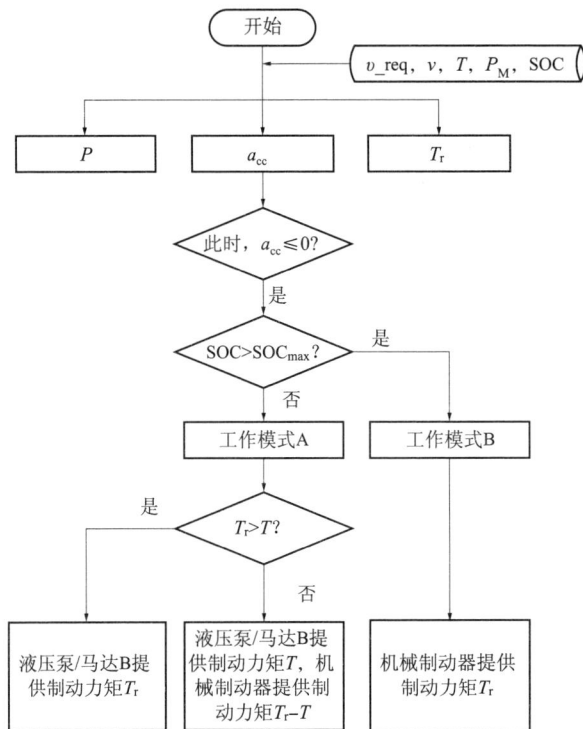

图 3 – 30　制动控制策略流程图

3.3.6　混联液压驱动系统参数匹配结果验证

为了验证本节上述参数匹配的合理性，在 MATLAB/SIMULINK 软件搭建了混联液压混合动力汽车仿真模型，在以发动机燃油消耗最少为目标的控制策略下，在国家城市综合工况下进行了动力性与经济性仿真[14,15]。

3.3.6.1　动力性验证

在全负荷加速工况下，仿真的车速和时间的关系曲线如图 3 – 31 所示。可以看出，当以 0～60 km/h（即 0～16.6 m/s）加速时，加速时间为 26.8 s，小于设计目标 28 s，即加速性能满足目标值。

上述仿真结果表明，由于实际发动机、液压元件产品根据匹配设计的理论最小值结果进行选择，一般均要根据现有产品挑选，但现有产品往往无法完全吻合设计要求，因此根据匹配设计参数，会选择偏大点的产品，使得加速性仿真结果要比设计目标值小，但从仿真结果表明，所匹配的行星混联液压动力系统能够充分保证动力性要求。

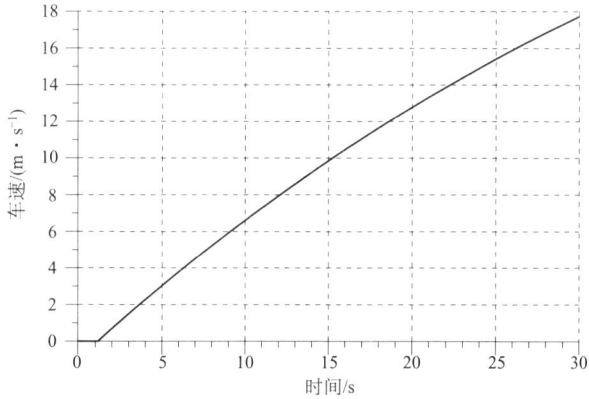

图 3 - 31　加速性能仿真曲线

3.3.6.2　经济性验证

图 3 - 32、图 3 - 33 和图 3 - 34 分别是在城市综合工况下仿真的发动机、液压泵/马达 A 和液压泵/马达 B 的工作点。由此可见，发动机基本上是按照匹配时的最优工作曲线工作，符合匹配的设计原则。液压泵/马达 A 和液压泵/马达 B 的工作范围都在其有效的工作范围内。

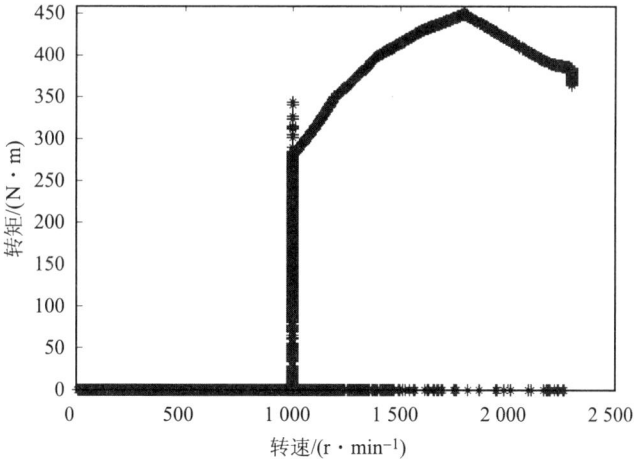

图 3 - 32　发动机工作点

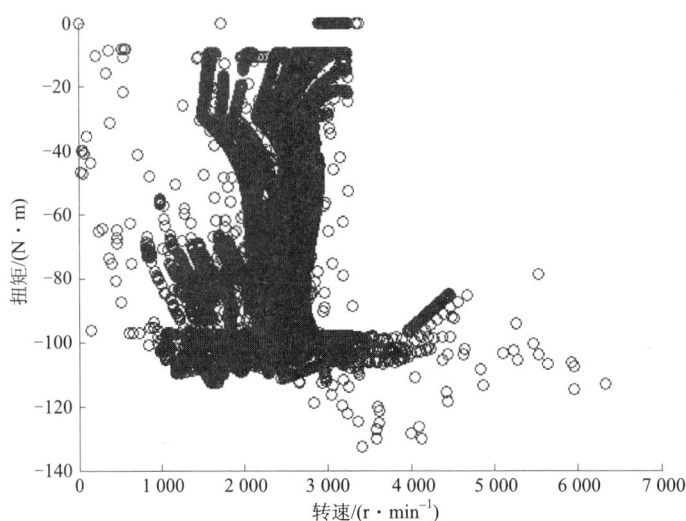

图 3 - 33　液压泵/马达 A 工作点

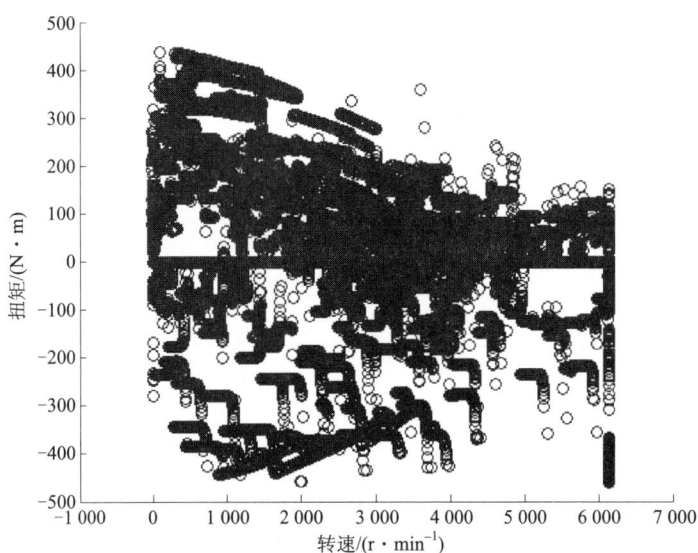

图 3 - 34　液压泵/马达 B 工作点

　　行星液压混联车辆的经济性仿真结果如表 3 - 6 所示。可见，在合理地选择了各个动力源的参数后，其燃油经济性提高了 39.4%，很好地满足了设计要求。

表 3 - 6　燃油经济性对比

工况	传统车/[L · (100 km)⁻¹]	液驱车/[L · (100 km)⁻¹]	改善程度/%
城市综合	40. 0	24. 23	39. 4

从动力性和经济性的仿真结果来看，本节考虑了车辆实际行驶中的各部件转速和转矩变化过程的匹配方法，不仅能达到设计的要求，还能更好地实现整车动力性和经济性的设计要求。

3.3.7　小结

本节针对一种新型的行星液压混联结构混合动力系统，提出了该系统的关键元件参数的设计匹配原则，并搭建了能量管理策略，应用 SIMULINK 和 AMESim 软件平台实现了共同仿真，从而形成了一种适合于行星混联结构的液驱车辆的匹配方法和能量管理控制流程。模型仿真结果表明：依据构型的特点和既定的能量管理策略的匹配方法，能够较好地调节各个动力源的工作状态，使其能工作在高效区间，从而充分发挥了构型的优势，提高了能量利用率，降低了工作循环燃油消耗。

3.4　本章小结

上述的三款软件是混合动力技术领域应用较为广泛的软件。三款软件有一定的共性：均可以用于混合动力汽车关键部件的选择、最佳结构的确定、整车控制策略的合理制定和优化。同时也各有特点：ADVISOR 为逆向仿真软件，它基于 SIMULINK 搭建，具有模块化的编程思想、代码完全公开的特点；CRUISE 和 AMESim 为正向仿真软件，其中，AMESim 使得用户可以在这个单一平台上建立复杂的结合机电液多学科领域的系统模型，在搭建液压混合动力汽车模型方面具有一定的优势；另外，也可以在 AMESim 上研究混合动力汽车的稳态和动态性能。而 CRUISE 具有便捷通用的模型元件和直观易懂的数据管理系统，使用时相对简单。另外，CRUISE 和 AMESim 还具有丰富的接口，能与不同的商用软件联合仿真，也能够用于硬件在环测试。

参 考 文 献

[1] 于永涛，曾小华，王庆年，等. 混合动力汽车性能仿真软件的可用性仿真验证[J]. 系统仿真学报，2009，21(2)：380 - 2384.

111

[2] 曾小华. 混合动力客车节能机理与参数设计方法研究[D]. 长春：吉林大学，2006.

[3] 童毅. 并联式混合动力系统动态协调控制问题的研究[D]. 北京：清华大学，2004.

[4] Buchwald, P., Christensen, H., Larsen, H., Pedersen, P. S. Improvement of City bus Fuel Economy Using a Hydraulic Hybrid Propulsion System —a Theoretical and Experimental Study [R]. SAE Technical Paper 790305, Warrendale, PA, USA, 1979.

[5] 于永涛. 混联式混合动力车辆优化设计与控制[D]. 长春：吉林大学，2010.

[6] Oliver Dingel and Joerg Ross PhD. Model – Based Assessment of Hybrid Powertrain Solutions[R]. SAE Technical Paper 2011 – 24 – 0070.

[7] Josko Petric. A Power – Split Hybrid Hydraulic Vehicle Transmission Modeling and Comparative Analysis[R]. SAE Technical Paper. 2010 – 01 – 2010.

[8] Fernando Tavares, Rajit Johri, Ashwin Salvi. Hydraulic Hybrid Powertrain – In – the – Loop Integration for Analyzing Real – World Fuel Economy and Emissions Improvements [R]. SAE Technical Paper 2011 – 01 – 2275.

[9] 赵春涛，姜继海，赵克定. 二次调节静液传动技术在城市公交车辆中的应用[J]. 汽车工程，2001，23(6)：423 – 426.

[10] 杜玖玉，王贺武，黄海燕. 车用功率分流式液压混合动力系统特性研究[J]. 机械传动，2011，35(6)：15 – 18.

[11] 李翔晨，常思勤，韩文. 静液压储能传动汽车动力源系统匹配及性能分析[J]. 农业机械学报，2006，37(3)：12 – 16.

[12] 余志生. 汽车理论[M]. 北京：机械工业出版社，1998.

[13] 杜玖玉，苑士华，魏超，等. 双模式液压机械传动工作特性分析[J]. 农业工程学报，2009，25(4)：86 – 90.

[14] 曾小华，王庆年，王伟华，初亮. 基于 ADVISOR 软件的双轴驱动混合动力汽车性能仿真模块的开发[J]. 汽车工程，2003(5)：424 – 427.

[15] 曾小华，王庆年，李骏，王伟华，初亮. 基于 ADVISOR 2002 混合动力汽车控制策略模块开发[J]. 汽车工程，2004(04)：394 – 396.

第4章

差速动力耦合器的设计

混联式混合动力汽车能量分配的核心部件为动力耦合装置。在动力耦合装置的具体产品方面，主要以丰田和通用汽车公司分别推出的不同动力耦合装置为主。丰田公司所提出的THS[1]，最早被应用在1997年推出的混合动力汽车普锐斯中。之后在THS的基础上，丰田还开发了新的单排行星轮结构构型[2]和双排行星齿轮结构构型[3]。2001年丰田公司在THS的基础上又推出由THS与无级变速器（CVT）组合而成的THS – C系统，并将该系统应用在Estima和Alphard车上。在2007年丰田公司推出的Lexus GS450h车型上，其动力耦合机构使用了一种特殊的双行星排构型。通用公司也开发了一系列的动力耦合装置，其中包括双排行星齿轮机构[4-7]和三排的行星齿轮动力耦合机构[8-11]。而在学术研究方面，一些文献着重研究了这些动力耦合装置的运动特性、建模以及控制策略[12-15]。虽然针对现有的几种经典混联动力耦合装置构型特点和相应的一些控制思想已有相应研究，但是关于如何设计出新型、结构相对简单且可实际应用的混联动力耦合装置这一问题的研究并不多见。

考虑到传统汽车差速器与THS均为行星齿轮机构，具有相似的运动学特征，本章将差速器作为设计原型，设计出一种新型的动力耦合装置。本章通过理论分析、软件仿真和台架实验相结合的方法对差速器改型设计进行了系统的研究。

4.1 传统差速器用作差速动力耦合器的分析

根据第3章图3 – 7中对差速动力耦合装置的仿真分析可知，在NEDC工况下，差速动力耦合装置左右半轴之间存在着一定的转速差，如图 4 - 1 所示。

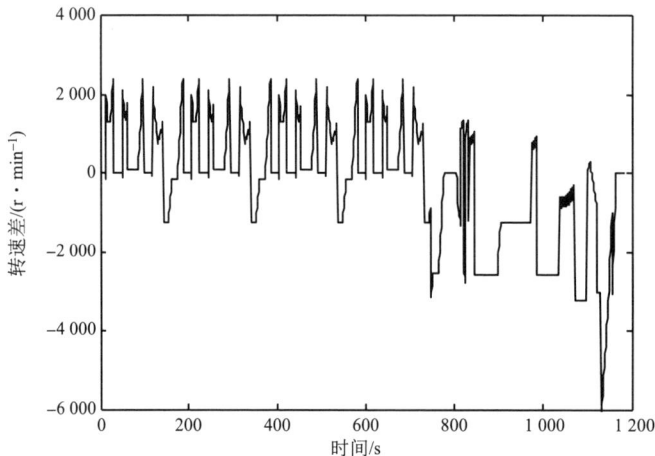

图 4 - 1　左右半轴转速差

对图 4 - 1 中的转速关系进行简单的统计，得到的结果如表 4 - 1 所示。

表 4 - 1　左右半轴转速差统计规律

项目	平均值	最大值
正向转速差/($r \cdot min^{-1}$)	581	2 401
反向转速差/($r \cdot min^{-1}$)	1 684	6 210

由图 4 - 1 和表 4 - 1 知，传统差速器用作动力耦合器时，其两半轴之间存在着长时间的大转速差。然而，在传统汽车驱动桥中，差速器的行星齿轮仅当汽车左右驱动轮转速不同（如转向或一边车轮滑转）时才开始自转。此时行星齿轮自转转速相对较小（一般均小于 500 r/min），且持续时间较短，因此，传统汽车差速器的行星齿轮与行星齿轮轴之间可以直接接触，仅依靠两者之间的润滑油来改善其相对运动时的滑磨。若将差速器直接用作动力耦合器，则两半轴之间的持续的大转速差可能导致差速器发生磨损甚至失效。

4.2　传统差速器改型设计方案

为减小传统差速器用作混合动力汽车动力耦合装置时，由左右半轴高转速差造成的严重磨损，必须对差速器行星齿轮与行星齿轮轴的接触关系进行改型设计，使其能够满足混合动力汽车动力耦合系统左右半轴两端转速差较大的要求。改型设计方案如下：

在行星齿轮与行星齿轮轴之间加装滚针轴承，将两者之间摩擦副关系由滑动摩擦变为滚动摩擦。为安装滚针轴承，需要重新设计行星齿轮轴，并对其与滚针轴承接触表面及行星齿轮内孔表面进行热处理，以提高表面硬度，从而满足滚针轴承的硬度要求，避免轴表面及齿轮内孔表面出现压痕。

4.2.1　轴承选型

为保证行星齿轮轴的强度，其轴径不应过小，故行星齿轮及行星齿轮轴之间安放轴承的空间有限，应优先考虑使用滚针轴承。由于 K 类滚针轴承滚针之间相互独立且没有内外圈，可实现在轴肩之间直接安装，而且需要的径向空间较小，因此优先选用 K 类滚针轴承，如图 4 - 2 所示。

图 4 - 2　K 类滚针轴承

4.2.2　行星齿轮轴设计

为了轴向定位滚针轴承，需要对原行星齿轮轴进行重新设计，重新加工带有轴肩的行星齿轮轴。为满足设计要求，采用 20CrMnTi 为材料，对与滚针轴承配合的轴径进行局部热处理，增加表面硬度。由于改型方案采用整体式差速器，为正常装配，需要在行星齿轮轴两侧分别加装圆套筒，并在轴的一侧及安装在其上的套筒上分别加工销孔，用定位销固定。改型后的行星齿轮轴和套筒如图 4 - 3 和图 4 - 4 所示，行星齿轮轴与滚针轴承装配效果图如图 4 - 5 所示。

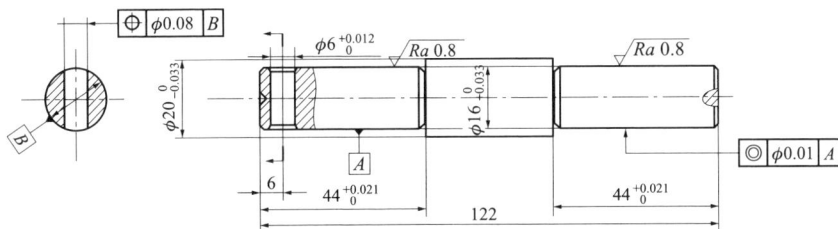

图 4 - 3　改型后的行星齿轮轴

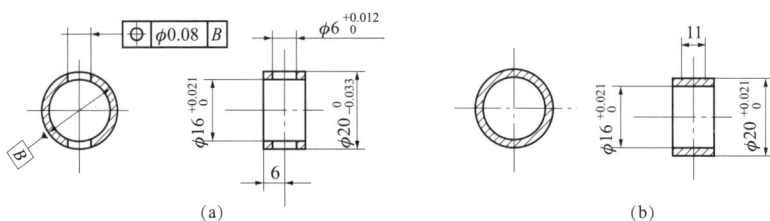

图 4-4 套筒

(a)左套筒；(b)右套筒

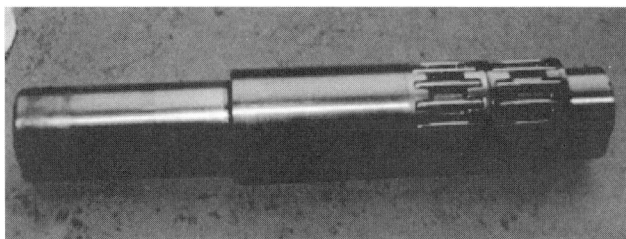

图 4-5 齿轮轴与滚针轴承装配效果图

4.2.3 新型的差速动力耦合装置结构

为减小改型成本，新型的差速器动力耦合装置除以上两处修改外，其他部件均采用原差速器原有的零件和结构。原传统汽车对称式锥齿轮差速器结构如图 4-6 所示，经过改型后，新型的差速动力耦合装置[16]（Differential based Power Split Device，DPSD），结构如图 4-7 所示。

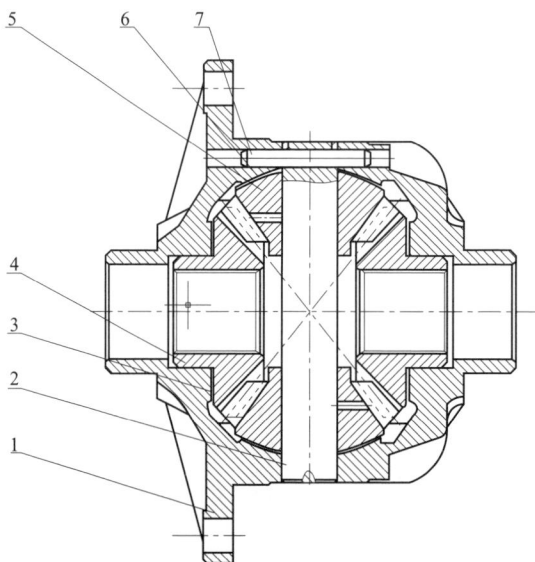

图 4-6 传统差速器

1—差速器壳；2—行星齿轮轴；3—垫圈 a；4—半轴锥齿轮；5—行星齿轮；6—垫圈 b；7—销

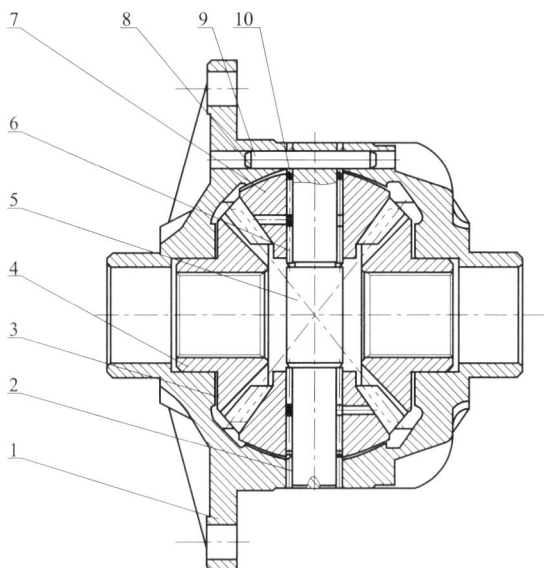

图 4 - 7　新型的差速动力耦合装置

1—差速器壳；2—套筒 b；3—垫圈 a；4—半轴锥齿轮；5—行星齿轮；
6—K 类滚针轴承；7—行星齿轮轴；8—垫圈 b；9—销；10—套筒

4.3　新型的差速动力耦合装置验证及分析

首先进行有限元分析，分析该动力耦合装置在 NEDC 工况下是否会发生失效；然后通过台架实验进一步验证其正确性。

4.3.1　新型的差速动力耦合装置仿真验证

首先，在软件 CATIA 和 ADAMS 环境下，建立差速动力耦合装置的刚柔体联合虚拟模型，如图 4 - 8 所示。再利用 ADAMS 中的刚柔体联合仿真功能，对行星齿轮轴的强度和变形进行有限元分析。通过软件仿真验证改型后得到

图 4 - 8　差速动力耦合装置刚柔体联合虚拟模型

的 DPSD 在整个 NEDC 工况下是否会发生失效。本节仅依据 NEDC 仿真工况得到的转速、转矩数据进行了动力学仿真，在后续的第 6 章里面详细介绍了依据差速动力耦合器台架实验数据进行的动力学仿真。

依据 NEDC 工况下的仿真结果，选取出行星齿轮轴最大载荷的试验点如表 4-2 所示。

表 4-2　NEDC 工况下行星齿轮最大载荷试验点

左半轴转矩/(N·m)	DPSD 壳转速/(r·min⁻¹)	右半轴转速/(r·min⁻¹)
-51	1 016	4 335

将表 4-2 各参数依次添加到 DPSD 虚拟模型的左半轴齿轮转矩、DPSD 壳转速以及右半轴齿轮转速中，然后进行仿真计算。仿真计算结果如下：行星齿轮轴上的应力分布如图 4-9 所示，行星齿轮轴上的最大应力为 89.9 MPa；行星齿轮轴上的应变分布如图 4-10 所示，行星齿轮轴上的最大形变为 0.005 8 mm；行星齿轮轴的应力和应变都小于其许用值。

图 4-9　行星齿轮轴上的应力分布

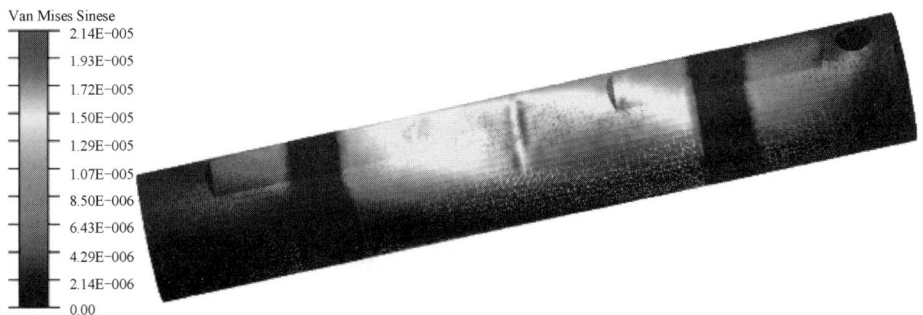

图 4-10　行星齿轮轴上的应变分布

根据 DPSD 的运动特性可得转速关系：

$$n_4 = (n_0 - n_3)\frac{z_1}{z_4} \qquad (4-1)$$

式中，n_3 是两半轴齿轮的转速，n_0 为 DPSD 壳体绕半轴齿轮旋转轴线的转速，n_4 为行星齿轮轴自转的转速，z_1 为半轴齿轮齿数，z_4 为行星齿轮齿数。

将 $n_0 = 1\,016$ r/min，$n_3 = 4\,335$ r/min，$z_1 = 14$，$z_4 = 10$ 代入式(4-1)，求得 $n_4 = -4\,647$ r/min。

依据 NEDC 工况，通过 ADAMS 建模仿真，得到在齿轮传动过程中行星齿轮所受轴向力 F_{a1} 是 517.7 N，根据式(4-2)和式(4-3)可得行星齿轮自身受到的离心力 F_{a2}。

$$r_1 = \frac{mz_1}{2} = 37.8 \text{ mm} \qquad (4-2)$$

$$F_{a2} = m_1 \left(\frac{\pi n_0}{30}\right)^2 r_1 = 64.5 \text{ N} \qquad (4-3)$$

式中，m_1 是行星齿轮质量，为 0.151 kg；r_1 为半轴齿轮分度圆半径，$r_1 = m \cdot z_1 / 2 = 37.8$ mm，$m = 5.4$ kg。

行星齿轮对球面垫片总的轴向力如式(4-4)。

$$F_a = F_{a1} + F_{a2} = 582.2 \text{ N} \qquad (4-4)$$

台架试验方案中，DPSD 载荷最大的工况见表 4-2，相应地得到 ABAQUS 中应力和温度耦合仿真模型的运动和载荷条件，如表 4-3。

表 4-3　仿真边界条件

行星齿轮自转转速/($r \cdot min^{-1}$)	行星齿轮对垫片的轴向力/N
-4 647	582.2

借助软件 ABAQUS 中的应力场和温度场耦合有限元分析功能能够快捷、准确地掌握行星齿轮垫片的应力、形变和温度分布情况[17]。仿真结果如图 4-11~图 4-14 所示。

由图 4-11 可知，表面的应力大部分分布在 2.45~3 MPa，其中内圈处应力较大，最大应力为 4.377 MPa，小于允许强度值。由图 4-12 可知，轴向力加载至垫片表面后，其大部分表面的变形为 0.098~0.19 mm，内圈形变较大，为 0.75 mm。最大形变不超过 1.129 mm。仿真结果表明，最大形变集中在内圈。由图 4-13 可知，最高温度分布在垫片较接近边缘的部分，为 120 ℃。较高温度分布在最高温度两侧以及垫片内圈部分，大约为 100 ℃。最高温度节点的温度随时间变化曲线如图 4-14 所示，温度在 5 s 时达到最大值 120.7 ℃，之后稳定在 108 ℃附近。

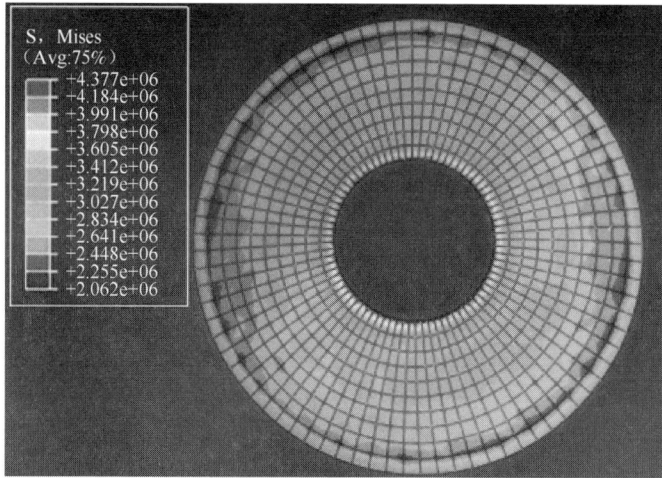

图 4 – 11　行星齿轮垫片应力云图

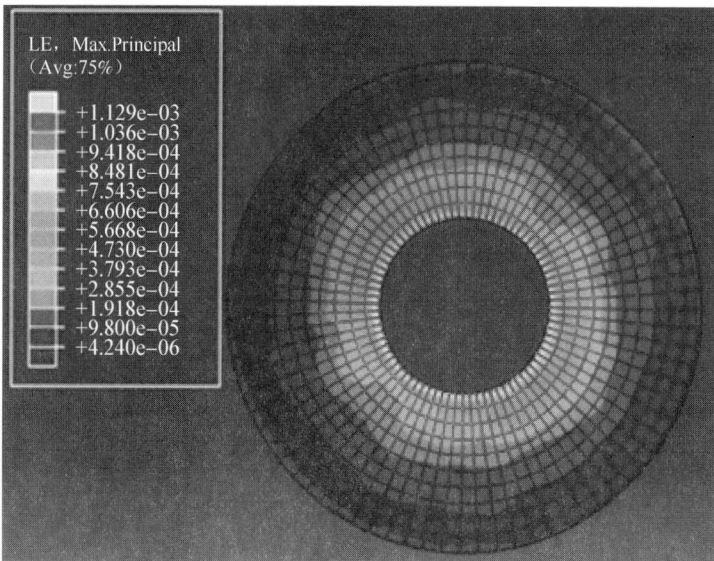

图 4 – 12　行星齿轮垫片变形云图

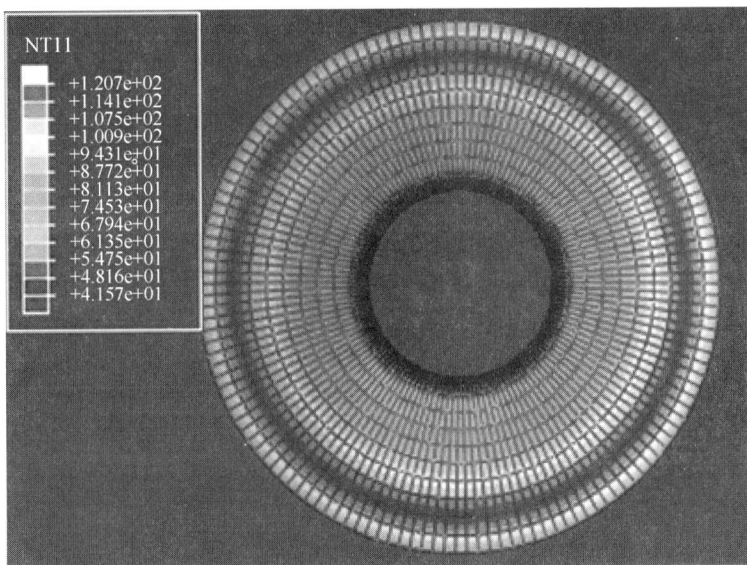

图 4 – 13　行星齿轮垫片温度云图

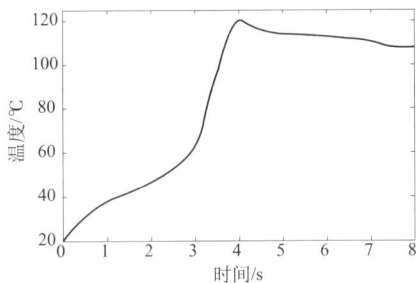

图 4 – 14　最高温度节点的温度随时间变化曲线

从上述仿真结果分析，可知在 NEDC 工况的最大载荷及最大差速下，垫片的应力、形变以及温度均在允许范围之内，说明该结构能够满足设计需要，在正常使用情况下不会产生磨损、烧蚀等失效现象。

4.3.2　新型的差速动力耦合装置台架试验

为进一步验证改型设计的可行性，选取 NEDC 工况部分典型工作点进行台架试验验证。采用宝克公司的汽车电控动力传动系统试验台对改型后的差速器进行了试验。依照图 4 – 15 中的三端连接关系，布置台架试验台，如图 4 – 16 所示。其中主测功机对应发动机，1 号测功机和 2 号测功机分别对应发电机和电动机。

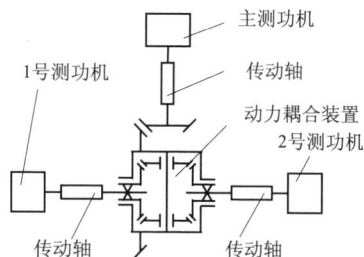

图 4 – 15　差速动力耦合装置原理简图

图 4 – 16　差速动力耦合装置试验台架

由于台架试验受主测功机转速限制，仅能测试差速动力耦合装置三端动力源在 NEDC 工况低速段(车速不大于 50 km/h)的工作情况，选取该低速工况下的典型工作点，最终设计的台架试验方案如表 4 – 4 所示。

表 4 – 4　差速动力耦合装置低速段试验方案

测试车速/ (km·h^{-1})	主测功机转速/ (r·min^{-1})	2号测功机转速/ (r·min^{-1})	1 号测功机转矩/(N·m)					
5	0	−182	—	10	0	−10	—	—
10	0	−363	20	10	0	−10	−20	—
15	0	−545	20	10	0	−10	−20	−30
20	0	−726	20	10	0	−10	−20	−30
25	3 000	627	20	10	0	−10	−20	−30
30	3 000	445	20	10	0	−10	−20	−30
35	3 000	264	20	10	0	−10	−30	—
40	3 000	82	20	10	0	−30	—	—
45	4 000	412	20	10	−30	—	—	—
50	4 000	230	20	10	0	−10	−20	−30

注：表中正值代表驱动，负值代表反向。

按照试验方案(表4-4),逐点对1号测功机转矩和主测功机、2号测功机转速进行调整,记录相应转速、转矩。试验中各个动力源均按照既定的试验方案响应,下面仅选取表4-4中15 km/h的试验数据绘制DPSD输入输出轴的转速、转矩曲线,如图4-17和图4-18所示。根据转速转矩计算出各端的功率以及内摩擦功率如图4-19所示,由图可知,改型后差速器内部摩擦功率较小,约为500 W。

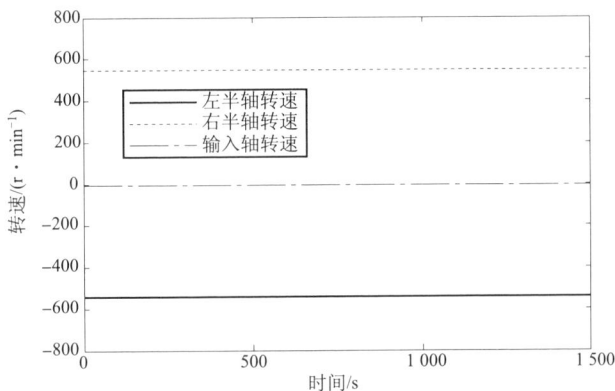

图4-17 DPSD输入输出轴的转速

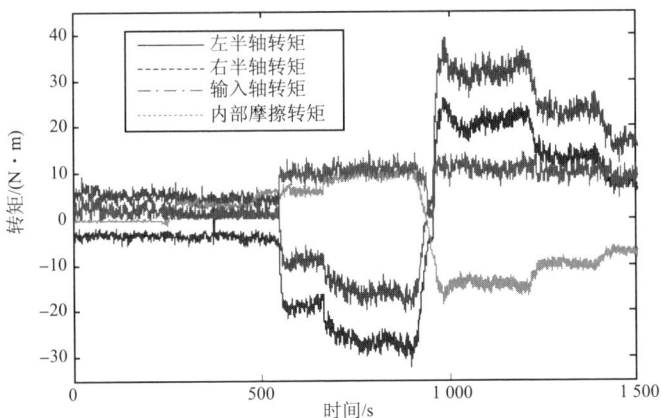

图4-18 DPSD输入输出轴的转矩

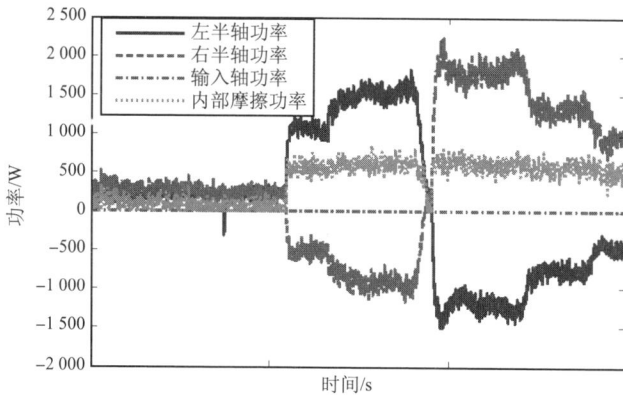

图 4 – 19　DPSD 输入输出轴的功率

　　改型后的差速耦合装置在整个试验过程中，行星齿轮轴、行星齿轮垫片及差速器内其他零件均工作平稳、顺畅，无尖锐响声。其主要部件试验后的状况如图 4 – 20 所示。行星齿轮轴完好，表面无磨痕、压痕，滚针轴承无弯曲、折断现象，半轴齿轮垫片完好，套筒定位销孔略有变形，行星齿轮背面有轻微刮伤印迹。行星齿轮垫片部分表面被磨光亮，但无严重磨损。

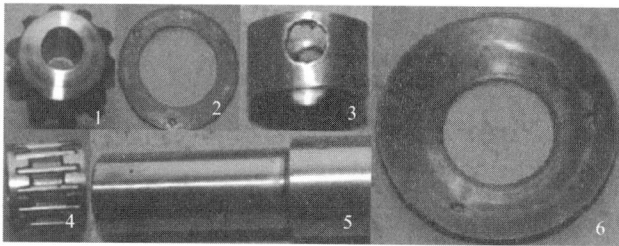

图 4 – 20　台架试验后 DPSD 各主要零件
1—行星齿轮；2—垫片 b；3—套筒 a；4—轴承；5—行星齿轮轴；6—垫片 a

　　为进一步验证改型的必要性和优势，对没有改型的差速器按照上述的试验方案进行试验。在进行 15 km/h 速度点的试验一段时间后，突然听到差速器出现异常响声，停止试验，等待检查。拆开主减速器，把差速器取出，发现试验后的行星齿轮轴已经和壳体胶合住了，如图 4 – 21 所示。

　　分析对比改型前后 5 km/h、10 km/h 和 15 km/h 试验点的摩擦功率，如表 4 – 5 和图 4 – 22 所示。由滑动摩擦改为滚动摩擦后，差速器内部的摩擦功率有所减小，而且这种改善程度有随着车速增加而增加的趋势。

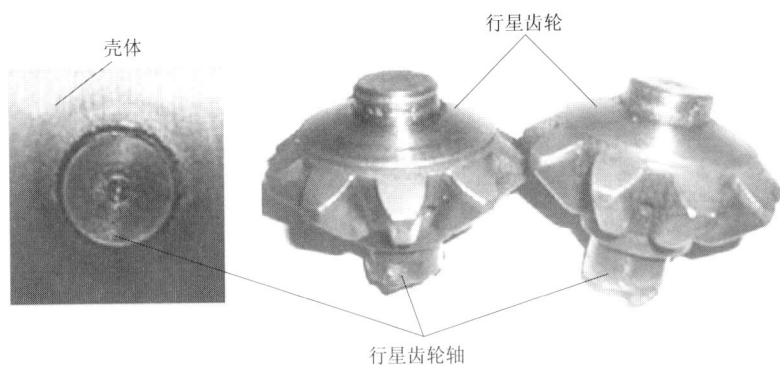

图 4 - 21 台架试验后差速器失效情况

表 4 - 5 改型前后差速器内部的摩擦改善情况

车速/(km·h⁻¹)	内摩擦功率/W		改善程度/%
	改型前	改型后	
5	246.8	183.7	25.6
10	630.3	388.7	38.3
15	1 247.1	518.4	58.4

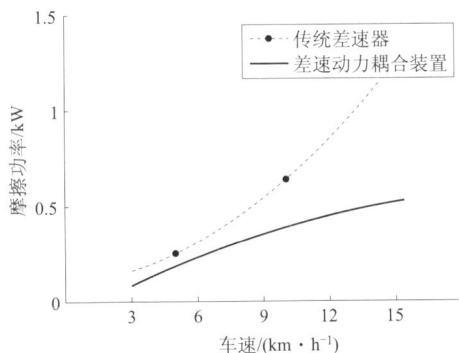

图 4 - 22 内摩擦功率

台架试验表明，DPSD 的行星齿轮轴、滚针轴承和行星齿轮垫片等关键部件均无严重的失效现象。对比改型前后的试验结果，改型避免了差速器的失效并且有效地减小了差速器内部的摩擦功率。

4.4 本章小结

本章提出了将传统汽车差速器用作混合动力汽车动力耦合装置的想法，

采用在其行星齿轮处添加滚针轴承和重新设计行星齿轮轴的简单低成本的改型方案，对传统差速器进行了改型设计。之后，结合软件仿真和台架试验对改型后的结果进行了验证。结果表明，经过改型后的差速器能够适应试验方案中各个车速和各个负载转矩所有试验点的工况，并且在原有润滑油散热情况下，其内部的主要零件均没有明显的失效迹象。与未改型差速器试验对比可知，改型后的方案能避免系统的失效并减小系统的摩擦功率，验证了改型后的传统汽车差速器作为新型差速动力耦合装置的可行性和改型的必要性。但是，根据实验结果可以看到，新型差速动力耦合装置在台架实验后也存在着磨损，因此，后续对该结构的优化设计十分必要。

参 考 文 献

[1] Koide，Takeharu，Hideaki Matsui，Mitsuhiro Nada. Hybrid vehicle drive system having two motor/generator units and engine starting means：U. S. ，Patent 5，934，395[P]. 1999 – 8 – 10.

[2] 畑祐志，松井英昭，茨木隆次. 动力输出装置、混合车辆及其控制方法：中国，CN1336879[P]. 2002 – 02 – 20.

[3] 干场健，滩光博. 混合动力车辆用动力输出装置：中国，CN1819934[P]. 2006 – 08 – 16.

[4] Schmidt，Michael R. Two – mode，input – split，parallel，hybrid transmission：U. S. ，Patent 5，558，588[P]. 1996 – 09 – 24.

[5] Holmes，Alan G. Two range electrically variable power transmission：U. S. ，Patent 6，945，894[P]. 2005 – 09 – 20.

[6] Holmes，Alan G. ，Donald Klemen，Michael Roland Schmidt. Electrically variable transmission with selective input split，compound split，neutral and reverse modes：U. S. ，Patent 6，527，658[P]. 2003 – 03 – 04.

[7] Holmes，Alan G. ，Michael Roland Schmidt. Hybrid electric powertrain including a two – mode electrically variable transmission：U. S. ，Patent 6，478，705[P]. 2002 – 11 – 12

[8] Schmidt，Michael Roland. Two – mode，compound – split electro – mechanical vehicular transmission：U. S. ，Patent 5，931，757[P]. 1999 – 08 – 03.

[9] Grewe，Timothy H. Defining the general motors 2 – mode hybrid transmission [J]. 2007.

[10] Schmidt，Michael Roland. Electro – mechanical powertrain：U. S. ，Patent 5，

935, 035 [P]. 1999 - 10 - 10.

[11] Raghavan, Madhusudan, Norman K. Bucknor, James D. Hendrickson. Electrically variable transmission having three planetary gear sets and three fixed interconnections: U. S., Patent 7, 238, 131[P]. 2007 - 07 - 03.

[12] Sasaki, S. Toyota's newly developed hybrid powertrain [A]. Power Semiconductor Devices and ICs, 1998. ISPSD 98. Proceedings of the 10th International Symposium on IEEE, 1998.

[13] Miller, John M. Hybrid electric vehicle propulsion system architectures of the e - CVT type[J]. Power Electronics, IEEE Transactions, 2006(3): 756 -767.

[14] Liu, Jinming, Huei Peng. Control optimization for a power - split hybrid vehicle [A]. American Control Conference, 2006. IEEE, 2006.

[15] Liu, Jinming, Huei Peng. Modeling and control of a power - split hybrid vehicle [J]. Control Systems Technology, IEEE Transactions, 2008 (6): 1242 -1251.

[16] 曾小华, 王庆年, 宋大凤, 何立, 于永涛, 靳立强, 于远彬, 王鹏宇, 王伟, 王加雪. 用作混合动力汽车动力耦合装置的差速器: 中国, CN101482166[P]. 2009 - 07 - 15.

[17] Söderberg, Anders, Sören Andersson. Simulation of wear and contact pressuredistribution at the pad - to - rotor interface in a disc brake using general purpose finite element analysis software [J]. Wear, 2009 (6): 2243 -2251.

第 **5** 章

差速动力耦合器的热分析

热分析是车辆传动系统设计与开发必不可少的重要环节，通过热分析可以确定车辆传动系统零部件的热薄弱环节、润滑油的热特性以及齿轮啮合区域的热特性等，为车辆传动系统的设计以及润滑与冷却装置的配置提供依据，从而改善车辆传动系统的热环境，提高传动系统的可靠性和使用寿命。本章针对混合动力汽车动力耦合装置，进行了传动系统总体层面上的热分析以及润滑油的特性分析，并对传动齿轮啮合区域进行了热分析。

5.1 基于热网络法的差速动力耦合器热分析

差速动力耦合器（Differential based Power Split Device，DPSD）在工作过程中，由于轮齿啮合、滚动轴承、齿轮搅油和摩擦等引起的功率损失，不但使整个装置效率降低，而且产生了许多热量，致使零部件发热，从而对整个装置的润滑与冷却产生影响。关键零部件的过热，如半轴齿轮的齿面胶合，会直接影响到整个装置的机械传动性能，导致传动系统无法正常工作。因此，在差速动力耦合器的动力特性分析过程中建立热分析模型显得非常重要[1]。

目前进行热分析主要采用两种方法：数值法和集总参数法。数值法主要采用有限元法或计算流体动力学来求解，往往需要较长的建模时间与计算求解时间，其结果精确性也相对较好，通常用来进行一些具有复杂结构模型的热分析，更适合进行局部的细节求解。集总参数法侧重于进行总体层面的热分析求解，虽精确性不如数值法，但是温度节点选择较为灵活简便，且更省时；热网络法是集总参数法最常见的热分析方法，适用于具有简单几何形状或是在某些条件下可以适当简化模型的热传导分析。本节针对差速动力耦合器整体温度场，介绍热网络法的热分析过程。

5.1.1　热网络法概论

热网络具体是指对分析的整个系统，首先根据具体需要和便于测试对比的原则划分热节点，一个热节点代表系统中相对应的某一零部件或者流体介质(例如润滑油、环境空气等)上某一点、某一表面或某一体积上的温度；然后在相关节点间根据实际情况以不同方式的热阻相互联系，形成整体热网络系统[2]。

热网络法是一种普遍用来分析系统稳态以及瞬态温度场的热分析方法，因其节点位置的分布、热网络的疏密程度完全可以根据实际需要来灵活掌握，所以应用起来较为简单方便，本节采用热网络法来分析整个 DPSD 的稳态温度场。

求解稳态温度场时，根据 Kirchhoff 原理，借用电学上的 KCL、KVL 定律，对任意一个热节点而言，该节点能量守恒，即流入该节点的热流量等于流出该节点的热流量，节点热流量的流入流出差应与其最终的热流量相等。这样，对热能 q 而言，每一个节点均可以建立一个关于自身的热流平衡方程式，由此 n 个节点可以建立 n 个方程，最终建立系统的热平衡方程组，即：

$$\left.\begin{array}{l} q_1 = q_1(T_1,\ T_2,\ \cdots,\ T_n) = 0 \\ q_2 = q_2(T_1,\ T_2,\ \cdots,\ T_n) = 0 \\ \cdots\cdots\cdots\cdots\cdots\cdots \\ q_n = q_n(T_1,\ T_2,\ \cdots,\ T_n) = 0 \end{array}\right\} \qquad (5-1)$$

对于未知温度 T_1，T_2，$\cdots$，T_n 的方程组，每个方程组都有 T_1 到 T_n 共计 n 个未知量，具体形式需要结合系统的具体结构以及节点划分情况而定。通过求解以上的热平衡方程组即可算出设定各温度节点的稳态温度。

求解瞬态温度响应时，对于任一节点，流入该节点的热流量 q 应符合下列关系式：

$$\rho_i C_{pi} V_i \frac{\mathrm{d}T_i}{\mathrm{d}t} = q_i (i = 1,\ 2,\ \cdots,\ n) \qquad (5-2)$$

式中，i 代表节点；ρ、C_p、V 分别表示节点的密度、比热以及体积；$\dfrac{\mathrm{d}T_i}{\mathrm{d}t}$ 是温度对时间的导数；n 个节点可以建立 n 个瞬态方程，对方程组进行求解即可获得工作系统的瞬态温度响应。

5.1.2　热网络模型的建立

利用集总参数法原理，根据差速动力耦合器的具体结构形式，使用 25 个节点来描述系统，每个节点代表一个等温体或等温面。热节点的布置如图 5 – 1 所示，各节点所代表的位置如表 5 – 1 所述。

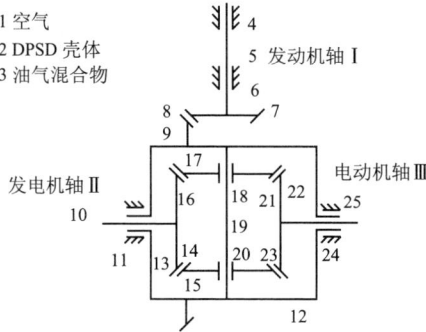

图 5 – 1　PSD 温度节点分布图

表 5 – 1　热网络节点位置

节点号	位置	节点号	位置
1	空气	14	半轴齿轮与行星齿轮啮合处
2	传动装置壳体	15	行星齿轮
3	润滑油池	16	半轴齿轮与行星齿轮啮合处
4	圆锥滚子轴承	17	行星齿轮
5	发动机轴 I	18	滚针轴承
6	圆锥滚子轴承	19	行星齿轮轴
7	弧形锥齿轮	20	滚针轴承
8	弧形锥齿轮啮合处	21	半轴齿轮与行星齿轮啮合处
9	弧形锥齿轮	22	半轴齿轮
10	发电机轴 II	23	半轴齿轮与行星齿轮啮合处
11	圆锥滚子轴承	24	圆锥滚子轴承
12	差速器壳体	25	电动机轴 III
13	半轴齿轮		

　　根据差速动力耦合器的具体结构及传热路线，绘制该装置的热网络图如图 5 – 2 所示，将热阻分为四类，分别为与空气之间的对流热阻、与润滑油之间的对流热阻、传导热阻和齿轮啮合处的摩擦热阻[3]。

　　对每个节点利用电学中的 Kirchhoff 定律即可建立热平衡方程组，通过数值方法中求解线性方程组的高斯—赛德尔迭代法即可求得各个节点的温度值。

$$P_i + \sum \frac{T_j - T_i}{R(i,j)} - \sum \frac{T_i - T_k}{R(i,k)} = 0 \qquad (5-3)$$

式中，P_i 代表节点 i 位置处的功率损失；T_i、T_j、T_k 代表节点 i、j、k 的温度；$R(i, j)$、$R(i, k)$ 分别代表节点 i 与节点 j、节点 i 与节点 k 之间的热阻。

　　由实际的热量传递关系，将设定的 25 个节点之间以导热热阻和对流换热热阻联系起来，形成差速动力耦合器的热传递关系网络，并由此画出模型的热网络图，如图 5 - 2 所示。

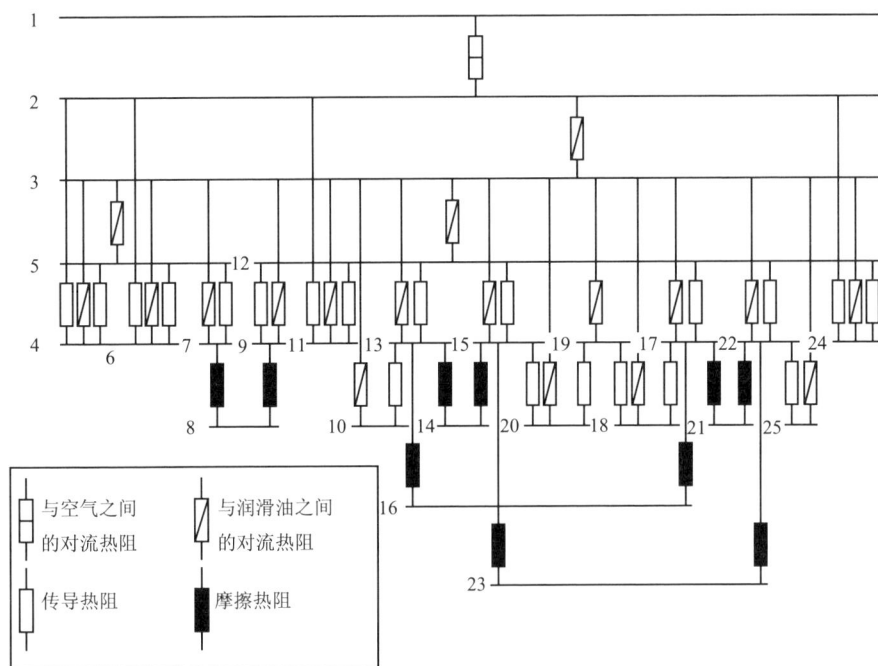

图 5 - 2　差速动力耦合器热网络图

　　在差速动力耦合器的热分析中，最重要的问题之一是如何较为精确地确定系统内的热功率，以及热量在运动副元件之间的分配问题。另一个关键问题是 DPSD 工作过程中零件传热的热阻计算问题。要较为精确地分析系统内零部件的温度变化规律，就必须解决这两个关键问题。温度受功率损失和热阻两个关键因素的影响，而功率损失和热阻分别取决于功率损失的形式和热传递模式[4]。

5.1.3　功率损失计算模型

　　在差速动力耦合器中，功率损失基本上都转化为热，成为引起系统温升的热源。因此，DPSD 功率损失计算模型的建立是热分析的重要环节。

通过对差速动力耦合器传动原理和结构特征的分析可知,其功率损失的来源主要有五种:齿轮啮合功率损失、滚动轴承功率损失、搅油损失、风阻损失和摩擦损失。

5.1.3.1　齿轮啮合功率损失

齿轮啮合功率损失包括滑动摩擦损失和滚动摩擦损失。齿轮啮合功率损失的计算方法主要有 Anderson 方法、Coy&Townsend 方法和 ISO/TR14179 方法,本节采用 Anderson 方法来计算齿轮啮合功率损失,将锥齿轮模型等效为直齿轮模型[5]。Anderson 和 Loewenthal 认为齿轮啮合功率损失主要由滑动摩擦损失和滚动摩擦损失两部分组成,总的功率损失为:

$$N = N_s + N_t \tag{5-4}$$

其中,平均滑动损失 N_s 和平均滚动损失 N_t 的计算公式如下:

$$N_s = \frac{fF_n V_s}{1\ 000} \tag{5-5}$$

$$N_t = 9\ 000\ \frac{bV_t h\varepsilon}{\cos\beta_b} \tag{5-6}$$

式中,f 为摩擦系数;F_n 为锥齿轮平均齿面法向载荷;b 为齿宽;h 为平均油膜厚度;ε 为重合度;β_b 为基圆螺旋角。

啮合点处平均滑动速度 V_s 和平均滚动速度 V_t 的计算公式如下:

$$V_s = 0.026\ 18n_{v1}g_z \frac{z_{v1} + z_{v2}}{z_{v2}} \tag{5-7}$$

$$V_t = 0.209\ 4n_{v1}\left[r_1\sin\alpha - 0.125g_z\frac{z_{v2} - z_{v1}}{z_{v2}}\right] \tag{5-8}$$

式中,n_{v1} 为主动轮当量转速;g_z 为啮合线长度;z_{v1} 和 z_{v2} 分别是主、从动轮的当量齿数;r_1 为主动轮节圆半径;α 为压力角。

5.1.3.2　滚动轴承功率损失

滚动轴承功率损失 N_f 是滚动轴承摩擦力矩 M 和轴承内圈角速度 ω 的乘积。

$$N_f = M\omega \tag{5-9}$$

目前普遍使用的滚动轴承功率损失计算方法是 Palmgren 的经验公式[6],Palmgren 认为总的功率损失由以下三个部分组成:与载荷和轴承类型相关的摩擦力矩,考虑到轴承结构类型和润滑方式而产生的摩擦力矩和附加摩擦力矩。Palmgren 根据机械摩擦现象提出了计算滚动轴承功率损失的经验计算公式。

$$M = M_1 + M_v + M_f \tag{5-10}$$

当滚动轴承存在弹性滞后以及局部差动滑动的摩擦损耗时,存在与轴承所受载荷相关的摩擦力矩分量 M_1，计算公式如下：

$$M_1 = f_1 F_\beta d_m \tag{5-11}$$

式中，M_1 是与轴承类型以及所受到的负荷相关的系数，是因轴承摩擦力矩而产生的计算载荷，它们的值都可以从 T. A. Harris 所著的《滚动轴承分析》中查得；f_1 为与载荷和轴承类型相关的载荷系数；F_β 为由摩擦力矩产生的计算载荷；d_m 为轴承平均直径。

摩擦力矩分量与轴承类型、转速和润滑油性质有关，反映了润滑剂在流动时的动力损耗，由下式可以求得：

$$M_v = \begin{cases} 160 \times 10^{-7} f_0 d_m^3, & v_0 n \leqslant 2\,000 \\ 10^{-7} f_0 (v_0 n)^{\frac{2}{3}} d_m^3, & v_0 n \geqslant 2\,000 \end{cases} \tag{5-12}$$

式中，f_0 是考虑到轴承结构类型和润滑方式而产生的系数，可从《滚动轴承分析》查得；v_0 是润滑油的运动黏度；n 是轴承内圈的旋转速度。

此外，若短圆柱滚子轴承同时承受径向和轴向负荷时，还要考虑附加摩擦力矩：

$$M_f = f_f F_a d_m \tag{5-13}$$

式中，f_f 是与轴承结构以及润滑方式相关的系数，其值可从《滚动轴承分析》一书中查得；F_a 是轴承所受轴向力。

5.1.3.3　摩擦损失

根据对 DPSD 结构的分析，其内部摩擦主要由三部分组成，一是行星齿轮背球面与差速器壳体之间因相对运动产生的摩擦力矩 T_{rf}，方向与行星自转方向相反；二是行星轮支撑滚针轴承产生的摩擦力矩 T_{rb}，方向与行星自转方向相反；三是两半轴齿轮背锥面与差速器壳体之间产生的摩擦力矩 T_{rsw}、T_{rsn}，两者大小相等[7]。

1）行星齿轮背锥面与壳体之间产生的摩擦力矩（摩擦系数 μ_{rf}）。

$$T_{rf} = \mu_{rf} \cdot T_0 \frac{\sin\alpha \cdot \sin\theta \cdot \cos\left[\arctan\left(\dfrac{d + d_k}{4R_s}\right)\right]}{4r \cdot \cos\alpha}(d + d_k) \tag{5-14}$$

2）行星轮支撑滚针轴承产生的摩擦力矩（摩擦系数 μ_{rb}）。

$$T_{rb} = \frac{\mu_{rb} \cdot M_0 \cdot \sin\alpha \cdot \cos\theta}{r \cdot \cos\alpha} \cdot d_k \tag{5-15}$$

3）两半轴齿轮背锥面与差速器壳体之间产生的摩擦力矩（摩擦系数 μ_{rs}）。

$$T_{rsw} = \frac{\mu_{rs} \cdot \left(\dfrac{T_0}{2r} - \dfrac{T_{rf} + T_{rb}}{2r}\right) \cdot \sin\alpha \cdot \sin\gamma}{\cos\alpha} \cdot r \tag{5-16}$$

$$T_{rsn} = \frac{\mu_{rs} \cdot \left(\dfrac{T_0}{2r} + \dfrac{T_{rf} + T_{rb}}{2r}\right) \cdot \sin\alpha \cdot \sin\gamma}{\cos\alpha} \cdot r \tag{5-17}$$

133

式中，α 为行星齿轮压力角；θ 为节锥角；d_k 为安装孔直径；d 为球面直径；R_s 为背球球半径；γ 为半轴齿轮节锥角；r 为节圆半径。

5.1.3.4 搅油损失

搅油损失表示齿轮旋转搅动齿轮箱内润滑油的夹带损失，其受很多因素的影响，包括齿轮模数、润滑油黏度、工作温度等。与润滑油接触的所有旋转零部件，都会由于浸在润滑油里面而产生搅油损失。浸润越深，搅油损失越大。由于很难给出精确的计算模型，参考英国标准 BSISO/TR 14179 的第一部分，给出了下列求解搅油损失的经验公式[8]：

1）与光轴外径有关的搅油损失。

$$N_{WG} = \frac{7.37 \times f_g v n^3 D^{4.7} L}{A_g \times 10^{26}} \qquad (5-18)$$

2）与齿轮端面有关的搅油损失。

$$N_{WG} = \frac{1.474 \times f_g v n^3 D^{5.7} L}{A_g \times 10^{26}} \qquad (5-19)$$

3）与齿轮有关的搅油损失。

$$N_{WG} = \frac{7.37 \times f_g v n^3 D^{4.7} B \left(\dfrac{R_f}{\sqrt{\tan\beta}} \right)}{A_g \cdot 10^{26}} \qquad (5-20)$$

式中，D 为部件的外直径；f_g 为齿轮的浸润因子，全部浸没时为 1；A_g 为配置常数，为 0.2；R_f 为粗糙度因子；L 为部件长度；B 为齿面宽度；β 为螺旋角，v 为润滑油运动黏度，n 为转速。

5.1.3.5 风阻损失

风阻损失为小齿轮与大齿轮在齿轮箱油气空间中旋转的能量损失。影响风阻损失大小的因素包括齿轮的旋转速度、齿轮箱内油雾的浓度和齿轮的直径等。低速时，齿轮风阻损失在齿轮总损失中占的比例较小，可以忽略，但当速度较大时不能忽略。

$$N = C \left(1 + 2.3 \frac{t}{R} \right) \rho^{0.8} n^{2.8} r^{4.6} \mu^{0.2} \qquad (5-21)$$

式中，C 是常数系数，其值为 2.04×10^{-8}；t 是齿轮宽度；n 是转速；ρ、μ 分别是油气混合物的密度与黏度。

当建立起系统的功率损失计算模型时，就可以求出系统在不同工况下的功率损失，从而为热平衡方程组的建立提供依据。

5.1.4 热阻计算模型

热阻是反映阻止热量传递能力的综合参量，通俗来讲，它是热量在热流路径上所遇到的阻力，反映了介质或介质间传热能力的强弱，表明了 1 W 热量所引起的温升大小，单位为 ℃/W 或 K/W。热阻是进行差速动力耦合器热分析的重要参数，其计算较为烦琐，涉及模型简化和计算简化。特别地，对于对流热阻，计算公式基本上都是从大量的试验中总结出来的，其一方面使热分析能够更加方便快捷，另一方面也限制了热网络法的精确性。根据热量的传递方式，将热阻分为传导热阻和对流热阻。由于部件间温差较小，故可忽略热辐射的影响[9-12]。

1）对于热传导，其导热热阻分为平面与圆柱面两种情况。

对平面导热热阻：

$$R = \frac{L}{kA} \tag{5-22}$$

式中，L 是特征长度；k 是导热系数；A 是与传热方向垂直的壁面面积。

对圆柱面导热热阻：

$$R = \frac{\ln(r_2/r_1)}{2pLk} \tag{5-23}$$

式中，r_2、r_1 是圆柱内外壁直径；L 是垂直于热流方向的轴向长度。

2）对于对流换热，热阻同样可分为平面对流与圆柱面对流两种情况。

对平面对流换热热阻：

$$R = \frac{1}{hA} \tag{5-24}$$

式中，h 是对流换热系数；A 是对流换热的面积。

对圆柱面对流换热热阻：

$$R = \frac{1}{2\pi rhL} \tag{5-25}$$

式中，r 是圆柱直径；h 是对流换热系数。

当建立起系统功率损失计算模型和热阻计算模型之后，就可以基于式（5-3）对热网络每个节点建立热平衡方程，最后联立起整个热网络系统的热平衡方程组，通过求解热平衡方程组即可求得各热网络节点处的温度值。

5.1.5　计算结果及分析

DPSD 工作的润滑油属性如表 5-2 所示，选取的联合驱动和发动机驱动模式下的工况如表 5-3 所示。根据热网络方法，得到的温度场分布如表 5-4 和表 5-5 所示。

表 5 - 2　DPSD 工作的润滑油属性

温度/℃	密度/(kg·m⁻³)	热导率/[W·(m·K)⁻¹]	运动黏度/(m²·s⁻¹)	普朗特数
40	880.6	0.141 4	9.07	1 121
100	846.2	0.136 1	1.15	160

表 5 - 3　两种模式下的工况

工作模式	轴号	转矩/(N·m)	转速/(r·min⁻¹)
联合驱动	Ⅰ	17.39	4 002.04
	Ⅱ	−32.45	2 547.2
发动机驱动	Ⅰ	15.58	1 579.39
	Ⅱ	29.07	686.94

表 5 - 4　联合驱动工况下 DPSD 系统稳态温度场　　　　℃

T_1	T_2	T_3	T_4	T_5	T_6	T_7	T_8	T_9	T_{10}	T_{11}	T_{12}	T_{13}
20	61.91	76.17	73.98	76.61	72.47	80.38	80.38	80.38	81.38	72.80	83.04	83.17
T_{14}	T_{15}	T_{16}	T_{17}	T_{18}	T_{19}	T_{20}	T_{21}	T_{22}	T_{23}	T_{24}	T_{25}	
83.17	83.17	83.17	83.17	81.97	81.97	81.97	83.17	83.17	83.17	72.58	81.38	

表 5 - 5　发动机驱动工况下 DPSD 系统稳态温度场　　　　℃

T_1	T_2	T_3	T_4	T_5	T_6	T_7	T_8	T_9	T_{10}	T_{11}	T_{12}	T_{13}
20	26.61	28.78	28.63	28.95	28.46	29.48	29.48	29.48	29.41	28.28	29.61	29.62
T_{14}	T_{15}	T_{16}	T_{17}	T_{18}	T_{19}	T_{20}	T_{21}	T_{22}	T_{23}	T_{24}	T_{25}	
29.62	29.62	29.62	29.62	29.48	29.47	29.48	29.62	29.62	29.62	28.19	29.41	

　　DPSD 行星传动系统体积小、结构紧凑，而且有多处齿轮啮合，散热和冷却不足，这将导致传动系统在运行过程中出现齿轮热胶合及垫片的热灼伤等问题。为解决此问题，本节采用热网络法，从总体层面上对 DPSD 稳态温度场分布进行了分析和研究。

　　热网络模型基于热电相似性原理，重点包括热阻计算和功率损失计算两大模块。通过建立热平衡方程组，求解出系统的稳态和瞬态温度场，所以建立合理的热阻计算模型和功率损失计算模型对于提高热网络模型的准确性显得至关重要。在热阻计算模型中，重点是合理地确定对流换热系数；在功率损失计算模型中，对于 DPSD，重点在于建立正确的功率流模型和摩擦功率损失模型。

　　热网络法能够在总体层面上对系统温度进行分析，从而为系统零部件过热失效的可能性进行宏观上的分析，为冷却系统和润滑系统的配置提供指导，相比于有限元法，更加简便、省时、高效。

5.2　差速动力耦合器油膜温度分析

　　在实际的试验过程中，DPSD 中的行星齿轮轴出现了断裂失效现象，同时行星齿轮齿面出现灼烧现象，如图 5 - 3 所示。导致失效及灼烧现象的原因可能是润滑失效、轴承失效、行星齿轮轴强度不够等。同时 DPSD 作为一个新型的装置，其工作原理虽然与传统差速器一样，但在正常工作过程中，DPSD 左右半轴的转速差及工作时间都远远大于传统差速器，导致它们的润滑特性完全不同，所以有必要对其内部的润滑现象进行研究分析。目前，对于齿轮润滑 的 研 究 主 要 涉 及 热 弹 流 流 体 动 力 润 滑（Thermo Elastohydrodynamic Lubrication，TEHL）[13]。研究 DPSD 行星齿轮与半轴齿轮啮合区域 TEHL 现象的主要内容包括油膜压力、油膜厚度及油膜温升。

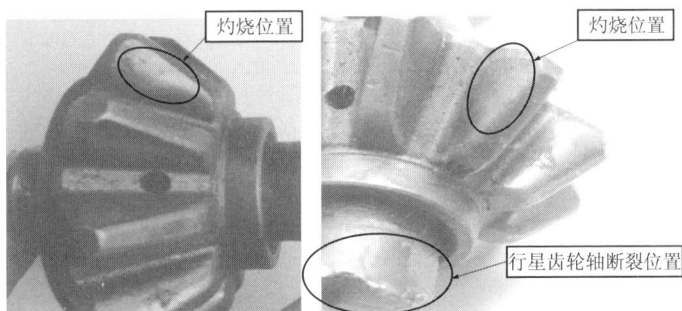

图 5 - 3　失效时齿轮灼烧齿面

　　鉴于 DPSD 中锥齿轮的实际传动工况相当复杂，而且接触面的几何形状、轮齿表面的径向滑动与滚动速度、齿面载荷等都随着齿轮的转动而变化，因此直接对其齿轮齿面 TEHL 问题进行精确求解非常困难。为了简化计算，首先把一对锥齿轮间 TEHL 问题等效为当量直齿圆柱齿轮 TEHL 问题并建立数学模型，然后用该数学模型求解 DPSD 行星齿轮轴在承受最大载荷的工况时，行星齿轮与半轴齿轮之间的润滑特性（包括油膜压力、油膜厚度和中心层温升）。

5.2.1　锥齿轮润滑数学模型

　　结合相关直齿圆柱齿轮润滑理论及当量齿轮原理，对当量齿轮在节点啮合时其单位分布载荷的大小、两齿面的相对速度以及接触点的综合半径的大小进行求解。首先，根据直齿圆柱齿轮线接触热弹流动压润滑（TEHL）模型建立数学模型，包括广义雷诺方程、油膜厚度方程、能量方程、热截面方程、载荷平衡方程及锥齿轮相关方程等[14]。其次，根据直齿圆柱齿轮 TEHL 模型的求解要求，求解直齿圆柱齿轮的当量半径、齿面法向力及综合速度等参数[15]。

5.2.1.1 锥齿轮几何模型

锥齿轮啮合传动机理复杂，在误差允许的范围内引入当量直齿轮，可将问题大大简化，对于轮齿面接触区域的润滑问题求解也具有重要意义。如图 5 – 4 所示，当量直齿轮齿宽与锥齿轮齿宽相等；齿厚与锥齿轮齿宽中点齿厚相同；锥齿轮的球面渐开面也近似简化为平面渐开面。在直齿圆柱齿轮 TEHL 模型中，对齿轮参数的要求主要包括当量半径、齿面法向力及综合速度，因此，锥齿轮几何简化模型主要包括轮齿接触面的当量半径、接触线单位长度的齿面法向力及接触面综合速度。

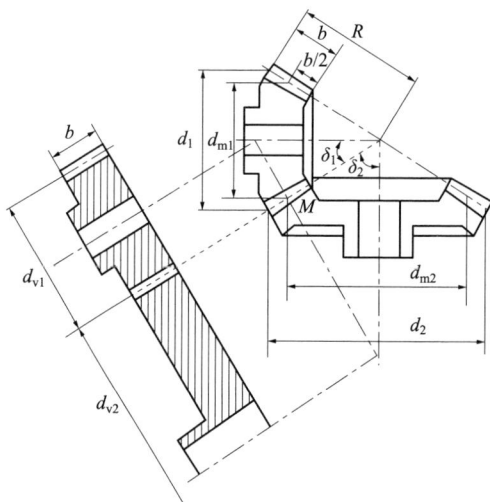

图 5 – 4 当量直齿锥齿轮示意图

1. 轮齿接触面的当量半径 R

直齿锥齿轮的当量齿轮啮合示意图如图 5 – 5 所示。取啮合齿轮的中心距连线 O_1O_2 与 B_2B_1 的交点为研究对象，此时可假定节圆与分度圆重合。

啮合点 M 处的曲率半径 R_v 可由式（5 – 26）求得：

$$R_{v1,2} = \sqrt{r_{v1,2}^2 - r_{vb1,2}^2} \qquad (5-26)$$

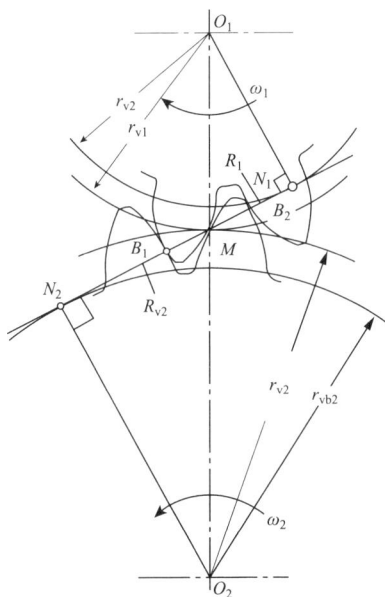

图 5 - 5　当量齿轮啮合示意图

式中，R_v 是啮合点处曲率半径；$r_{v1,2}$ 是当量齿轮分度圆半径，$r_{v1,2} = \dfrac{r_{m1,2}}{\cos\delta_{1,2}}$；$r_{vb1,2}$ 是当量齿轮基圆半径，$r_{vb1,2} = r_{v1,2}\cos\alpha$；$r_{m1,2}$ 表示当量锥齿轮的分度圆半径；α 表示当量齿轮的压力角，$\delta_{1,2}$ 表示锥齿轮分度圆锥角。

最终整理得轮齿接触面的综合半径 R，可表示为：

$$R = \frac{R_{v1}R_{v2}}{R_{v1} + R_{v2}} = \frac{r_{m1}r_{m2}\sin\alpha}{r_{m1}\cos\delta_2 + r_{m2}\cos\delta_1} \tag{5-27}$$

2. 锥齿轮的接触线单位长度的齿面法向力 W_n

对于锥齿轮齿面法向量载荷的计算，在推导过程中，取齿宽中点处 M 作为研究对象，此点的齿厚作为当量齿轮的齿厚。则有：

$$W_{vn} = \frac{F_{vca}}{L_v} \tag{5-28}$$

式中，W_{vn} 是当量齿轮单位长度的齿面法向力；F_{vca} 是当量齿轮的计算载荷；L_v 是当量齿轮的重合线总长度。

在直齿圆柱齿轮啮合传动过程中，L_v 的总长度大于齿宽，它取决于圆柱齿轮的重合度 $\varepsilon_{v\alpha}$。因此有：

$$L_v = \frac{b}{Z_{v\varepsilon}^2} \tag{5-29}$$

式中，$Z_{v\varepsilon}$ 是当量齿轮的重合度系数；b 表示锥齿轮中点齿宽。

对于当量圆柱齿轮，可表示为：

$$Z_{v\varepsilon} = \sqrt{\frac{4 - \varepsilon_{v\alpha}}{3}} \tag{5-30}$$

式中，$\varepsilon_{v\alpha}$ 表示当量齿轮的重合度。

由于齿轮传动系统在安装、制造的过程中，存在着一定的误差，为了调整这一误差，在计算过程中，实际的载荷较理论载荷大，因此需要对当量齿轮的计算载荷 F_{vca} 进行计算，如式（5-31）所示：

$$F_{vca} = K_v F_{vn} \tag{5-31}$$

式中，K_v 是当量齿轮载荷计算系数；F_{vn} 是当量齿轮的齿面法向力。

其中，当量齿轮的齿面法向力 F_{vn} 可近似等于锥齿轮的齿面法向力，即：

$$F_{vn} = F_n \tag{5-32}$$

对于锥齿轮来说，

$$F_n = \frac{F_t}{\cos\alpha} \tag{5-33}$$

$$F_t = \frac{2T_1}{d_{m1}} = \frac{2 \times 9\,550\,\dfrac{w}{n}}{d_{m1}/1\,000} \tag{5-34}$$

式中，w 为锥齿轮传递的功率；d_{m1}、d_{m2} 分别为锥齿轮主、从动轮的分度圆直径。

综上所述，锥齿轮的接触线单位长度的齿面法向力可整理为：

$$W_n = \frac{K_v F_t Z_{v\varepsilon}^2}{b\cos\alpha} \tag{5-35}$$

3. 锥齿轮接触面综合速度 u_e

对于当量齿轮啮合点综合速度的计算，如下式：

$$u_{ve} = \frac{u_{v1} + u_{v2}}{2} \tag{5-36}$$

式中，u_{v1}、u_{v2} 分别为当量齿轮啮合点表面、垂直啮合线的切向速度，且

$$u_{v1,2} = \frac{\pi n_{1,2}\rho_{v1,2}}{30} \tag{5-37}$$

式中，n_1、n_2 分别为主动齿轮与从动齿轮的转速（r/min）；ρ_{v1}、ρ_{v2} 分别为主、从动齿轮所对应的当量齿轮的节圆半径，本节中 $\rho_v = r_v$。

因此，锥齿轮接触面综合速度 u_e 公式可整体为：

$$u_e = \frac{\pi}{60}\left(\frac{n_1 r_{m1}}{\cos\delta_1} + \frac{n_2 r_{m2}}{\cos\delta_2}\right) \tag{5-38}$$

5.2.1.2　流体润滑模型

流体润滑理论利用流体力学基本理论求解摩擦学润滑问题。对于 TEHL

理论，其基本方程包含雷诺方程、油膜厚度方程、黏度方程、能量方程、热界面方程及平衡方程等[16]，具体方程如下所示。

1. 雷诺方程

允许黏度和密度沿膜厚方向变化的广义雷诺方程：

$$\frac{\partial}{\partial x}\left[\left(\frac{\rho}{\eta}\right)_e h^3 \frac{\partial p}{\partial x}\right] = 12u_e \frac{\partial(\rho^* h)}{\partial x} \tag{5-39}$$

其中，　$\left(\dfrac{\rho}{\eta}\right)_e = 12\eta_e \rho'_e /(\eta'_e - \eta''_e)$，$\rho'' = [\rho'_e \eta_e (\mu_b - \mu_a) + \rho_e \mu_a]/\mu_e$

$$\rho_e = \frac{1}{h}\int_0^h \rho \mathrm{d}l, \quad \rho'_e = \frac{1}{h^2}\int_0^h \int_0^l \frac{\mathrm{d}l'}{\eta^*}\mathrm{d}l, \quad \rho''_e = \frac{1}{h^3}\int_0^h \rho \int_0^l \frac{l'\mathrm{d}l'}{\eta^*}\mathrm{d}l,$$

$$\frac{1}{\eta_e} = \frac{1}{h}\int_0^h \frac{\mathrm{d}l}{\eta^*}, \frac{1}{\eta'_e} = \frac{1}{h^2}\int_0^h \frac{l\mathrm{d}l}{\eta^*}\circ$$

式中，p 是油膜压力；x 是沿速度方向坐标的变量；ρ 是润滑油密度；h 是油膜厚度；η 是润滑油黏度；η^* 是 Ree – Eyring 模型当量黏度。

雷诺方程的边界条件可归纳为：

$$\begin{cases} p(x_{\mathrm{in}}) = p(x_{\mathrm{out}}) = 0 \\ p(x) \geqslant 0 \qquad (x_{\mathrm{in}} < x < x_{\mathrm{out}}) \end{cases} \tag{5-40}$$

2. 膜厚方程

油膜厚度由几何方程的刚体位移、几何膜厚和弹性变形三部分构成，即

$$h(x) = h_{00} + \frac{x^2}{2R} - \frac{2}{\pi E'}\int_{x_{\mathrm{in}}}^{x_{\mathrm{out}}} p(x')\ln(x-x')^2 \mathrm{d}x' \tag{5-41}$$

式中，h_{00} 是表示与外载荷相关的待定常量；x_{in}、x_{out} 分别是数值计算过程中油膜两个端部起点与终点；E' 是表示综合弹性模量，且 $\dfrac{1}{E'} = \dfrac{1}{2}\left(\dfrac{1-\nu_1^2}{E_1} + \dfrac{1-\nu_2^2}{E_2}\right)$，其中，$E_1$、$E_2$ 分别是两齿轮的弹性模量；ν_1、ν_2 分别是两齿轮的泊松比。

3. 黏度方程

润滑剂的黏压黏温关系采用 Roelands 黏压黏温关系式：

$$\eta = \eta_0 \exp\left\{(9.67 + \ln\eta_0)\left[-1 + (1 + 5.1\times10^{-9}p)^{Z_0}\left(\frac{T-138}{T_0-138}\right)^{-S_0}\right]\right\} \tag{5-42}$$

式中，η_0 是在一定温度和压力工况下的初始黏度；p 是油膜压力；Z_0 是黏压指数，且 $Z_0 = \alpha/[5.1\times10^{-9}(\ln\eta_0 + 9.67)]$；$T_0$ 是初始绝对温度；T 是绝对温度；S_0 是黏温指数，且 $S_0 = \beta(T_0 - 138)/(\ln\eta_0 + 9.67)$；$S_0$、$Z_0$、$\beta$、$\alpha$ 等均为实测数据。

4. 能量方程

在不考虑热辐射、与外界热传导、重力及磁力等因素影响的时候，润滑

剂流动能量方程可建立如下：

$$C_p \left(\rho u \frac{\partial T}{\partial x} - q \frac{\partial T}{\partial l} \right) = K \frac{\partial^2 T}{\partial l^2} - \frac{T}{\rho} \frac{\partial \rho}{\partial T} u \frac{\partial p}{\partial x} + \eta^* \left(\frac{\partial u}{\partial l} \right)^2 \qquad (5-43)$$

式中，$q = \dfrac{\partial}{\partial x} \displaystyle\int_0^l \rho u \, dl'$；$C_p$ 是定压比热容；u 是润滑油沿着 x 方向的流动速度；l 是沿油膜厚度方向坐标的变量。

5. 热界面方程

在对 TEHL 接触面的温度求解问题上，可将齿轮考虑为具有移动热源的空间半无限体。因此，其固体热传导方程可建立如下：

$$\begin{cases} T(x,0) = \dfrac{K}{\sqrt{\pi \rho_1 c_1 u_1 K_1}} \displaystyle\int_{-\infty}^x \frac{\partial T}{\partial l_a} \frac{ds}{\sqrt{x-s}} + T_0 \\[4mm] T(x,0) = \dfrac{K}{\sqrt{\pi \rho_2 c_2 u_2 K_2}} \displaystyle\int_{-\infty}^x \frac{\partial T}{\partial l_b} \frac{ds}{\sqrt{x-s}} + T_0 \end{cases} \qquad (5-44)$$

式中，ρ_1、ρ_2 分别为接触固体的密度；u_1、u_2 则为两接触表面沿着 x 方向的流动速度；K 是润滑油热传导系数。

接触面热流量连续条件：

$$\begin{cases} K \dfrac{\partial T}{\partial l} \bigg|_{l=0} = K_1 \dfrac{\partial T}{\partial l_a} \bigg|_{l_a=0} \\[4mm] K \dfrac{\partial T}{\partial l} \bigg|_{l=h} = K_2 \dfrac{\partial T}{\partial l_b} \bigg|_{l_b=0} \end{cases} \qquad (5-45)$$

式中，K_1、K_2 分别为两个接触固体的热传导系数。

6. 载荷平衡方程

本节所考虑的热弹流润滑状态主要是在全膜润滑的基础上，因此主、从动轮的外载荷能够完全由润滑油膜来承担，也就是说，啮合区域内对于油膜压力的积分数值结果也与齿轮外载荷 W 相同，即：

$$W = \int_{x_{in}}^{x_{out}} p \, dx \qquad (5-46)$$

式中，x_{in}、x_{out} 分别为数值计算过程中油膜两个端部起点与终点。

5.2.2 模型数值求解

在求解锥齿轮 TEHL 过程中，将采用多重网格法、Jacobi 迭代法以及扫描法相结合的方法对其进行完全数值求解[17,18]。整个数值求解过程主要包括两个计算循环，即压力循环和温度循环，这两个循环结合组成一个总循环，求解流程图如图 5-6 所示。为简化计算量，将所有物理量均做无量纲化处理。油膜压力和油膜厚度的计算结果均是无量纲值。但为了直接体现温升的大小，在无量纲计算结束后将温升结果又转化为其实际值。

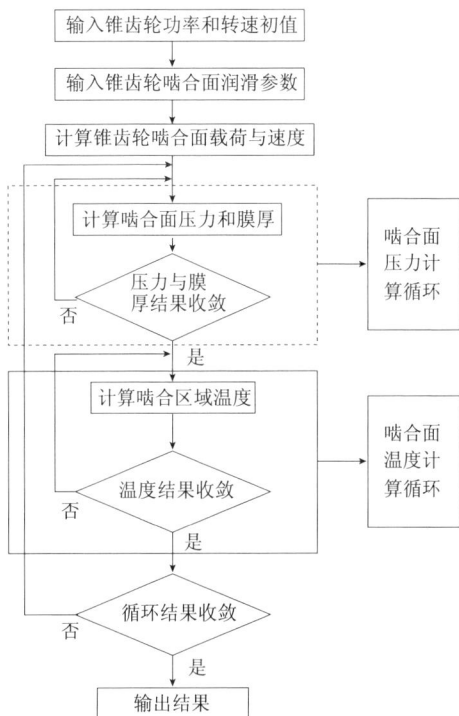

图 5 – 6 锥齿轮 TEHL 计算流程图

5.2.3 计算结果与分析

将上述锥齿轮润滑模型应用到 DPSD 行星齿轮与太阳轮齿轮间的润滑中。但在 DPSD 传动过程中，行星齿轮不仅绕自身的轴自转，而且还随着壳体公转，导致直接对行星齿轮与太阳轮啮合区域 TEHL 研究十分困难。为简便计算，在以壳体为参考系的前提下，忽略壳体转动对润滑剂的影响，将行星轮与太阳轮的润滑问题简化为一对静态的锥齿轮润滑问题。因此在求解计算过程中，行星轮的转速是其自转的速度（即相对壳体的转速），太阳轮的转速是相对于壳体的转速而不是其绝对转速。也就是说在求解 DPSD 锥齿轮 TEHL 问题时，需要代入的速度是相对转速。

如图 5 – 7 所示，选取 A 点和 B 点作为锥齿轮 TEHL 问题的稳态研究点。其中，A、B 两点分别为行星轮与左右半轴齿轮在分度圆啮合时，其当量齿轮在齿宽中间截面上的节点。

DPSD 中锥齿轮各个参数如表 5 – 6 所示。选取 DPSD 行星齿轮轴承受最大载荷时的工况（简称最大载荷工况）对齿轮间 TEHL 进行求解，此工况下，各齿轮及壳体的转速和转矩如表 5-7 所示。

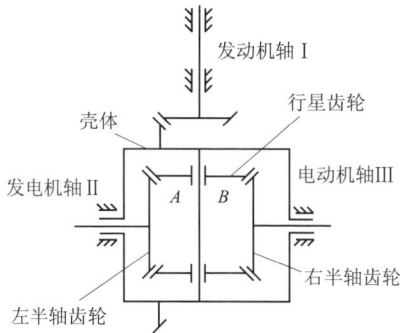

图 5-7　差速式动力分配器工作布置平面图

表 5-6　差速结构与当量齿轮参数表

模数/mm	压力角/(°)	齿数		齿轮密度/(g·mm⁻³)	
5.4	22.5	$z_1 = 10$	$z_2 = 14$	$\rho_1 = 7.9$	$\rho_2 = 7.8$
锥齿轮中点齿宽/mm		分度圆锥角/(°)		综合弹性模量/Pa	锥齿轮齿宽系数
$b_1 = 15.4$	$b_2 = 15.4$	$\delta_1 = 35.53$	$\delta_2 = 54.47$	$E' = 2.06 \times 10^{11}$	$\psi_R = 0.284\ 6$
注：下标为 1 表示行星齿轮，下标为 2 表示半轴齿轮。					

表 5-7　最大载荷工况参数

部件	输出转矩/(N·m)	绝对转速/(r·min⁻¹)	相对壳体转速(计算时转速)/(r·min⁻¹)
行星齿轮(自转)	—	1 110.2	1 110.2
左半轴齿轮(A)	-30	1 816	77 793
右半轴齿轮(B)	-35	230	-793
壳体	65	1 023	0

　　通过计算求解，图 5-8、图 5-9 和图 5-10 分别表示在 DPSD 中行星齿轮承受最大载荷时，A 点与 B 点的油膜压力、膜厚和油膜温升分布图。

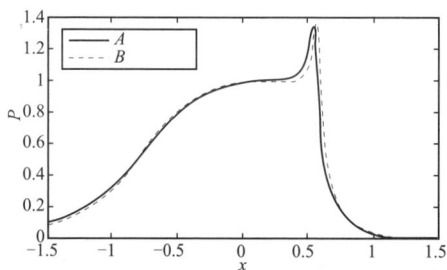

图 5-8　最大载荷工况油膜压力分布

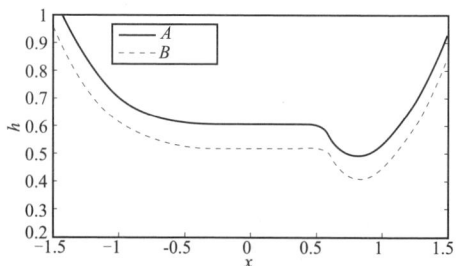

图 5-9　最大载荷工况油膜厚度分布

144

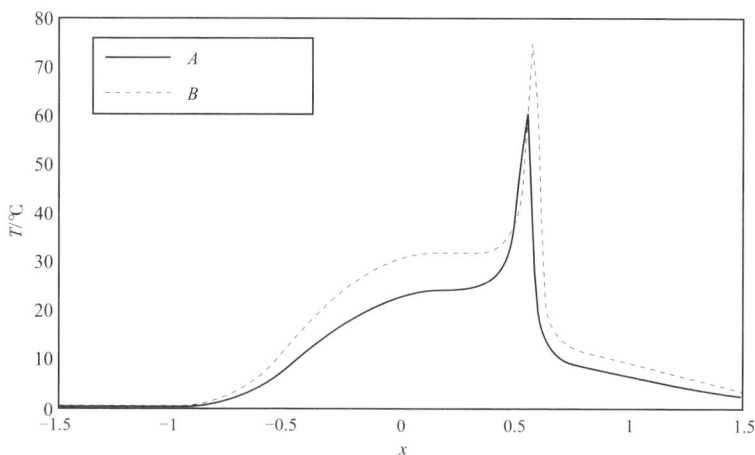

图 5 - 10　最大载荷工况油膜层温度分布

由图 5 - 8、图 5 - 9 和图 5 - 10 可以看出，当 DPSD 在最大载荷工况时，A 点二次压力峰低于 B 点二次压力峰；A 点油膜厚度高于 B 点油膜厚度；A 点二次温度峰低于 B 点二次温度峰。这主要是因为 DPSD 行星齿轮与壳体及行星齿轮轴之间存在摩擦，导致右半轴齿轮承受的转矩比左半轴的转矩大，即导致啮合点 B 的单位载荷比啮合点 A 的载荷大。但此时 A 点与 B 点数值差别不是很大，这是由于此时左右半轴齿轮承受大小不同的转矩主要是由摩擦导致的，而摩擦引起的转矩较小。

通过忽略壳体转动对润滑剂的影响并将壳体作为参考系，且参考直齿锥齿轮强度设计时被等效为当量圆柱齿轮的思想，将 DPSD 中锥齿轮 TEHL 问题等效为当量直齿圆柱齿轮 TEHL 问题进行了近似求解。求解 DPSD 在最大载荷工况时，行星轮与半轴齿轮间的润滑特性(包括油膜压力、油膜厚度和中心层温升)，为 DPSD 的润滑与冷却设计提供了参考。

5.3　差速动力耦合器齿轮温度分析

DPSD 内部的齿轮在传动过程中会产生大量的热，其热量主要来源于：

1)两啮合面之间的滑动与滚动摩擦；

2)行星齿轮以及半轴齿轮背锥面与壳体之间的摩擦；

3)行星齿轮与行星齿轮轴之间的摩擦。

齿轮在传动过程中，各个摩擦面产生的热量不仅会降低齿轮传动的效率，而且轮齿表面的局部高温会导致过大的局部热变形和热应力，进而造成轮齿的胶合和点蚀等失效形式[19]。因此齿轮的热分析在齿轮的设计中具有重要的地位。

目前，对齿轮热分析的方法主要集中在解析法、数值法以及实验法。解析法通常用于边界条件比较简单的齿轮热分析[20,21]，对于结构、边界条件比较复杂的齿轮传动，则很难通过解析法来对齿轮进行热分析。随着计算机技术的快速发展，数值法中的有限元法越来越多地被用来求解齿轮的温度场分布[22]。实验法提供了实际运转条件下的齿轮轮齿和接触面离散点的温度值，但是，对于闭式齿轮传动而言，由于齿轮箱的内部结构复杂，空间狭小，齿轮高速运转，使得对轮齿的温度直接测量非常困难，目前常用的齿轮温度测试方法主要有热电偶温度传感器法[23]与红外线摄影仪测温法[24,25]。本节将围绕数值模拟中的有限元法对齿轮热分析进行介绍。

5.3.1 热分析有限元法概述

有限元法是随着电子计算机的发展而迅速发展起来的一种现代计算机方法，是首先在连续力学领域——飞机结构静、动态特性分析中应用的一种有效的数值计算方法。经过几十年的发展，有限元方法已经成为工程科学领域里最有效的计算方法，使很多复杂的工程分析迎刃而解，在实际中的应用越来越广泛。不仅在固体力学、结构分析和电磁场的领域内，而且在温度场的分析领域中也获得了广泛的应用，是进行温度场分析的有效方法之一。

利用有限元法对齿轮温度场的计算，就是通过变分原理建立节点温度的泛函表达式，然后通过求泛函的极值获得以节点温度为未知数的线性代数方程组，然后再求解此方程组就可获得各个节点的温度。

通常认为齿轮啮合时的温度由两部分组成：一是轮齿的稳态温度，即齿轮达到热平衡状态时的温度，齿轮的本体温度不随着时间的变化而变化，也就是在热平衡状态下，齿面在进入啮合区域前就已存在的温度；二是瞬时温度，指在啮合过程中由于摩擦生热而导致的局部温升，齿轮的瞬时温度只发生在很短的时间内，因此其影响区域很小，只限于轮齿表面的"热表层"[26]。

1. 稳态热分析

稳态热传导方程：

$$\frac{\partial}{\partial x}\left(k_x \frac{\partial T}{\partial x}\right) + \frac{\partial}{\partial y}\left(k_y \frac{\partial T}{\partial y}\right) + \frac{\partial}{\partial z}\left(k_z \frac{\partial T}{\partial z}\right) + \rho_c Q = 0 \tag{5-47}$$

式中，k_x、k_y、k_z 分别为材料沿 x、y、z 方向上的热传导系数；ρ_c 是材料的密度；Q 是物体的内能。

对于三维问题的稳态热传导方程和边界条件，可以建立与其等效的变分原理，变分原理中的泛函表达式为：

$$\Pi(T) = \int_\Omega \left[\frac{1}{2}k_y\left(\frac{\partial T}{\partial x}\right)^2 + \frac{1}{2}k_x\left(\frac{\partial T}{\partial y}\right)^2 + \frac{1}{2}k_z\left(\frac{\partial T}{\partial z}\right)^2 - \rho_c QT\right]d\Omega$$

$$- \int_{\Gamma_2} qT\mathrm{d}\Gamma - \int_{\Gamma_3} \alpha\left(T_\mathrm{a} - \frac{1}{2}T\right)T\mathrm{d}\Gamma \tag{5-48}$$

式中，q 是 Γ_2 边界上给定的热流量；α 是对流换热系数；T_a 是外界环境温度。

根据泛函的驻值条件 $\delta\prod(T) = 0$ 可得稳态热传导问题的有限元求解方程：

$$[K][T] = [P] \tag{5-49}$$

式中，$[K]$ 是热传导矩阵；$[T]$ 是节点温度列阵；$[P]$ 是温度载荷列阵。

2. 瞬态热分析

瞬态热分析与稳态热分析的主要区别在于瞬态热分析的场函数温度不仅是空间域 Ω 的函数，而且还是时间域 t 的函数。

在一般的三维问题中，瞬态热传导微分方程为：

$$\frac{\partial}{\partial x}\left(k_x\frac{\partial \mathrm{T}}{\partial x}\right) + \frac{\partial}{\partial y}\left(k_y\frac{\partial \mathrm{T}}{\partial y}\right) + \frac{\partial}{\partial z}\left(k_z\frac{\partial \mathrm{T}}{\partial z}\right) + \rho_\mathrm{c}Q = \rho_\mathrm{c}c\frac{\mathrm{d}T}{\mathrm{d}t} \tag{5-50}$$

式中，c 为材料的比热，其他变量均与式(5-47)相同。

根据瞬态热传导微分方程和边界条件可以建立三维瞬态热传导问题的等效积分形式，即：

$$\int_\Omega w\left[\rho c\frac{\mathrm{d}T}{\mathrm{d}t} - \frac{\partial}{\partial x}\left(k_x\frac{\partial T}{\partial x}\right) - \frac{\partial}{\partial y}\left(k_y\frac{\partial T}{\partial y}\right) - \frac{\partial}{\partial z}\left(k_z\frac{\partial T}{\partial z}\right) - \rho_\mathrm{c}Q\right]\mathrm{d}\Omega +$$

$$\int_{\Gamma_1} w_1(T - \bar{T})\mathrm{d}\Gamma + \int_{\Gamma_2} w_2\left(k_x\frac{\partial T}{\partial x}n_x + k_y\frac{\partial T}{\partial y}n_y + k_z\frac{\partial T}{\partial z}n_z - q\right)\mathrm{d}\Gamma + \tag{5-51}$$

$$\int_{\Gamma_3} w_3\left(k_x\frac{\partial T}{\partial x}n_x + k_y\frac{\partial T}{\partial y}n_y + k_z\frac{\partial T}{\partial z}n_z - \alpha(T_\mathrm{n} - T)\right)\mathrm{d}\Gamma = 0$$

式中，w、w_1、w_2、w_3 为任意函数。

与稳态热分析一样，同样把求解空间划分为一定数量的单元，在单元体内任意点处的温度 T 可以通过节点的形函数来得到，此时，节点的温度函数不仅与空间位置有关，而且还与时间有关，即：

$$T = \bar{T} = \sum_{j=1}^{n_0} N_j(x,y,z)T_i(t) \tag{5-52}$$

插值函数 N_j 只是空间域的函数，将节点的温度函数带入瞬态热传导微分方程可以得到用来求解节点温度 T_i 的有限元求解方程：

$$[C][T'] + [K][T] = [P] \tag{5-53}$$

式中，$[C]$、$[K]$ 分别是比热矩阵与热导矩阵；$[P]$ 是温度载荷列向量；$[T]$ 是节点温度列向量；$[T']$ 是所求节点温度对时间的导数列向量。

总之，利用有限元法求解齿轮温度场的具体步骤为：

1）确定求解区域，对求解区域进行单元离散化处理，单元的大小是影响计算精度的重要因素，对温度梯度大的区域，可以用较小的单元。

2）计算各个单元的热传导矩阵与温度载荷矩阵，并进行迭加，形成以节点温度为自变量的方程组。

3）通过求解方程组获得各个节点的温度值。

5.3.2　热边界条件

对于齿轮传动的热分析而言，准确确定热边界条件是运用有限元法得到精确热分析结果的前提，同时，热边界条件的计算也是进行热分析过程中的重要步骤。通常情况下，齿轮热分析的热边界条件主要包括热传导系数、对流换热系数以及热流分配系数。

1. 热传导系数

在一个物体的不同部分之间或两个相接触的物体之间，温度梯度存在会引起热量的传递。热量传递能力的大小可以用热传导系数来表示，其在数值上等于单位温度梯度时通过物体的热流密度的大小，其值越大表示物体导热能力越强。

同一物体不同部分之间的热传导系数是物体的重要物性参数，可以通过查询《机械工程材料手册》得到[27]；两个相接触物体之间的热传导系数在数值上约等于接触热阻的倒数，因此，可以通过求解接触热阻来间接求得接触热传导系数。两固体之间的接触热阻为：

$$R_t = \frac{2h_y}{k_1\lambda_1 + k_2\lambda_2 + k_3\lambda_3} \tag{5-54}$$

式中，λ_1、λ_2 分别是两接触面材料的导热系数；λ_3 是间隙物质的导热系数；k_1、k_2、k_3 是待定系数，是由接触面实际的状况来决定的；h_y 是接触表面的轮廓算术平均偏差，一般取常用的粗糙度数值。

2. 对流换热系数

DPSD 内部的齿轮在传动过程中，各齿面与润滑油或空气之间的对流换热是其主要的散热方式。求解对流换热的关键在于确定对流换热系数，其不仅与流体的流速、黏度等物理性质有关，还与换热面的形状、大小等因素有关[27]。目前，对流换热系数的确定主要通过实验和经验公式来确定。对于齿轮而言，不同的齿面有着不同的对流换热系数，一般把整个轮齿表面分为齿轮端面、啮合面与非啮合面。

（1）轮齿端面对流换热系数

轮齿端面的对流传热一般简化为滚动圆盘的对流传热进行分析。润滑油沿圆盘表面的流动可以分为层流、过渡层流动和紊流。在不同流动类型内，圆盘表面的对流换热系数则由努赛尔数 Nu、雷诺数 Re、普朗特数 Pr 和圆盘表面的局部半径确定。表 5-8 给出了不同润滑油流动状态下轮齿端面的对流换热系数的求解公式。其中 ρ_f、v_f、c_f、λ_f 分别为润滑油的密度、运动黏度、比热容与热导率。

表 5 – 8　不同润滑油流动状态下的对流换热系数

雷诺数	流动状态	对流换热系数	努赛尔数
$Re < 1.95 \times 10^5$	层流	$h_s = \dfrac{\lambda_f Nu}{Re} = \dfrac{0.6\lambda_f Pr}{\left(0.56 + 0.26Pr^{\frac{1}{2}} + Pr\right)^{2/3}}\left(\dfrac{\omega}{v_f}\right)^{0.5}$	$Nu = \dfrac{0.6Pr}{\left(0.56 + 0.26Pr^{1/2} + Pr\right)^{2/3} + Re^{0.5}}$
$1.95 \times 10^5 < Re < 2.5 \times 10^5$	过渡层流动	$h_s = \dfrac{\lambda_f Nu}{Re} = 10 \times 10^{-20}\lambda_f\left(\dfrac{\omega}{v_f}\right)^4 Re^7$	$Nu = 10 \times 10^{-20}Re^4$
$Re > 2.5 \times 10^5$	紊流	$h_s = \dfrac{\lambda_f Nu}{Re} = 0.0188\lambda_f\left(\dfrac{\omega}{v_f}\right)^{0.8} Re^{0.6}$	$Nu = 0.0188Re^{0.8}$

其中，$Pr = \dfrac{\rho_f v_f c_f}{\lambda_f}$，$Re = \dfrac{\omega R_c^2}{v_f}$。

（2）齿面对流换热系数

求解齿面的对流换热系数，关键在于将各部分齿面简化为相应的实体模型，然后再根据相应的公式来进行求解。但是，需要验证简化是否合理，而且计算量比较大。动力耦合装置内部的润滑系统采用浸油润滑，除啮合瞬时，啮合齿面与非啮合齿面的绝大部分时间冷却散热条件是相同的，因此可以把啮合齿面与非啮合齿面的对流换热系数看作是相等的。对于锥齿轮齿面与流体介质之间的对流换热，本节利用下式进行求解：

$$h_s = \frac{Nu\lambda_f}{L} \qquad (5-55)$$

式中，L 是锥齿轮啮合齿面上对流换热系数定形尺寸（取齿宽中点的分度圆直径）。

其中，努赛尔数 Nu 可以表示为：

$$Nu = 0.228Re^{0.731}Pr^{1/3} \qquad (5-56)$$

将式（5 – 56）代入式（5 – 55），即可得对流换热系数为：

$$h_s = \frac{0.228Re^{0.731}Pr^{1/3}\lambda_f}{L} \qquad (5-57)$$

（3）齿顶圆周面的对流换热系数

齿顶圆周面与流体之间的对流换热可以简化为流体横向掠过细长平板。其对流换热系数同样与流体在齿顶圆周面的流动状态有关。

对于直齿锥齿轮的圆周齿顶面，流体润滑油的雷诺数 Re 为：

$$Re = \frac{\omega r_a^2}{v_f} \qquad (5-58)$$

式中，ω 是齿轮的角速度；r_a 是齿顶圆面的平均半径；v_f 是润滑油的动力黏度。

根据 DPSD 的实际工况，经计算可知流体在齿顶圆周面上的雷诺数 Re 小于 2×10^5，即润滑油在齿顶圆周面上的流动状态为层流状态。则直齿锥齿轮齿顶圆周面上的对流换热系数 h_s 与努赛尔数 Nu 分别为：

$$h_s = \frac{\lambda_f Nu}{r_a}, \quad Nu = \frac{Pr^{1/3} Re^{0.5}}{r_a} \tag{5-59}$$

3. 热流分配系数

DPSD 中，齿面上的摩擦热量是由行星齿轮与半轴齿轮共同产生的，由于两齿轮的尺寸以及啮合点的切向速度不同，产生的热量在两齿轮之间的分配也不同，为此引入热流分配系数。热流分配系数可以表示为：

$$\gamma = \frac{\sqrt{\lambda_1 \rho_1 c_1 v_1}}{\sqrt{\lambda_1 \rho_1 c_1 v_1} + \sqrt{\lambda_2 \rho_2 c_2 v_2}} \tag{5-60}$$

式中，λ_1、λ_2 分别是行星轮与太阳轮的热传导率；ρ_1、ρ_2 分别是行星轮与太阳轮的密度；c_1、c_2 分别是行星轮与太阳轮的比热容；v_1、v_2 分别是行星轮与太阳轮啮合时啮合点上的切向速度。

5.3.3　热载荷

齿轮传动过程中，两齿轮啮合点切线方向上的绝对速度并不相等，导致两轮齿间发生相对滑动，相对滑动速度是产生齿轮摩擦热及引起齿面磨损的因素之一[28]。此外，由摩擦学理论可知，齿面摩擦因数也是影响摩擦热流量的主要因素。

1. 相对滑动速度

在齿轮啮合传动中，主动轮的齿根和从动轮的齿顶首先啮入，两齿轮啮合点沿着啮合线移动到主动轮齿顶和从动轮脱离啮合为止，实现一个完整单元的啮合传动。对于锥齿轮传动，将锥齿轮简化为其当量圆柱齿轮后，其啮合传动原理如图 5-11 所示。

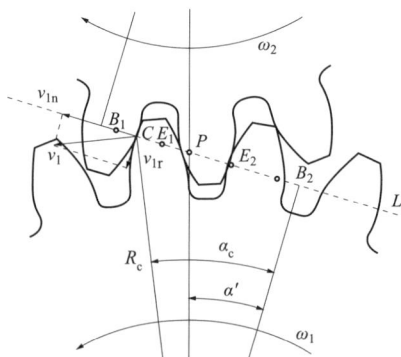

图 5-11　轮齿啮合示意图

由图 5 – 11 可知，啮合点 C 与节点 P 在啮合线 L 上的距离为：

$$l_{PC} = \mp r_1 \sin\alpha \pm \sqrt{R_c^2 - (r_1\cos\alpha)^2} \qquad (5-61)$$

式中，R_c 是啮合点到半轴齿轮中心的距离；r_1 是半轴齿轮节圆半径；α 是啮合角。

式（5 – 61）中，上层的算术运算适用于啮合点位于啮合线 PB_1 段之间，下层的算术运算适用于啮合点位于啮合线 PB_2 段之间，下同。

半轴齿轮与行星轮在啮合点处切线方向上的绝对速度分别是：

$$v_{1t} = \omega_1 R_c \sin\alpha_c = \omega_1 (r_1\sin\alpha \pm l_{PC}) \qquad (5-62)$$

$$v_{2t} = \omega_2 (r_2\sin\alpha \mp l_{PC}) \qquad (5-63)$$

由式（5 – 62）与式（5 – 63）可得半轴齿轮与行星齿轮在啮合点处切线方向上的相对滑动速度为：

$$v_t = v_{1t} - v_{2t} = \pm \omega_1 l_{PC}\left(1 + \frac{r_1}{r_2}\right) \qquad (5-64)$$

式（5 – 62）~ 式（5 – 64）中，r_1、r_2 分别是半轴齿轮与行星齿轮的节圆半径；α_c 是啮合处压力角；ω_1、ω_2 是半轴齿轮与行星齿轮的角速度。

图 5 – 12 为任意啮合位置半轴齿轮、行星齿轮的绝对速度及两者的相对滑动速度。从中可以看出：在齿根与齿顶啮合位置两齿轮的相对滑动速度较大，在节圆处，两齿轮的相对滑动速度为零，即两者做纯滚动运动。

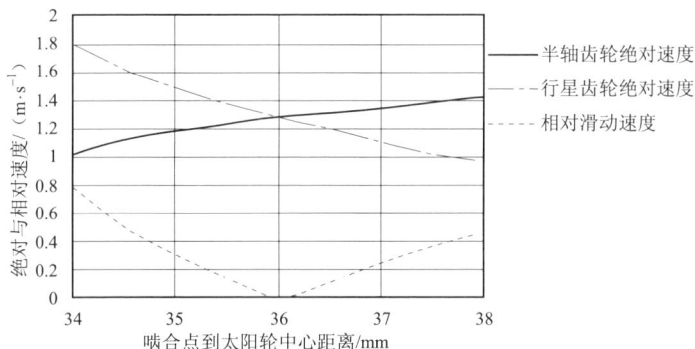

图 5 – 12　两轮齿不同啮合位置时的相对滑动速度和绝对速度

2. 摩擦系数

摩擦系数是影响摩擦热流量的重要因素，摩擦系数一般通过实验来确定。摩擦系数不仅与接触位置、转速和接触载荷有关，而且还会受齿面粗糙度、轮齿啮合位置、齿轮温度以及润滑油动力黏度等方面的影响[29,30]。目前，对于任意啮合位置、任意摩擦状态下摩擦系数的计算，还没有一个统一的、合适的公式，只能通过间接的测量或是根据不同啮合点的摩擦系数求出其平均值。摩擦系数的计算有经典的 Buckingham 半经验公式，还有一些研究者根据弹性流体动力润滑理论计算摩擦系数[31,32]。

$$\mu = 0.002\left[\frac{2\sigma_H}{v_1+v_2}\frac{R_1+R_2}{R_1R_2}\right]^{0.2}\eta_m^{-0.05}Ra \qquad (5-65)$$

式中，μ 是任意啮合位置的摩擦因数；σ_H 是任意啮合点齿面接触应力；v_1、v_2 分别是半轴齿轮与行星齿轮在啮合点的切向速度；R_1、R_2 分别是半轴齿轮与行星齿轮的当量半径；η_m 是润滑油在本体温度下的动力黏度；Ra 是齿轮齿面的粗糙度。

3. 热流量

轮齿接触表面因滑动摩擦而产生的热流量的大小与接触压力、齿面的相对滑动速度和齿面摩擦系数有关，摩擦热流量可以通过以下公式来计算：

$$q = \mu p v_s \qquad (5-66)$$

式中，q 是摩擦热流量；μ 是齿面摩擦因数；p 是啮合点处的接触载荷；v_s 是啮合点的相对滑动速度。

5.3.4 热分析有限元模型

齿轮在传动过程中旋转一周需要的时间远远小于本体温度场改变需要的时间，因此可以假设每个轮齿的本体温度场分布相同。为了降低计算时间提高计算效率，只对一个轮齿进行了分析。不同的轮齿表面有着不同的热边界条件，一般把单个轮齿的表面划分为轮齿端面、齿面以及齿顶圆周面，如图 5-13(a) 所示，其中 A_1、A_2 为齿轮端面，A_3、A_4 为齿面，A_5 为齿顶圆周面。通过设置材料属性、热传导系数以及轮齿各个表面的对流换热系数得到的有限元模型如图 5-13(b) 所示。

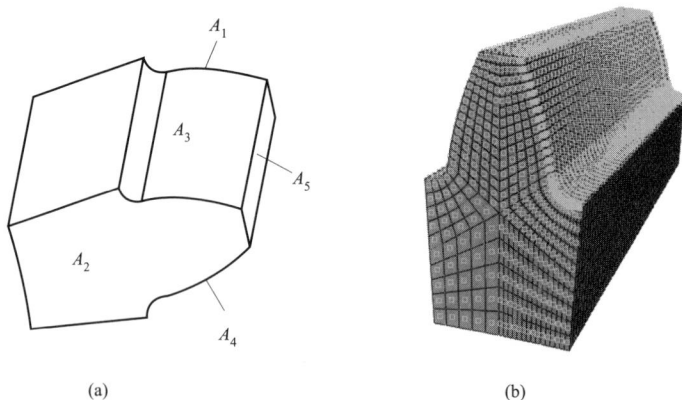

(a)   (b)

图 5-13 单齿模型
(a)单齿表面划分；(b)有限元模型

5.3.5　结果及分析

根据 DPSD 的实际工况，采用 11 号润滑油进行浸油润滑时，齿面摩擦系数假设为常数 0.1。通过 ABAQUS 有限元求解软件将热载荷加载至轮齿的啮合齿面，然后通过后处理模块对稳态热分析结果进行显示化处理后，得到的齿轮单齿温度场分布如图 5 - 14 所示。

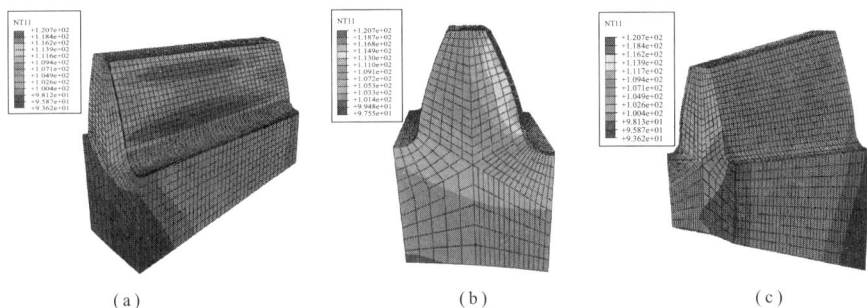

图 5 - 14　轮齿温度场分布

(a)啮合齿面温度分布；(b)中间截面温度分布；(c)非啮合面温度分布

由图 5 - 14 可以看出，轮齿表面的温度分布不均匀，而且在齿根以及齿顶部位出现了两个较大的波峰，其中最大值出现在节圆附近靠近齿根处，这也是轮齿传动过程中最易发生胶合的地方。轮齿内部的热传导使温度从齿面向齿体呈现一定的分布，而且由啮合面向非啮合面呈梯度逐渐降低，这种较大温度梯度的分布严重降低了齿轮的承载能力和运行性能。

齿轮在啮合传动过程中，摩擦因数、载荷、对流换热系数等因素对生热以及传热过程影响很大[33,34]，从而影响齿轮的温度场分布。

1)摩擦因数的影响：两轮齿之间的润滑状态由于受啮合位置、载荷等因素的影响可以分为干摩擦、流体摩擦、边界摩擦以及混合摩擦。不同的润滑状态下，其摩擦因数是不同的。当各个润滑状态下摩擦因数的平均值分别取 0.08、0.1、0.12、0.14、0.16 时，轮齿达到平衡状态时的最高温度如图 5 - 15 所示。

2)对流换热系数的影响：对流换热是齿轮在传热过程中的主要散热方式。轮齿最高温度随齿面对流换热系数的变化规律如图 5 - 16 所示，对流换热系数越大，说明单位时间单位面积上轮齿齿面与流体进行交换的热量越大，即热量散发出去的速度越快，从而使轮齿的最高温度降低。

3)转速的影响：DPSD 内部的齿轮在不同的工况下转速是不同的，齿轮不同的转速则会引起两啮合齿面之间不同的相对滑动速度，从而影响齿面输入摩擦量的大小。轮齿达到平衡状态下最高温度随着转速的变化情况如图 5 - 17 所示，两轮齿之间的相对滑动速度随着转速的增加而增加，使两齿面之间的

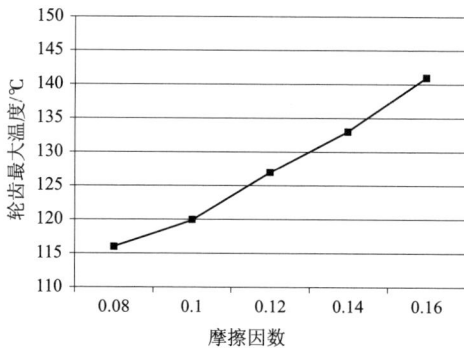

图 5 – 15　摩擦因数与最高温度的关系

$n = 2\,800$ r/min，$T = 150 \times 10^{-3}$ N·m，$\alpha = 1\,050$ W/(m²·℃)

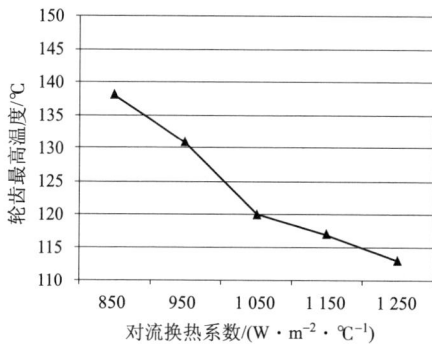

图 5 – 16　齿面对流换热系数与最高温度的关系

$n = 2\,800$ r/min，$T = 150 \times 10^{-3}$ N·m，$\mu = 0.1$

摩擦热流量增加，进而使轮齿最高温度增大。

　　在图 5 – 15 至图 5 – 17 中，n 为半轴齿轮的转速；T 为半轴齿轮的转矩；α 为半轴齿轮齿面对流换热系数；μ 为摩擦系数。

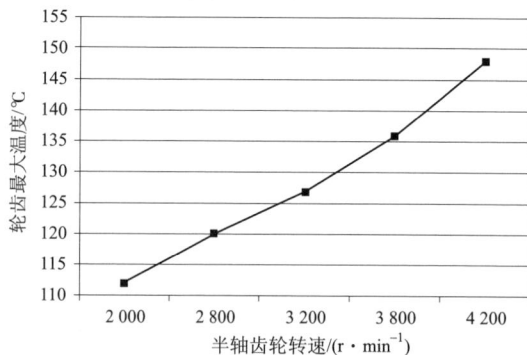

图 5 – 17　转速对轮齿最高温度的影响

$\mu = 0.1$，$T = 150 \times 10^{-3}$ N·m，$\alpha = 1\,050$ W/(m²·℃)

5.4　本章小结

通过对 DPSD 进行热分析研究，可以初步得到以下结果与结论：

1）根据工况条件，采用热网络法可以得到 DPSD 的整体温度分布，为系统零部件过热失效的可能性进行宏观上的分析，对系统润滑和冷却系统的配置等提供一定的理论依据。

2）通过将锥齿轮等效为当量圆柱齿轮，对其热弹流流体动力润滑问题进行了求解分析，得到了 DPSD 在最大载荷工况时，行星齿轮与半轴齿轮间的油膜压力、油膜厚度以及中心层温度等润滑特性，为 DPSD 润滑系统的进一步设计提供了参考。

3）运用有限元法对动力耦合器齿轮的温度场分布进行分析，得到了单个轮齿表面的温度场分布。结果显示轮齿表面的最大温度出现在节圆附近靠近齿根部位，为轮齿的抗胶合设计提供了理论与方法。

155

参 考 文 献

［1］郑帅. 混合动力汽车差速耦合装置的失效分析与试验验证［D］. 长春：吉林大学，2010.

［2］刘宁. 混合动力汽车动力分配器热特性分析［D］. 长春：吉林大学，2014.

［3］J. X. Wang, X. P. Wang, Y. J. Ma, et al. Analysis of Heat Transfer in Power Split Device for Hybrid Electric Vehicle Using Thermal Network Method［J］. Advances in Mechanical Engineering，2014.

［4］A. Piacentino. Thermal Analysis and New Insights to Support Decision Making in Retrofit and Relaxation of Heat Exchanger Networks［J］. Applied Thermal Engineering，2011，31(16)：3479 – 3499.

［5］Anderson N E, Loewenthal S H. Spur – gear – system efficiency at part and full load［M］. National Aeronautics and Space Administration, Scientific and technical Information Office，1980.

［6］T. Harris, NK. Michael, Rolling Bearing Analysis (2 volume Set)［M］. CRC Press, Boca Raton，2006.

［7］肖文颖，王书翰. 普通锥齿轮差速器行星齿轮的力学分析［J］. 科技资讯，2007 (14)：35 – 36.

［8］ Moldovean G，Butuc B R，Bozan C A. On the Power Losses of Cylindrical and Bevel Gears used in Wind Turbines and Tracking Systems for Photovoltaic Platform［M］. SYROM 2009. Springer Netherlands，2009：300 – 350.

［9］ FP. Incropera，AS. Lavine，DP. DeWitt. Fundamentals of Heat and Mass Transfer［M］. New York：John Wiley & Sons Incorporated，2011.

［10］ Handbook T N M K&K Associates. Developers of Thermal Analysis Kit［J］. Thermal Network Modeling Handbook，1999 – 2000.

［11］ M. Kaviany，A. Kanury. Principles of Heat Transfer［M］. New York：John Wiley & Sons Incorporated，2002.

［12］ JD. de Gevigney，C. Changenet，F. Ville，etal. Thermal Modelling of a Back – to – back Gearbox Test Machine：Application to the FZG Test Rig ［J］. Proceedings of the Institution of Mechanical Engineers，Part J：Journal of Engineering Tribology，2012，226(6)：501 – 515.

［13］ 温诗铸. 摩擦学原理［M］. 4 版. 北京：清华大学出版社，2012.

［14］ R. Larsson. Transient non – Newtonian analysis of an involute spur gear［J］. Wear，207（1997）：67 – 73.

［15］ 唐雷. 基于多重网格法的动力耦合装置 TEHL 数值分析［D］. 长春：吉林大学. 2013. 5.

［16］ Youqiang Wang，Peiran Yang. Transient thermoelastohydrodynamic lubrication analysis of an involute spur gear［J］. Tribology International 37（2004）773 – 782.

［17］ Y. Q. Wang，X. J. Yi，Non – Newtonian transient thermoelastohydrodynamic lubrication analysis of an involute spur gear［J］. Lubrication Science，2010，22(10)：465 – 478.

［18］ J. Wang，S. Y. Qu，P. R. Yang. Simplified multigrid technique for the numerical solution to the steady – state and transient EHL line contacts and the arbitrary entrainment EHL point contacts［J］. Tribology International，2001，34(3)：191 – 202.

［19］ Seireg A. Thermal stress effects on the surface durability of gear teeth［J］. Proceedings of the Institution of Mechanical Engineers，Part C：Journal of Mechanical Engineering Science，2001，215(8)：973 – 979.

［20］ 邱良恒，辛一行，王统，等. 齿轮本体温度场和热变形修形计算［J］. 上海交通大学学报，1995，29(02)：79 – 86.

［21］ 李桂华，王春霞，费业泰. 啮合齿轮轮齿温度场的解析法［J］. 组合机床与自动化加工技术，2008(07)：9 – 12.

［22］ Xing C，Shaojun L．Analysis of Bulk Temperature in High – Speed Gears Based on Finite Element Method［C］．Digital Manufacturing and Automation（ICDMA），2013 Fourth International Conference on．IEEE，2013：202 – 206.

［23］ Yi J，Quinonez P D．Gear surface temperature monitoring［J］．Proceedings of the Institution of Mechanical Engineers，Part J：Journal of Engineering Tribology，2005，219(2)：99 – 105.

［24］ Letzelter E，Guingand M，Vaujany J P，et al．A new experimental approach for measuring thermal behaviour in the case of nylon $\frac{6}{6}$ cylindrical gears［J］．Polymer Testing，2010，29(8)：1041 – 1051.

［25］ Nakajima K，Hirogaki T，Aoyama E，et al．Contact Analysis of Tooth Surface in Gear Meshing Based on Infrared Ray Imagery［C］．Materials Science Forum，2014，773：563 – 572

［26］ 李绍彬．高速重载齿轮传动热弹变形及非线性耦合动力学研究［D］．重庆：重庆大学，2004.

［27］ 曾正明．机械工程材料手册——金属材料［M］．北京：机械工业出版社，2010.

［28］ 龙慧．高速齿轮传动轮齿的温度模拟及过程参数的敏感性分析［D］．重庆：重庆大学，2001.

［29］ 龚宪生，王欢欢，张干清，等．行星齿轮轮齿本体温度场与闪温研究［J］．农业机械学报，2011，42(10)：209 – 216.

［30］ Hu Y，Shao Y，Chen Z，et al．Transient meshing performance of gears with different modification coefficients and helical angles using explicit dynamic FEA［J］．Mechanical Systems and Signal Processing，2011，25(5)：1786 – 1802.

［31］ Bobach L，Beilicke R，Bartel D，et al．Thermal elastohydrodynamic simulation of involute spur gears incorporating mixed friction［J］．Tribology International，2012，48：191 – 206.

［32］ 周长江，唐进元，钟志华，等．齿轮传动齿面摩擦因子计算方法的研究［J］．润滑与密封，2006(10)：185 – 191.

［33］ 龙慧，张光辉，罗文军．旋转齿轮瞬时接触应力和温度的分析模拟［J］．机械工程学报，2004(08)：24 – 29.

［34］ 陈磊．基于 ANSYS 的行星减速器温度场分析［D］．南京：南京航空航天大学，2009.

157

第6章

差速动力耦合器的工程分析

差速动力耦合器(Differential based Power Split Device, DPSD)作为混联式混合动力汽车的核心部件,其工作环境和差速器工作环境有很大的区别,因此合理设计动力耦合器的相关参数与研究其动态特性对于差速耦合式混合动力汽车的安全性和平顺性等具有重要意义。本章从轮齿接触的非线性结构分析和DPSD动力学分析两方面入手,提出了一套可行的锥齿轮建模、网格划分、接触有限元分析方法;建立了合理的动力耦合器刚柔耦合模型,通过动力学仿真分析对其进行了动态特性的研究。

6.1 有限元法接触分析概况

在工程技术领域内,工程师常常运用数学和力学的知识将实际问题抽象成它们应遵循的基本方程(常微分方程或偏微分方程)和相应的边界条件。对于DPSD的工程技术问题,由于齿轮及壳体的几何形状和载荷作用方式很复杂,试图按经典的塑性力学和弹性力学方法获取解析解十分困难,甚至是不可能的。为了克服这种困难,本节引入有限元法解决齿轮接触问题。

6.1.1 接触问题概述

有限元法及计算技术的发展为分析接触和碰撞问题(以后一般情况下简称接触问题)提供了有力的工具,对接触的全过程进行计算机数值模拟,现在不仅可能实现,而且正逐步成为CAE(CAD/CAM)的一个组成部分。接触过程在力学上常常同时涉及三种非线性,即除大变形引起材料非线性和几何非线性以外，还有接触界面的非线性，这是接触问题所特有的。接触界面非线性来源于两个方面：

1）接触界面的区域大小和相互位置以及接触状态不仅事先都是未知的，而且是随时间变化的。需要在求解过程中确定。

2）接触条件的非线性。接触条件的内容包括：① 接触物体不可相互侵入；② 接触力的法向分量只能是压力；③ 切向接触的摩擦条件。

这些条件区别于一般约束条件，其特点是单边性的不等式约束，具有强烈的非线性。接触界面的事先未知性和接触条件的不等式约束决定了接触分析过程中需要经常插入接触界面的搜寻步骤。由于接触条件的强烈非线性，因此需要研究比求解其他非线性问题更为有效的求解方案和方法。

6.1.2 有限元法的求解简介

在工程或物理问题的数学模型（基本变量、基本方程、求解域和边界条件等）确定以后，有限元法作为对其进行分析的数值计算方法的要点可归纳如下：

1）将一个表示结构或连续体的求解域离散为若干个子域（单元），并通过它们边界上的节点相互连接成为组合体，各个单元通过它们的角节点相互连接。

2）用每个单元内所假设的近似函数来分片地表示全求解域内待求的未知场变量。而每个单元内的近似函数由未知场函数及其导数在单元各个节点上的数值和与其对应的插值函数来表达。由于在连接相邻单元的节点上，场函数应具有相同的数值，因而将它们用作数值求解的基本未知量。这样一来，求解原来待求场函数的无穷多自由度问题转换为求解场函数节点值的有限自由度问题。

3）通过和原问题数学模型（基本方程、边界条件）等效的变分原理或加权余量法，建立求解基本未知量（场函数的节点值）的代数方程组或常微分方程组。此方程组称为有限元求解方程，并表示成规范化的矩阵形式。接着用数值方法求解此方程，从而得到问题的解。

6.1.3 接触问题求解在 ABAQUS 中的实现

1. 接触属性的定义

在 ABAQUS/Standard 中可以通过定义接触面（surface）或接触单元（contact element）来模拟接触问题。接触面分为以下三类。

1）由单元构成的柔体接触面或刚体接触面；

2）由节点构成的接触面；

159

3）解析刚体接触面。

一对相互接触的面称为"接触对"（contact pair），一个接触对中最多只能有一个由节点构成的接触面。如果只有一个接触面，则称为"自接触"（self-contact）。

ABAQUS/Explicit 提供两种算法来模拟接触问题。

（1）通用接触算法

这种算法可以很简单地定义接触，对接触区的类型限制很少。采用通用接触算法时，常用的方法是让 ABAQUS/Explicit 自动生成包含所有实体的面，在这个面上定义接触。如果希望细化接触区域，可以选定特定的接触面。

（2）接触对算法

这种算法定义接触的过程较复杂，对接触面的类型有较多限制，但可以解决通用接触算法所不适用的某些问题。使用接触对算法时，需要指定相互接触的面。

本章将应用 ABAQUS/Standard 模块定义接触属性。

2. ABAQUS 中的接触算法

（1）有限滑移

两个接触面之间可以有任意的相对滑动，这是定义接触时的默认特性。在有限滑移的分析过程中，ABAQUS/Standard 需要不断地判定从面节点和主面的哪一部分发生接触，因此计算代价较大。有限滑移要求主面是光滑的（即每个点都有唯一的法线方向），否则会出现收敛问题。如果主面在发生接触的部位存在尖锐的凸角或凹角，应该在此尖角处把主面分为两部分来分别定义。对于由单元构成的主面，ABAQUS 会自动进行平滑处理。

（2）小滑移

两个接触面之间只有很小的相对滑动，滑动量的大小只是单元尺寸的一小部分。对于小滑体的接触对，ABAQUS/Standard 在分析的开始就确定了从面节点和主面的哪一部分发生接触。在整个分析过程中这种接触关系不会再发生变化。因此，小滑移的计算代价小于有限滑移。小滑移也可以用于几何非线性问题，并考虑主面的大转动和大变形。新接触力的传递路径，如果在模型中没有几何非线性，则忽略主面的转动和变形，载荷的路径保持不变。

小滑移有两种算法：点对面算法和面对面算法。面对面算法的应力结果精度较高，并且可以考虑板壳和膜的初始厚度，但在有些情况下计算代价较大。小滑移问题的接触压强总是根据未变形时的接触面积来计算的，有限滑移问题的接触压强则是根据变化的接触面积来计算。因此本章将应用有限滑移接触算法。

6.2　轮齿接触的非线性结构分析

6.2.1　建立结构分析有限元模型

有限元模型的建立是有限元分析的前处理，有限元模型中网格类型的选取、网格的大小都将影响分析结果。DPSD 中直齿锥齿轮的几何模型复杂。在此，以直齿锥齿轮的一对轮齿接触分析为例，介绍运用 HYPERMESH 软件对直齿锥齿轮进行网格划分的方法。

对于直齿锥齿轮接触分析的网格划分按照如下步骤进行。

1. 轮齿分区

锥齿轮包含顶锥面与背锥面，两锥面的参数不同。为获得精细的有限元模型，分别将两锥面分成六个辅助平面，将轮齿分为六部分[1]；并将轮齿接触面齿廓平移，形成轮齿接触区，如图 6-1 所示。

2. 轮齿两锥面网格划分

在两锥面分离出接触区与非接触区，接触区范围通常不超过四倍的赫兹接触半宽，赫兹接触半宽可由式（6-1）求得[2]。为了得到精确的有限元分析结果，轮齿接触区域相应网格应适当加密，通常单元变成赫兹半宽的十分之一或更小，如图 6-2 所示。为减小计算消耗，非接触区的网格可较大[3]，背锥面网格划分如图 6-3 所示。采用相同比例分别对两锥面进行网格划分。

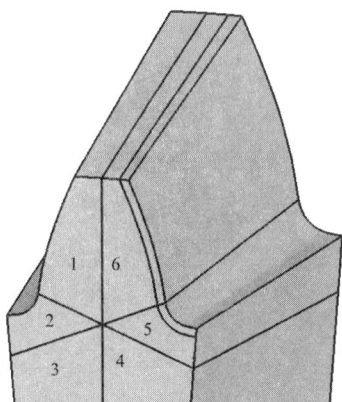

图 6-1　轮齿区域划分

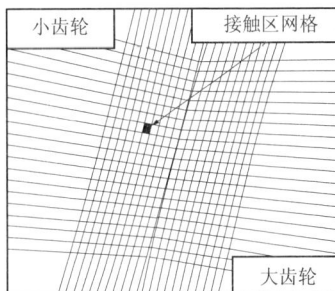

图 6-2　接触区网格细化

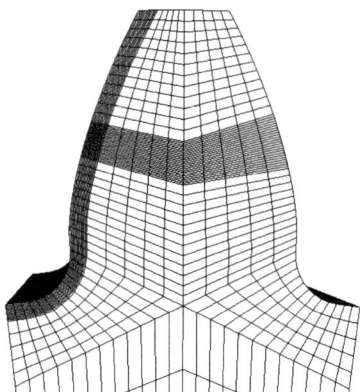

图 6 - 3　背锥面网格

$$a^2 = \frac{4PR}{\pi E^*} \qquad (6-1)$$

式中，$\dfrac{1}{E^*} = \dfrac{1-\nu_1^2}{E_1} + \dfrac{1-\nu_2^2}{E_1}$，$\dfrac{1}{R} = \dfrac{1}{R_1} + \dfrac{1}{R_2}$，$E_1$、$E_2$ 分别是两齿轮材料的弹性模量；ν_1、ν_2 分别是两齿轮材料的泊松比；R_1、R_2 分别是两齿轮的接触半径。

3. 生成有限元模型

根据顶锥面与背锥面生成的对应二维网格进行拉伸，生成齿轮有限元模型，并导出 INP 文件，如图 6 - 4 所示。

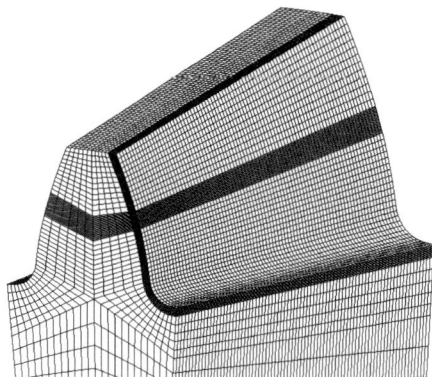

图 6 - 4　轮齿有限元模型

6.2.2　定义有限元模型属性

1. 将网格模型导入到 ABAQUS 中

点击主菜单 File→Import→Model，设置 File Filter 为 *. cae，如图 6 - 5 所示；然后选择建立好的 INP 文件，导入到 ABAQUS 中，导入后的模型如图 6 -6 所示。

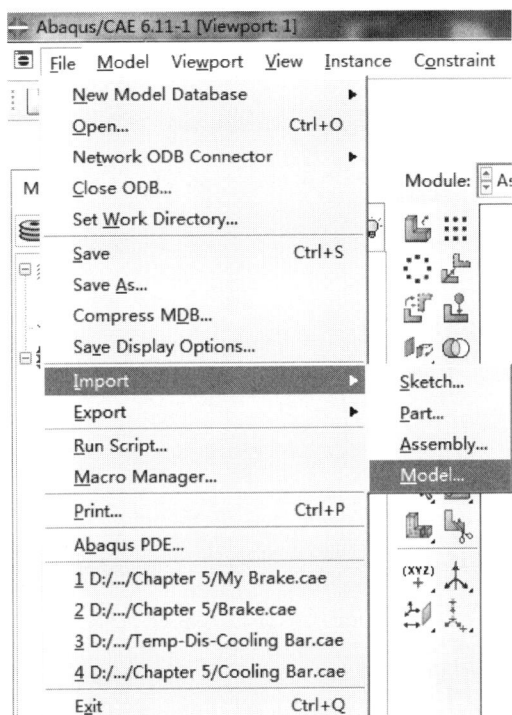

图 6 - 5　模型导入选项

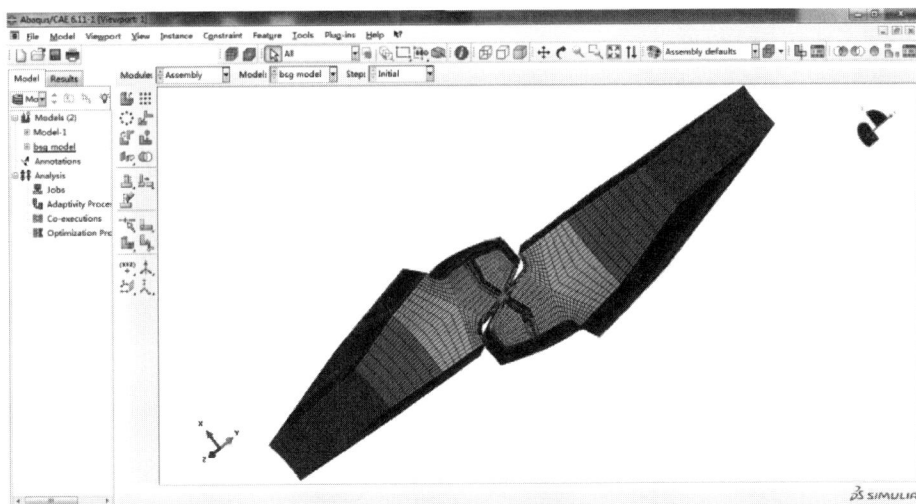

图 6 - 6　导入后的模型显示

2. 模型的修复

由于导入后的模型默认只有一个零件，因此需要做相应的修复才能进行后续分析[4]。首先删除默认建立的 Model-1，在模型树下找到 Model-1，右击选择 Delete 选项，如图 6-7 所示。然后通过复制的方式将相互配合的几个部分分开，并作为新的零件建立。在模型树下依次点开 bsg model→Parts，右键单击 Part-1，选择 Copy 选项，在弹出的 Part Copy 窗口勾选 Separate disconnected regions into parts 选项，点击 OK 按钮，新的零件建成。其具体过程如图 6-8 和图 6-9 所示。

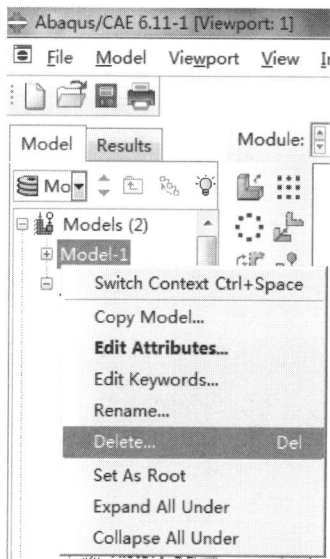

图 6-7　删除默认建立模型

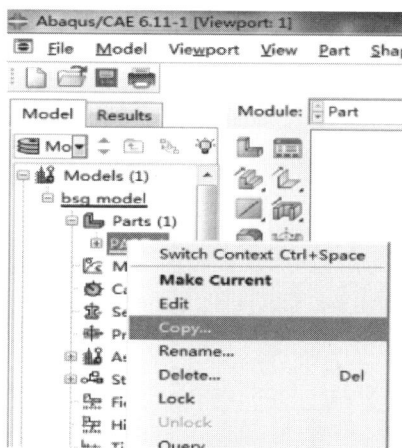

图 6-8　复制零件

图 6-9　复制零件选项窗口

3. 将有限元模型赋予材料属性

在环境栏，将功能模块设置为 Property，点击图标弹出材料属性设置窗口，更改 Name 为 Steel，单击 General 选项，设置材料密度为 7.85e – 9，然后切换到 Mechanical 选项，设置材料的弹性属性，依次选择 Elasticity→Elastic 设置 Young's Modulus(杨氏模量)为 207000，Poission's Ratio(泊松比)为 0.3，如图 6 – 10，点击 OK。

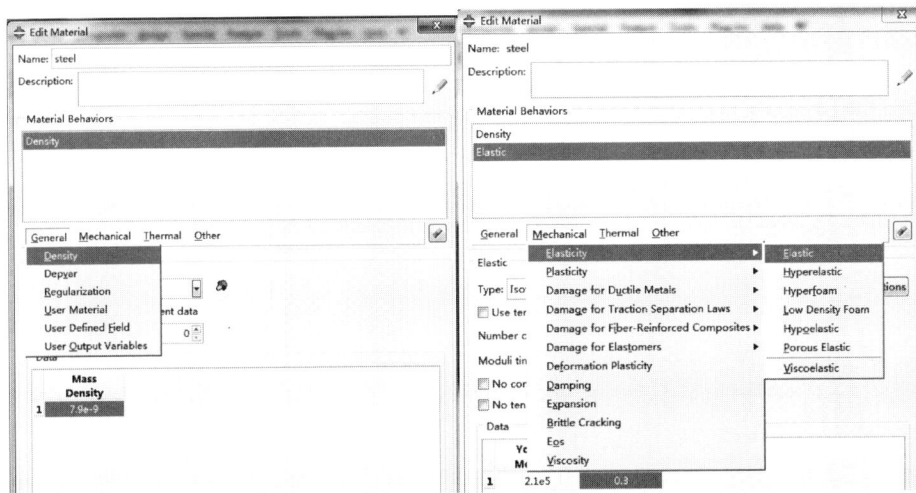

图 6 – 10　定义材料属性

创建截面属性，点击🡒弹出 Create Section 窗口如图 6 – 11，默认参数设置，点击 Continue 弹出 Edit Section 窗口如图 6 – 12，点击 OK。

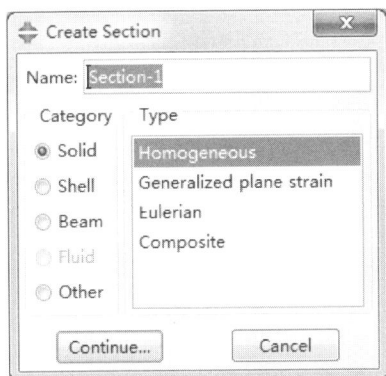

图 6 – 11　定义界面属性

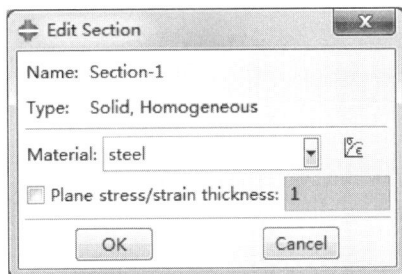

图 6 – 12　截面属性窗口

赋予零件截面属性，点击🡒弹出如图 6 – 13 对话框，依次选择两个零件为其赋予截面属性。

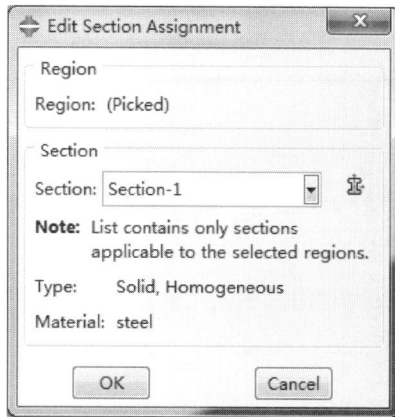

图 6 – 13　赋予零件界面属性

4. 创建新的装配体

由于原来默认的零件已被删除，因此默认建立的装配体已被破坏，需要删除原来的装配体建立新的装配体。环境栏设置当前模式为装配体，在模型树上依次点开 Model→Assembly→Instance 选项删除当前的 Instance，如图 6 – 14 所示，已破坏的装配体被删除。然后建立新的装配体。选中 Instance 并右击选择 Create 选项，弹出如 6 – 15 所示的 Create Instance 选项，同时选择两个零件（按住 Ctrl 键），单击 OK。

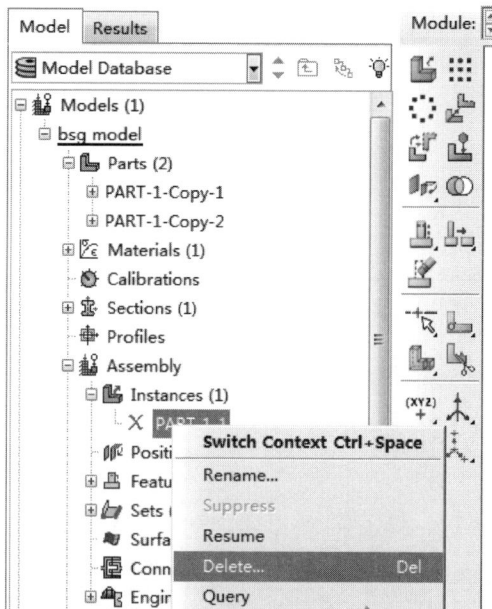

图 6 – 14　删除已损装配体

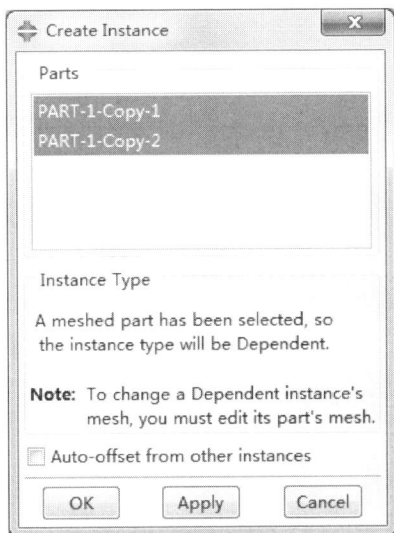

图 6 – 15　创建新的装配体

5. 创建接触

第一步，建立局部坐标系。

　　创建齿轮内圈的轴线，将环境栏切换到 Interaction 模块，左键点击工具区的图标🞣按住左键，选择 Create Datum Axis：3 Points on circle 方式。然后再选择如图 6 – 16 所示的圆周上的任意三个点。采用同样的方法建立另外一个齿轮的轴线。所创建的轴即为局部坐标系的 x 轴。接下来要创建坐标系原点和轴线上另外一点以确定 x 轴的方向。左键点击工具区图标 🞣 按住左键不放选择 Create Datum Point：Project Point 方式，选择零件上任意两个节点投影到轴线上，轴线上两个点即建成。选择其中的一个点建立参考点，在工具栏点击图标 X^{RP}，选择轴线上的点，建立参考点。最后创建局部坐标系，左键点击工具栏图标 🞣 按住不放，选择 Create Datum CSYS：3 Points，弹出如图 6 – 17 所

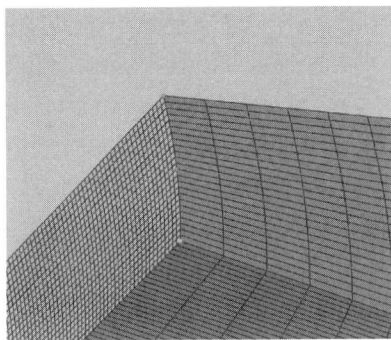

图 6 – 16　任选圆周上三点

图 6 – 17　坐标系属性

示的对话框，名称修改为 Datum csys – RF1，便于后续识别，并选择 Rectangular，单击 Continue，局部坐标系创建完成。

第二步，创建参考点与轮齿边界的自由度耦合关系。

为了便于加载以及确定轮齿模型边界的运动条件，需要将轮齿部分边界的节点与参考点的自由度耦合。因为这部分节点在实际的工程模型中处于刚度较大的区域，因此约束其所有自由度，当作"刚性节点"处理。自由度的耦合过程如下：首先点击工具区的图标，进入 Create Constraint 对话框，选择耦合类型为 Coupling，如图 6 – 18 所示；然后对应提示区的 Choose type of region: Geometry Mesh 选择 Geometry，对应提示 Select the constraint control points Done 选择建立好的参考点，点击 Done 按钮，当提示区出现 Select the constraint region type: Surface Node Region 时，选择 Node Region，然后选择每个参考点相对应的轮齿的边界如图 6 – 19 所示，耦合关系建立完成，如图 6 – 20 所示。

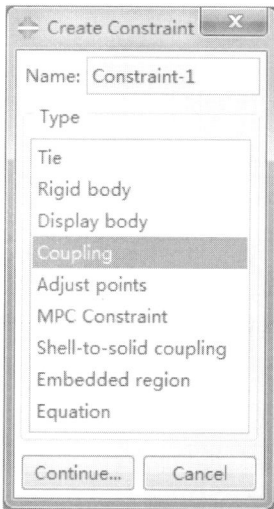

图 6 – 18　选择相互作用类型

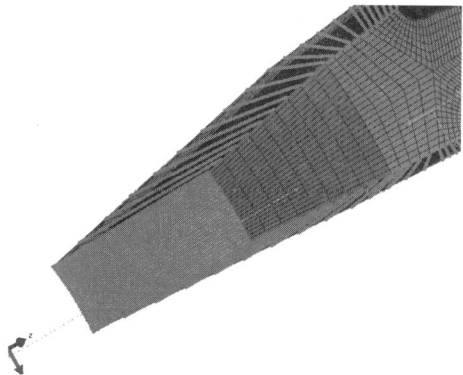

图 6 – 19　选择需耦合的节点

图 6 – 20　建立节点自由度耦合后的模型

第三步，创建齿面的接触关系。

接触条件的建立是本模型分析成功的关键步骤[5]。不同于一般的固定边界条件，接触边界条件在分析过程中是随着模型的弹性变形而不断变化的。在每个增量步开始前，每个轮齿接触面上的节点都会重新被赋予不同的几何关系，因此接触问题属于高度非线性问题。而在建立有限元模型时，即使彼此重合的几何边界也不具备如上所述的属性，所以必须单独定义接触面的接触属性。其过程如下：点击工具区图标 ，弹出 Create Interaction 对话框，如图 6 - 21(a) 所示；选择 Surface - to - Surface 选项，弹出 Edit Interaction 对话框，如图 6 - 21(b) 所示；点击 Contact Interaction Property 进入 Create Interaction

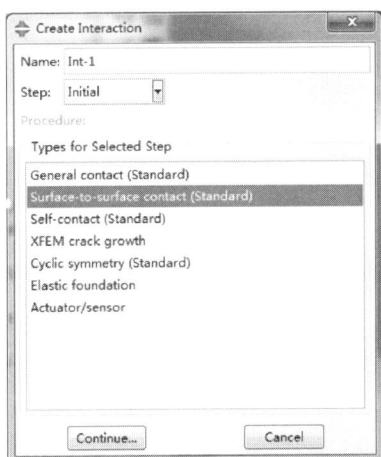

（a）

（b）

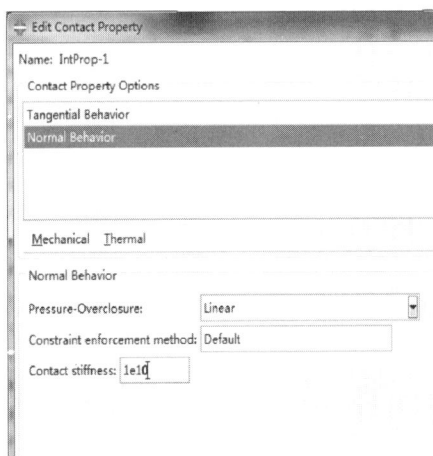

（c）

图 6 - 21　齿面接触建立

(a)选择接触类型；(b)定义接触属性；(c)接触属性窗口

Property 对话框，选择 Contact 选项，进入 Edit Contact Property 对话框，如图 6 - 21(c) 所示；点击 Mechanical→Tangential Behavior，Friction Formulation 选择 Penalty 类型，Friction Coefficient 设置为 0.15。然后设置接触面法向属性，点击 Mechanical→Normal Behavior，各参数的设置如图 6 - 21(c) 所示。

6.2.3　定义载荷及求解

将环境栏切换到 Load 模块，定义边界条件。由于在以上定义中已经将参考节点的自由度与轮齿几何边界的节点自由度相互耦合，故此，边界条件和载荷只需在参考点上定义即可[6]。首先定义参考点 1 的边界条件：点击工具区内图标，弹出 Create Boundary Condition 对话框。如图 6 - 22(a) 所示，选择边界类型为 Symmetry/Antisymmetry/Encastre，窗口左下方的提示区域出现以下内容，Choose type of region: Geometry Mesh ，点击 Geometry 按钮，选择参考点 1，弹出 Edit Boundary Condition 对话框，如图 6 - 22(b) 所示。选择最后一项 Encastre，参考点 1 的边界即被定义。

参考点 2 的边界定义与 1 相似，区别在于在弹出的 Create Boundary Condition 对话框中选择边界类型为 Displacement/Rotation，提示区出现 Choose type of region: Geometry Mesh ，点击 Geometry 按钮，选择参考点 2，然后弹出相应的 Edit Boundary Condition 对话框，如图 6 - 22(c) 所示，点击图中矩形框中的箭头按钮，选择参考坐标系为在参考点 2 建立的局部坐标系，勾选如图 6 - 22(c) 所示的选项框，即除了轴向旋转外，所有的自由度均被约束。

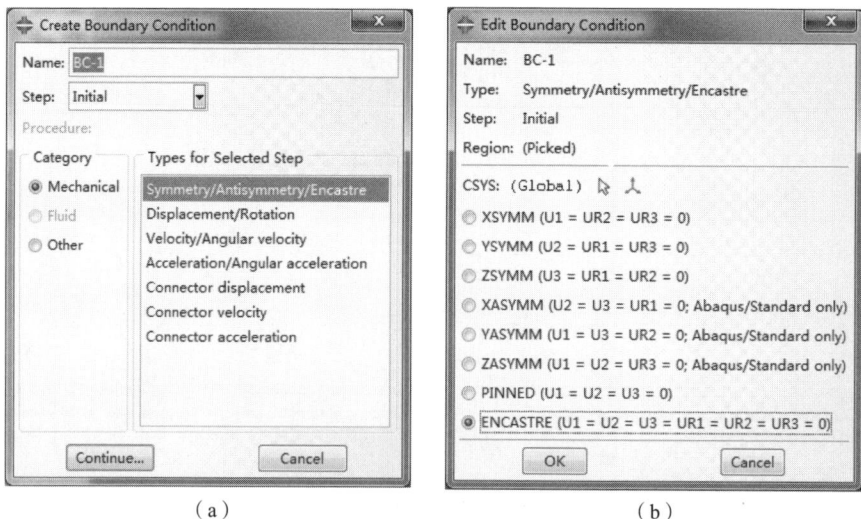

（a）　　　　　　　　　　　　　（b）

图 6 - 22　边界条件定义

（a）选择边界类型；（b）固定边界定义

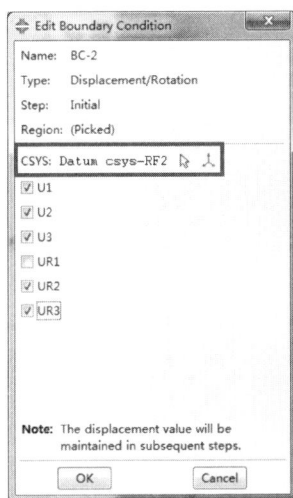

（c）

图 6 - 22　边界条件定义（续）

（c）部分自由度约束定义

在边界条件定义完成后即可施加载荷，点击工具区内的按钮弹出如图 6 - 23（a）所示的 Create Load 对话框，类型选择 Moment，提示区域出现 Choose type of region: Geometry Mesh ，点击 Geometry 按钮，选择参考点 2，弹出

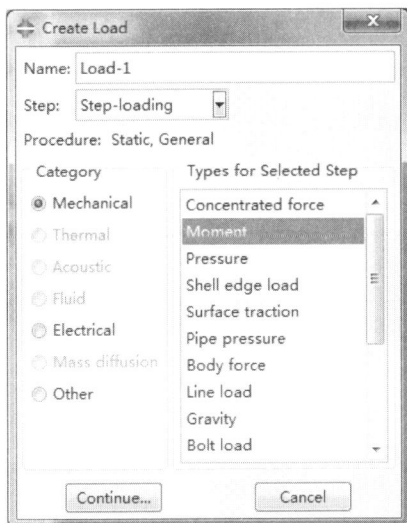

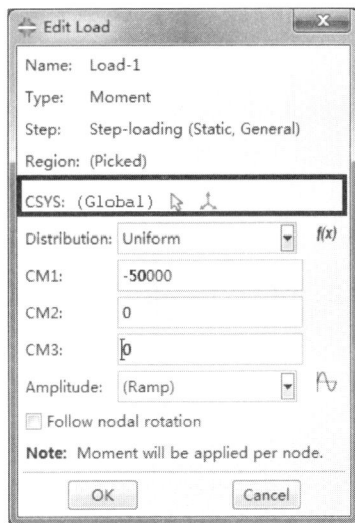

（a）　　　　　　　　　　　（b）

图 6 - 23　载荷定义

（a）选择载荷类型；（b）载荷赋值

Edit Load 对话框如图 6 – 23(b)所示，在图中的矩形框内点击箭头，选择参考坐标系为在参考点 2 建立的局部坐标系，其他定义如图 6 – 23(b)所示。至此所有的边界条件和载荷均被定义完成。

在完成边界和载荷的定义后需创建 Job，以执行上述设置运算，完成分析。将环境栏的状态切换到 Job 模块，点击工具区的按钮🖥，弹出 Create Job 对话框如图 6 – 24(a)。给 Job 重新命名为 Job – bsg，点击 Continue，保持默认设置，点击 OK 按钮，然后弹出如图 6 – 24(b)所示的 Job Manager 对话框。点击 Submit 按钮，作业即进入分析状态。

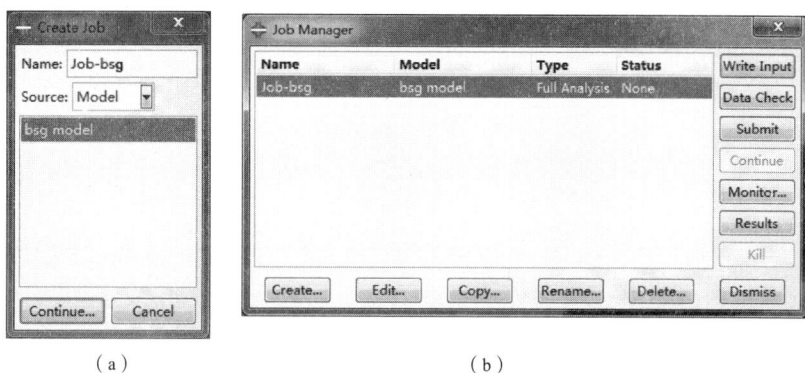

(a)　　　　　　　　　　　　　　(b)

图 6 – 24　创建 Job

(a)Job 创建窗口；(b)Job 操作窗口

6.2.4　结果后处理

当 Job Manager 对话框的 Status 一栏显示为 Completed 时，计算结束。点击 Result 按钮，进入 Visualization 模块，查看的计算结果如图 6 – 25 所示。两个轮齿在接触区域有较大的应力，此外齿根部分也有较大的弯曲应力。图 6 – 26(a)和图 6 – 26(b)分别展示了轮齿的接触应力带和齿根弯曲应力带。可以看出无论是接触应力还是弯曲应力，沿齿宽方向都是近似呈均匀分布的。

轮齿各个部分的变形如图 6 – 27 所示，说明轮齿在接触时背锥面的刚度比较小。从图 6 – 26(a)可以看出接触应力在齿宽方向上几乎均匀分布，可以断定载荷在齿宽方向均匀分布。接触带的位移云图则显示出了不同的分布趋势，这是沿接触带的刚度分布不均匀造成的。

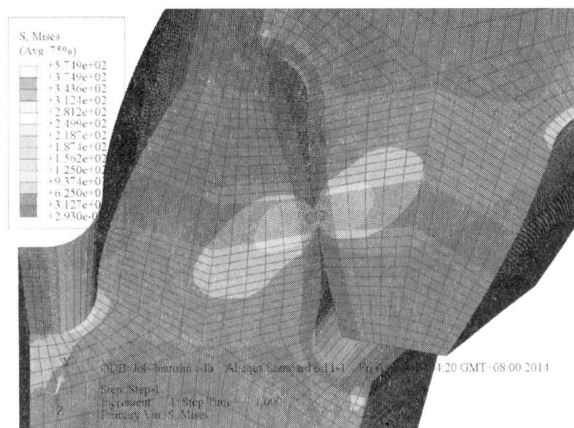

图 6 - 25　接触区域应力云图

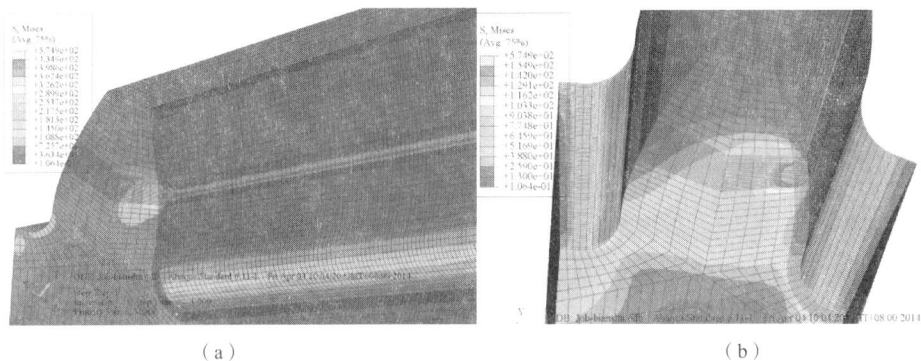

（a）　　　　　　　　　　　　　　　　　　　　　（b）

图 6 - 26　接触应力及弯曲应力

（a）接触应力在齿宽方向分布；（b）弯曲应力在齿宽方向分布

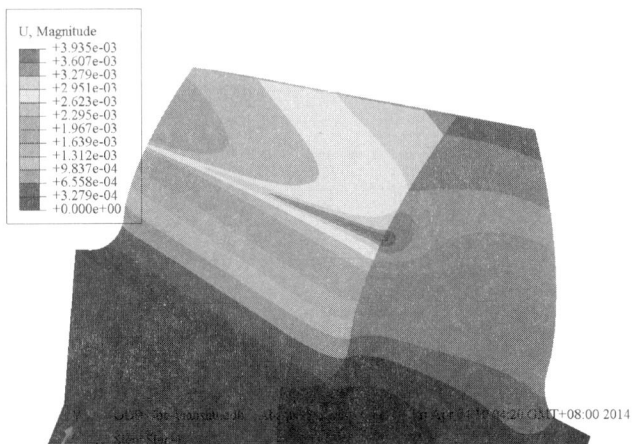

图 6 - 27　轮齿位移云图

需要指出的是，由于模型简化等原因使得计算结果偏于保守，比如润滑油的存在会使接触应力大大减小，相互磨合使得接触条件改善等[7]。这里讨论端面边界突变对结果造成的影响。齿轮端面的边界在实际情况下会加工出比较小的倒角，而在纯直角的情况下就会产生如图 6 - 28 所示的结果。图 6 - 28 中的曲线表示齿宽方向某截面边界上节点在由齿高方向向齿顶变化时应力的变化。曲线 1 表示背锥面端面的边界上的应力随节点位置变化的变化趋势。曲线 2 表示轮齿小端面上的同种变化趋势，曲线 3 取的是齿宽方向中间界面上的边界点，所表示的意义同曲线 1、2。在接触区域的节点上曲线 1 和 2 的值要明显大于曲线 3，而在非接触区域的节点上的应力三者差别不大。这正说明了边界的几何突变对接触应力造成了应力集中。

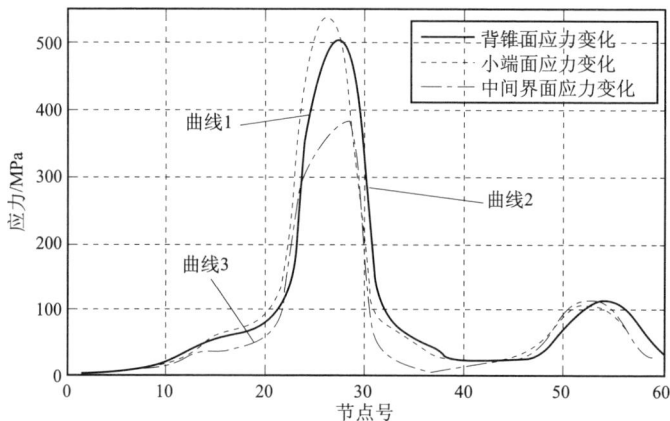

图 6 - 28 齿宽方向不同截面边界接触应力在齿高方向上的分布

6.3   差速动力耦合器的动力学分析

本节将详细介绍 DPSD 刚柔耦合模型的建立过程。首先，建立多刚体动力学模型。然后，考虑行星齿轮轴的弹性变形对齿轮传动的影响，将行星齿轮轴进行柔性化处理并替换刚性轴，从而生成刚柔耦合模型，结合试验数据验证模型的正确性。最后，对正常工况（包括最大载荷工况）和失效工况，进行了行星齿轮角速度分析和行星齿轮轴应力分析，用以辅助研究 DPSD 的动态特性，为 DPSD 的改进设计提供了参考，具有一定的工程指导意义。

6.3.1   多体系统动力学简介

根据机械系统中物体的力学特性，可将多体系统动力学中所研究的多体系统分为多刚体系统、多柔体系统和刚柔耦合多体系统，而多体系统动力学则相应地分为多刚体系统动力学和多柔体系统动力学。其中，多柔体系统动力学以多刚体系统动力学为基础，通过对系统中的刚性体进行柔性化，将柔性体的分析结果与多刚体系统研究相结合，最终得到多柔体系统或刚柔耦合系统的动力学方程[8]。介绍 ADAMS 多体动力学理论的文献很多[8-10]，本节中不作赘述，只以 DPSD 为例介绍基于 ADAMS 的动力学分析过程。

6.3.2　建立 DPSD 多刚体模型

在刚柔耦合分析之前，首先建立 DPSD 的刚性体模型，为柔性体的导入做准备。

1. 定义建模环境[9,10]

1）运行 MSC ADAMS，欢迎界面如图 6 - 29，选择 Create a new model，Model Name 命名为 DPSD。

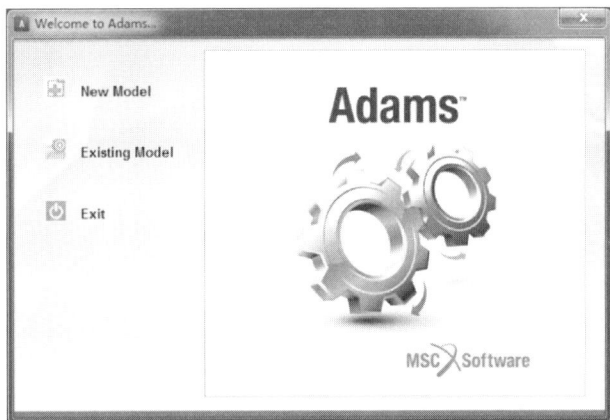

图 6 - 29　ADAMS 欢迎界面

2）确认 Gravity（重力）文本框中是 Earth Normal(- Global Y)，Units（单位）文本框中是 MKS - m，kg，N，s，deg，如图 6 - 30 所示。确认后单击 OK 按钮。

3）在 Settings 菜单选择 Working Grid。在打开的参数设置对话框中设置 Size 在 X 和 Y 方向均为 20 mm，Spacing 在 X 和 Y 方向均为 1 m。设置完毕单击 OK 按钮。

2. 模型导入

选择 File 菜单中的 Import，在打开的设置对话框的 File Type 下拉菜单中选择导入文件的格式、双击 File To Read 的空白处选择所需要导入文件的路径并在 Model Name 栏中修改模型名称如图 6 - 31 和图 6 - 32 所示。

单击 OK 按钮，则在 ADAMS 窗口中显示的 DPSD 三维模型如图 6 - 33 所示。

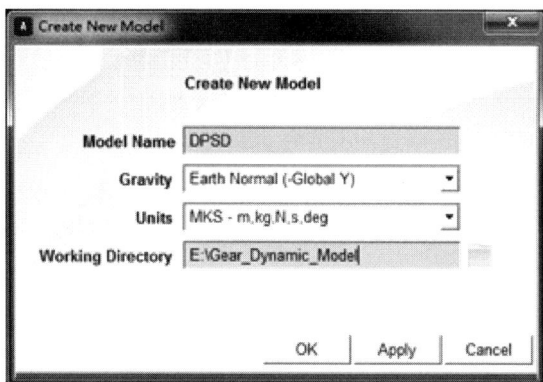

图 6 – 30　设置界面

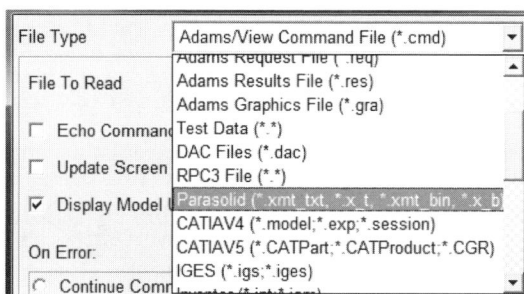

图 6 – 31　中性文件类型

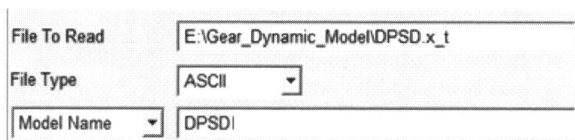

图 6 – 32　中性文件路径及命名

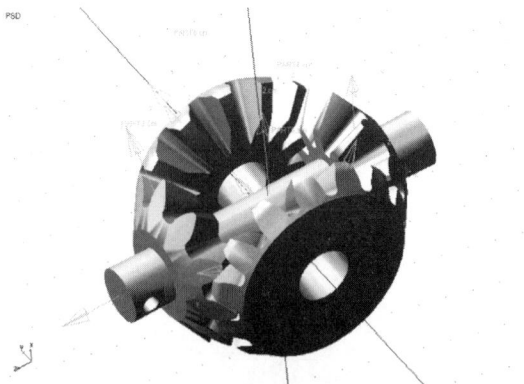

图 6 – 33　DPSD 三维模型

3. 添加约束与载荷

在模型成功导入后，下一步需要对模型添加约束与载荷。

1）首先建立左、右半轴齿轮与大地间的旋转副，在 Connector 工具箱中选择旋转副 ![旋转副图标]，在打开的参数设置对话框中设置 2 Bodies – 1 Location 和 Pick Geometry Feature，如图 6 – 34 所示。分别单击右半轴齿轮和 Ground，然后选择右半轴齿轮的中心点，旋转轴沿 Y 轴正向，建立旋转副如图 6 – 35 所示。左半轴齿轮与 Ground 间旋转副的建立方法同上。

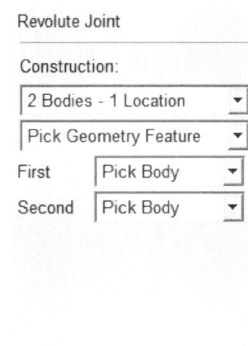

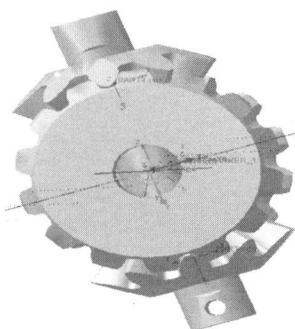

图 6 – 34　参数设置　　　　　图 6 – 35　右半轴齿轮与 **Ground** 间旋转副

2）建立两个行星齿轮与刚性轴之间的旋转副，在 Connector 工具箱中选择旋转副 ![旋转副图标]，在打开的参数设置对话框中设置 2 Bodies – 1 Location 和 Normal To Grid，如图 6 – 36 所示。分别单击其中一个行星齿轮和刚性轴，再选择行星齿轮的中心点，建立旋转副如图 6 – 37 所示。另一行星齿轮与刚性轴之间旋转副的建立方法同上。

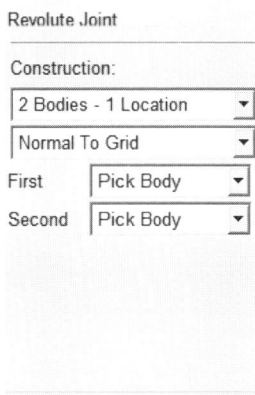

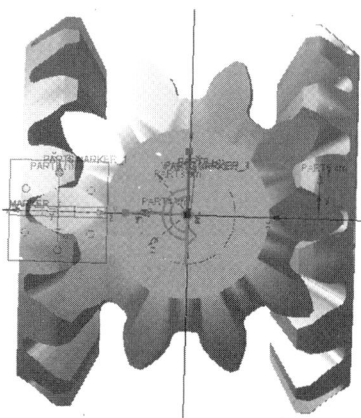

图 6 – 36　参数设置　　　　　图 6 – 37　小齿轮与刚性轴间旋转副

177

3)建立刚性轴与大地之间的旋转副，在 Connector 工具箱中选择旋转副，在打开的参数设置对话框中设置 2 Bodies – 1 Location 和 Pick Geometry Feature。分别单击刚性轴和 Ground，然后选择刚性轴的中心点，旋转轴沿 Y 轴正向，建立旋转副如图 6 – 38 所示。

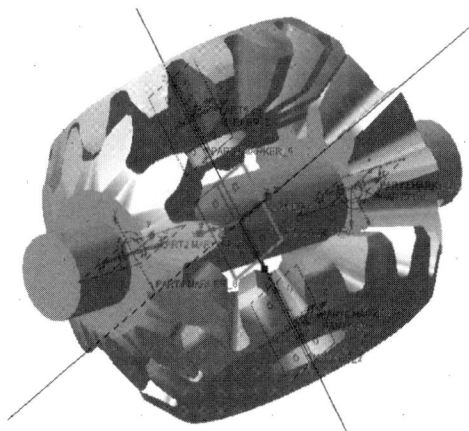

图 6 – 38　刚性轴与 Ground 间旋转副

4)在各个齿轮间添加接触力，在 Force 工具箱中选择接触力，在打开的参数设置对话框中设置 Contact Type 为 Solid To Solid，右键单击 I Solid(s) 空白处，选择 Contact→Pick 进行拾取并单击右半轴齿轮；同理，右键单击 J Solid(s) 空白处，选择 Contact→Pick 进行拾取并单击行星齿轮，从而选定两个接触实体如图 6 – 39 所示。在接触力设置中，Normal Force 选择 Impact，Stiffness 设置为 1e5，Force Exponent 设置值为 2.2，Damping 设置为 10，Penetration Depth 设置为 0.1，单击 OK 完成接触设置，如图 6 – 40 所示。同样的方法可以建立右半轴齿轮与另一个行星齿轮、左半轴齿轮与两个行星齿轮之间的接触。

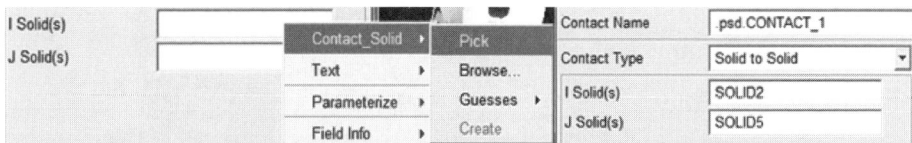

图 6 – 39　接触实体选取

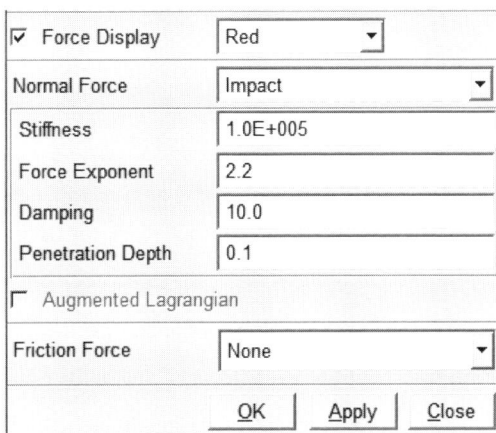

☑ Force Display	Red ▼
Normal Force	Impact ▼
Stiffness	1.0E+005
Force Exponent	2.2
Damping	10.0
Penetration Depth	0.1
☐ Augmented Lagrangian	
Friction Force	None ▼

OK　Apply　Close

图 6 – 40　接触参数设置

5）在左半轴齿轮上施加负载转矩，在 Force 工具箱中选择转矩 ⟳，在打开的参数设置对话框中分别设置 Run – time Direction 为 Space Fixed，Construction 为 Pick Feature，Characteristics 为 Custom，如图 6 – 41 所示。单击左半轴齿轮，然后选择左半轴齿轮的中心点，旋转轴沿 Y 轴正向建立转矩，在弹出的 Modify Torque 对话框中导入用户自定义的输入转矩函数，并单击 OK 完成负载转矩的建立，如图 6 – 42 所示。

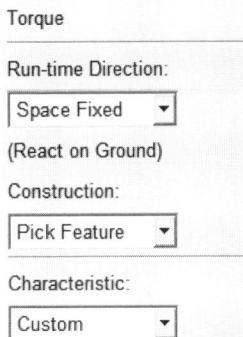

Torque

Run-time Direction:
Space Fixed ▼
(React on Ground)
Construction:
Pick Feature ▼
Characteristic:
Custom ▼

图 6 – 41　转矩设置

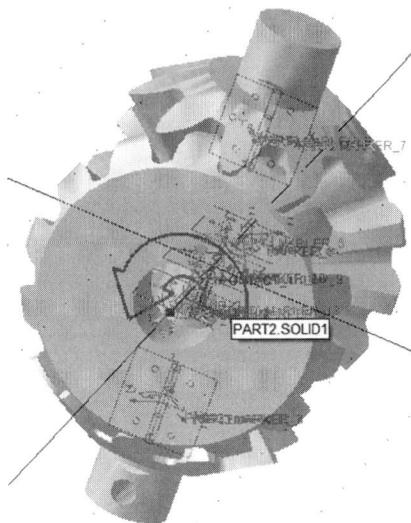

PART2.SOLID1

图 6 – 42　负载转矩

6）在右半轴齿轮上施加驱动，在 Motion 工具箱中选择旋转副驱动 ◈，并在工作区中单击 Joint3 完成施加驱动如图 6 – 43 所示。DPSD 壳体驱动施加同上。

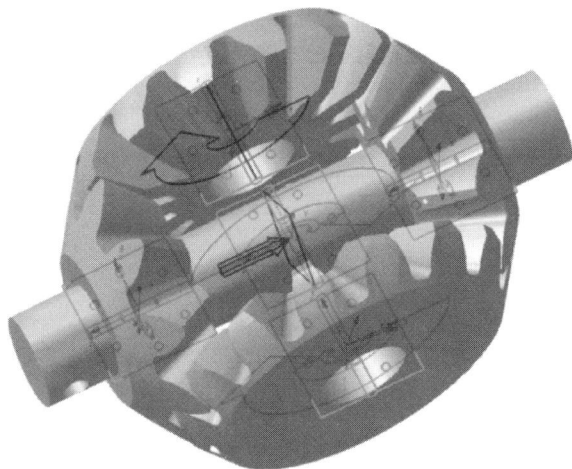

图 6 – 43　定义驱动

7）DPSD 刚性体模型的正确性验证。

右键单击⑤，在弹出的可供选择按钮中单击☑，进行刚性体模型冗余约束检查，弹出对话框如图 6 – 44 所示。Information 中显示"There are no redundant constraint equations"和"Model verified successfully"，证明已建立的 DPSD 刚性体模型正确。

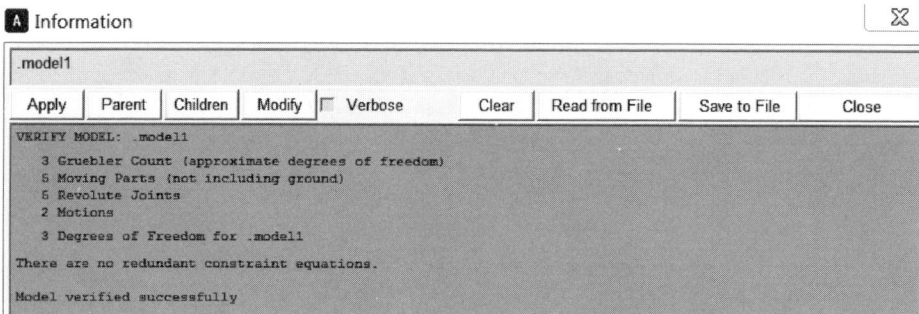

图 6 – 44　模型冗余约束检查

6.3.3　建立 DPSD 刚柔耦合模型 [9, 12 – 15]

本节在 ANSYS 中进行行星齿轮轴的柔性化处理，生成模态中性文件并替换行星齿轮轴的刚性体模型，其中该模态中性文件包含了行星齿轮轴的模态信息。

6.3.3.1　模态中性文件的生成

1. 将三维软件中创建的行星齿轮轴模型导入 ANSYS 14.0

由于 ANSYS 与 CATIA 有专用数据接口，因此行星齿轮轴模型可以直接由 CATIA 文件导入至 ANSYS 中而不需要生成中性文件，选择 ANSYS 菜单栏中的 File→Import→CATIA V5 ，选择导入路径并导入行星齿轮轴，如图 6 – 45 所示。

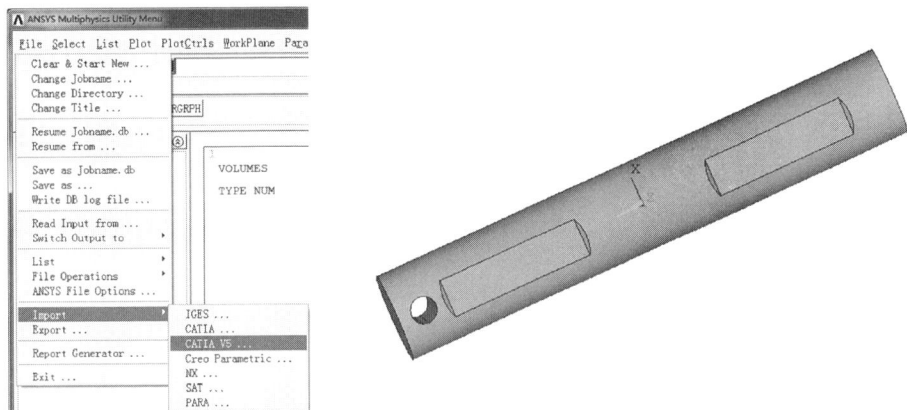

图 6 – 45　模型导入 ANSYS

2. 参数定义

（1）单元类型

对行星齿轮轴定义两种单元类型：结构单元和质量单元。行星齿轮轴为三维固体结构且为不可压缩的弹性材料，故应选用 SOLID 185 为其结构单元；对行星齿轮轴柔性化的目的是对整个 DPSD 进行动力学刚柔耦合分析，需要定义其质量，故选择 MASS 21 为其质量单元，如图 6 – 46 所示。定义单元类型的菜单路径为：Main Menu→Preprocessor→Element Type→ Add/Edit/Delete。

（2）编辑 MASS 21 质量单元

编辑 MASS 21 质量单元，在对话框中填写属性，一般要很小的数值，如 1e – 9 等。

菜单路径为：Main Menu→Preprocessor→Real Constants→Meshing→Add/Edit/Delete。

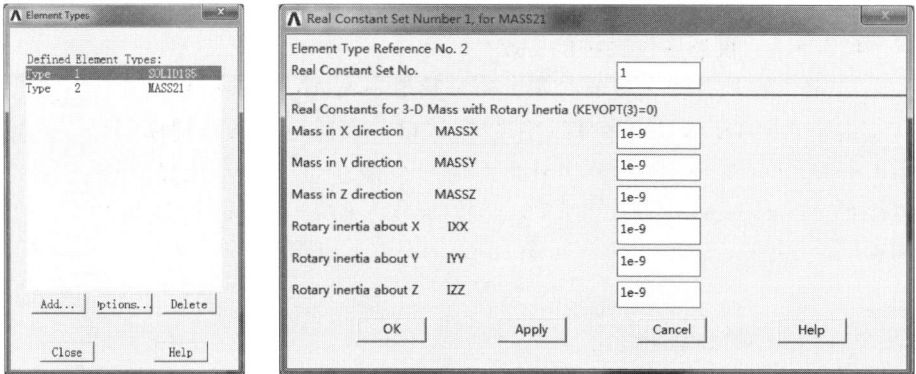

图 6 – 46　添加质量单元

（3）材料参数

本书所提到的行星齿轮轴为钢材，设置材料特性，弹性模量为 2e11，泊松比为 0.3，密度为 7 850，如图 6 – 47 所示。菜单路径为：Main Menu→Preprocessor→Material Props→ Material Models。

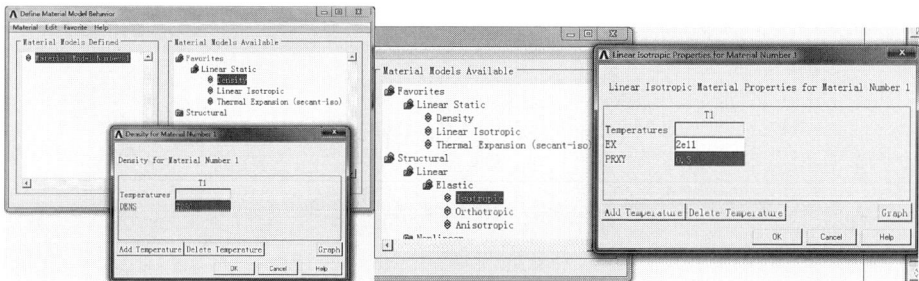

图 6 – 47　材料特性的设置

3. 网格划分及生成刚性区域

（1）网格划分

在 Main Menu 菜单中选择 Preprocessor，单击 Meshing 并选择 MeshTool，进行对行星齿轮轴的网格划分，如图 6 – 48 所示。

（2）建立 Keypoints

在 Main Menu 菜单中选择 Preprocessor，单击 Modeling 中的 Create，选择 Keypoints 并单击 In Active CS。

创建 Keypoints 的操作对话框如图 6 – 49 所示。分别在（0，0，0，）、（0，123123，0）、（0，– 123123，0）建立 Keypoints，编号分别为 80001、80002、80003。此处注意，创建的 Keypoints 的编号不能与模型单元的节点号重合，否则会引起原来的模型变形，创建的 Keypoints 如图 6 – 50 所示。

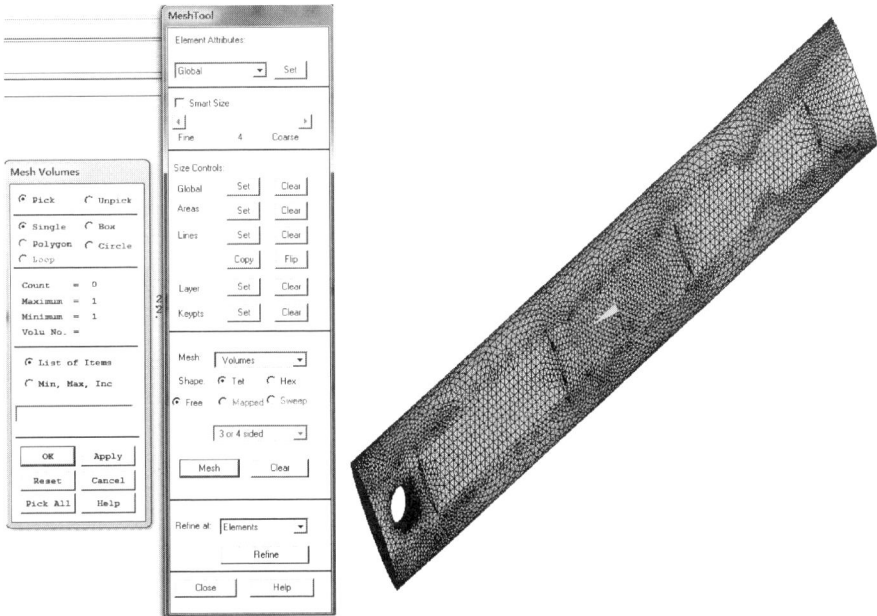

图 6 - 48　自由划分网格

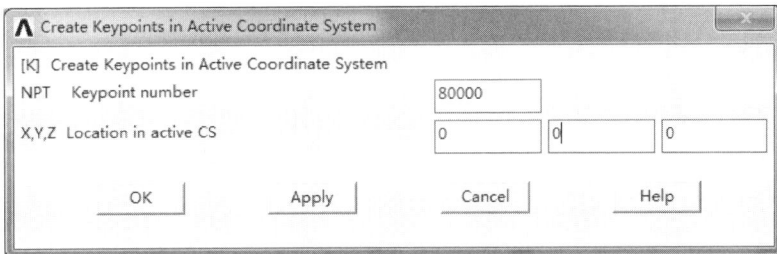

图 6 - 49　添加关键点

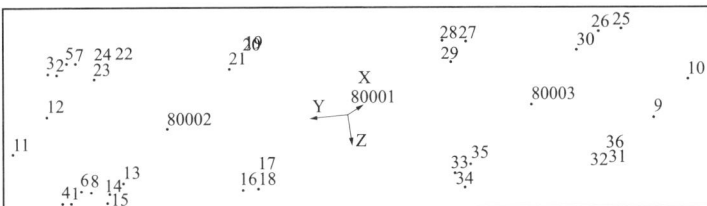

图 6 - 50　行星齿轮轴各节点示意图

（3）Keypoints 网格划分

选择 MASS 21 单元，对上一步骤中所建立的 Keypoints（80001、80002、

80003）进行网格划分，建立起 Interface Nodes，在导入 ADAMS 后这些 Interface Nodes 会自动生成 Mark 点，通过这些点和其他刚体或柔体建立连接，如图 6 –51 所示。

菜单路径为：Main Menu→Preprocessor→Meshing→Mesh Attributes→Default Attribs。

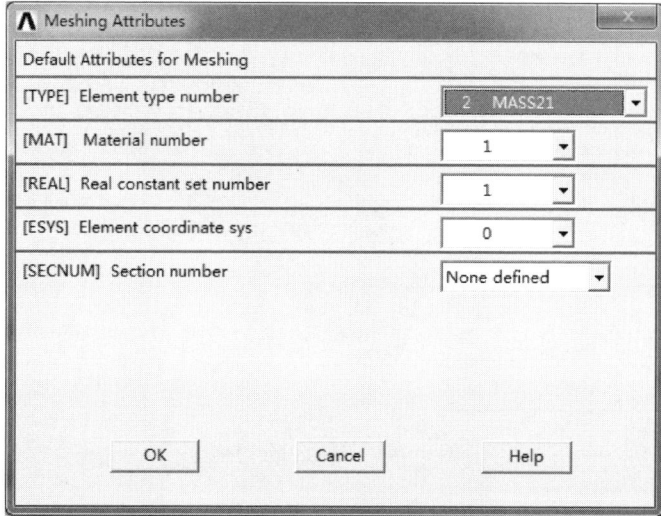

图 6 –51　关键点的网格划分

（4）建立刚性区域

建立刚性区域（在 ADAMS 作为和外界连接的不变形区域，必不可少的），选择 Interface Nodes 附近区域的 Nodes 与其相连，由于连接点的数目必须大于或等于 2，所以刚性区域至少两个；先选择 Interface Node，单击 Apply，再选周围的 Nodes，生成的 Interface Nodes 如图 6 –52 所示。

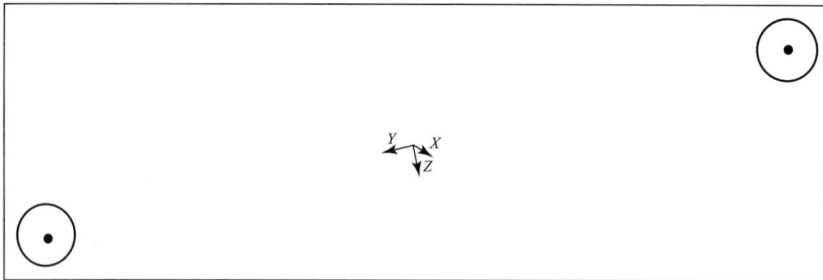

图 6 –52　Interface Nodes 的生成

菜单路径为：Main Menu→Preprocessor→Coupling Ceqn→Rigid Region。用同样的方法生成三个刚性区域如图 6 –53 所示。

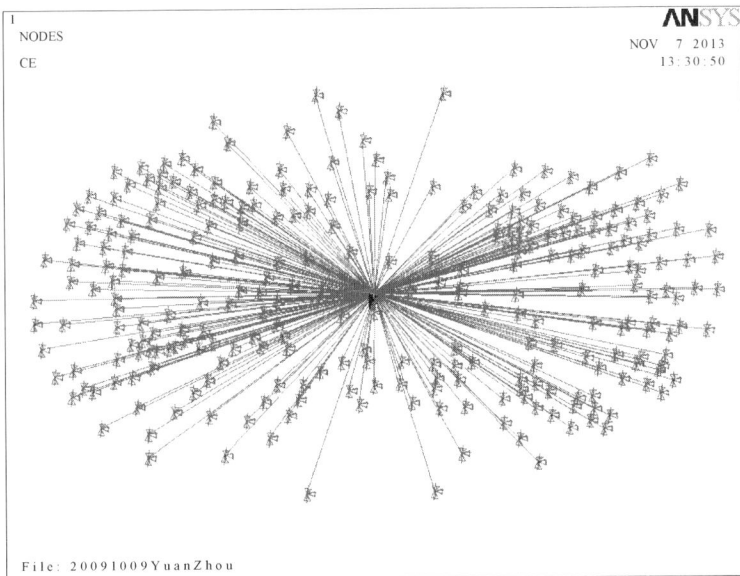

图 6 – 53　刚性区域的建立

(5)生成 mnf 文件

执行 Solution – >→ADAMS Connection – >→Export to ADAMS 命令，要选择的节点为图 6 – 54 中建立刚性区域的节点(仅仅是 interface nodes)，输出单位选 SI，从而生成 * . mnf 文件。其中 Element Result 设置为 Include Stress and Strain。选择存储路径后单击 `Solve and create export file to ADAMS` 完成对 mnf 中性文件的生成(图 6 – 55)。

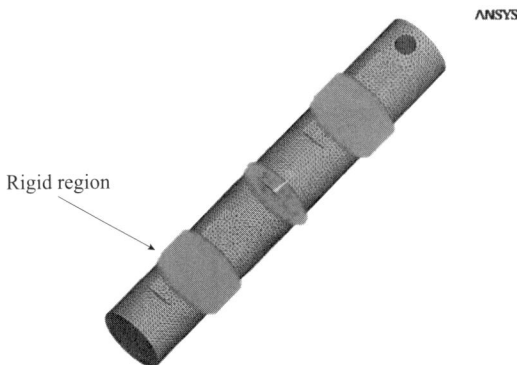

Rigid region

图 6 – 54　包含刚性区域的行星齿轮轴

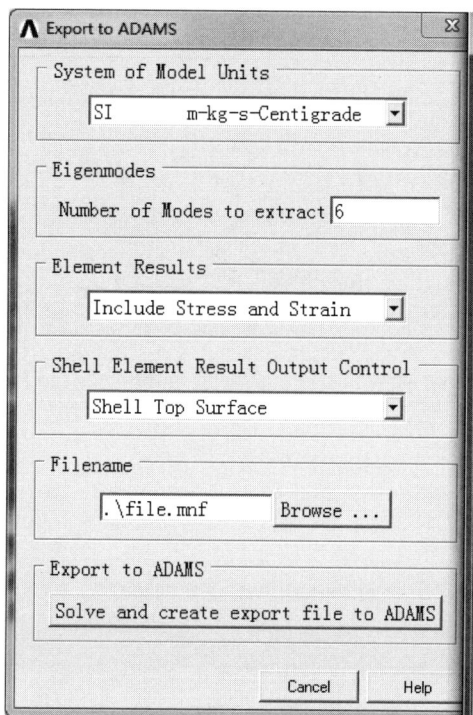

图 6 - 55　mnf 文件的生成

6.3.3.2　模态中性文件的导入

单击 Bodies，在 Flexible Bodies 工具栏中选择 Adams/Flex 按钮 ，导入已建立好的 mnf 文件。在修改对话框中，在 Flexible Body Name 一栏中修改柔性体名称，导入文件格式一栏设置为 MNF，如图 6 - 56 所示。按鼠标右键，选择 Browse，选中已建立的 mnf 文件，单击"OK"。

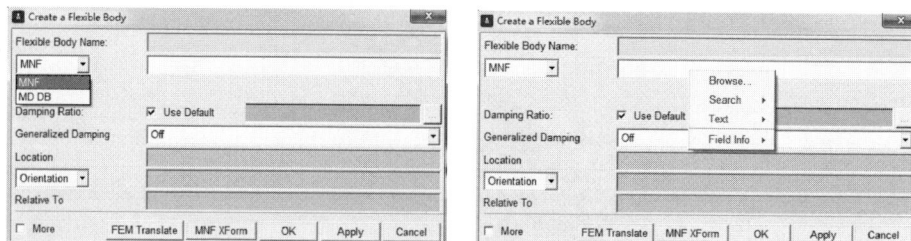

图 6 - 56　模态中性文件导入 ADAMS

6.3.3.3　输入实验数据[11]

单击 File Import，弹出对话框，设置 File Type 为 Test Data(∗.∗)，选择
Creat Splines，在 File To Read 一栏双击，选择记录实验数据的.txt 格式文件，
设置 Independent Column Index 为 1(以文本文件中的第一列数据作为自变量)，
单击 OK 按钮，如图 6 - 57 所示。依次将含有左半轴负载转矩、右半轴输入转
速、DPSD 壳体输入转速的实验数据生成为样条曲线。在 ADAMS/
PostProcessor 中查看样条曲线，如图 6 - 58 所示。

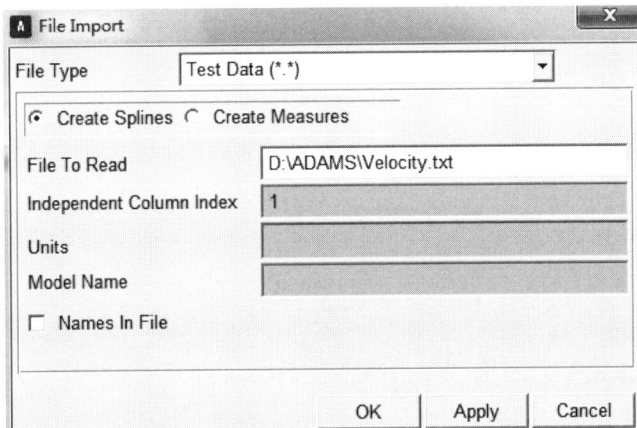

图 6 - 57　实验数据的导入

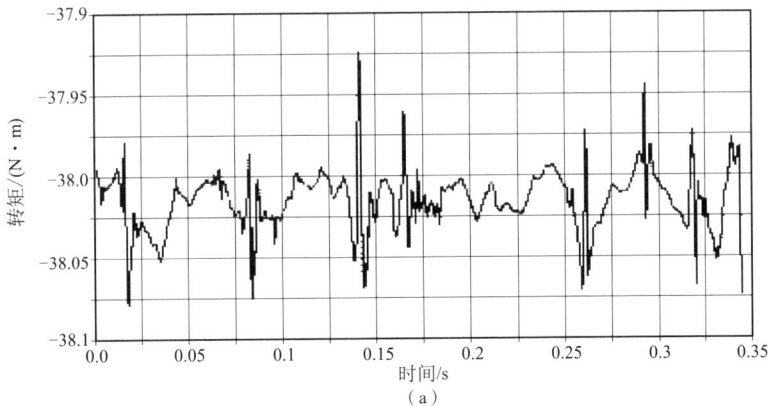

图 6 - 58　实验数据在 ADAMS/PostProcessor 中的显示

(a)左半轴输入转矩

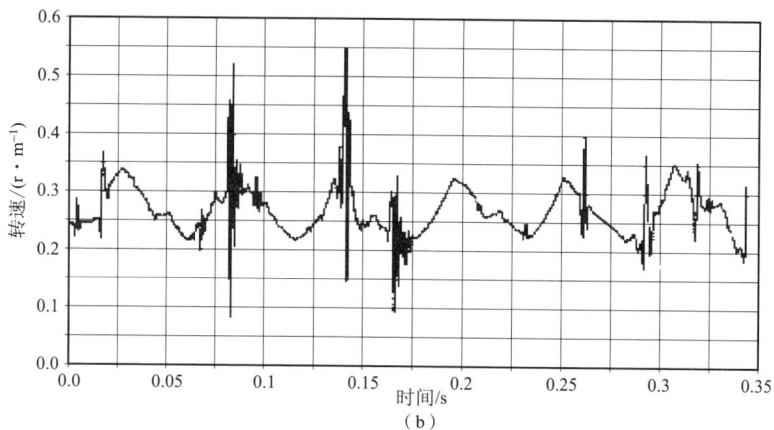

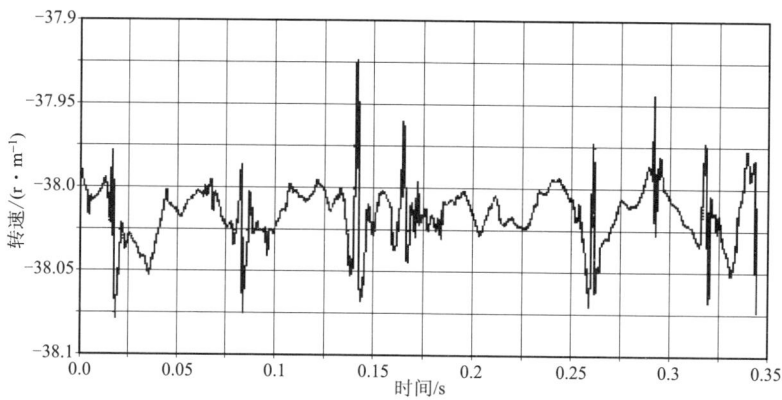

图 6-58　实验数据在 ADAMS/PostProcessor 中的显示(续)

(b)DPSD 壳体输入转速；(c)右半轴输入转速

6.3.3.4　定义驱动

用柔性轴代替刚性轴的过程中，与刚性轴关联的约束与驱动被去除，所以需要补充施加柔性轴与两个行星齿轮之间的旋转副、柔性轴与大地之间的旋转副和驱动。施加步骤参照 6.3.2。

6.3.4　DPSD 动力学仿真及模型验证

6.3.4.1　DPSD 模型的验证

在 Simulation 工具栏中，单击 ⚙ 按钮，弹出对话框 Simulation Control，设置仿真时间为 0.344 s，仿真步长为 1/1 000，仿真类型为 Dynamic，如图 6-59 所示。设置完成后，单击 ▶ 按钮。

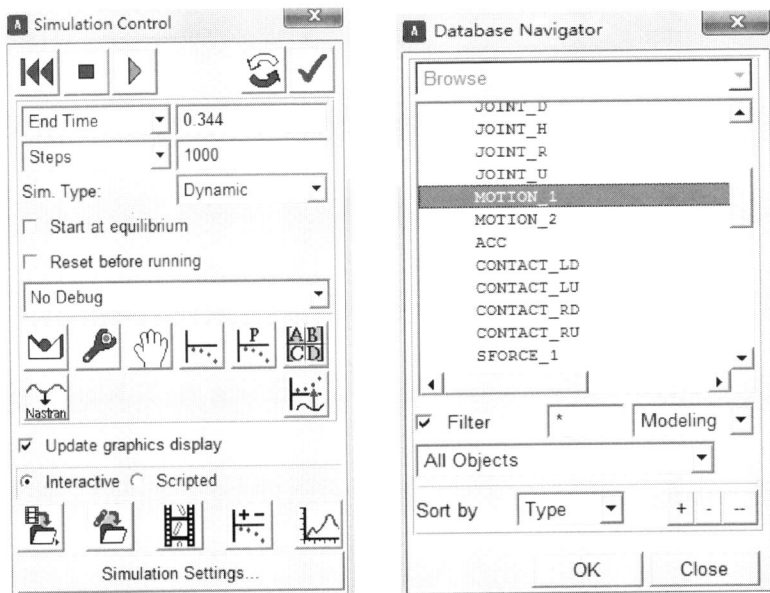

图 6 - 59　控制工具的设置

仿真完成后，在 Design Exploration 工具栏中，单击 按钮，建立新的测量，弹出对话框如图 6 - 60 所示。以测量右半轴转矩为例，选择 MOTION __ 1，单击 OK 按钮，在 Motion Measure 对话框中，设置 Characteristic 为 Torque，用来测量右半轴转矩。左半轴输出转速和 DPSD 壳体转矩测量同上。

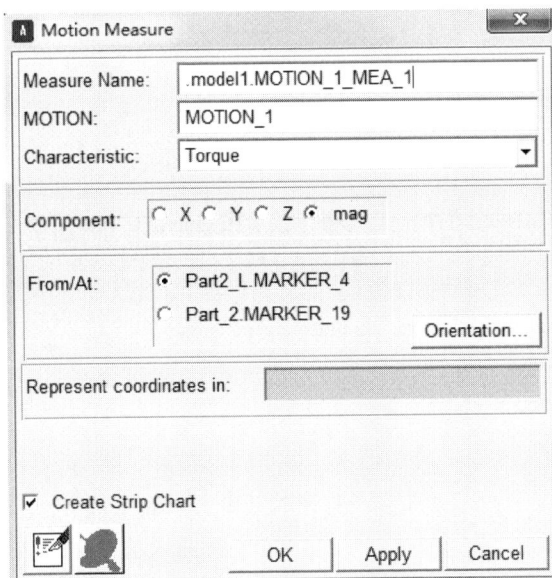

图 6 - 60　输出转速、转矩的测量

进入 ADAMS/Processor，在 Simulation 列表中选择 Last＿Run，设置 Source 为 Measures，分别设置 Measure 一栏为已测量的转速、转矩，单击 Add Curves 按钮，如图 6 –61 所示。左半轴输出转速、右半轴输出转矩和壳体输出转矩如图 6 –62 所示。

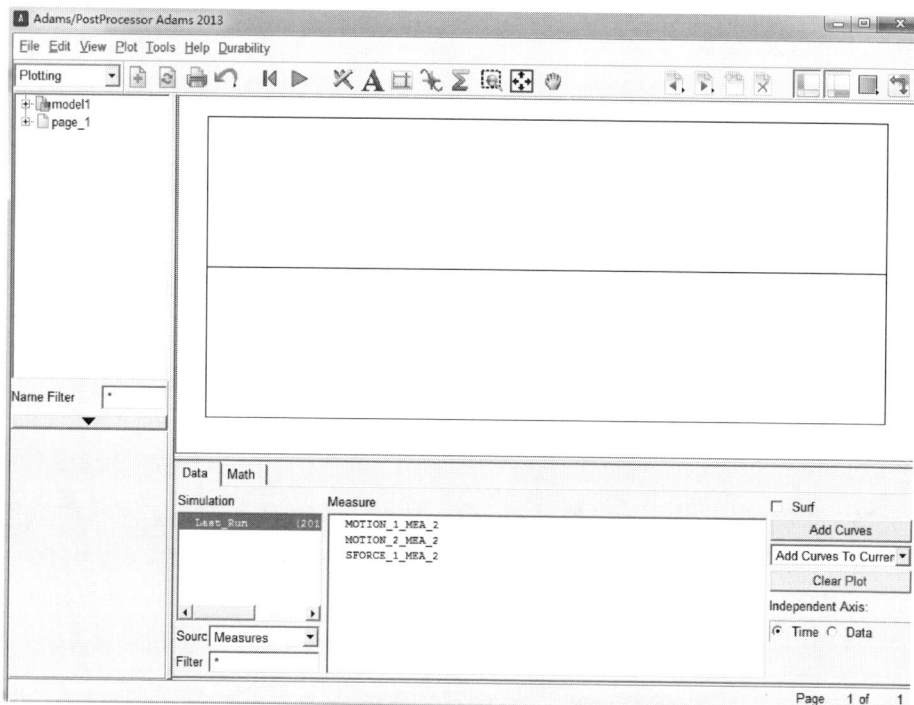

图 6 –61　曲线绘制

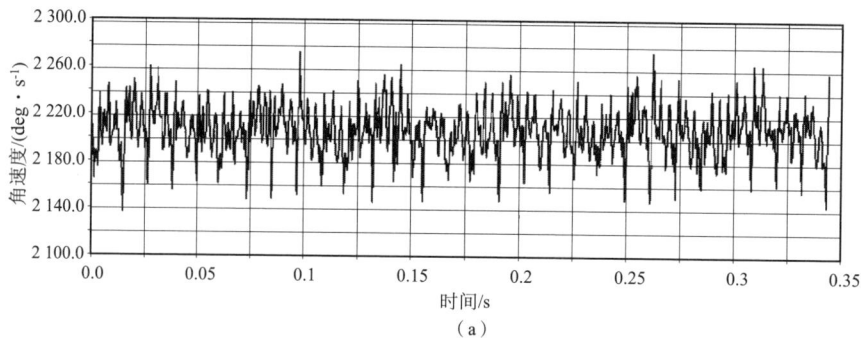

图 6 –62　输出转速与转矩

（a）左半轴输出转速

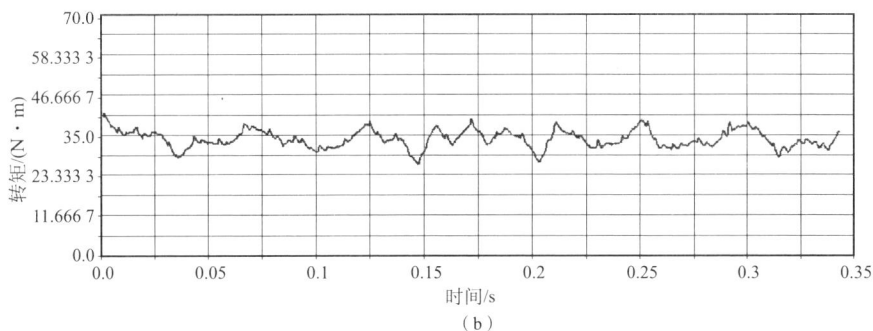

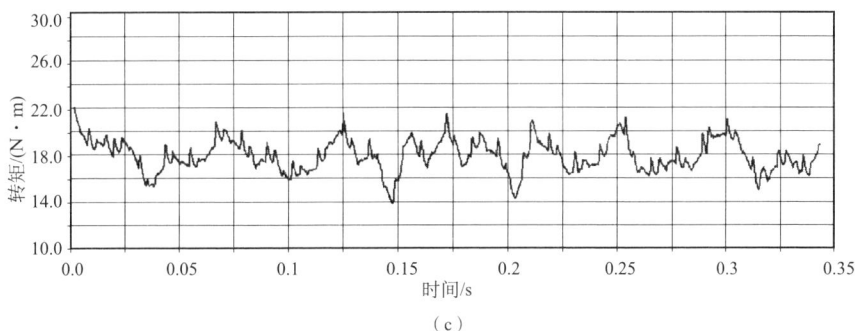

图 6 - 62　输出转速与转矩(续)

(b)DPSD 壳体输出转矩;(c)右半轴输出转矩

在 ADAMS/PostProcessor 环境下,单击 ⚹ 按钮,读取仿真结果的平均值,与实验结果进行对比,对比结果如表 6 - 1 所示。

表 6 - 1　仿真结果与实验结果的对比

项目	实验结果平均值	仿真结果平均值	相对误差
左半轴输出转速/ (r · min^{-1})	358.0	368.2	2.8%
DPSD 壳体输出转矩/ (N · m)	36.4	34.8	4.4%
右半轴输出转矩/(N · m)	− 20.8	− 18.1	13.0%

6.3.4.2　DPSD 动力学仿真

1. 两种工况下行星齿轮的转速对比

DPSD 的台架试验中,其行星齿轮轴失效时的各个端子输出转速、转矩如表 6 - 2 所示。从图 6 - 63 可以看出,在正常工况下,行星齿轮转速平稳,而在失效工况下,行星齿轮转速先比较平稳,然后开始产生剧烈波动。

表6-2 台架试验中行星齿轮轴失效时各端子输出转速、转矩

项目	左半轴	DPSD 壳体	右半轴
转矩/(N·m)	-41	130	-57
转速/(r·min⁻¹)	372	4	-356

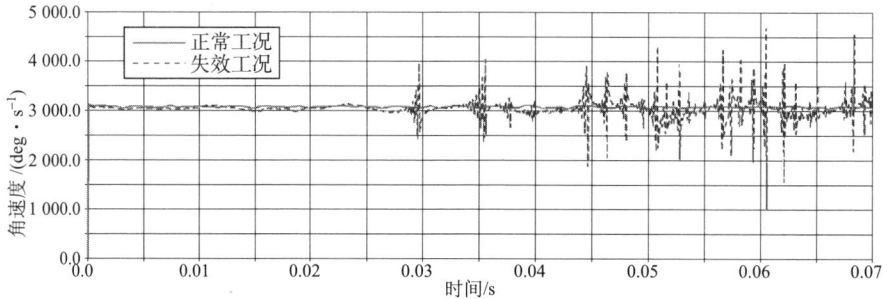

图6-63 正常工况与失效工况下行星齿轮转速变化曲线

2. 最大载荷工况下行星齿轮轴的应力情况

最大载荷工况下的转矩、转速如表6-3所示。

表6-3 最大载荷工况下的转矩、转速

左半轴转矩/(N·m)	DPSD 壳体转速/(r·min⁻¹)	右半轴转速/(r·min⁻¹)
-30	1 023	230

1)将驱动与载荷参数设置为表6-3所示数据，进行仿真计算，仿真时间设置为0.344 s，仿真步长设置为1/1 000。

2)单击 Tools - Plugin Manager，将 Adams/Durability 中的 Load 和 Load at StartUp 打钩，如图6-64所示。进入 ADAMS/PostProcessor 中，右键单击 Load Animation，弹出对话框如图6-65所示。单击 Contour Plots，将 Contour Plot Type 设置为 Von Mises Stress。读取应力值，观察应力变化，如图6-66所示，最大 Von Mises Stress 为 1.04E07 Pa，最大应力点位于一端旋转副附近。

由于 DPSD 行星齿轮轴的材料为 20CrMnTi，其许用应力为 291MPa，而最大载荷工况下的行星齿轮轴最大应力为 10.4 MPa，远小于许用应力。

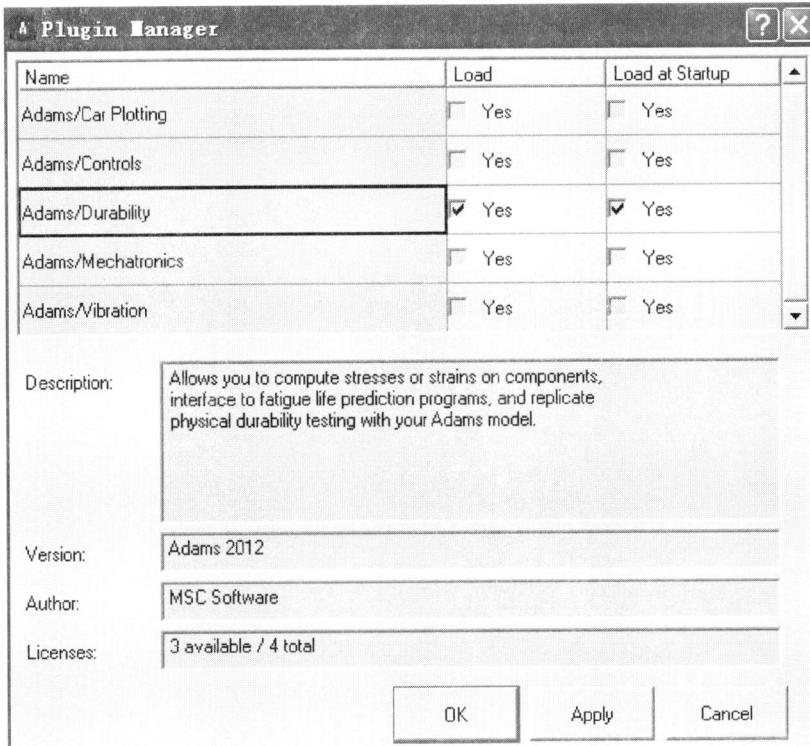

图 6 – 64　**Plugin Manager**

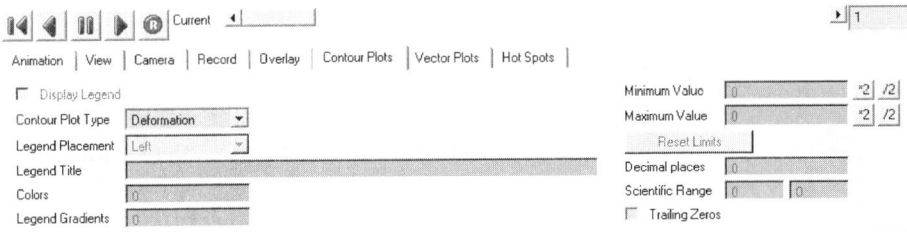

图 6 – 65　应力读取设置

Last_Run Time= 1.0827 Frame=02238

图 6 - 66　最大载荷工况下行星齿轮轴的应力情况

194

6.4　本章小结

计算机辅助工程分析(CAE)技术借助计算机软件平台对工程虚拟样机进行相关辅助分析，是目前产品设计和开发过程中所要采取的必要手段。它能够提供合理的工程、分析解决方案，避免重复的设计、制造、试验，缩短了产品开发周期，最大限度地减少设计开发成本。本章以 DPSD 为对象，借助非线性有限元分析软件 ABAQUS 提供的平台，举例分析了 DPSD 内直齿锥齿轮在运行时轮齿间发生的非线性接触行为；采用多体动力学分析软件，运用刚柔耦合技术将行星齿轮轴柔性化，精确分析了行星齿轮轴的动力学行为。

参 考 文 献

[1] Gonzalez - Perez I, Iserte J L, Fuentes A. Implementation of Hertz theory and validation of a finite element model for stress analysis of gear drives with localized bearing contact[J]. Mechanism and Machine Theory, 2011, 46(6): 765 - 783.

[2] 杨生华. 齿轮接触有限元分析[J]. 计算力学学报, 2003, 20(02): 189 - 194.

［3］　Mao K. Gear tooth contact analysis and its application in the reduction of fatigue wear［J］. Wear, 2007, 262(11): 1281 – 1288.

［4］　Hibbit H, Karlsson B, Sorensen P. Abaqus Analysis User Manual Version. 10 ［J］. Dassault Systemes Simulia Corp.: Providence, RI, USA, 2011.

［5］　庄苗, 廖剑晖. 基于 ABAQUS 的有限元分析和应用［M］. 北京：清华大学出版社, 2009.

［6］　石亦平, 周玉蓉. ABAQUS 有限元分析实例详解［M］. 北京：机械工业出版社, 2006.

［7］　王勖成. 有限单元法［M］. 北京：清华大学出版社, 2003.

［8］　李增刚. ADAMS 入门详解与实例［M］. 北京：国防工业出版社, 2006.

［9］　郑建荣. ADAMS——虚拟样机技术入门与提高［M］. 北京：机械工业出版社, 2001.

［10］　石博强. ADAMS 基础与工程范例教程［M］. 北京：中国铁道出版社, 2007.

［11］　郑帅. 混合动力汽车差速耦合装置的失效分析与试验验证［D］. 长春：吉林大学, 2011.

［12］　马星国, 杨伟, 尤小梅, 等. 行星轮系刚柔耦合多体动力学分析［J］. 中国工程机械学报, 2009, 7(02): 146 – 152.

［13］　Wu X, Meagher J, Sommer A. A Differential Planetary Gear Model with Backlash and Teeth Damage［M］. Rotating Machinery, Structural Health Monitoring, Shock and Vibration, Volume 5. Springer New York, 2011.

［14］　季景方. 混合动力汽车动力分配器动态特性分析［D］. 长春：吉林大学, 2013.

［15］　Y. Liu, J. F. Ji, L. Kong, et al. Failure Analysis of Planetary Gear Shaft of Power Split Device Based on Multi – Body Dynamics［J］. Applied Mechanics and Materials, 2014, 433: 17 – 20.

第 *7* 章

基于代理模型的差速动力耦合器多目标优化

传统驱动车辆中，传动系统是非常紧凑的。当新型驱动源和驱动组件添加到车辆中时，零部件的体积和质量优化就显得十分重要了。为此，本章重点介绍差速动力耦合器（Differential based Power Split Device，DPSD）壳体和传动齿轮优化设计方法[1,2]。优化设计方法是 20 世纪 60 年代随着计算机的应用而迅速发展起来的一种方法，较早应用于机械工程等领域的设计。80 年代以来，优化设计方法在国内工程界得到了迅速推广。在复杂的工程领域中，众多的优化算法被用来优化工程结构，如 Karush – Kuhn – Tucker 方法[3]、非梯度算法[4]、遗传算法[5]和粒子群优化算法[6]等。

优化方法分为传统优化方法和现代优化方法。在机械设计方面，传统优化方法主要采用罚函数法、复合形法、约束变尺度法、随机方向法、简约梯度法、可行方向法等对零件或机构的性能、形状和结构进行优化。随着优化问题规模和复杂程度的逐渐增大，以及传统优化方法易出现局部最优解等问题，以智能算法为代表的现代优化方法因为其求解效率高，不易陷入局部最优解，并且方便同 CAD/CAE 技术结合起来等特点，近些年得到了快速发展。其中，遗传算法、非支配排序遗传算法 – Ⅱ、多目标粒子群算法等智能算法运用最为广泛。

随着 CAD/CAE 技术的日趋成熟，代理模型（Surrogate Model）应用于结构优化过程中[7,8]成为当前流行的优化设计方法，可加快优化速度，节约计算成本。本章重点介绍基于代理模型技术与智能算法的现代优化设计方法。

基于代理模型的优化，首先要构建代理模型，通过对问题分析选择一种代理模型构建方法，而后根据不同代理模型对采样数据点的要求，用试验设计的方法合理选择样本点进行试验，将试验数据结果用于代理模型构建，之后评价代理模型精度，最后进行基于代理模型的优化。其流程图如图 7 – 1 所示。

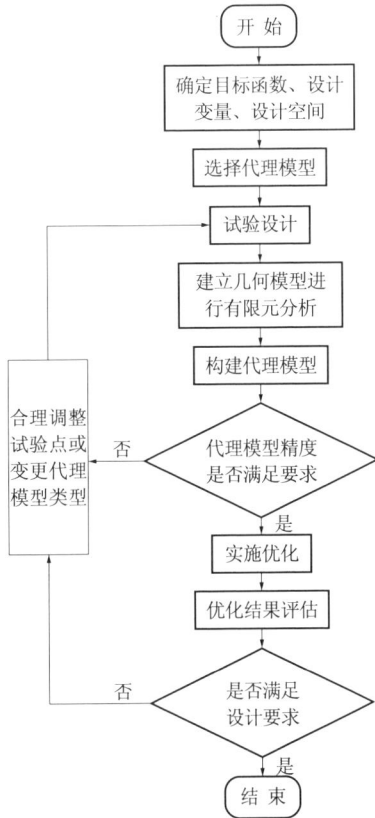

图 7 – 1　基于代理模型的优化流程图

7.1　试验设计方法

试验设计是代理模型构建的第一步，它从正交性、均匀性出发，利用拉丁超立方、正交表、均匀表等作为工具来设计试验方案、实施广义试验[9,10]。实际上，试验设计本身也是一种离散优化的基本方法，它通过实施广义试验，可以直接寻找最优点。尽管这种优化方法设计灵活、计算简便、试验次数少、可靠性高，但它不能真正实现全局最优化。典型的试验设计方法有全因子试验、正交试验、均匀试验、拉丁超立方试验等。

7.1.1 全因子试验设计

全因子试验设计就是试验中所涉及的全部实验因素的各水平全面组合形成不同的试验条件，每个试验条件下进行两次或两次以上的独立重复实验，允许任意数目的因素和水平，并对所有因素的所有组合在所有水平上进行评估。如果某试验设计有 3 个因素，每个因素的水平数也为 3，则此全因子试验设计需 3^3 次，如图 7-2 所示。

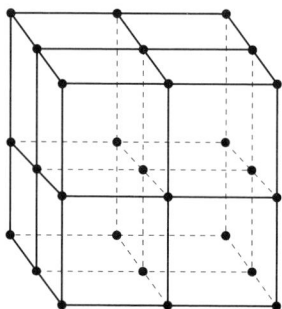

图 7-2 3^3 全因子试验设计

这种方法为精确评估因素和交互作用的影响提供了大量的信息。该试验设计方法的分析次数为 $n_1 \times n_2 \times \cdots \times n_i \times \cdots \times n_m$，$n_i$ 是第 i 个因素的水平数，m 是因素的个数。可以看出这种方法需要大量的试验分析，并且代价很大，因此全因子试验适用于因素数和水平数均不多的场合，以获得较精确的分析结论。

7.1.2 正交试验设计

正交试验设计是研究多因素多水平的又一种设计方法，它是根据正交性从全面试验中挑选出部分有代表性的点进行试验，这些有代表性的点具备了"均匀分散，整齐可比"的特点。正交试验设计是分析因式设计的主要方法，是一种高效率、快速、经济的试验设计方法。

正交试验设计原理如图 7-3 所示，考虑进行一个三因素、每个因素有三个水平的试验。如果做全面试验，需做 $3^3 = 27$ 次。若从 27 次试验中选取一部分试验，常将 A 和 B 分别固定在 A1 和 B1 水平上，与 C 的三个水平进行搭配，A1B1C1，A1B1C2，A1B1C3，做完这 3 次试验后，若 A1B1C3 最优，则取 C3 这个水平。让 A1 和 C3 固定，再分别与 B 因素的两个水平搭配，

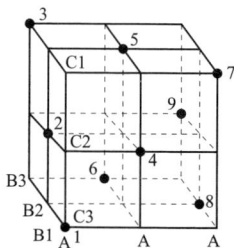

图 7-3 正交试验设计示意图

A1B2C3，A1B3C3，这 2 次试验做完以后，若 A1B2C3 最优，则取 B2，C3 这两个水平。再做 2 次试验 A2B2C3，A3B2C3，然后一起比较，若 A3B2C3 最优，则可断言 A3B2C3 是我们欲选取的最佳水平组合。这样仅做了 7 次试验就选出了最佳水平组合。

正交试验设计的基本流程为：①明确试验目的，确定试验指标；②明确需要考查的因素，适当选取因素水平；③选择合适的正交表设计试验；④表头设计；⑤编制试验方案。试验的完成并不意味着试验设计的结束，一系列针对试验结果的处理分析也是试验设计必不可少的内容，采用极差分析法对试验结果进行分析可以确定试验因素的主次、各试验因素的最优水平及试验范围内的最优组合。

7.1.3　均匀试验设计

尽管正交试验法在一定程度上减少了试验次数，但是在因素水平较多且试验成本相对较高的情况下，正交试验的试验次数依然是庞大的。为此，试验次数相对较少的均匀试验方法显得更有优势。

均匀试验设计只考虑试验点在试验范围内均匀散布，挑选试验代表点的出发点是"均匀分散"，而不考虑"整齐可比"，它可保证试验点具有均匀分布的统计特性，可使每个因素的每个水平做一次且仅做一次试验。尽管均匀试验忽略了正交试验中的整齐可比性，只考虑试验点在试验范围内的均匀分布，但是试验因素的每个水平在试验因素空间中都会出现且仅出现一次，这极大地降低了试验次数。相对于正交试验，均匀设计结果分析过程较为复杂且计算量大，因此，单就优化效率而言，正交试验法是优于均匀设计法的。

7.1.4　拉丁超立方试验与优化的拉丁超立方试验

拉丁超立方试验又简称拉丁方试验，它基于拉丁超立方抽样方法，是一种试验次数较少且适合研究多水平试验的试验类型。与均匀设计类似，它尽量使试验点均匀地充满整个空间，且每个因素的每个水平仅出现一次。当建立一个具有 M 个因素的试验时，首先确定每一因素水平的上下限，而后将因素的水平空间进行 N 等分，其中 $N \geqslant M$。每一次试验的实施都是从与 M 个因素对应的 N 个水平中随机且不重复地选取一个值组合而成。

优化的拉丁超立方法改进了普通拉丁超立方法的均匀性，使因素和响应的拟合更精确真实。它使得所有的试验点尽量均匀地分布在设计空间，具有非常好的空间填充性和均衡性。图 7-4(a) 显示了拉丁超立方随机生成的试验点分布，为了让试验设计点在空间分布更加均匀，可通过优化算法对拉丁超立方的选点进行优化，图 7-4(b)显示了优化的拉丁超立方随机生成的更加均匀的试验点分布，但与普通的拉丁超立方试验相比，优化的拉丁超立方方法需要更多的时间来对采样点进行优化。

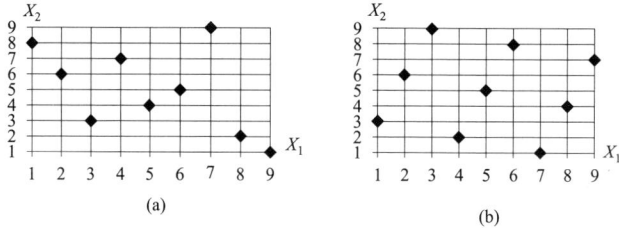

图 7-4   拉丁超立方方法和优化的拉丁超立方方法的试验设计对比
(a)拉丁超立方选点；(b)优化的拉丁超立方选点

7.2   代理模型技术

代理模型，是指在不降低精度的情况下构造的一个计算量小[11]，计算周期短，但计算结果与数值分析或物理试验结果相近的数学模型[12,13]。代理模型是一种包含试验设计和近似方法等多项内容的建模方法，它通过在系统中用数学模型来替代原有分析模块的方式，实现了分析模块与优化计算框架的集成，使复杂系统的多学科设计优化变得切实可行。代理模型构建示意图如图 7-5 所示。

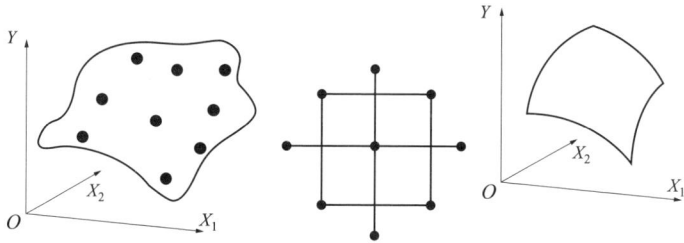

图 7-5   代理模型构建示意图

代理模型有两种，一种是插值型代理模型，一种是回归型代理模型。两种类型都能表达设计变量和响应函数之间的近似关系。对于计算机模型仿真误差较小的试验适合选用回归代理模型，它能够在一定程度上过滤数字噪声。而对于误差较小的试验，比较适合选用插值代理模型，与回归代理模型相比，插值代理模型更适合解决高度非线性的问题。总而言之，在代理模型的构建过程中要选取最适合的构建方法，这样得到的代理模型应用在计算机有限元模型分析上，才能够节省计算时间，缩减设计过程，并能较好地预测仿真结果[14,15]。常用构造代理模型的方法有多项式响应面法[16,17]、径向基函数法[18]、克里金(Kriging)插值法[19]。

7.2.1　多项式响应面法

多项式响应面法[17](Response Surface Methodology，RSM)属于回归模型，它用不同阶次的多项式来表示设计变量与响应之间的关系。应用于工程领域的响应面模型，通常为低阶多项式，其中应用最多的就是二阶模型，二阶多项式模型具有计算成本小、非线性响应近似效果良好、近似模型透明化和易于求解极值等特点。

二阶响应面的数学模型描述如下所示：

$$y = \beta_0 + \sum_{i=1}^{k} \beta_i x_i + \sum_{i=1}^{k} \beta_{ii} x_i^2 + \sum_{i=1}^{k-1} \sum_{j=i+1}^{k} \beta_{ij} x_i x_j + \varepsilon \qquad (7-1)$$

式中，k 是变量个数；ε 是误差；β_i、β_{ii}、β_{ij} 是回归系数。

当 $k=2$ 时，式(7-1)可以表示为：

$$y = \beta_0 + \beta_1 x_1 + \beta_2 x_2 + \beta_3 x_1^2 + \beta_4 x_2^2 + \beta_5 x_1 x_2 \qquad (7-2)$$

令 $x_3 = x_1^2$，$x_4 = x_2^2$，$x_5 = x_1 x_2$，则式(7-2)变为：

$$y = \beta_0 + \beta_1 x_1 + \beta_2 x_2 + \beta_3 x_3 + \beta_4 x_4 + \beta_5 x_5 \qquad (7-3)$$

当 $k=n$ 时，多项式响应面模型表达式可以表示为：

$$\boldsymbol{Y} = \boldsymbol{X\beta} + \boldsymbol{\varepsilon} \qquad (7-4)$$

其中：

$$\boldsymbol{Y} = \begin{bmatrix} y_1 \\ y_2 \\ y_3 \\ \vdots \\ y_n \end{bmatrix}, \quad \boldsymbol{X} = \begin{bmatrix} 1 & x_{11} & x_{12} & \cdots & x_{1k} \\ 1 & x_{21} & x_{22} & \cdots & x_{2k} \\ 1 & x_{31} & x_{32} & \cdots & x_{3k} \\ \vdots & \vdots & \vdots & \ddots & \vdots \\ 1 & x_{n1} & x_{n2} & \cdots & x_{nk} \end{bmatrix}, \quad \boldsymbol{\beta} = \begin{bmatrix} \beta_0 \\ \beta_1 \\ \beta_2 \\ \vdots \\ \beta_k \end{bmatrix}, \quad \boldsymbol{\varepsilon} = \begin{bmatrix} \varepsilon_0 \\ \varepsilon_1 \\ \varepsilon_2 \\ \vdots \\ \varepsilon_k \end{bmatrix}$$

式中，n 是试验次数，且 n 需大于等于 $(k+1)(k+2)/2$ 代理模型才能获得较好的精度。

回归系数通过最小二乘法获得：

$$\hat{\boldsymbol{\beta}} = (\boldsymbol{X}^{\mathrm{T}} \boldsymbol{X})^{-1} \boldsymbol{X}^{\mathrm{T}} \boldsymbol{y} \qquad (7-5)$$

则最终回归模型即代理模型为：

$$\hat{y} = X \hat{\boldsymbol{\beta}} \qquad (7-6)$$

多项式响应面法是一种较为简单实用的代理模型构建方法，它在工程领域应用广泛，尤其当设计变量数目较少(小于10)时，多项式响应面法通常可以获得较为理想的结果。

7.2.2　径向基函数法

径向基函数[20]（Radial Basis Functions，RBF）属于神经网络代理模型技术，与采用曲线拟合的响应面法不同，径向基函数采用插值法构建的近似响应面能够通过所有已知数据点。在综合考虑模型精度和鲁棒性的情况下，径向基函数模型优于其他种类的代理模型[21,22]。当设计变量增加且响应高度非线性时，响应面法需要更多的试验次数[$(n+1)(n+2)/2$，其中 n 为因素个数]才能在一定程度内保证代理模型精度，而径向基函数法只需要较少的试验次数（$2n+1$，其中 n 为因素个数）就可获得满意的模型精度。

径向基函数模型描述如下：

假设任意的一个基函数

$$\psi_j(x) = \psi(\|x - x_j\|), \quad (j = 1, 2, \cdots, n) \tag{7-7}$$

式中，$\|x - x_j\|$ 是欧式距离。现在给定在一系列特定点（$x_1, x_2, \cdots, x_n$）的响应值（$y_1, y_2, \cdots, y_n$），那么径向基函数的插值函数表示为：

$$f(x) = \sum_{j=1}^{n} [\alpha_j \psi_j(x)] + \alpha_{n+1} \tag{7-8}$$

代入已知点的信息，有 $n+1$ 个线性方程：

$$\begin{cases} \sum_{j=1}^{n} [\alpha_j \psi_j(x_i)] + \alpha_{n+1} = y_i, (i = 1,2,\cdots,n) \\ \sum_{j=1}^{n} \alpha_j = 0 \end{cases} \tag{7-9}$$

对 $n+1$ 个待定系数 a_j 有 $n+1$ 个方程，可以得到唯一解。

引入向量与矩阵：

$$\boldsymbol{p} = [1 \cdots 1]^{\mathrm{T}} \in \boldsymbol{R}^n \tag{7-10}$$

$$\boldsymbol{\Phi} = \begin{bmatrix} \psi_1(x_1) & \cdots & \psi_n(x_1) \\ \vdots & \vdots & \vdots \\ \psi_1(x_n) & \cdots & \psi_n(x_n) \end{bmatrix} \in \boldsymbol{R}^n \tag{7-11}$$

$$\boldsymbol{H} = \begin{bmatrix} \boldsymbol{\Phi} & \boldsymbol{P} \\ \boldsymbol{P}^{\mathrm{T}} & 0 \end{bmatrix} = R^{(n+1) \times (n+1)} \tag{7-12}$$

$$\boldsymbol{\alpha} = [\alpha_1, \cdots, \alpha_{n+1}]^{\mathrm{T}} \tag{7-13}$$

$$\boldsymbol{y} = [y_1, \cdots, y_n]^{\mathrm{T}} \tag{7-14}$$

则式（7-9）可写成矩阵的形式：

$$\boldsymbol{H\alpha} = \boldsymbol{y} \tag{7-15}$$

这样，插值函数的系数矩阵就可以求出，是一个具有 $n+1$ 个系数的向量：

$$\boldsymbol{\alpha} = \boldsymbol{H}^{-1}\boldsymbol{y} \tag{7-16}$$

从径向基函数的构造过程可以看出，这种代理模型的特性随着所采用的径向函数的不同而不同，一般常用的径向函数有如下几种。

线性曲线(Linearsplines)：

$$\psi_j(x) = \|x - x_j\| \tag{7-17}$$

三次样条曲线(Cubicsplines)：

$$\psi_j(x) = \|x - x_j\|^3 \tag{7-18}$$

多二次函数(Multiquadrics)：

$$\psi_j(x) = \sqrt{1 + \frac{\|x - x_j\|^2}{c_j^2}} \tag{7-19}$$

高斯函数(Gaussians)：

$$\psi_j(x) = \exp\left(-\frac{\|x - x_j\|}{c_j^2}\right) \tag{7-20}$$

式中，c_j 为待定系数。

7.2.3 Kriging 模型

Kriging 模型[23]是一种估计方差最小的无偏估计模型，最早由南非地质学者 DanieKrige 提出。Kriging 模型具有在样本点处无偏估计、良好的高度非线性近似能力等特点，在高度非线性的确定性优化问题中最适合作为代理模型使用。由于 Kriging 模型不具有明确的显函数形式，因此模型的信息少。目前 Kriging 模型已经成为多学科设计优化中比较有代表性的一种代理模型近似方法。

假设系统的状态响应与变量之间的关系如下：

$$f(x) = g(x) + z(x) \tag{7-21}$$

式中，$g(x)$ 具有确定性，称为确定性漂移；$z(x)$ 称为涨落，并具有如下统计特性。

$$\begin{cases} E[z(x)] = 0 \\ Var[z(x)] = \sigma^2 \\ E[z(x^i),\ z(x)] = \sigma^2 R(c,\ x,\ x^i) \end{cases} \tag{7-22}$$

式中，$E[z(x)]$ 是其统计特性均值；$Var[z(x)]$ 是方差；$E[z(x^i),\ z(x)]$ 是协方差；$R(c,\ x,\ x^i)$ 是带有参数 c 的相关函数，常用的相关函数有高斯函数、指数函数等。通过样本点 x^i 的响应值 y^i 的线性加权叠加插值，待测点 x 的响应值计算方程如下：

$$f(x) = w(x)^{\mathrm{T}} Y \tag{7-23}$$

式中，$w(x) = (w_1,\ w_2,\ \cdots,\ w_n)^{\mathrm{T}}$ 为待求权系数；$Y - (y^1,\ y^2,\ \cdots,\ y^n)^{\mathrm{T}}$ 权

系数向量为[11]：

$$w(x) = R^{-1}[r(x) + G(G^{T}R^{-1}G)^{-1}][G^{T}R^{-1}r(x) - g(x)] \qquad (7-24)$$

将其代入式(7-21)，整理可得：

$$f(x) = g(x)\beta^{*} + r(x)^{T}\gamma^{*} \qquad (7-25)$$

式中

$$\begin{cases} \beta^{*} = (G^{T}R^{-1}G)^{-1}G^{T}R^{-1}Y \\ \gamma^{*} = R^{-1}(Y - G\beta^{*}) \\ G^{T} = (g(x^{1}), g(x^{2}), \cdots, g(x^{k})) \\ R = [R_{ij}] = [R(c, x^{i}, x^{j})] \end{cases} \qquad (7-26)$$

整理可得：

$$r(x) = [R(c, x, x^{1}), R(c, x, x^{2}), \cdots, R(c, x, x^{n})]^{T} \qquad (7-27)$$

即系统响应为一维的 Kriging 模型表达式。

在相关函数的作用下，Kriging 方法具有局部估计的特点，这使其在解决非线性程度较高的问题时比较容易取得理想的拟合效果。另外由于输入矢量各方向的和函数的参数 c_j 可以取不同值，所以 Kriging 方法既可以用来解决各向同性问题也可以用来解决各向异性问题。

7.2.4　代理模型误差分析

工程应用中代理模型的精度常用复相关系数 R^2 衡量，采样点数量为 n 的样本数据，总偏差平方和记为 S_T；回归平方和记为 S_R；残差平方和记为 S_E，则有：

$$R^2 = 1 - \frac{S_E}{S_T} = \frac{S_R}{S_T} \qquad (7-28)$$

式中

$$S_R = \sum_{i=1}^{n}(\hat{y}_i - \bar{y})^2 \qquad (7-29)$$

$$S_E = \sum_{i=1}^{n}(y_i - \hat{y}_i)^2 \qquad (7-30)$$

$$S_T = S_R + S_E = \sum_{i=1}^{n}(y_i - \bar{y})^2 \qquad (7-31)$$

R^2 大小位于 0 和 1 之间，其值越接近 1，代理模型的精度越高，工程应用中常认为当 R^2 大于 0.9 时代理模型具有可以接受的精度。

7.3　优化算法

优化算法是搜索方法，目标是找出优化问题的解，使得一个给定的量达到最优(有可能是在一组约束条件下)。虽然这个定义很简单，但是它包含了很多复杂的问题，例如，解可能是由不同类型的数据组合而成，非线性约束可能限制搜索区域，搜索空间可能存在着很多候选解，问题的特征根可能随时间而改变，或者被优化的量可能具有相互矛盾的目标等。

传统的优化算法主要用来处理目标函数以及约束条件有具体的解析表达式且存在导数的情况。它是先利用求导或者变分法得到极值点存在的必要条件，通常是一组方程或不等式，然后再求解此方程或不等式。然而，传统的优化算法都必须建立在目标函数存在导数的条件下进行，而在实际中碰到的很多优化问题的目标函数并不都存在导数。近年来，以模拟物质变化过程或模拟生命体而设计的搜索方式为基础，提出了各种算法，此类算法有人称之为智能算法，有人称之为仿生算法，也有人称之为演化算法或进化算法，这类算法的本质都属于随机性算法。此类算法最大的优点就是不需要目标函数具有可导性，甚至不需要目标函数有明确的表达形式，只要知道输入输出即可。智能算法适应了科技发展的要求，而且随着其在优化领域取得的成功日益引起了人们的关注。越来越多的人加入到此类算法的研究之中，并对之做出诸多改进，使其更适合优化问题，所以对此类算法的研究将给求解优化问题带来新的活力。本节重点介绍目前常用的几种智能算法。

7.3.1　多岛遗传算法

遗传算法(Genetic Algorithm，GA)的产生源于人类对于自然界生物进化规律的认识，该算法借鉴了生物进化过程中的遗传、突变、自然选择、杂交等现象。此算法最初由美国 Michigan 大学 J. Holland 教授于 1975 年首先提出，并出版专著《Adaptation in Natural and Artificial Systems》，至此 GA 这个名称才逐渐为人所知。在此后的发展中科研人员又相继提出了多种基于遗传算法的改进方法，以及与其他优化算法相结合的混合优化方法，极大地推动了遗传算法在不同学科领域中的应用。

基本遗传算法只包含选择算子、交叉算子和变异算子三种，但正是这几种简单的操作算子，不仅为遗传算法提供了一个可供后人研究的基本框架，同时其本身也具有一定的应用价值，遗传算法的流程如图 7-6 所示。

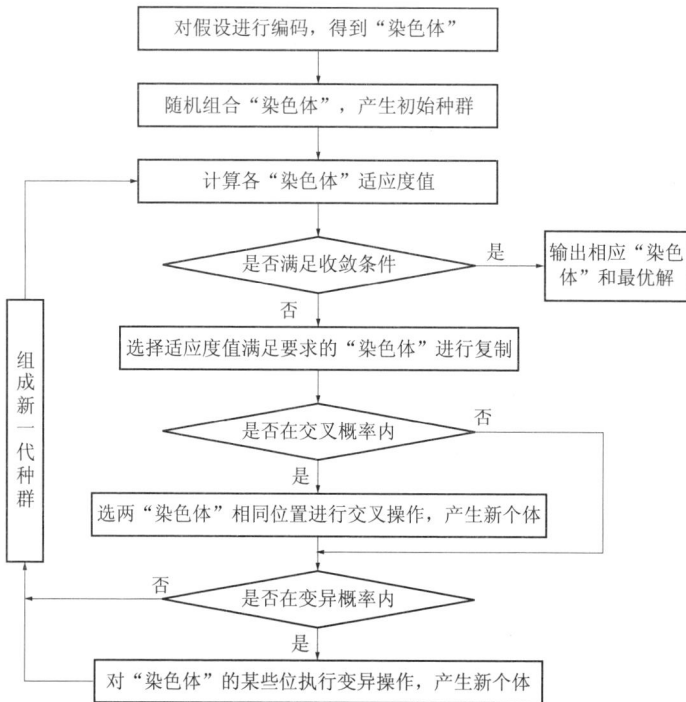

图 7 - 6　遗传算法流程图

　　遗传算法自身有三个人为选取的重要参数：种群大小、交叉概率和变异概率。种群大小影响算法的全局寻优能力和收敛时间，小种群可加快收敛速度，但却使种群多样性降低，易引起遗传算法早熟，而盲目扩大种群数量又会造成计算量的增大。交叉操作是遗传算法的主要进化手段，交叉概率控制着染色体交叉的频度，过小的交叉概率影响产生新个体生成速度，太大则交叉概率易破坏适应度值高的优良个体。变异概率控制下一代个体在一定概率下发生基因突变，以保证种群多样性，与自然界法则类似，变异概率需取较小数值，若取值太大则会破坏优良个体，使算法随机性增加。

　　多岛遗传算法(Multi - Island Genetic Algorithm，MIGA)是遗传算法的改进，其基本思想如图 7 - 7 所示，就是用"岛屿"的概念将传统遗传算法中的初始种群分割为若干子种群，在子种群内部执行传统遗传算法，同时"岛屿"之间的个体依迁移间隔和迁移率进行迁移，以保证种群的多样性[24]。其中迁移间隔指每次迁移操作之间相隔的进化代数，迁移率表示每个"岛屿"上迁移个体数量与子种群个体数量的百分比。多岛遗传算法一定程度上解决了简单遗传算法过早收敛，易陷于局部极值，无法得到全局最优解的问题。

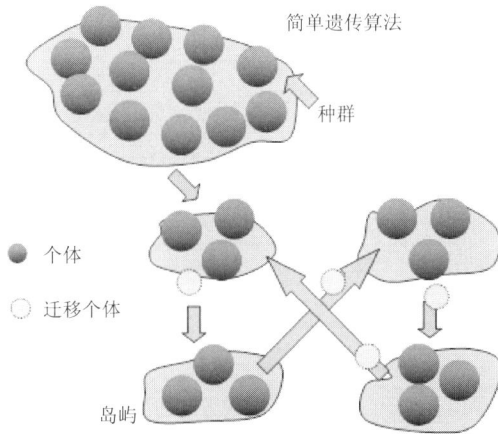

图 7-7　多岛遗传算法示意图

7.3.2　非支配排序遗传算法 - Ⅱ

非支配排序遗传算法(Non - dominated Sorting Genetic Algorithm, NSGA)是 N. Srinivas 和 K. Deb[25] 在 1995 年首次提出的。该算法在快速找到 Pareto 前沿和保持种群多样性方面都有很好的效果。NSGA - Ⅱ[26] 是在 NSGA 算法基础上改进得到的高性能算法，它改进了三个主要的策略：①快速排序方法，采用这种方法后计算时间复杂性大为降低；②精英保留策略，从父代与子代群体中选择最好的 N 个解(N 为父代群体大小)作为新的父代群体从而保证种群中个体多样性；③基于适应度和分布性的选择算子。NSGA - Ⅱ 在对 NSGA 改进后算法性能得到很大提高[27]，其流程图如图 7-8 所示。

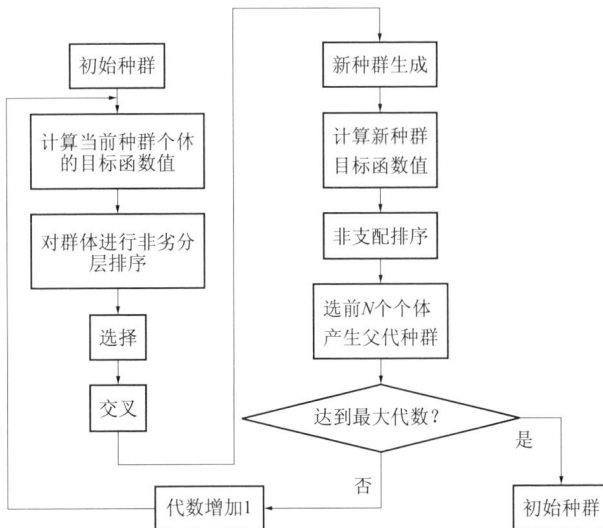

图 7-8　NSGA - Ⅱ流程图

7.3.3 多目标粒子群算法

粒子群算法又称微粒群算法[28,29]，是 Kennedy 等人在 1995 年开发的一种进化计算技术，最初是为了研究鸟群捕食行为。和遗传算法类似，都是从系统初始随机的一组解出发，通过反复迭代寻找最优解。它的进化计算原则是：①从一组随机种群初始化；②通过更新种群代搜索最优解；③进化依赖于前面的种群。与遗传算法不同的是它没有"交叉"和"变异"操作，而是通过粒子在解空间追随当前搜索到的最优值（最优粒子）来寻找全局最优。相对来说，粒子群算法比遗传算法更容易实现，并且需要调整的参数更少。粒子群算法的主要流程如图 7 - 9 所示。

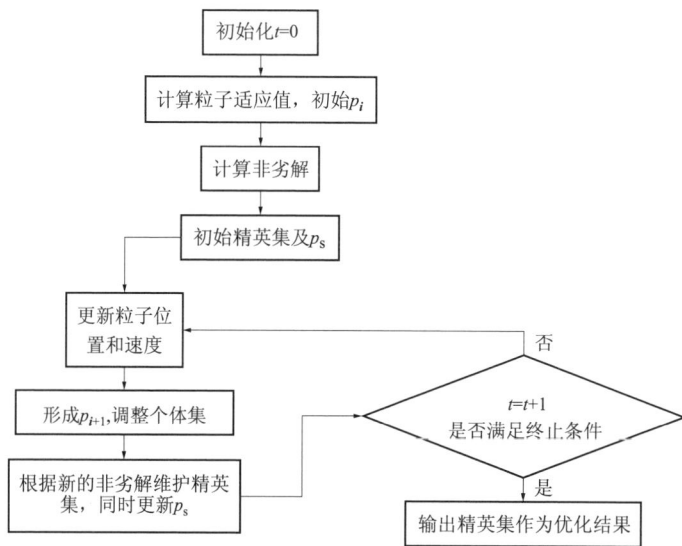

图 7 - 9   粒子群算法流程图

多目标粒子群算法是在粒子群算法的基础上改进，采用 Pareto 支配关系来更新粒子的个体最优值，用外部存档保存搜索过程中发现的非支配解，并根据适应值拥挤度裁剪归档中的非支配解，然后从归档中分布稀疏的区域随机选取精英作为粒子全局最优位置，以保持解答多样性；运用动态惯性圈子聚合的方法尽可能地逼近各个目标的最优解。

7.4   应用实例

优化问题归结起来就是：

1）将所求的物理模型转化为数学模型，选取设计变量，确定目标函数，给出约束条件。目标函数是设计问题所要求的最优设计指标与设计变量之间的数学关系。

2) 选取适当的优化方法，求解数学模型，选择的优化方法要适用于该类设计问题，并且要求解快速准确，保证解得最优解。因此可概括为在给定的约束条件下，求解目标函数的最优解。

为了使读者更清楚地了解基于代理模型的优化过程，将用单目标优化实例"混合动力汽车动力耦合器的壳体优化"和多目标优化实例"混合动力汽车动力耦合器内传动齿轮优化"来讲解代理模型建立、代理模型精度检验、约束条件确定、目标函数确定和优化过程。

7.4.1　混合动力汽车动力耦合器的壳体优化

动力耦合器是混联式混合动力汽车动力耦合系统的核心部件，通过它可以实现混合动力车不同工作模式间的转换，其性能直接关系到整车性能。轻量化设计一直是车辆结构设计的重点，不仅可以减轻整车质量，还关系到整车性能和节能减排。本节以混合动力汽车的 DPSD 壳体为例，讲解单目标优化的整个优化过程[30]。

首先确定设计变量、约束条件和目标函数，其次构建 DPSD 壳体的代理模型，最后在壳体刚度一定的条件下以质量最小为优化目标，在 Isight 中进行DPSD 壳体的单一目标优化。在计算的每一步都会附有简略的 Isight 操作图示，让读者更清晰地了解优化过程和操作。

进行基于代理模型的优化，首先要构建代理模型，通过对问题分析选择一种代理模型构建方法，而后根据不同代理模型对采样数据点的要求，用试验设计的方法合理选择样本点进行试验，将试验数据结果用于代理模型构建，之后评价代理模型精度，最后进行基于代理模型的优化。

7.4.1.1　优化数学模型

1. 设计变量

设计变量是在设计过程中进行选择并最终必须确定的各项独立参数。在机械设计中常用的设计变量有结构的配置尺寸、元件的几何尺寸及材料的力学和物理学特性等。

本设计选取壳体内、外圈厚度以及辐板的结构尺寸为设计变量，选定试验因素如图 7 - 10 所示。在保证不发生干涉的前提下确定各个因素和相应水平变化范围如表 7 - 1 所示。$x_1 \sim x_8$ 所对应的设计变量如表 7 - 2所示。

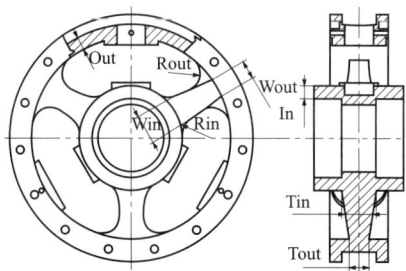

图 7 - 10   壳体试验设计不同因素示意

表 7 - 1   壳体试验设计因素和相应水平变化范围

因素	水平变化范围/mm
外圈厚度 Out	3 ~ 8
内圈厚度 In	3 ~ 8
辐板外侧宽度 Wout	5 ~ 20
辐板内侧宽度 Win	5 ~ 17
辐板外侧厚度 Tout	5 ~ 20
辐板内侧厚度 Tin	5 ~ 20
辐板外侧圆角 Rout	5 ~ 12
辐板内侧圆角 Rin	5 ~ 15

图中，Out 代表外圈厚度；In 代表内圈厚度；Wout 代表辐板外侧宽度；Win 代表辐板内侧宽度；Tout 代表辐板外侧厚度；Tin 代表辐板内侧厚度；Rout 代表辐板外侧圆角；Rin 代表辐板内侧圆角。

表 7 - 2 x_1 至 x_8 所对应的设计变量

x_1	x_2	x_3	x_4	x_5	x_6	x_7	x_8
Tin	Tout	Rin	Rout	Win	Wout	In	Out

在 Isight 中设定设计变量以及相应水平变化范围的操作界面如图 7 - 11 所示。

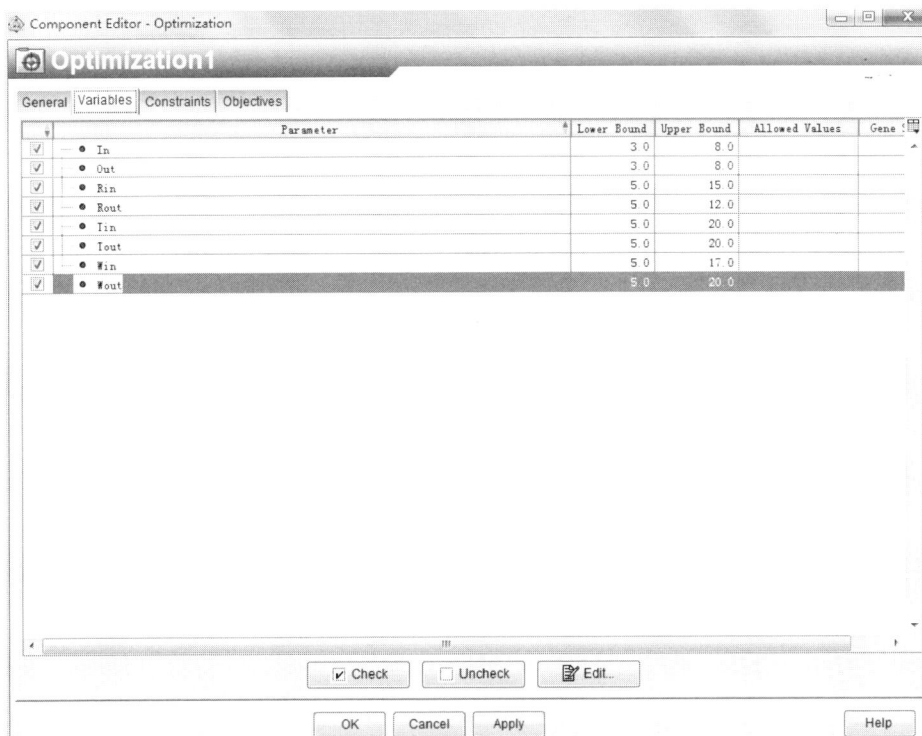

图 7 – 11　**Isight** 的优化模块中设定设计变量以及相应水平变化范围

2. 目标函数

目标函数是优化设计中要达到的目标。将优化设计要达到的目标用设计变量的函数形式表达出来，这个过程称为建立目标函数。

为满足汽车零部件的轻量化设计要求，本节以 DPSD 壳体质量的最小化为优化的目标函数，目标函数的隐式表达式为：

$$\min M = f(x) \tag{7-32}$$

式中，M 为壳体质量；x 为与壳体质量相关的设计变量。

在 Isight 中目标函数的设定界面如图 7 – 12 所示。

3. 约束条件

在优化设计中，对设计变量的选取加上某些限制或一些附加设计条件，这些条件叫约束条件。约束条件可用等式来表达也可用不等式来表达。本设计中的约束条件有两种：一是设计变量自身的约束条件，二是壳体刚度的约束条件。

（1）设计变量自身的约束条件

在保证不发生干涉的前提下确定各个因素和相应水平变化范围，如表 7 – 1 所示。

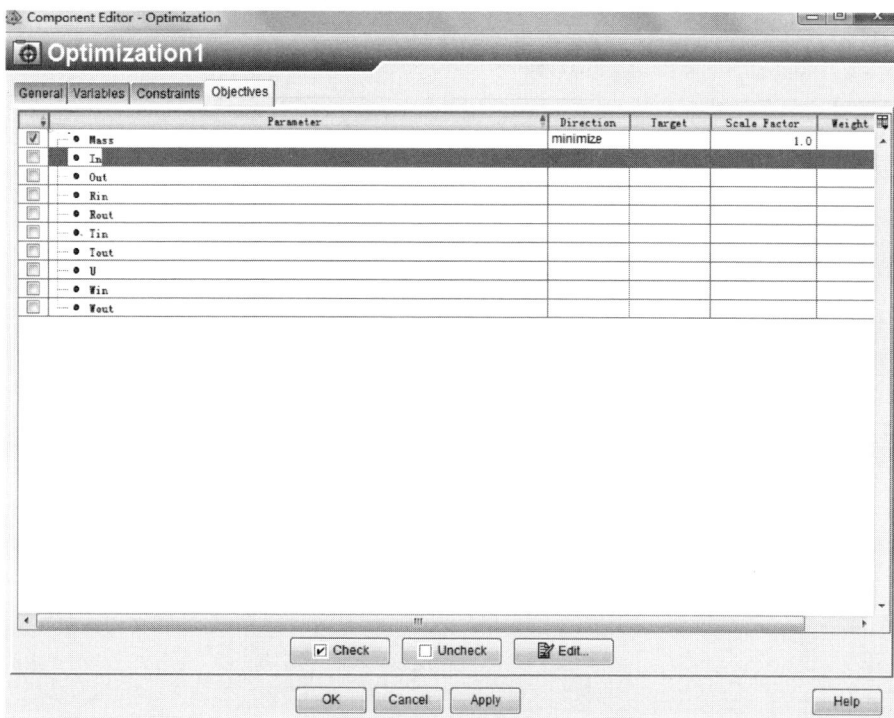

图 7 - 12　Isight 中目标函数的设定

（2）壳体刚度的约束条件

DPSD 壳体刚度不足会导致直齿锥齿轮轴线偏斜和齿轮沿轴线退让，引起载荷集中。此处的壳体刚度约束是根据与壳体连接的直齿锥齿轮的接触应力随齿轮轴线偏斜角度变化确定的，如图 7 - 13 所示。

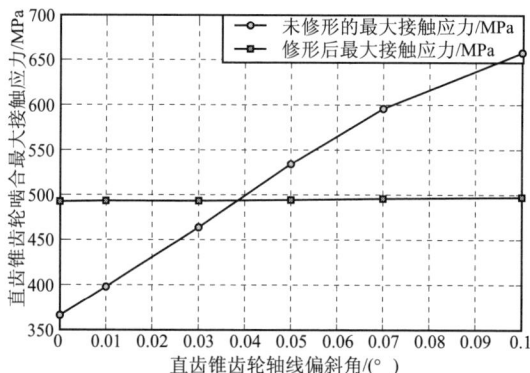

图 7 - 13　直齿锥齿轮接触应力随齿轮轴线偏斜角度变化

通过图 7 - 13 分析可知，在优化壳体刚度时，可以优先限制直齿锥齿轮轴线偏移角度小于 0.02°，即轴线下端点变形为 0.01 mm，则取相应的壳体最

大变形量 U 不超过 0.01 mm 为壳体优化的边界条件，即：

$$U \leqslant 0.01 \ \text{mm} \qquad (7-33)$$

Isight 中刚度约束的设定如图 7-14 所示。

图 7-14　刚度约束的设定

综上所述，DPSD 壳体优化问题可描述为：

$$\begin{cases} \text{Minimize：} M = f(x) \\ \text{Subject to：} U \leqslant 0.01 \ \text{mm} \\ X_{\mathrm{L}} \leqslant X \leqslant X_{\mathrm{U}} \end{cases} \qquad (7-34)$$

式中，X 代表设计变量如表 7-1 中的设计因素；X_{L} 和 X_{U} 为设计变量变化范围的上下限，具体数值如表 7-1 所示。

7.4.1.2　差速耦合装置壳体代理模型构建

1. 实施试验设计

合理选择试验因素和水平后，即可进行试验方案的编制和实施试验。试验设计在多学科优化软件 Isight 中完成，试验点的选取采用优化拉丁超立方方法，仿真试验前需在 Isight 软件中将试验设计模块与 ABAQUS 建立连接如图 7-15 所示，试验过程中 Isight 读取试验点数据传输至 ABAQUS 模块，该模块在后台调用 ABAQUS/Standard 求解器进行求解，整个过程无须人工干预，数据的循环传递和有限元模型的参数修改由 Isight 软件完成。

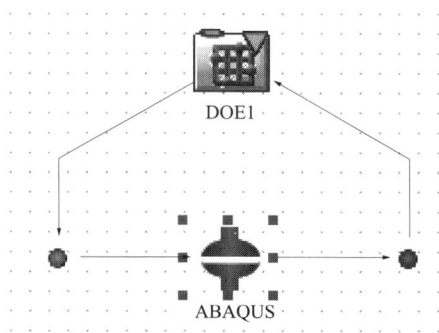

图 7 – 15　试验设计 Isight 模型

本节选用优化拉丁超立方试验设计方法选取数据样本点，用二阶多项式响应面法构建 DPSD 壳体优化的代理模型。二阶多项式响应面模型可表示为：

$$\begin{cases} y = \alpha_0 + \sum_{i=1}^{n} \alpha_i x_i + \sum_{i=1}^{n} \alpha_i x_i^2 + \sum_{j=2}^{n} \sum_{i=1}^{j-1} \alpha_{ij} x_i x_j \\ \alpha = [\alpha_0, \alpha_1, \cdots, \alpha_n, \alpha_{11}, \alpha_{22}, \cdots, \alpha_{nn}, \alpha_{12}, \alpha_{13}, \cdots, \alpha_{(n-1)n}] \end{cases} \quad (7-35)$$

式中，y 为输出变量；x 为设计变量；n 为设计变量的个数；α 为待定系数向量，可由最小二乘回归法拟合得到。

优化拉丁超立方设计的样本点选取的操作如图 7 – 16 所示，数据读取如图 7 – 17，50 组试验数据和仿真结果如表 7 – 3 所示，另外 20 组试验数据和仿真结果如表 7 – 4 所示。两组试验相互独立，构建代理模型时可彼此作为代理

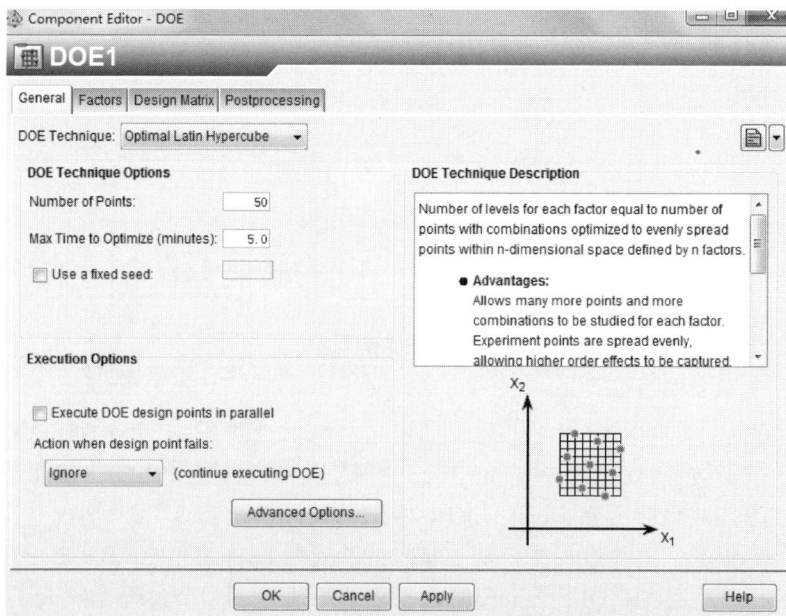

图 7 – 16　优化拉丁超立方设计方法和样本点数量的选取

表 7-3　50 组试验数据及其对应的质量、应力和变形数值

Run#	Tin/mm	Tout/mm	Rin/mm	Rout/mm	Win/mm	Wout/mm	In/mm	Out/mm	Mass/kg	S_mises/MPa	U_mag/mm
1	14.8	15.41	13.37	5.71	5.24	8.67	6.37	4.43	1.489 28	33.830 8	0.007 750 43
2	16.94	18.47	9.9	11	5.49	14.49	7.08	5.65	1.706 92	17.858 9	0.003 653 26
3	14.18	14.8	7.24	11.86	9.16	9.29	3.82	7.59	1.707 79	28.539 8	0.006 565 43
4	5.61	5.61	10.31	10.71	11.37	7.76	5.45	7.18	1.668 14	52.569 6	0.009 247 99
5	11.12	11.73	12.14	11.57	12.84	16.33	8	6.67	1.832 18	20.542 1	0.003 404 78
6	5	16.94	6.02	10.86	10.39	11.12	6.78	6.06	1.688 97	47.611 7	0.005 723 04
7	6.84	8.67	7.04	9	13.82	16.63	3	6.47	1.527 89	45.780 6	0.007 800 47
8	17.55	5	10.31	11.29	14.55	13.57	4.53	6.37	1.612 09	17.604 8	0.004 349 73
9	9.9	10.2	11.73	11.14	6.96	7.45	6.88	3.51	1.419 34	40.657 3	0.008 890 71
10	10.2	19.69	10.71	9.71	11.37	19.69	4.43	6.78	1.717 52	26.885 4	0.003 871 36
11	5.92	11.12	9.08	6.57	9.41	16.94	6.47	8	1.833 85	31.546 6	0.005 240 03
12	5.31	7.76	10.1	8.71	14.8	13.88	5.65	3	1.309 75	45.057 1	0.007 505 67
13	15.41	16.63	12.55	5.57	12.35	18.47	7.39	6.16	1.779 61	13.082 3	0.002 570 62
14	9.59	9.59	11.12	7.43	5	10.51	3.1	7.39	1.593 34	52.422 9	0.013 456 6
15	20	8.98	8.47	8.71	5.73	6.22	4.84	5.24	1.474 8	46.000 8	0.012 557 9
16	10.82	10.82	14.8	7.71	16.51	12.96	4.94	7.69	1.755 98	22.405 4	0.004 070 79
17	11.73	5.92	5.82	10.43	6.22	14.8	6.16	5.96	1.606 18	40.625 5	0.007 389 36

续表

Run#	Tin/mm	Tout/mm	Rin/mm	Rout/mm	Win/mm	Wout/mm	In/mm	Out/mm	Mass/kg	S_mises/MPa	U_mag/mm
18	16.33	10.51	5.41	8.29	14.31	9.9	3.2	4.02	1.333 44	35.235	0.008 033 02
19	16.02	6.84	8.06	5.43	13.33	8.98	5.24	7.49	1.718 51	28.074 4	0.006 282 66
20	8.37	8.06	13.98	10.57	7.45	18.78	4.73	5.35	1.501 27	25.664 9	0.005 642 24
21	12.96	8.37	6.84	10.29	15.78	6.53	7.29	4.94	1.584 96	28.251 1	0.005 072 94
22	12.65	6.53	7.45	7.29	16.27	19.08	7.18	5.86	1.681 22	18.687 9	0.003 374 96
23	19.69	7.45	11.53	9.14	9.65	16.02	6.98	3.41	1.457 85	19.600 9	0.004 187 88
24	6.53	16.33	11.94	7.14	15.04	8.06	7.8	5.45	1.666 02	24.694 6	0.004 710 27
25	12.96	12.65	9.69	8.57	7.94	5.61	7.69	7.9	1.873 78	36.702 8	0.006 979 13
26	17.24	19.08	8.67	6.71	8.92	17.55	4.63	3.2	1.377 47	26.736	0.005 385 05
27	12.35	19.39	6.43	6.14	5.98	1 1.43	5.04	6.88	1.673 33	38.661 3	0.008 030 57
28	7.14	9.29	6.63	5.86	8.67	6.84	5.96	4.63	1.449 12	74.988 2	0.014 953 5
29	17.86	14.18	12.96	11.43	8.43	12.96	3.31	4.12	1.382 5	26.757 7	0.006 397 95
30	12.04	7.14	13.78	8.14	11.86	5.92	3.61	4.33	1.330 9	36.019 7	0.010 547 7
31	15.1	11.43	12.76	8	16.02	20	3.92	4.22	1.434 17	21.861 6	0.004 082 81
32	9.29	15.1	11.33	12	16.76	10.2	4.02	5.04	1.501 83	30.392	0.004 811 61
33	6.22	15.71	13.16	5.14	10.88	14.18	4.12	4.73	1.424 25	45.456 1	0.007 416 17
34	13.88	13.88	6.22	11.71	13.08	17.86	5.86	3.71	1.480 31	21.348 3	0.003 882 43

续表

Run#	Tin/mm	Tout/mm	Rin/mm	Rout/mm	Win/mm	Wout/mm	In/mm	Out/mm	Mass/kg	S_mises/MPa	U_mag/mm
35	10.51	5.31	14.18	6.43	10.14	11.73	7.49	5.65	1.636 49	29.022 4	0.005 900 06
36	8.98	18.16	15	10.14	8.18	8.37	5.14	6.57	1.654 37	25.755 5	0.005 918 92
37	7.76	16.02	8.88	7	14.06	5	3.71	6.98	1.599 38	44.406 3	0.009 088 44
38	19.39	12.96	14.59	10	13.57	7.14	6.67	5.55	1.650 72	14.951 1	0.003 790 63
39	15.71	12.04	10.92	5	15.53	9.59	6.06	3.31	1.392 3	24.848 2	0.005 284 18
40	18.78	9.9	13.57	8.43	7.2	15.71	5.65	7.8	1.810 94	14.647 9	0.003 832 32
41	8.06	13.57	9.29	7.57	6.71	18.16	7.59	3.82	1.516 49	27.159 1	0.004 989 28
42	18.16	12.96	5	6.86	9.9	12.35	7.9	5.14	1.656 85	23.332 2	0.004 595 92
43	8.67	17.24	5.2	6	15.29	15.41	5.35	4.84	1.525 15	33.199 6	0.004 858 37
44	19.08	17.55	12.35	6.29	12.1	10.82	3.51	6.27	1.589 27	24.551 5	0.005 566 48
45	7.45	14.49	7.65	9.57	6.47	12.65	3.41	3.61	1.281 33	58.475	0.013 060 4
46	14.49	20	8.27	9.43	11.12	5.31	5.55	3.92	1.433 18	28.055 6	0.006 759 52
47	13.57	6.22	9.49	5.29	7.69	17.24	4.22	4.53	1.393 72	30.413 5	0.007 923 92
48	11.43	18.78	14.39	9.86	12.59	15.1	6.57	3.1	1.459 84	18.596 8	0.003 532 2
49	16.63	17.86	7.86	9.29	17	12.04	6.27	7.29	1.844 46	15.838 4	0.002 840 47
50	18.47	12.35	5.61	7.86	10.63	19.39	4.33	7.08	1.711 78	23.167 7	0.004 519 35

表7-4 20组试验数据及其对应的质量、应力和变形数值

Run#	Tin/mm	Tout/mm	Rin/mm	Rout/mm	Win/mm	Wout/mm	In/mm	Out/mm	Mass/kg	S_mises/MPa	U_mag/mm
1	16.5	6.58	6.05	6.11	5.63	15.26	5.37	5.11	1.495 43	38.409 3	0.008 470 3
2	7.37	16.84	7.11	5	10.68	16.84	4.58	7.21	1.698 1	39.328 1	0.006 005 9
3	13.68	11.32	5	7.58	15.11	8.16	3.26	4.05	1.325 22	40.764 9	0.008 623 7
4	5.79	12.89	9.21	12	13.84	10.53	3.79	6.95	1.630 52	40.837 8	0.006 459 5
5	17.63	7.37	11.32	11.26	9.42	17.63	3	5.37	1.464 52	24.754 6	0.006 103 1
6	18.42	5.79	12.89	9.79	11.32	12.11	8	6.16	1.745 24	15.714 9	0.003 654 7
7	19.21	16.05	10.79	8.32	15.74	12.89	4.32	8	1.822 33	19.124 3	0.003 532 3
8	8.16	20	13.95	8.68	12.58	11.32	7.74	6.68	1.819 51	16.775 8	0.003 278 4
9	14.47	13.68	14.47	10.53	16.37	8.95	5.11	3.53	1.403	20.925 9	0.004 498 2
10	12.89	14.47	6.58	10.16	14.47	20	6.68	4.32	1.578 87	22.800 5	0.003 113 3
11	16.84	15.26	15	5.74	8.79	19.21	5.63	4.84	1.566 58	17.352 9	0.003 420 9
12	12.11	10.53	13.42	6.84	8.16	5	4.05	6.42	1.540 47	48.693 1	0.012 874
13	6.58	12.11	9.74	5.37	11.95	9.74	7.21	3	1.386 93	43.429 6	0.008 250 0
14	15.26	17.63	8.16	10.89	5	14.47	5.89	7.47	1.807 79	22.127 4	0.004 584 8
15	10.53	9.74	10.26	7.95	13.21	7.37	7.47	7.74	1.846 34	33.242 1	0.005 801 6
16	8.95	19.21	5.53	9.05	7.53	13.68	3.53	3.26	1.289 79	49.796 7	0.009 187 2
17	20	18.42	10.26	7.21	10.05	6.58	6.95	4.58	1.556 22	24.351 5	0.005 657 8
18	5	8.16	12.37	9.42	6.26	18.42	6.42	5.63	1.590 73	34.027 4	0.005 992 6
19	11.32	8.95	7.63	11.63	6.89	5.79	6.16	3.79	1.400 46	55.776 3	0.011 958 5
20	9.74	5	11.84	6.47	17	16.05	4.84	5.89	1.545 83	24.949 2	0.005 141 9

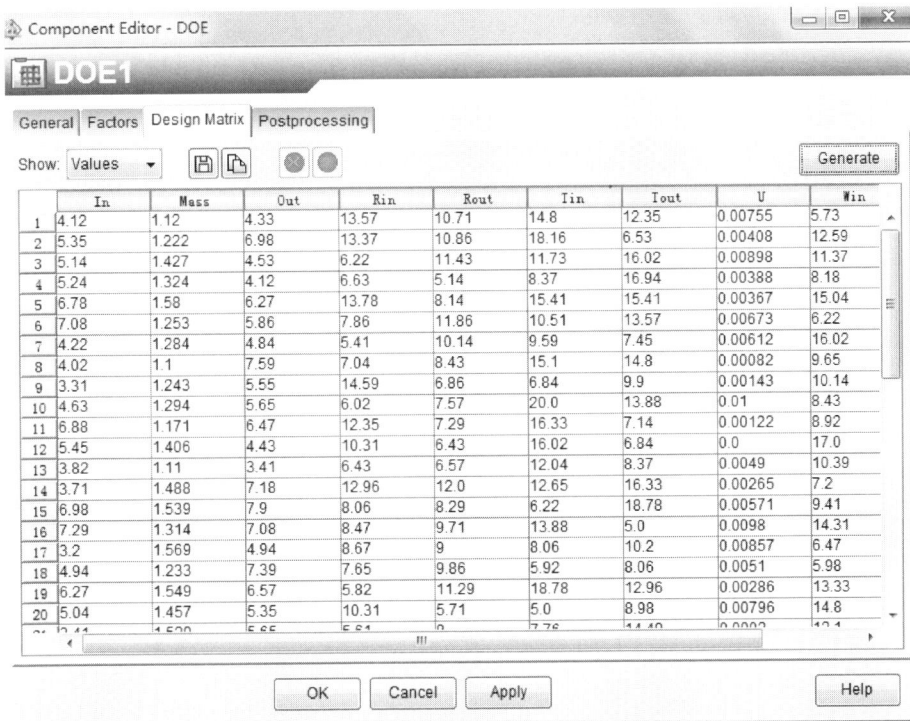

图 7-17　数据读取

模型精度检验数据。

2. 构建代理模型

代理模型是对离散的数据进行拟合的数学模型。利用表 7-3 中 50 组试验数据构建二阶响应面代理模型，在 Isight 中的 Approximation 模块中导入所生成的 50 组样木点，其操作示意图如图 7-18 所示：

通过 View data 窗口可查看所得计算数据如图 7-19 所示。

根据样本点建立的壳体质量代理模型和变形量代理模型系数如表 7-5 所示。

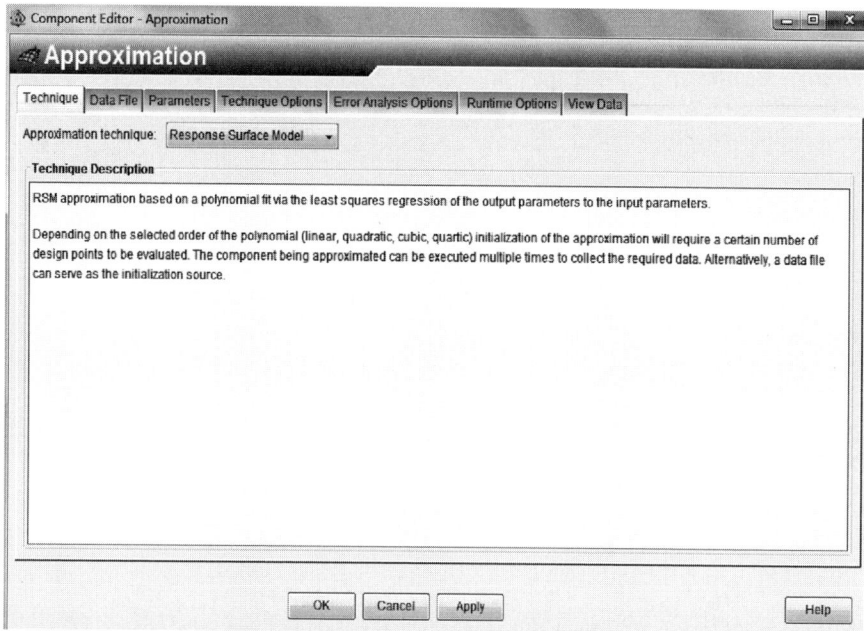

(a)

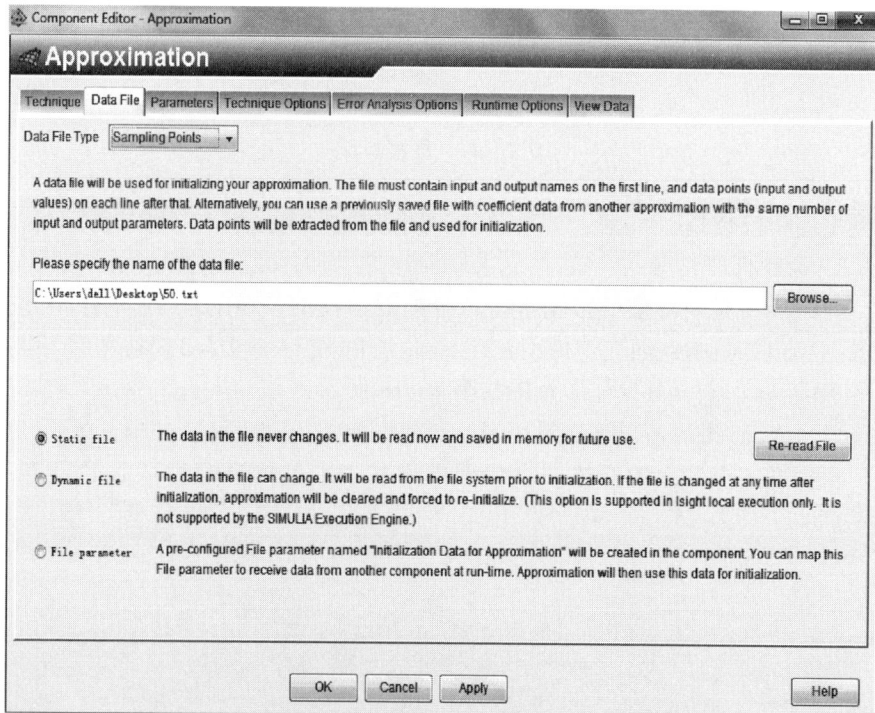

(b)

图 7 – 18　构建二级响应面代理模型操作示意图

（a）第一步；（b）第二步

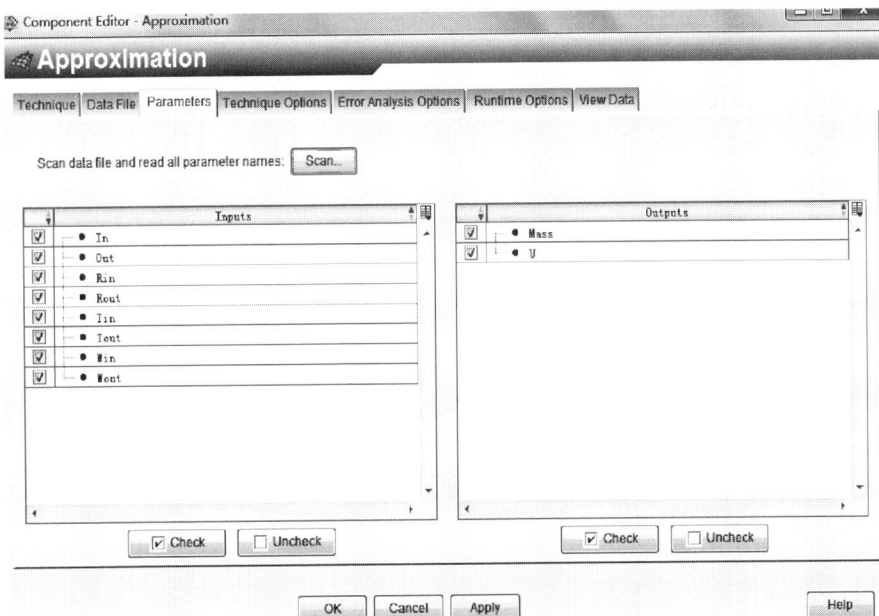

(c)

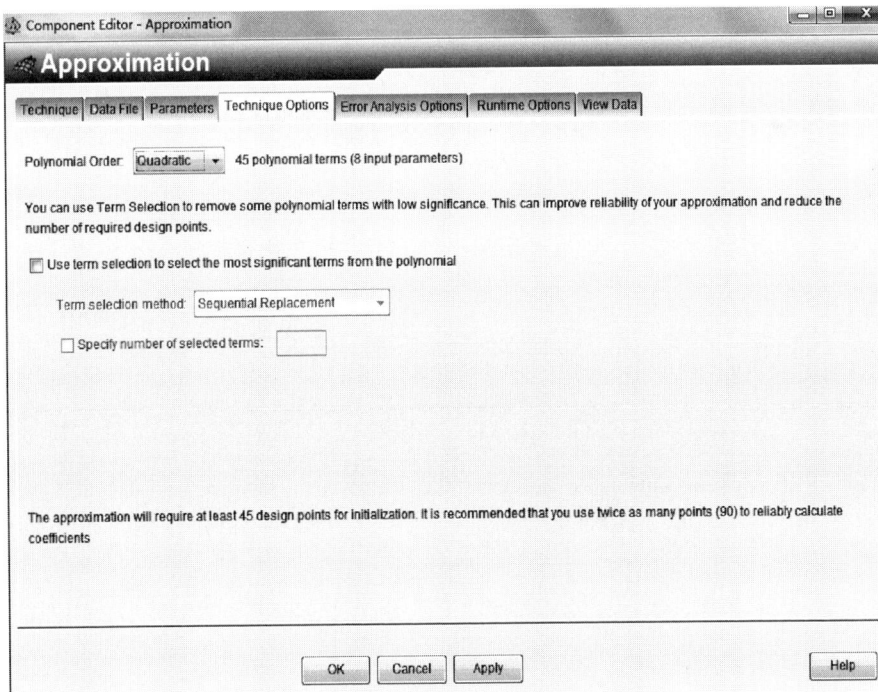

(d)

图 7 - 18　构建二级响应面代理模型操作示意图(续)

(c)第三步；(d)第四步

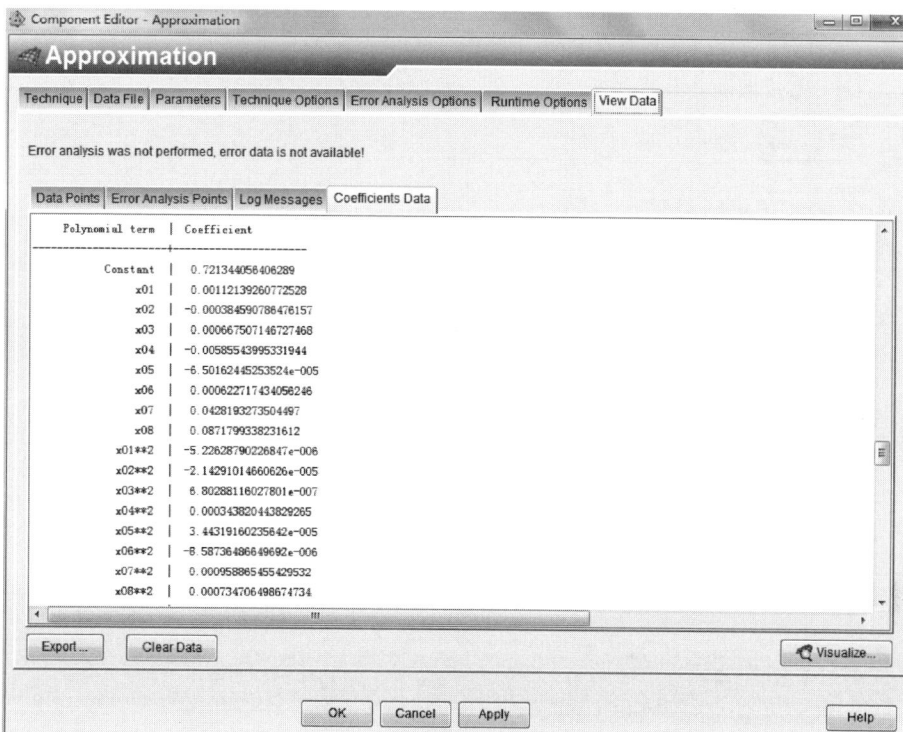

图 7 - 19　计算后的结果数据

表 7 - 5　壳体代理模型系数

项	质量系数	变形系数	项	质量系数	变形系数
constant	0. 721 344 06	0. 104 892 9	$x_1 x_8$	1. 473 5E − 05	1. 90E − 05
x_1	0. 001 121 39	− 0. 001 660 3	$x_2 x_3$	4. 899E − 06	6. 81E − 06
x_2	− 3. 846E − 04	− 0. 001 145 0	$x_2 x_4$	2. 843 1E − 04	8. 62E − 06
x_3	6. 675 1E − 04	− 0. 001 752 9	$x_2 x_5$	1. 347 7E − 04	1. 46E − 05
x_4	− 0. 005 855 4	− 0. 002 350 1	$x_2 x_6$	2. 065 3E − 04	1. 47E − 05
x_5	− 6. 502E − 05	− 0. 002 852 9	$x_2 x_7$	− 5. 845E − 05	3. 83E − 06
x_6	6. 227 2E − 04	− 0. 002 389 9	$x_2 x_8$	− 3. 486E − 05	5. 62E − 06
x_7	0. 042 819 33	− 0. 005 086 1	$x_3 x_4$	− 1. 008E − 05	2. 02E − 05
x_8	0. 087 179 93	− 0. 003 369 4	$x_3 x_5$	− 4. 582E − 05	2. 99E − 05

续表

项	质量系数	变形系数	项	质量系数	变形系数
$x_1{}^2$	$-5.226\text{E}-06$	$2.66\text{E}-05$	x_3x_6	$1.284\,6\text{E}-05$	$1.22\text{E}-05$
$x_2{}^2$	$-2.143\text{E}-05$	$1.29\text{E}-05$	x_3x_7	$1.789\text{E}-05$	$3.19\text{E}-05$
$x_3{}^2$	$6.802\,9\text{E}-07$	$1.86\text{E}-05$	x_3x_8	$-2.83\text{E}-05$	$3.83\text{E}-05$
$x_4{}^2$	$3.438\,2\text{E}-04$	$4.42\text{E}-05$	x_4x_5	$1.992\,2\text{E}-04$	$2.11\text{E}-05$
$x_5{}^2$	$3.443\,2\text{E}-05$	$3.25\text{E}-05$	x_4x_6	$-5.799\text{E}-05$	$3.47\text{E}-05$
$x_6{}^2$	$-8.587\text{E}-06$	$2.39\text{E}-05$	x_4x_7	$-9.699\text{E}-05$	$2.79\text{E}-05$
$x_7{}^2$	$9.588\,7\text{E}-04$	$1.869\,1\text{E}-04$	x_4x_8	$-4.054\text{E}-05$	$1.82\text{E}-05$
$x_8{}^2$	$7.347\,1\text{E}-04$	$1.181\,8\text{E}-04$	x_5x_6	$-8.481\text{E}-06$	$3.98\text{E}-05$
x_1x_2	$-3.775\text{E}-06$	$9.82\text{E}-06$	x_5x_7	$-2.522\text{E}-04$	$6.35\text{E}-05$
x_1x_3	$4.133\,8\text{E}-05$	$5.65\text{E}-06$	x_5x_8	$-7.093\text{E}-05$	$2.37\text{E}-05$
x_1x_4	$1.288\,7\text{E}-05$	$1.36\text{E}-05$	x_6x_7	$-1.367\text{E}-05$	$3.04\text{E}-05$
x_1x_5	$1.190\,3\text{E}-04$	$1.21\text{E}-05$	x_6x_8	$5.5\text{E}-06$	$2.71\text{E}-05$
x_1x_6	$1.261\,2\text{E}-04$	$1.00\text{E}-05$	x_7x_8	$6.599\,8\text{E}-05$	$4.39\text{E}-05$
x_1x_7	$-2.012\text{E}-04$	$2.65\text{E}-05$			

3. 代理模型精度检验

应用表 7 – 4 中 20 组试验数据点作为代理模型精度检验试验点。将 20 组检验试验点代入 Isight 的 Approximation 模块中进行精度检验,如图 7 – 20。响应面法构建的代理模型误差分析如图 7 – 21 所示,图 7 – 21(a)代表壳体质量代理模型误差分析,其复相关系数 $R^2 = 1$;图 7 – 21(b)代表壳体最大变形代理模型误差分析,其复相关系数 $R^2 = 0.96$。

工程应用中常认为当 R^2 大于 0.9 时代理模型具有可以接受的精度,且越接近 1 精度越高。所以此代理模型精度可靠。

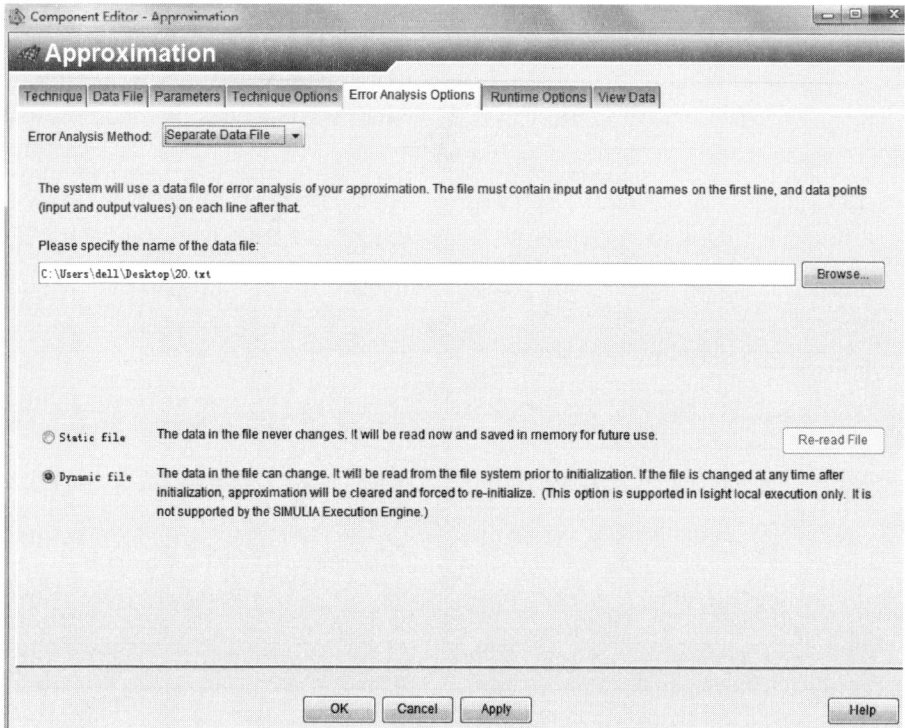

图 7 - 20　**Approximation** 模块精度检验

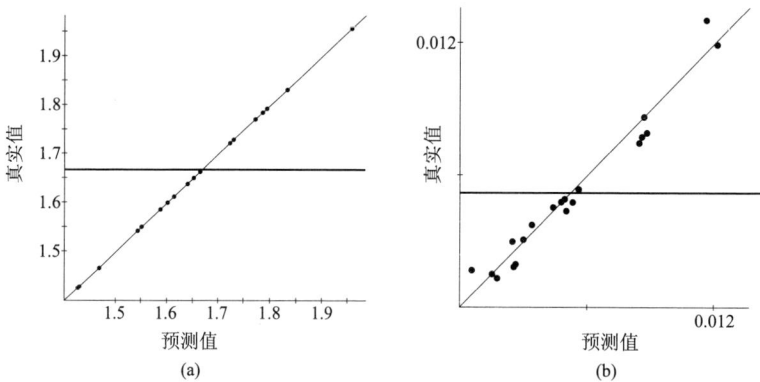

图 7 - 21　代理模型误差分析

(a)壳体质量误差 $R^2 = 1$；(b)壳体最大变形量误差 $R^2 = 0.96$

7.4.1.3　优化过程及结果

应用多岛遗传算法对 DPSD 壳体质量进行优化，取质量最小为目标函数，根据前文以壳体变形量小于 0.01 mm 为约束条件。在 Isight 中建立优化过程，将代理模型与优化工具箱集成并建立数据连接如图 7 – 22 所示。设置算法参数如表 7 – 6 所示，其余参数采用默认值。

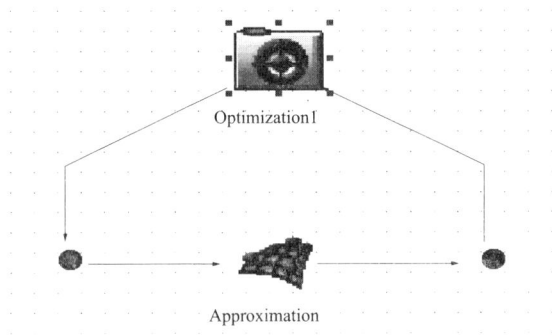

图 7 – 22　基于代理模型优化的 Isight 模型

表 7 – 6　遗传算法参数设置

子种群大小	"岛屿"数	进化代数	交叉概率	变异概率	迁移周期	迁移率	迭代总次数
10	5	40	0.7	0.02	2	0.3	2 000

Optimization 和 Approximation 模块的参数按照前面所述设定好之后，进行基于代理模型的优化计算后，查看优化结果如图 7 – 23 所示。

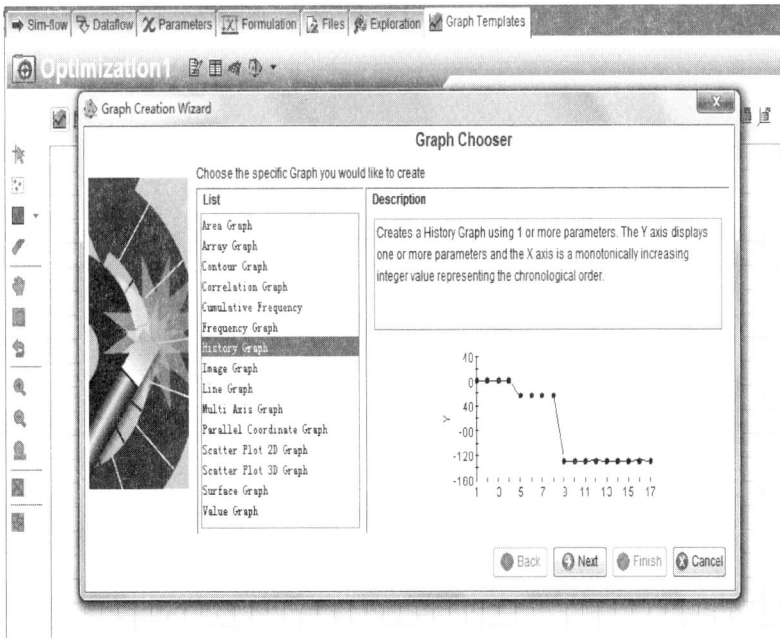

图 7 – 23　查看优化结果操作图示

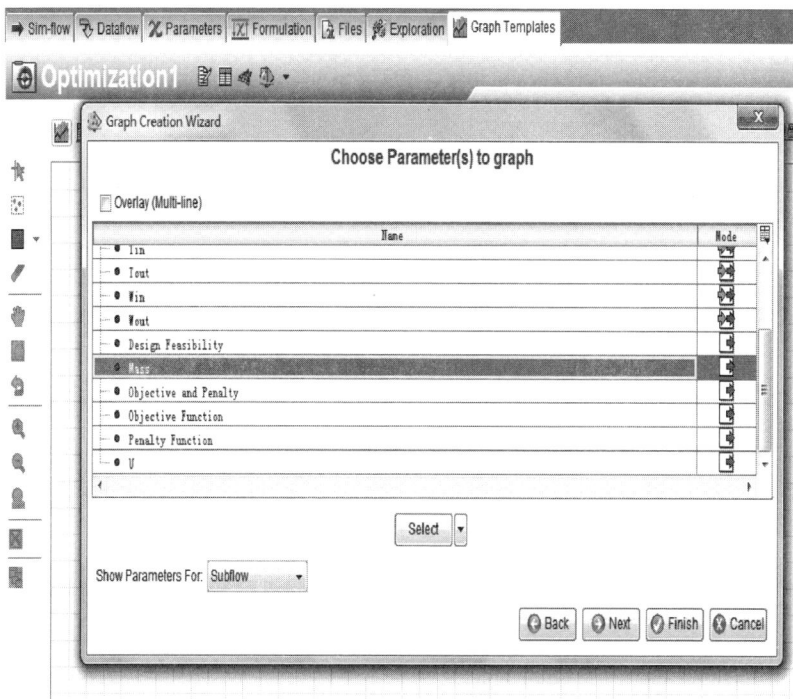

图 7 - 23　查看优化结果操作图示(续)

　　遗传算法满足进化代数后结束，从计算结果中选择最优值输出。图 7 - 24 为优化过程中壳体质量迭代过程，图 7 - 25 为优化过程中每一代返回最优值，遗传算法经 40 代进化后趋于收敛。

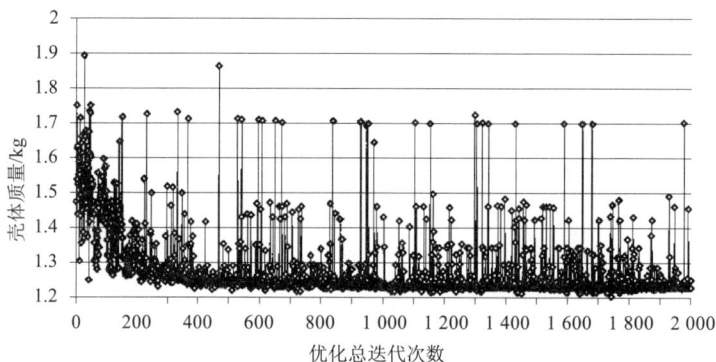

图 7 - 24　优化过程中壳体质量变化迭代过程

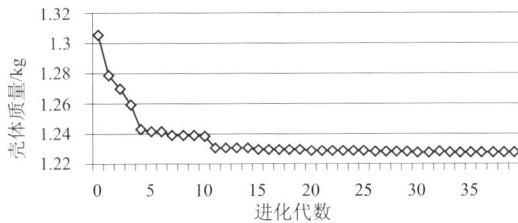

图7-25 优化过程中每一代返回值

由图7-25可见，壳体质量随进化代数的增加逐渐减小，并收敛至 1.23 kg附近，优化结果经修正后如表7-7所示，对修正后壳体进行有限元分析，得质量1.234 8 kg，经过基于代理模型优化后的壳体质量相对初始设计质量减小18%，壳体最大变形量为0.009 56 mm，小于壳体变形约束条件0.01mm，所以该优化结果符合要求。

表7-7 优化结果

结构变量	原始设计	优化结果	修正后结果
外圈厚度 Out/mm	5	3.000 076	3
内圈厚度 In/mm	6	4.000 366	4
辐板外侧宽度 Wout/mm	15	11.149 462	11
辐板内测宽度 Win/mm	15	9.250 492	9.5
辐板外侧厚度 Tout/mm	15	5.272 602	5.5
辐板内侧厚度 Tin/mm	15	12.991 531	13
辐板外侧圆角 Rout/mm	7	7.846 784	8
辐板内侧厚度 Rin/mm	7	13.166 476	13
预测壳体变形量 U/mm	—	0.009 988 2	—
预测壳体质量 Mass/kg	—	1.228 07	—
有限元壳体变形量 U/mm	0.003 74	—	0.009 56
有限元壳体质量 Mass/kg	1.592	—	1.234 8

7.4.2 动力耦合器内传动齿轮多目标优化

多目标问题在现实生活中普遍存在，而且这类问题的求解也十分困难，很多专家学者都致力于研究多目标优化问题。工程实际中的优化问题绝大多数是多目标优化问题，通常情况下各个目标之间还是相互冲突的。在实际应用中，经常会遇到多目标最优化问题。

7.4.2.1　齿轮代理模型的建立

1. 样本点设计

根据 DPSD 性能要求的不同，其内驱动齿轮设计包括很多因素。多个动力源的加入，使 DPSD 内传动齿轮优化设计中设计变量和目标函数的关系呈现高度非线性关系，而且这个关系很难用一个显式公式来表达。作为解决高度非线性问题的一种有效方法，代理模型技术目前被广泛应用于求解复杂、计算量大的问题中，它不仅能够在很大程度上降低计算成本，缩短设计研发周期，还能得到设计变量和响应间的数学模型，从而很好地应用在复杂的工程问题优化上。因此，DPSD 内传动齿轮优化设计可以转化为基于代理模型技术的优化问题。

齿轮优化的设计变量通常由基本的几何参数和性能参数组成，如传动比、模数、齿数、齿宽、间距锥角、压力角等。为了减少 DPSD 的驱动齿轮优化的复杂性和计算时间，综合考虑计算成本和代理模型所需样本点的要求，选择齿轮模数、行星齿轮齿数、半轴齿轮和行星齿轮传动比作为设计变量。在实际应用中壳体刚度不足、制造误差、安装误差和滚针轴承间隙等都会造成齿轮轴线偏斜，引起端面载荷集中；轴向力的存在以及轴承刚度和预紧力的差异以及壳体刚度等因素影响，使在动力分配器齿轮啮合过程中行星齿轮可能出现轴向后移的现象，即行星齿轮会偏离其原本的啮合中心点，沿其轴向后退一定距离，因此选齿轮轴线偏斜角和轴向后移作为设计变量。优化参数的向量表达式如式(7-36)所示。

$$\boldsymbol{x} = \begin{bmatrix} x_1, & x_2, & x_3, & x_4, & x_5 \end{bmatrix}^{\mathrm{T}} = \begin{bmatrix} m, & \mu, & z_1, & a, & d \end{bmatrix}^{\mathrm{T}} \quad (7-36)$$

设计变量的边界条件如式(7-37)所示：

$$\begin{cases} 1 \leqslant m \leqslant 6 \\ 1 \leqslant \mu \leqslant 2 \\ 14 \leqslant z_1 \leqslant 25 \\ 0° < a < 0.05° \\ 0 < d < 0.5 \end{cases} \quad (7-37)$$

式中，m 是行星齿轮的模数；$\mu = z_2/z_1$ 是传动比；z_1 是行星齿轮齿数；z_2 是半轴齿轮模数；d 为行星轮轴向后移；a 为行星轮轴线偏斜角。

采用优化拉丁超立方设计的 30 组试验数据(见表 7-8)构建代理模型。

表 7 - 8　初始样本点

次序	模数 m	行星齿轮齿数 z_1	传动比 μ	轴向后移 d (0～0.5)/mm	轴线偏斜角 a (0～0.05)/(°)
1	2	24	1.166 667	0.379 5	0.020 7
2	4	16	1.125	0.034 5	0.037 9
3	5	23	1.043 478	0.155	0.027 6
4	1.375	20	1.6	0.431	0.041 4
5	4.5	15	1.733 333	0.362	0.001 7
6	4	19	1.052 632	0.414	0.043 1
7	3.75	24	1.458 333	0.189 5	0
8	5	17	1.764 706	0.483	0.034 5
9	3.25	15	1.533 333	0.310 5	0.05
10	6	20	1.5	0.207	0.046 6
11	3	19	1.947 368	0.086	0.006 9
12	6	22	1.909 091	0.258 5	0.017 2
13	5	15	1.8	0.120 5	0.031
14	4.5	25	1.6	0.396 5	0.039 7
15	1.75	17	1.705 882	0.051 5	0.036 2
16	1.5	25	1.76	0.172 5	0.022 4
17	3.5	18	1	0.276	0.005 2
18	5.5	14	1.214 286	0.327 5	0.025 9
19	3	22	1.863 636	0.465 5	0.0121
20	2.5	23	1.304 348	0.138	0.048 3
21	2.75	14	1.428 571	0.103 5	0.010 3
22	4.5	23	1.652 174	0	0.029 3
23	1	18	1.555 556	0.293	0.003 4
24	5.5	21	1.285 714	0.448 5	0.013 8
25	2.25	16	1.937 5	0.345	0.024 1
26	1.125	16	1.125	0.241 5	0.032 8
27	2.5	15	1.333 333	0.5	0.019
28	5.5	18	1.388 889	0.069	0.008 6
29	1.75	21	1.190 476	0.017	0.015 5
30	3.5	20	2	0.224	0.044 8

另外 10 组试验数据如表 7 - 9 所示，作为代理模型精度检验数据对代理模型进行预测能力分析。

表 7-9　检验样本点

次序	模数 m	行星齿轮齿数 z_1	传动比 μ	轴向后移 d (0~0.5)/mm	轴线偏斜角 a (0~0.05)/(°)
1	5.5	16	1.312 5	0.11	0.044 4
2	2.75	15	1.8	0.055	0.011 1
3	5	20	1.1	0.165	0
4	4.5	24	1.208 333	0.445	0.038 9
5	3.25	25	1.56	0	0.0333
6	3.75	14	1.428 571	0.5	0.016 7
7	2	18	1.888 889	0.335	0.05
8	1	17	1	0.22	0.027 8
9	6	21	2	0.28	0.022 2
10	1.5	22	1.681 818	0.39	0.005 6

2. 代理模型误差分析

本设计选用三种方法对齿轮优化问题建立代理模型,分别为 Kriging 模型法、径向基函数法、多项式响应面法。采用均方根误差法对各方法建立的代理模型进行误差分析,然后对比各方法所建立模型的精度,采用精度较高的方法所建立的代理模型进行后续优化设计。

Kriging 模型所建立的代理模型齿面接触应力的均方根误差是 0.107 87,而摩擦能耗的均方根误差是 0.171 88,如图 7-26 所示。

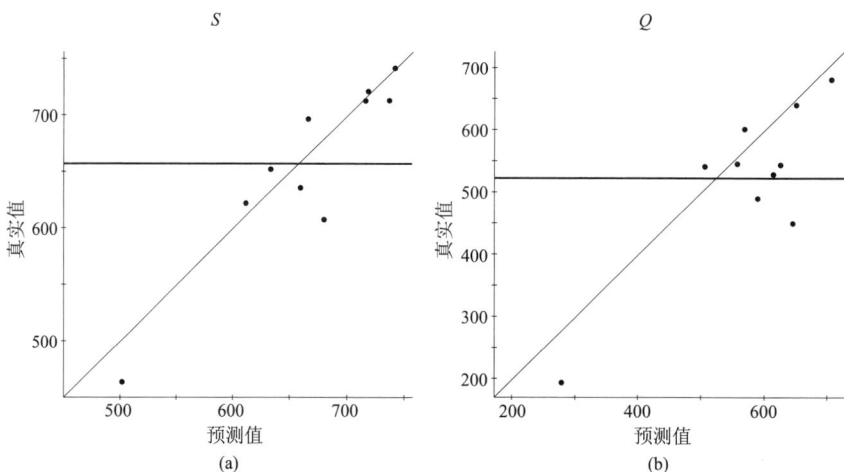

图 7-26　**Kriging 模型的均方根误差**

(a)齿面接触应力均方根误差;(b)摩擦能耗均方根误差

径向基函数所建立的代理模型齿面接触应力的均方根误差是 0.092 55，而摩擦能耗的均方根误差是 0.146 62，如图 7 - 27 所示。

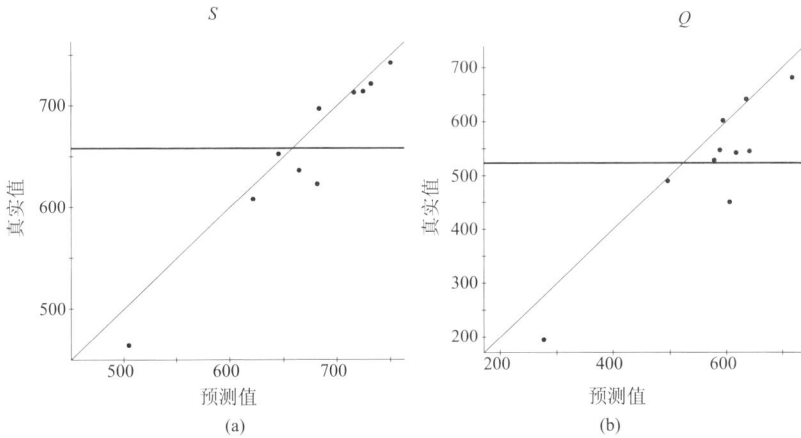

图 7 - 27　径向基函数模型均方根误差
(a)齿面接触应力均方根误差；(b)摩擦能耗均方根误差

多项式响应面法建立的代理模型中齿面接触应力的均方根误差为 0.140 85，摩擦能耗的均方根误差为 0.176 25，如图 7 - 28 所示。

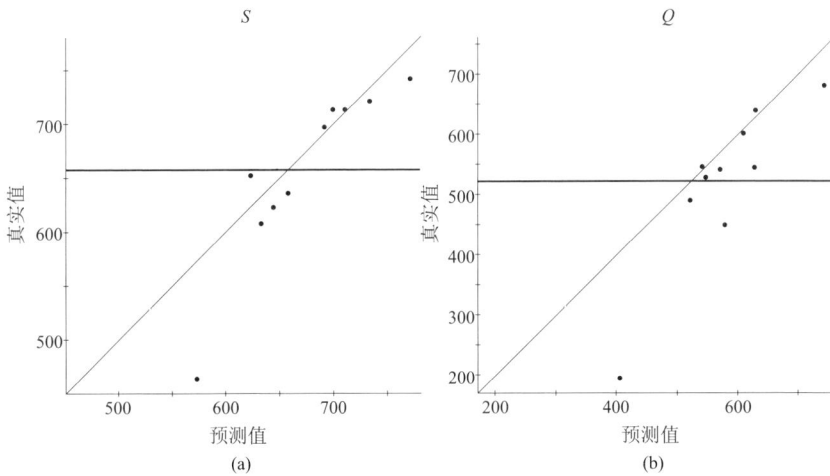

图 7 - 28　响应面法均方根误差
(a)齿面接触应力均方根误差；(b)摩擦能耗均方根误差

通过对比，不难发现径向基函数法较 Kriging 模型和多项式响应面法误差小，因而选择径向基函数法所建立的代理模型进行后续的优化设计。

7.4.2.2 多目标优化设计[2][31]

1. 优化模型

考虑轴线偏斜和行星轮轴向后移对齿轮啮合的影响，并考虑 DPSD 工作过程中的热能和动能，通过优化，设计出一套使得在这些影响都存在的情况下 DPSD 仍尽可能地高效安全运行的方案，任务需求如下：

1）动力耦合器总体轻量化，即齿轮总质量最小；

2）在运行过程中保持齿轮高效率啮合；

3）动力耦合器运行过程中轮齿啮合应力不超过安全值。

根据上述要求，确定动力耦合器具有如下特性：①使 DPSD 整体的质量最轻；②满足齿的弯曲和接触应力以及轴的扭转变形和应力；③传动效率最高。

齿轮材料一定的情况下质量最轻即体积最小，故本节将体积作为目标函数之一。对于参数一定的齿轮，其齿根弯曲应力的大小在指定位置上与其齿面接触应力有关。在位置和参数都一定的情况下，接触应力越大，齿根弯曲应力也越大，类似于悬臂梁根部和端部受力原理。因此，若将接触应力作为目标求得其最小值，此时的弯曲应力亦为最小。传动的功率损失主要包括：啮合中的摩擦能耗；油阻损失；轴承中的摩擦损失。又由于油阻相对摩擦能耗可忽略，故效率目标函数可转换为摩擦能耗量最小。总而言之，本优化问题包括三个目标函数：齿轮体积、接触应力和摩擦能耗。

齿轮体积可以通过明确的公式表示。接触应力、摩擦能耗跟设计变量存在高度非线性关系，不能用显示方程表达。为了提高计算效率，降低计算成本，接触应力和摩擦能耗的响应通过代理模型获得，代理模型是由初始的试验设计有限元分析结果获得的。

（1）目标函数 1：体积（V）

减少 DPSD 传动齿轮的体积，不仅可以使空间结构紧凑，同时有利于 DPSD 整体的轻量化设计。因此，驱动齿轮的小型化是 DPSD 设计的一个关键要求。

PSD 驱动齿轮的体积公式如下：

$$V_T = V(m, z_1, \mu) = \frac{n_1 \pi b \cos\delta_1 (3m^2 z_1^2 - 6mz_1 b\sin\delta_1 + 4b^2 \sin^2\delta_1)}{12} +$$
$$\frac{n_2 \pi b \cos\delta_2 (3m^2 z_2^2 - 6mz_2 b\sin\delta_2 + 4b^2 \sin^2\delta_2)}{12} \qquad (7-38)$$

式中，n_1 是行星齿轮数目；n_2 是半轴齿轮数目；δ_1 是行星齿轮的节锥角；δ_2 是半轴齿轮节锥角，b 是行星齿轮的当量齿宽。

δ_1 和 δ_2 可以通过下面的公式计算：

$$\begin{cases} \delta_1 = \tan^{-1}\left(\dfrac{z_1}{z_2}\right) \\[3mm] \delta_2 = \dfrac{\pi}{2} - \delta_1 \end{cases} \qquad (7-39)$$

b 可以用下面的公式计算：

$$b = \gamma \cdot \varphi_R \qquad (7-40)$$

φ_R 为齿面宽度的系数，其值通常为 $1/3$；γ 是行星齿轮的圆锥距，可以从式 $(7-41)$ 获得：

$$\gamma = \frac{mz_1}{2\sin\delta} = \frac{m\sqrt{z_1{}^2 + z_2{}^2}}{2} = \frac{mz_1\sqrt{1+\mu^2}}{2} \qquad (7-41)$$

因此，面宽度的表达式为：

$$b = \frac{mz_1\sqrt{1+\mu^2}}{6} \qquad (7-42)$$

（2）目标函数2：最大接触应力（S）

在高速条件下，DPSD 中传动部件主要的失效形式是磨损，尤其是齿面磨损。这是因为轮齿啮合时会在齿面出现循环接触应力，最大接触应力超过接触疲劳极限时也可能发生齿轮表面损伤。因此，减少接触应力可以提高 DPSD 驱动齿轮的寿命。因此，选择接触应力作为第二个目标函数。

（3）目标函数3：摩擦能耗（Q）

DPSD 的工况条件分析表明，DPSD 内的传动齿轮总是工作在高转速工况下。左、右半轴齿轮之间的大转速差将会引起大的滑动摩擦，大量的热量也将随之产生。随着温度的升高，润滑剂的性能将变差，这增加了齿轮的摩擦能耗，甚至会导致驱动齿轮失效。为了实现高效率和低功耗，DPSD 内的齿轮传动摩擦能耗必须减少。因此，选择摩擦能耗作为第三个目标函数。

摩擦能耗和接触应力的响应面如图 7 – 29 所示。由图可以看出，设计变量和响应呈现出一个高度非线性的关系。

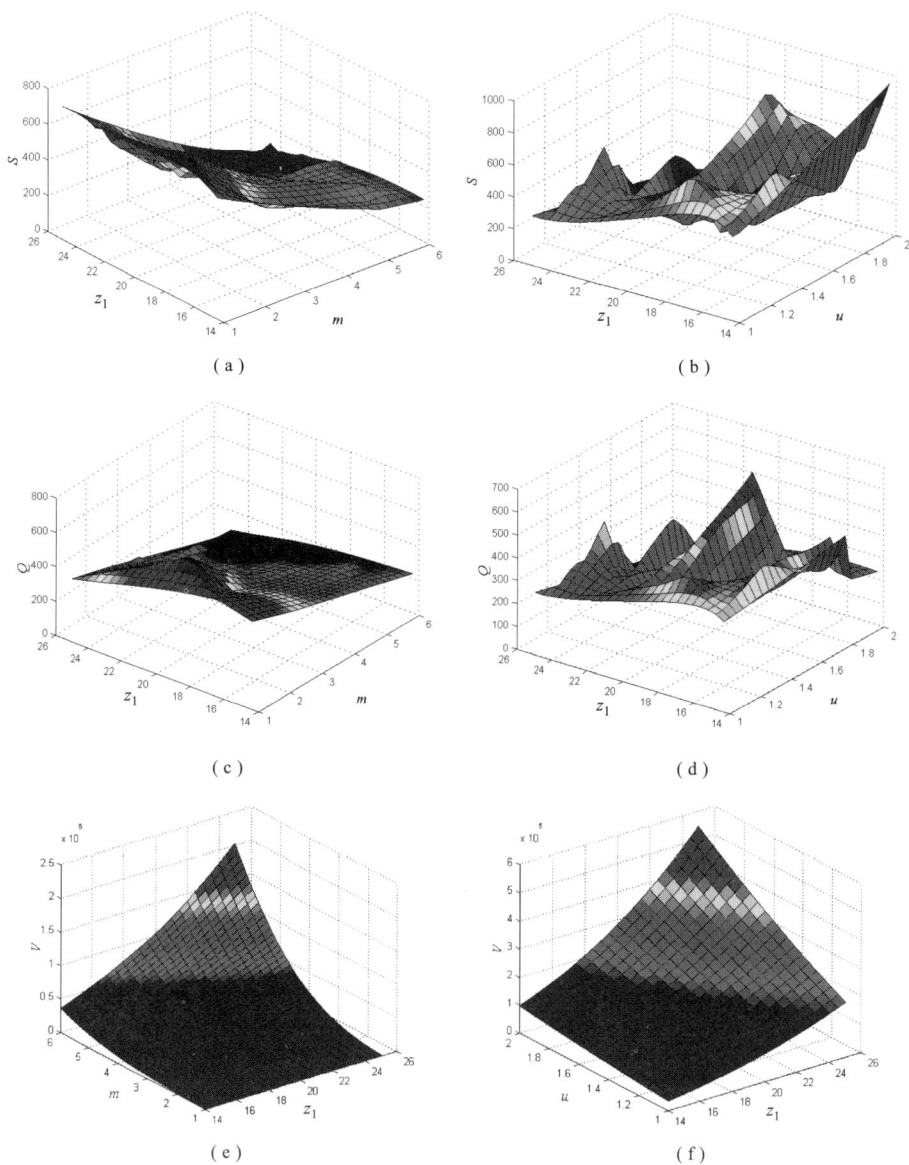

234

图 7 – 29   设计变量与其响应值的关系图

(a)m、z_1 与 S; (b)μ、z_1 与 S; (c)m、z_1 与 Q

(d)μ、z_1 与 Q; (e)m、z_1 与 V; (f)μ、z_1 与 V

2. 优化过程及结果

在多目标优化设计软件 Isight 中分别采用多岛遗传算法、NSGA – Ⅱ、多目标粒子群算法控制整个优化过程。优化刚开始时，随机搜索设计变量的值，代入摩擦能耗和最大接触应力的代理模型中进行计算，结果与模型设定的最大值对比，小于边界条件的一组设计变量值会被留下，不满足的一组值会被"淘汰"，然后进入体积模块计算，同样把小于边界条件的一组值留下，反复进行这个过程，直到寻找出全局最优 Pareto 解[32]，优化过程结束。优化过程如图 7 - 30 所示。

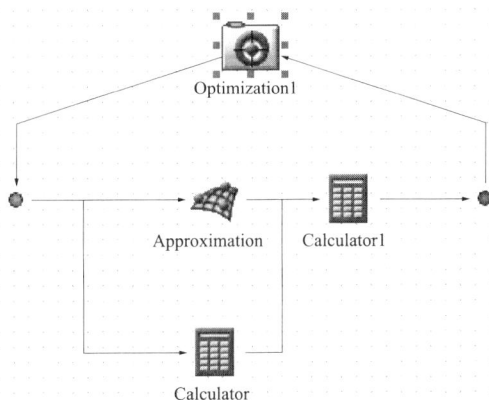

图 7 - 30　优化过程

下面分别使用多岛遗传算法、NSGA - Ⅱ、多目标粒子群算法作为工具进行优化，并对所得结果和优化历程进行图表说明。

多岛遗传算法优化参数设置如表 7 - 10 所示。

表 7 - 10　多岛遗传算法优化参数设置

子种群大小	"岛屿"数	进化代数	交叉概率	变异概率	迁移周期	迁移率	迭代次数
10	10	10	0.6	0.02	5	0.1	2 000

经过 1 000 次系统优化，目标函数的迭代过程如图 7 - 31 所示。

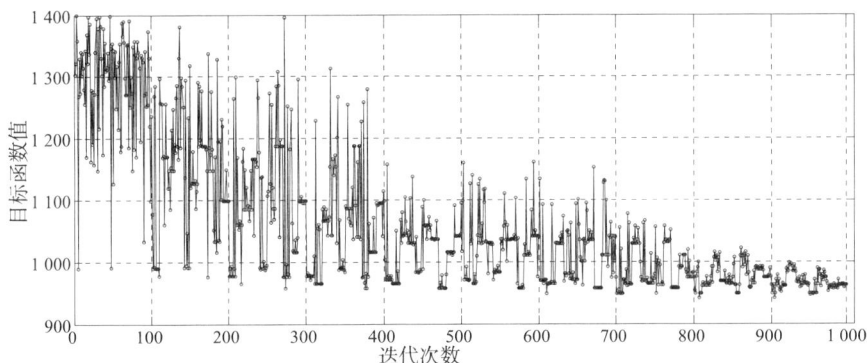

图 7 - 31　多岛遗传算法迭代过程

NSGA – Ⅱ设置参数见表 7 – 11。

表 7 – 11　NSGA – Ⅱ设置参数

种群大小	进化代数	交叉概率	变异周期	迁移周期	迭代次数
20	20	0.6	20	10	400

经过 400 次系统优化，目标函数的 NSGA – Ⅱ迭代过程如图 7 – 32 所示。

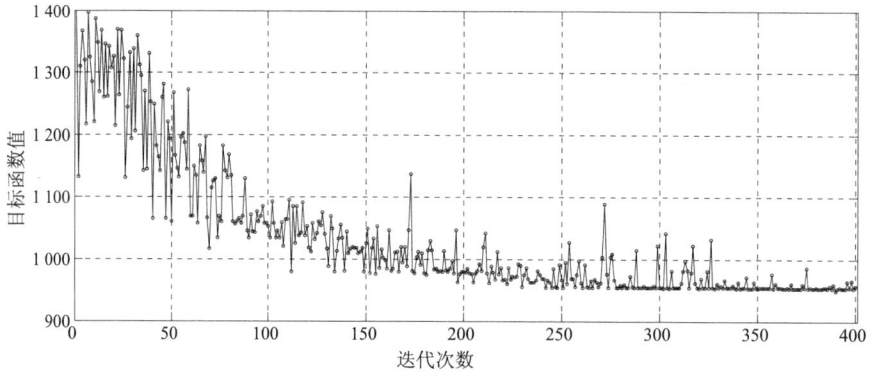

图 7 – 32　NSGA – Ⅱ迭代过程

多目标粒子群法设置参数见表 7 – 12。

表 7 – 12　多目标粒子群法设置参数

最大代数	粒子数	惯性权重	全局增量	粒子增量	最大速度
50	10	0.9	0.9	0.9	50

经过 500 次系统优化，目标函数的多目标粒子群迭代过程如图 7 – 33 所示。

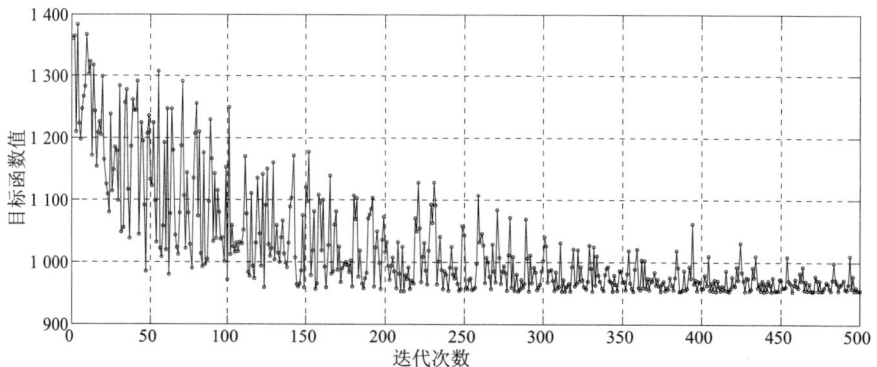

图 7 – 33　多目标粒子群迭代过程

三种优化算法的优化结果对比及其圆整值如表 7 - 13 所示。

表 7 - 13 三种优化算法的优化结果及其圆整值

项目	优化结果			圆整后结果		
	m	μ	z_1	m	$z_2 (z_2 = \mu z_1)$	z_1
MIGA	3. 302	1. 206	19. 386	3	24	20
NSGA - II	2. 876	1. 253	18. 589	3	24	19
MOPSO	3. 611	1. 298	19. 238	3. 5	25	19

对比优化结果,发现三种优化算法得出的优化解差别不大,都能较准确地找到 Pareto 解的区域范围,另一方面说明所得 Pareto 解是合理的,其中 NSGA - II 结果最优且迭代图趋势也最好,故选取 $m = 3$,$z_1 = 19$,$z_2 = 24$。

7.5 本章小结

本章首先介绍了获取样本点的试验设计方法及其适用特征,然后对代理模型搭建方法及其特点进行了介绍,最后分别以混合动力汽车动力耦合器壳体和齿轮为例,详细介绍了基于代理模型进行优化的方法和步骤,为汽车零部件优化设计相关领域的研究提供了可供借鉴的思想和方法。

参 考 文 献

[1] 姚明尧. 混合动力汽车动力分配器齿轮优化[D]. 长春:吉林大学,2012.

[2] 沈望皓. 基于代理模型的 HEV 齿轮传动元件优化设计方法研究[D]. 长春:吉林大学,2014.

[3] Jafari S, Hojjati M H, Fathi A. Classical and modern optimization methods in minimum weight design of elastic rotating disk with variable thickness and density[J]. International Journal of Pressure Vessels and Piping, 2012, 92: 41 - 47.

[4] Hare W, Nutini J, Tesfamariam S. A survey of non - gradient optimization methods in structural engineering[J]. Advances in Engineering Software, 2013, 59: 19 - 28.

[5] Montazeri – Gh M, Poursamad A, Ghalichi B. Application of genetic algorithm for optimization of control strategy in parallel hybrid electric vehicles [J]. Journal of the Franklin Institute, 2006, 343(4): 420 – 435.

[6] Navalertporn T, Afzulpurkar N V. Optimization of tile manufacturing process using particle swarm optimization [J]. Swarm and Evolutionary Computation, 2011, 1(2): 97 – 109.

[7] Wang G G, Shan S. Review of metamodeling techniques in support of engineering design optimization [J]. Journal of Mechanical Design, 2007, 129 (4): 370 – 380.

[8] Park H S, Dang X P. Structural optimization based on CAD – CAE integration and metamodeling techniques [J]. Computer – Aided Design, 2010, 42(10): 889 – 902.

[9] Montgomery D C, Montgomery D C. Design and analysis of experiments [M]. New York: Wiley, 1997.

[10] Bement T R. Taguchi Techniques for Quality Engineering [J]. Technometrics, 1989, 31(2): 253 – 255.

[11] N. M. Ursache, N. W. Bressloff and A. J. Keane, Aircraft roll enhancement via multi – objective optimization using surrogate modeling [J]. AIAA journal, 2011, 49(7): 1525 – 1541.

[12] M. Li, G. Li and S. Azarm, A Kriging metamodel assisted multi – objective genetic algorithm for design optimization [J]. Journal of Mechanical Design, 2008, 130(3): 030401.

[13] Y. Chen, X. Zou and W. Xie, How can surrogates influence the convergence of evolutionary algorithms [J]. Swarm and Evolutionary Computation, 2013, 12: 18 – 23.

[14] Forrester A I J, Keane A J. Recent advances in surrogate – based optimization [J]. Progress in Aerospace Sciences, 2009, 45(1): 50 – 79.

[15] Kirsch U, Papalambros P Y. Structural reanalysis for topological modifications – a unified approach [J]. Structural and Multidisciplinary Optimization, 2001, 21(5): 333 – 344.

[16] MyersRH, Montgomery D C. Response surface methodology: process and product optimization using designed experiments [M]. New York: Wiley, 1995.

[17] Broomhead DS, Loewe D. Multivariable functional interpolation and adaptive networks [J]. Complex Systems, 1988, 2: 321 – 55.

[18] ForresterA, Sobester A, Keane A. Engineering design via surrogate

modelling：a practical guide［M］. Chichester：Wiley，2008.

［19］ A. J. Makadia, J. I. Nanavati. Optimisation of machining parameters for turning operations based on response surface methodology, Measurement［J］. 2013，46(4)：1521 – 1529.

［20］ H. Z. Dai, W. Zhao, W. Wang and Z. G. Cao, An improved radial basis function network for structural reliability analysis［J］. Journal of Mechanical Science and Technology，2011，25(9)：2151 – 2159.

［21］ Jin R, Chen W, Simpson T W. Comparative studies of metamodelling techniques under multiple modelling criteria［J］. Structural and Multidisciplinary Optimization，2001，23(1)：1 – 13.

［22］ Lophaven SN, Nielsen HB, Sondergaard J. Aspects of the matlab toolbox DACE［A］. Report IMM – REP2002 – 12，Informatics and Mathematical Modeling［DB/OL］，Technical University of Denmark，2002.

［23］ S. Sakata, F. Ashida and H. Tanaka, Stabilization of parameter estimation for Kriging – based approximation with empirical semivariogram［J］. Computer Methods in Applied Mechanics and Engineering，2010，199(25)：1710 – 1721.

［24］ 刘长亮. 鼓式制动器动力学分析及制动性能优化［D］. 长春：吉林大学，2011.

［25］ Srinivas N, Deb K. Multiobjective optimization using nondominated sorting in genetic algorithms［J］. Evolutionary Computation，1994.

［26］ H. Y. Li, M. X. Ma and Y. W. Jing, A new method based on LPP and NSGA – Ⅱ for multiobjective robust collaborative optimization［J］. Journal of Mechanical Science and Technology，2011，25(5)：1071 – 1079.

［27］ 王金华，尹泽勇. 基于 NSGA – Ⅱ 和 MOPSO 融合的一种多目标优化算法［J］. 计算机应用，2007，27(11)：2817 – 2821.

［28］ V. Savsani, R. V. Rao and D. P. Vakharia, Optimal weight design of a gear train using particle swarm optimization and simulated annealing algorithms［J］. Mechanism and Machine Theory，2010，45(3)：531 – 541.

［29］ M. Reyes – Sierra and C. A. C. Coello, Multi – objective particle swarm optimizers：a survey of the sate – of – the – art［J］. International Journal of Computational Intelligence Research，2006，2(3)：287 – 308.

［30］ F. Li, Y. M. Qin, Z. Pang, et al. Design and Optimization of PSD Housing Using a MIGA-NLPQL Hybrid Strategy Based on a Surrogate Model［J］. Strojniški vestnik-Journal of Mechanical Engineering，2014，60（7 – 8）：

239

525 – 535.

[31] J. X. Wang, W. H. Shen, Z. Wang, et al. Multi-objective optimization of drive gears for power split device using surrogate models[J]. Journal of Mechanical Science and Technology, 2014, 28(6): 2205 – 2214.

[32] 陈博鸿. 多学科综合优化设计中的建模、规划和求解策略[D]. 武汉: 华中理工大学, 2000.

第8章

关键传动部件载荷谱
编制中的几个重要问题

　　混合动力汽车在行驶过程中受到交变循环应力作用,使关键零部件极易出现疲劳失效,因此需要对零部件进行疲劳试验。载荷谱是对零部件进行疲劳试验的基础,它的真实性直接影响零部件疲劳寿命预测的准确度。目前一些领域(如工程机械、风力发电、航空航天)的载荷谱编制方法已经发展得比较成熟,并形成了相应的行业标准和专门的通用处理软件。混合动力汽车的载荷谱编制工作起步晚,其理论计算结果与试验测试结果之间仍存在较大偏差。目前与汽车载荷谱相关的书籍有石来德编著的《机械的有限寿命设计和试验》、日本汽车技术协会编著的《汽车强度》、项昌乐编著的《装甲车辆传动系统动力学》和王霄锋编著的《汽车可靠性工程基础》。为研究混合动力汽车耐久服役性能的室内快速评价、理论预测方法,本章在借鉴以上著作并参考国内外相关研究成果,及在课题组工程车辆载荷谱编制方法研究的基础上[1,2],对混合动力汽车载荷谱编制过程中影响编谱精度的关键问题进行了探讨,以期达到抛砖引玉的效果。

8.1　载荷谱编制流程

8.1.1　载荷谱概述

　　目前国内汽车经过多年的创新发展已经有了相当大的规模,部分产品也成功进入了世界市场,但是在产品质量、可靠性等方面与国际知名品牌还存在着很大的差距。究其原因,除了材料、工艺和制造水平等方面和国外存在较大差距外，最主要的是在设计时未能按照真实的载荷谱进行可控寿命分析与计算。

《中国农业百科全书》对载荷谱的定义为"机器的整机结构或零部件所承受的典型载荷时间历程，经数理统计处理后所得到的表示载荷大小与出现频次之间关系的图形、表格、矩阵和其他概率特征值的统称"。车辆行驶时，载荷值随时间变化的过程称为载荷时间历程。载荷时间历程通过统计分析，经压缩、简化和合成后得到的载荷谱应具有典型性、代表性和真实性，因此载荷谱可看作是随机载荷的一种近似表征。

编制准确的载荷谱是零部件进行疲劳设计和寿命估算的基础资料，也是室内模拟加载疲劳试验的依据。典型载荷谱的编制及应用路线如图 8 – 1 所示。

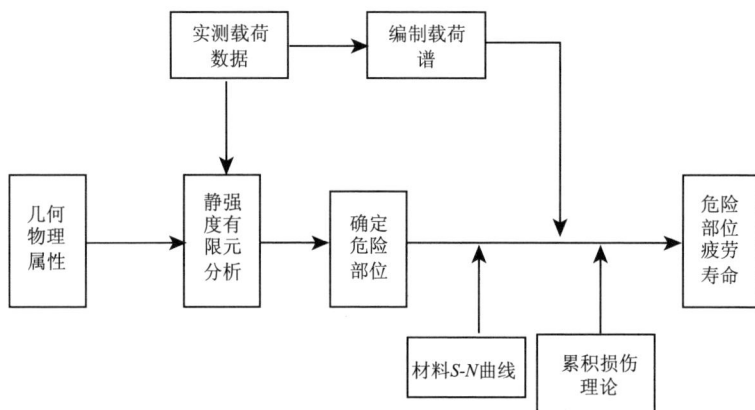

图 8 – 1　典型载荷谱的编制及应用路线

8.1.2　多动力源下的载荷特性

混合动力汽车作为一个典型的多动力源输入与多目标控制系统，混合动力系统中的关键部件，如动力耦合装置、传动装置、专用发动机等，在服役安全性、可靠性和耐久性等方面都有着严格的要求。这除了与材料、工艺和制造水平等方面有关，还与设计时是否按照真实的载荷谱进行可控寿命分析与计算相关。

混合动力汽车相对于普通汽车，引入了多种动力源，其服役安全性和使用寿命不仅取决于负载条件，还取决于其行驶的公路路况、多动力源间的动力耦合机制及其解耦过程冲击等因素。当前，载荷谱是评价其核心零部件抗瞬时冲击性能和进行耐久性设计的基础性数据，甚至可以利用广泛意义上的载荷谱预测其服役安全性。通过优化载荷谱的测试方法、依据实测载荷谱进行的室内或者试验场快速全工况模拟性试验，还可以大幅缩短试验研制周期。

8.1.3　混合动力汽车的载荷谱编制方法

为了进行零部件在随机载荷下的疲劳寿命预测研究，需要进行载荷谱测试，而实测得到的载荷时间历程是无规律变化且不能重复的随机载荷，不能作为规范化的载荷谱直接用于零部件的疲劳寿命分析，这就需要编制规范化的载荷谱。

由于混合动力汽车存在多种工作模式，载荷时间历程的类型各异。所以，编谱工作应有一定的针对性，不宜使用统一的方法。针对混合动力汽车进行载荷谱测试及编制工作，为了提高编谱精度，需要从以下几个方面进行：

1）根据混合动力汽车多动力源的特点，选择在不同路况及不同控制策略下进行载荷信号的采集，确定测试方案和最优样本长度。

2）针对混合动力汽车零部件在多动力源下的失效机理，研究混合动力汽车的多动力源构型与驱动机理，确定其全工况分模式作业体系。

3）依据数理统计学以及信号处理方法，对采集到的数据进行分析处理并编制载荷谱。

载荷谱编制的关键技术流程如图 8 - 2 所示。

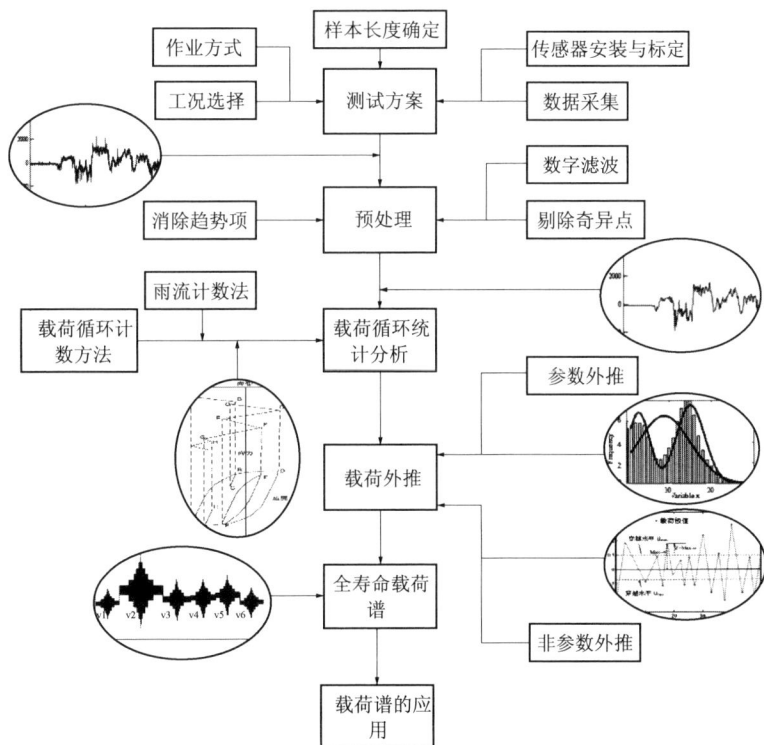

图 8 - 2　载荷谱编制的关键技术流程

8.2 基于多准则的最优样本长度确定方法

8.2.1 样本长度确定的意义

为了实现混合动力汽车传动系统的抗疲劳设计，实际工作环境下经历的载荷规律应当准确估计。然而，由于全寿命实际载荷时间历程的测试是一个费时费力的过程，一般不能直接实现，而是通过一定的外推方法估计得到的。这个估计过程本质上是通过雨流计数和分布模型估计等方法对样本载荷进行统计处理分析，再结合特定的外推公式，从而实现对全寿命载荷谱的估计。载荷谱编制的准确性直接决定着零部件疲劳寿命预测的精度，为了保证估计总体载荷的精度，首先应当实现采集样本载荷精度的要求。混合动力汽车存在多种工作模式，车辆不同零部件在不同路况条件和工作模式下所承受的载荷历程也有较大区别，如何确定出合适的载荷样本长度并保证样本载荷反映总体载荷的能力，将直接影响着全寿命载荷谱编制的可信度。

最优样本长度的确定，在保证能够反映总体的前提下，大大降低采样费用和采样周期，关键问题是确定样本反映总体的特性和确保需要达到的精度。一般来说，样本代替总体的能力与采集样本的长度成正比，采样数据越多，反映总体的能力越强、越全面。小的采样误差对应着更多的采样费用和更长的采样周期，一定样本量时，采样数据的增加使得采样误差将不会有明显减小的趋势。除了明确确定最优的样本长度外，样本长度的变量选取也具有重要意义。样本载荷可以由均值、方差等多个变量从不同方面反映总体，用载荷平均水平和载荷波动情况来反映总体载荷。

8.2.2 样本长度确定方法

样本代替总体实现的前提是车辆所经历的载荷时间历程是各态历经的，在实际处理中，认为车辆所受的随机载荷为各态历经的，因此可以实现样本代替总体。通过对测试样本载荷统计分析，按一定的比例外推，从而实现零件全寿命载荷谱的估计是比较常用的方法。在外推之前，应该首先保证零部件对应的载荷时间历程必须为平稳的各态历经信号。在此基础上，一定的要求精度前提下，样本长度外推即可实现估计总体特性的要求，节约了采样周期与采样费用。根据采样者确定的不同兴趣点，在限制采样误差的情况下，样本长度的确定方法较多，而所选取的采样方案也不一而足，经常采用的样本长度确定方法有以下几种[3,4]。

1. 功率谱密度法

功率随频率变化的规律是随机数据研究的重要参数，即功率谱，由此得到的采样时间估计公式为：

$$T = \frac{1}{B_e \varepsilon_r^2}$$ (8 – 1)

式中，ε_r 为统计误差，T 为采集样本应消耗的时间。

根据确定出的采样时间和单次采样的时间，即可估计出采集样本总时间内采集的样本长度。周鋐[5] 等人认为，其他样本长度确定的方法中，误差表达式中的分母一般都大于分辨带宽 B_e，所以，此方法可以保守地估计样本长度。

2. 近似均值精度估计法

通过对样本数据的统计分析，总体参数由样本确定的参数代替，根据统计误差的定义，再结合样本长度与均值统计误差的函数关系，可得到如下的样本长度的估计公式：

$$K \geqslant \left[\frac{2S(x)}{\bar{x}} \right]^2 \Big/ \varepsilon_r^2$$ (8 – 2)

式中，$S(x)$ 为样本方差；$\bar{x}$ 为样本均值；K 为相互独立的子样本个数。

统计参数 x 可以是载荷均值、标准差或者均方差。式中样本均值对总体均值的代替，使得公式中不含未知参数，方便了样本长度的估计应用。但此公式只使用于采样长度较大的情况，因为公式中确定的样本长度的可靠性精度难以准确说明。

3. 曲线拟合法

曲线拟合法是基于极限近似理论被提出的，由离散数据估计总体参数来具体实现的。由样本载荷的统计分析，获得子样的统计值 Y（比如均值、标准差和均方值），再由样本长度 X 逐步不断地增长估算出载荷的统计参数。将样本数据在坐标系描点，根据坐标系中各参数的变化趋势，拟合数据点绘成曲线，确定出最佳拟合方程。结合曲线拟合方程和极限理论，根据样本长度无限增长时获得的代替总体的参数可以准确描述总体的特性，可将一定误差对应的最优样本长度确定出来。

最小二乘法作为求解拟合方程的常用方法，当 Y 和 X 参数表达式是非线性时，线性方程可转换为式(8 – 3)：

$$\begin{bmatrix} m & \sum\limits_{i=1}^{m} X_i \\ \sum\limits_{i=1}^{m} X_i & \sum\limits_{i=1}^{m} X_i^2 \end{bmatrix} \begin{bmatrix} a \\ b \end{bmatrix} = \begin{bmatrix} \dfrac{\sum\limits_{i=1}^{m} Y_i}{\sum\limits_{i=1}^{m} Y_i X_i} \end{bmatrix}$$ (8 – 3)

将求解的参数 a 和 b，结合关于样本长度的分布函数，确定出代替总体各参数允许误差的样本量，即为要求的样本长度值。

4. 疲劳寿命法

通过对样本载荷的分析，外推估算出零件在全寿命下的载荷时间历程，最终实现疲劳寿命的预测。因此，基于疲劳损伤的研究，建立样本长度和载荷疲劳量的关系并确定出最小的样本长度将更有意义。由雨流计数方法，可以将采集的样本载荷信息以载荷循环和循环频次的方式提取出来。

根据 Miner 的假设，通过对各个载荷块中不同的应力水平和循环次数统计，求得各个应力水平等级产生的疲劳损伤。熊峻江[6]指出，小样本时，载荷块对应的疲劳寿命服从正态分布，即 $x \sim N(\mu, \sigma^2)$，μ、σ^2 分别表示总体均值和总体方差，则：

$$t = \frac{\bar{x} - \mu}{S(x)/\sqrt{K}} \sim t(K-1) \tag{8-4}$$

式中，t 为统计变量；K 为样本长度。

从而样本长度可估计得到：

$$K = \left(\frac{S(x)t_r}{\bar{x}\delta} \right)^2 \tag{8-5}$$

8.2.3　基于多准则的最优样本长度的确定方法

针对上述各种方法的优缺点，结合混合动力汽车工作原理和多准则决策方法，提出一种综合考虑载荷多个特性的最优样本长度确定方法。对车辆载荷样本长度确定方法的总结分析，对比各个方法的优缺点，确定出最优样本长度方法中最能表达载荷特性的多个准则。结合多准则技术的优势，根据熵法和 AHP 法从客观和主观方面确定权重法，给出了综合权重的估计方法，给出最优样本长度的确定方法。

分析载荷特性可知，载荷极值点和载荷循环几乎包含了载荷的全部信息，因此，载荷极值点的均值、方差和载荷循环被选为最优样本长度确定的准则。

1. 载荷极值的均值与样本长度确定

样本均值 μ_x 可以实现对载荷总体水平的一个模糊的大致体现，表示为：

$$\mu_x = \lim_{n \to \infty} \frac{1}{n} \sum_{i=1}^{1} x_i \tag{8-6}$$

如果没有足够的估计，过大的载荷极值有使结构出现静态破坏的危险。载荷均值大致地反映出载荷幅值的总体水平，在一定程度上还能体现出工作模式和行驶路况对零部件载荷的影响能力。图 8-3 显示的是三种不同作业模式下载荷均值的对比，模式 3 对应的载荷均值最大，一定程度上反映此种模式下作业的车辆往往会经历大的载荷极值。

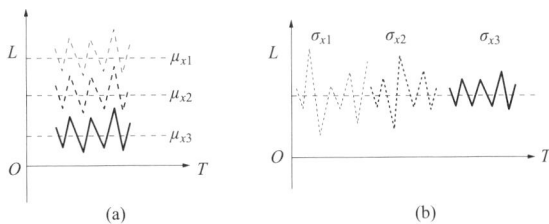

图 8 - 3　不同路况下载荷极值

（a）不同载荷极值均值；（b）不同载荷极值方差

2. 载荷极值的标准差与样本长度确定

标准差如式（8-7）所示，反映了变量的波动程度，样本数量大使得样本的标准差更接近于总体，所用来估计的样本也更具有可靠性。

$$\sigma_x = \lim_{n \to \infty} \sqrt{\frac{1}{n} \sum_{i=1}^{n} (x_i - \mu_x)^2} \tag{8-7}$$

在混合动力汽车行驶中，载荷极值标准差可以反映行驶路况的随机性和恶劣程度。在图 8-3（b）中，三种路况对应的标准差的大小关系为 $\sigma_{x3} < \sigma_{x2} < \sigma_{x1}$，由此不难推断，标准差 σ_{x1} 对应的路况更恶劣，而标准差 σ_{x3} 对应的作业路况较平稳。小的载荷极值标准差意味着载荷时间历程更平稳，行驶路况更舒缓。

基于上述两个准则的样本长度确定公式已有前人给出[7]，并进行了适当的试验验证。给定统计误差：

$$\varepsilon_r = \frac{\sigma_x}{\sqrt{N} \cdot \mu_x} \approx \frac{S(x)}{\sqrt{N} \cdot \bar{x}} \tag{8-8}$$

式中，N 为应力循环次数。

一些论著中，统计误差通常取为 0.1，也就是说样本代替总体数据的不精确度是 0.1，式中的变量可以是均值也可以是标准差。

通过公式推导和数理统计知识，基于式（8-8）的样本长度大小可被估计如下：

$$\begin{cases} N \geqslant \left[\frac{S(x)}{\bar{x}}\right]^2 \Big/ \varepsilon_r^2 & （置信度68.3\%） \\ N \geqslant \left[\frac{2S(x)}{\bar{x}}\right]^2 \Big/ \varepsilon_r^2 & （置信度68.3\%） \end{cases} \tag{8-9}$$

3. 载荷循环疲劳寿命和样本长度确定

由雨流计数法，测得的载荷时间历程转化成不同水平的载荷均值、载荷幅值与频次的载荷循环。根据疲劳损伤机理，熊峻江[6]提出了在一定置信度和足够的精度下基于疲劳损伤的样本长度确定方法，其论文中假设疲劳寿命服从对数正态分布。由 Palmgren – Miner 理论，载荷循环为 $\overline{N}(\sigma_a, \sigma_m)$ 对应的疲劳损伤量可由下式计算：

$$D(\sigma_a, \sigma_m) = \frac{1}{\overline{N}(\sigma_a, \sigma_m)} \tag{8-10}$$

任意一个载荷谱块中，假设应力水平为 $(\sigma_{ai}, \sigma_{mj})$ 的应力循环数为 $n(\sigma_{ai}, \sigma_{mj})$，相应的疲劳寿命为 $\overline{N}(\sigma_a, \sigma_m)$，其中 $i = 1, 2, \cdots, l; j = 1, 2, \cdots, g$。此应力水平的累积损伤可由下式计算得到：

$$D = \sum_{j=1}^{g} \sum_{i=1}^{l} \frac{n(\sigma_{ai}, \sigma_{mj})}{N(\sigma_{ai}, \sigma_{mj})} \tag{8-11}$$

不妨设 T 表示不同的载荷谱块数，这些载荷谱块恰好使零件发生疲劳破坏，则：

$$T \sum_{j=1}^{g} \sum_{i=1}^{l} \frac{n(\sigma_{ai}, \sigma_{mj})}{\overline{N}(\sigma_{ai}, \sigma_{mj})} = 1 \tag{8-12}$$

式中的各个应力水平对应的疲劳寿命都可以通过材料的 $S-N$ 曲线获得，样本载荷时间历程用来估计全寿命载荷谱，实现对疲劳寿命的预测，因此，有效载荷循环数的估计应具有较高的精度。

样本量为 N 的一组样本载荷谱，由式（8 – 12）可以求得达到疲劳破坏时需要的总的载荷谱块 T，熊峻江指出，在样本量较少时，变量 $x = \log T$ 服从正态分布，由 t 分布定义得：

$$t = \frac{\overline{x} - \mu_x}{S(x)} \sqrt{N} \sim t(N-1) \tag{8-13}$$

给定置信水平 r 和相对误差，式（8 – 13）可以转化为：

$$-\frac{st_r}{\overline{x}\sqrt{N}} < \frac{\mu - \overline{x}}{\overline{x}} < \frac{st_r}{\overline{x}\sqrt{N}} \tag{8-14}$$

其中 $(\mu - \overline{x})/\overline{x}$ 表示样本均值 $\overline{x}$ 与总体均值 μ 的相对误差，δ 表示相对误差限：

$$\delta = \frac{S(x)t_r}{\overline{x}\sqrt{N}} \tag{8-15}$$

相对误差限常用取值范围为 $[0.01, 0.1]$，在本节中，不妨取值为 0.05。由上式，样本长度可以被按下式估计：

$$N = \left(\frac{S(x)t_r}{\overline{x}\delta}\right)^2 \tag{8-16}$$

通过对载荷极值的均值、标准差和载荷循环幅值与样本长度的关系，可以估计出样本长度向量：

$$N_h = [N_{h1}, N_{h2}, N_{h3}] \tag{8-17}$$

其中，h 表示相应的不同路况；N_{h1}、N_{h2}、N_{h3} 分别表示基于载荷极值均值、标准差和载荷谱块疲劳寿命的样本长度值。

8.2.4　多准则决策与准则权重的确定

某决策往往决定于多种属性或目标，而这些属性和目标又是相互矛盾、相互制约的，多准则可以实现将这多个影响因素综合考虑，求得最优决策解。每种准则都对应着一个样本长度值，也都有不同的偏好和侧重点。为了估计出最优样本长度，实现对载荷极值特性和载荷循环特性的描述，本节选择的三个准则应当被综合考虑，就变成了多准则决策问题。Eigenvector 法作为主观权重法，熵法作为客观权重法，在本章都被选择来联合确定载荷极值和载荷循环的最终权重。

1. 主观权重法：Eigenvector 方法

$\boldsymbol{w}^s = (w_1^s w_2^s \cdots w_n^s)$ 表示 n 个不同准则的权重向量，在选定准则的权重具体值无法确定时，可以通过 Eigenvector 方法，主观定出准则间的相对权重，生成相对权重矩阵：

$$\boldsymbol{M} = \left[w_i^s / w_j^s \right]_{n \times n} \qquad (8-18)$$

式中，w_i^s、w_j^s 分别表示第 i 个和第 j 个主观权重。

因为 w_i^s 往往不能直接给出，主观权重矩阵 $\boldsymbol{M}$ 不能得到。基于此，我们可以通过给出不同准则的相对权重矩阵 $\boldsymbol{M}^*$，来实现对直接估计主观权重的替代。相对权重矩阵 $\boldsymbol{M}^*$ 表示为：

$$\boldsymbol{M}^* = \left[a_{ij} \right]_{n \times n} \qquad (8-19)$$

式中，a_{ij} 表示第 i 个和第 j 个之间的相对重要性，数值与 w_i^s / w_j^s 相等。

根据线性代数理论，根据对应的特征值 $\lambda_{\max}$ 可以将相对权重矩阵 $\boldsymbol{M}^*$ 的最大特征向量 $\boldsymbol{W}$ 由下式求解出来：

$$\lambda_{\max} = \frac{1}{n} \sum_{j=1}^{n} \frac{(\boldsymbol{M}^* \boldsymbol{W})_j}{w_j} \qquad (8-20)$$

对应最大特征值 $\lambda_{\max}$ 的主观特征向量 $\boldsymbol{w}^s = (w_1{}^s w_2{}^s \cdots w_n{}^s)$ 可通过式(8-21)估计得到：

$$(\boldsymbol{M}^* - \lambda \boldsymbol{I}) \boldsymbol{w}^* = 0 \qquad (8-21)$$

相对权重矩阵的相关系数由 C_I 表示，具体为：

$$C_I = \frac{\lambda_{\max} - n}{n - 1} \qquad (8-22)$$

当相关系数小于等于 0.1 时，相对权重矩阵有较好的一致性，使 $\boldsymbol{w}^s = \boldsymbol{w}^*$ 更可信；如果大于 0.1，$\boldsymbol{w}^s = \boldsymbol{w}^*$ 则不成立，则应调整主观给定的相对权重。

对应一个特征值的特征向量可能含有多个值，也就是说主观权重向量有多个解，所以应当为确定的主观权重向量进行标准化：

$$\boldsymbol{w}^s = \left[\frac{w_1^*}{\sum\limits_{j=1}^{n} w_j^*}, \frac{w_2^*}{\sum\limits_{j=1}^{n} w_j^*}, \cdots, \frac{w_n^*}{\sum\limits_{j=1}^{n} w_j^*}\right]^{\mathrm{T}} \quad (8-23)$$

2. 客观权重法：熵法

熵法可以实现从客观的角度对各个准则在最终决策中的影响进行估计，确定出准则的客观权重。熵法具有的特点是：在不同目标中，相同准则具有较大变化的在最终决策中的权重比较大，意味着这种准则有较大贡献，应当被着重考虑；相同准则基本保持不变的，说明此种准则对决策影响较少甚至可以忽略，参考意义不大。这种特性使得在确定载荷样本长度的过程中，可以很好地反映出应当着重注意的载荷特性，准确确定合适有效的准则，保证确定的样本长度更合理。

假定决策结果有多目标，每种目标由不同的准则综合限制，相应的决策矩阵 $\boldsymbol{R} = \{r_{ij}\}$ 可表示为[8]：

$$\boldsymbol{R} = \begin{array}{c} \\ \\ A_1 \\ A_2 \\ \vdots \\ A_m \end{array} \begin{array}{c} w_1^0 \quad w_2^0 \quad \cdots \quad w_n^0 \\ c_1 \quad c_2 \quad \cdots \quad c_n \\ \begin{bmatrix} r_{11} & r_{12} & \cdots & r_{1n} \\ r_{21} & r_{ij} & \cdots & r_{2n} \\ \vdots & \vdots & \ddots & \vdots \\ r_{m1} & r_{m2} & \cdots & r_{mn} \end{bmatrix} \end{array} \quad (8-24)$$

其中不同的行驶路况就代表着不同目标(A_1, A_2, $\cdots$, A_m)，确定样本长度的载荷极值均值、标准差和载荷谱块疲劳寿命等多个变量就是不同的准则(c_1, c_2, $\cdots$, c_m)，(w_1^0, w_2^0, $\cdots$, w_n^0)表示不同准则的客观权重。熵法根据载荷极值和载荷循环在不同行驶路况中的特定数值来确定每个准则的权重，这里 r_{ij} 表示第 i 个目标决策中的第 j 个准则值。为了更直接地描述每个准则的权重，r_{ij} 可通过式(8-25)进行转化：

$$P_{ij} = r_{ij}/\sum_{i=1}^{m} r_{ij}, \forall i,j \quad (8-25)$$

由式(8-24)和式(8-25)，可以得到下面的矩阵：

$$\boldsymbol{P} = \begin{array}{c} c_1 \quad c_2 \quad \cdots \quad c_n \\ \begin{bmatrix} r_{11} & r_{12} & \cdots & r_{1n} \\ r_{21} & r_{ij} & \cdots & r_{2n} \\ \vdots & \vdots & \ddots & \vdots \\ r_{m1} & r_{m2} & \cdots & r_{mn} \end{bmatrix} \end{array} \quad (8-26)$$

250

为了更好更直接地描述每个准则的相对重要性，熵值在本节由 E_j 表示，结合式(8-24)、式(8-25)和式(8-26)，求解公式如下[6]：

$$E_j = -k \sum_{i=1}^{m} p_{ij} \cdot \ln(p_{ij}) \qquad (8-27)$$

其中，$k = -\dfrac{1}{\ln m}$，结合式(8-27)确保熵值在区间[0,1]内。由于准则权重 E_j 和熵值 w_j 的关系是互反的，本节将由 $1-E_j$ 代替熵值 E_j，并使熵值归一化保证下面两式成立：

$$0 \leqslant w_j^0 \leqslant 1 \qquad (8-28)$$

$$\sum_{j=1}^{m} w_j^0 = 1 \qquad (8-29)$$

式中，w_j^0 表示第 j 个准则的客观权重。如果没有其他必要性来增加或者偏重某些准则属性时，最合理的权重确定公式如下：

$$w_j^0 = (1-E_j) \Big/ \sum_{j=1}^{n} (1-E_j) \qquad (8-30)$$

$$w^0 = [w_1^0, \ w_2^0, \ \cdots, \ w_n^0] \qquad (8-31)$$

因为权重值是直接由决策矩阵确定出来的，反映着准则自身的全部属性，所确定的值必然是客观和可信的。

即此，我们得到了载荷极值均值、载荷极值方差和载荷谱块疲劳寿命在样本长度确定中的客观权重，可如何将主观权重和客观权重综合起来考虑仍是一个问题。

3. 主观权重和客观权重整合确定出最优样本长度

主观权重和客观权重的整合过程利用线性组合赋权法，将主观权重和客观权重给定一个系数，如式(8-32)所示：

$$w = \lambda_1 w^s + \lambda_2 w^0 \qquad (8-32)$$

式中，w 为综合权重；λ_1、λ_2 为线性综合系数，且 λ_1、$\lambda_2 \geqslant 0$，$\lambda_1 + \lambda_2 = 1$。

为了确定组合系数，以优化理论法和 Jaynes 最大熵法为依据，建立确定权系数的数学模型，求出的数学模型的精确解即为权值。优化模型建立形式如下：

$$\begin{cases} J = \min \Big[\mu \sum_{i=1}^{m} \ \sum_{j=1}^{n} \ \sum_{f=1}^{l} \lambda_f w^f (1-Z_{ij}) + \Big(1 - \mu \sum_{f=1}^{l} \lambda_f \ln \lambda_f \Big) \Big] \\ \text{s.t. } \sum_{f=1}^{l} \lambda_f = 1, \lambda_f \geqslant 0 \end{cases}$$

$$(8-33)$$

$$Z_{ij} = \begin{cases} \dfrac{z_{ij} - z_{j\min}}{z_{j\max} - z_{j\min}} & \text{效益型} \\[3mm] \dfrac{z_{j\max} - z_{ij}}{z_{j\max} - z_{j\min}} & \text{消费型} \end{cases} \qquad (8-34)$$

式中，$0 < \mu < 1$，是目标之间的平衡系数；Z_{ij} 是第 i 个方案的第 j 个准则。

通过上述数学模型，权重的综合系数可由下式解出：

$$\lambda = (\lambda_1, \lambda_2) = \left(\frac{s_1}{\sum\limits_{f=1}^{l} s_f}, \frac{s_2}{\sum\limits_{f=1}^{l} s_f} \right) \qquad (8-35)$$

$$s_f = \exp\left\{ - \left[1 + \frac{u \sum\limits_{i=1}^{m} \sum\limits_{j=1}^{n} w_i^f (1 - z_{ij})}{1 - u} \right] \right\} (f = 1, 2) \qquad (8-36)$$

结合式(8-17)和式(8-32)，第 h 个行驶路况对应的最优样本长度由下式求得：

$$N_{ch} = N_h \cdot w \qquad (8-37)$$

8.3　基于混合模型的最佳分布函数建立方法

确定最优样本长度之后，可以制定相应的测试方案采集载荷数据。在后期建立载荷分布模型时发现：随着系统或者零部件承受的载荷越来越复杂，载荷的变程越来越大，它们承受的载荷往往呈现出多个分布中心（图8-4），再单独使用单峰函数已经很难精确详尽地刻画实际载荷的分布形式，否则会导致在极端条件下对载荷的低估，而混合分布模型是解决这一技术难题的最有效方法。

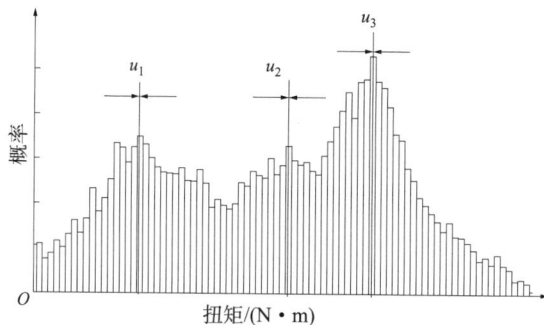

图8-4　复杂载荷多个分布中心示意图

混合模型是分析复杂现象的一个灵活、强劲有力的建模工具，它最大的优点是表达能力强，可以用于描述一个复杂的、使用单一概率密度函数无法拟合的数学柱状图[9]。不管数据的分布形式如何复杂，混合模型总是能够通过增加基本函数个数的方法并灵活地调节权重系数来描述数据的分布特性，而这种能力是单一的概率密度函数所不具备的。然而混合模型中基本函数个数的确定与优化一直是悬而未解的难题之一，这也限制了它的广泛应用[10]：选择基本函数个数过多的话，就会导致模型的过渡拟合，甚至在局部区域会出现剧烈的波动现象；基本函数的个数过少，则此参数模型不能准确地反映数据的实际分布特性，产生较大的拟合偏差[11]（图 8-5）。最佳的统计学模型应该在这两个极端之间找到一个折中解。

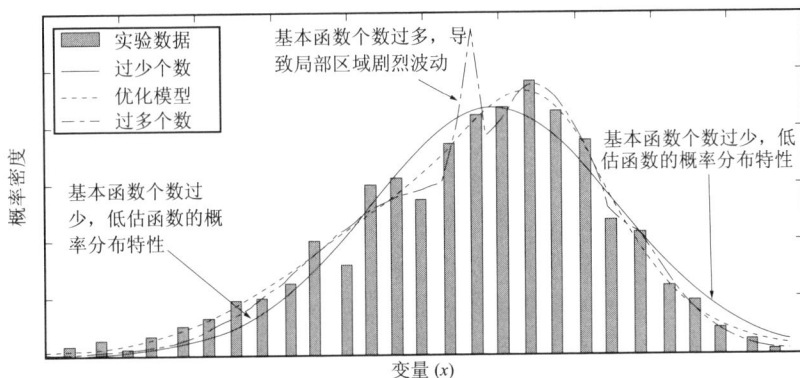

图 8-5　基本函数过多/过少的局限性

在前人研究工作的基础上，本章结合优化运算，阐述了利用模糊多准则确定基本函数最佳个数的方法，具体的流程如图 8-6 所示。

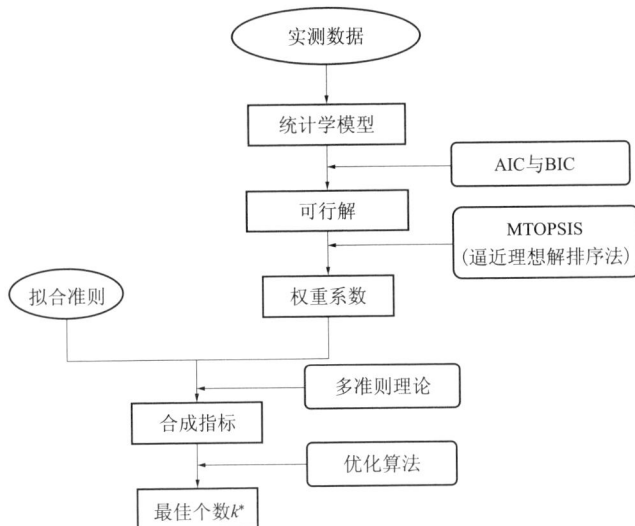

图 8-6　求解基本函数最佳个数流程图

253

8.3.1　确定可行解

混合模型就是由若干个不同分布参数的概率密度函数以不同的权重因子灵活地结合在一起而组成的一个新的概率密度函数。设一个随机变量 X 的取值空间为 χ，它的概率密度函数为：

$$f(y \mid x; \theta_1, \theta_2, \cdots, \theta_k; p_1, p_2, \cdots, p_k) = \sum_{i=1}^{k} p_i f_i(y \mid x; \theta_i) \qquad (8-38)$$

式中，$p_i \in [0, 1]$，$i \in [1, k]$，$\sum_{i \leqslant i \leqslant c} p_i = 1, f_i(\bullet) \geqslant 0, \int_{\chi} f_i(x) \mathrm{d}x = 1$。

我们就称变量 X 服从混合分布，而 $f(y \mid x; \theta_1, \theta_2, \cdots, \theta_k; p_1, p_2, \cdots, p_k)$ 就是混合分布概率密度函数，参数 $p_1, p_2, \cdots, p_k$ 为权重系数，$f_i(\bullet)$ 为混合分布中的基本函数。

从混合模型的定义式可以看出，这是一种广泛意义上的参数化模型，其基本函数的成分是灵活多变的（图 8-7），比如除正态分布、Poission 分布、t 分布、二项分布、威布尔分布外，还可以是其他的一些不常见的概率密度函数。其中混合正态分布能够灵活地拟合任意形状的实测数据，得到的结果也令人满意。在实际中，特别是对于大样本空间的数据，应用最为广泛。本节就是以相互独立的混合正态分布为例来进行说明的，当然也可以根据实际情况将这种方法推广到其他类型的分布函数上去。

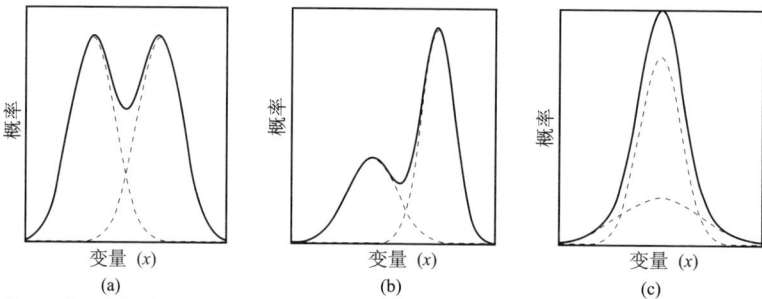

•实线是混合分布模型，虚线是其中的每一个基本函数。

图 8-7　混合模型的灵活性
（a）双峰分布；（b）偏态分布；（c）厚尾分布

基本函数的个数是应用混合模型的基础，也是求解分布中未知参数的前提。对于一个给定的数学模型，可以有多种不同的确定基本函数个数的方法，在文献［12］中，我们已经对这些方法进行了综述。其中 AIC（Akaike Information Criteria）与 BIC（Bayesian Information Criteria）信息准则算法比较稳定，得出的结果也比较接近最优解，而且在计算机上容易实现自动化操作，应用最为广泛。本节就同时采用这两个准则初步确定可行解，即混合模型中基本函数的个数。

AIC 准则是基于惩罚函数的思想提出的，当纠正对数似然偏差最小时，对应的个数就认为是函数的最优解。

$$AIC(k) = -2L(k) + 2v(k) \tag{8-39}$$

BIC 准则是对积分似然给出的一个近似，通过 Laplace 变换，得到目标函数，当这个目标函数趋于最小值的时候，对应的个数就认为是最优解。

$$BIC(k) = -2L(k) + v(k)\ln n \tag{8-40}$$

这里 $L(k) = \sum_{i=1}^{n} \ln \left[\sum_{j=1}^{k} p_i f(x_i, \theta_j) \right]$，$v(k) = (k-1) + dk + dk(k+1)/2$。

需要指出的是，虽然这两种方法都可以近似地求解出模型中基本函数的个数，但是它们确定的数值 k 并不相同，甚至差异较大。已有研究表明：AIC 求解的个数比最优解略高，而 BIC 确定的个数比最优解稍微低一些[13]。因此为了得到一个比较客观、相对准确的初始解，本节同时考虑这两个准则值确定基本函数的个数，利用等权重因子法将这两个结果圆整为一个值，即

$$C = WR \tag{8-41}$$

这里 C 是 1×1 维的评估矩阵，它的整数部分 $k(k = \mathrm{Int}(C))$ 被定义为是混合模型中的可行解。$\boldsymbol{R} = (R_1, R_2)^{\mathrm{T}}$，$R_1$ 和 R_2 分别对应着利用 AIC 与 BIC 定义的基本个数 k。$W = (w_1, w_2)$，为对应的每一个准则的权重系数，即 $w_1 = w_2 = 0.5$。

8.3.2　拟合精度检验

在定量确定某一个分布的最佳拟合分布函数时，需要定量地说明所选择的模型（个数不同）是否准确，即拟合优度检验。一般是采用图解法或者定性分析法来检验概率分布函数是否适配已知的样本的经验频率分布。其中图解法主要是靠目测来模糊地判断模型拟合的好坏，是十分主观的。本节将采用分析法，选定以下几种优良性能评估指标。

1. 柯尔莫哥洛夫检验法（Kolmogorov - Smirnov test，KS 检验）

KS 检验属于非参数检验，它基于中心极限定理，按照样本点逐个考虑经验频率与理论频率之间的差异。这种方法是以实测数据的累积概率密度函数（Cumulative Distribution Function，CDF）是正态分布为基础，并忽略其他非最大偏差测试点的拟合偏差。式（8-42）是 KS 统计量的计算式，图 8-8 是对应的原理图。

$$D_n = \sup_{-\infty < x < +\infty} |F_n(x) - F(x)| = \max \begin{cases} |F_n(x^-) - G(x)| \\ |F_n(x^+) - G(x)| \end{cases} \tag{8-42}$$

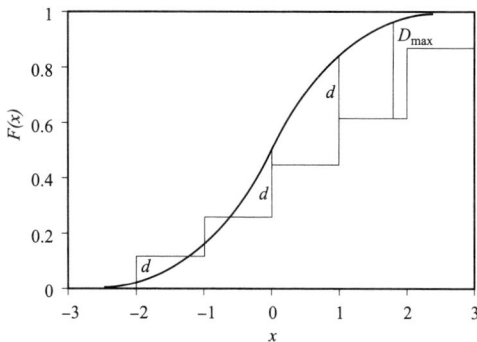

图 8 − 8　KS 检验统计量的原理图

式中，$F_n(x)$ 为经验概率分布；$F_n(x^-)$ 为跃变前的经验概率分布值；$F_n(x^+)$ 为跃变后的经验概率分布值；$G(x)$ 为等待检验的分布形式。

可以明显地看出，D_n 的数值越小，所选择的拟合函数就越能反映数据的分布特性。

2. 概率密度函数的平均偏差

概率密度函数的平均偏差描述的是实测数据与理论模型的概率密度函数在所有的样本点上的分布偏差绝对值的平均值，如式(8 − 43)所示。

$$\delta_f = \frac{1}{n} \sum_{i=1}^{n} \left| f(x_i) - g(x_i) \right| \tag{8 − 43}$$

式中，$f(x)$ 为实测数据的概率密度函数值；$g(x)$ 为理论分布函数的概率密度函数值；x_i 为对应的载荷区间中点的函数值。

从式(8 –43)可以看出，与 KS 不同，它是从全局的角度衡量所选择的概率密度函数(Probability Density Function，PDF)与实际数据的接近程度，而不仅仅是通过某一两个独立的测试点。

3. 累积分布函数的偏差

与 δ_f 一样，δ_F 也是从全局的角度衡量实测 CDF 与理论 CDF 之间的差异。它的数值等于实测 CDF 与理论 CDF 之间偏差的数学平均值。

$$\delta_F = \frac{1}{n} \sum_{i=1}^{n} \left| F_n(x) - G(x) \right| \tag{8 − 44}$$

各个字母的含义与 KS 检验统计量相同。

4. 均方根偏差

均方根误差亦称标准误差，是衡量样本离散程度的物理量，它是由系统性误差和随机性误差引起的。在有限次测量的次数中，它将所有的测试点的理论模型与实测模型的残余误差等效地转化成一个衡量指标 $RMSD$，如式 8 − 45 所示。

$$RMSD = \sqrt{\frac{\sum\limits_{i=1}^{n} (f(x) - g(x))^2}{n}} \qquad (8-45)$$

式中，$f(x)$ 是实测的载荷概率密度值；$g(x)$ 为理论模型的概率密度值。

5. 决定系数

决定系数从拟合精度角度定量地描述理论模型与对应的测试数据之间的差异，它衡量的是统计学模型整体的拟合优劣状况。

$$R^2 = 1 - \frac{\sum\limits_{i=1}^{n} (f(x) - g(x))^2}{\sum\limits_{i=1}^{n} (f(x) - \overline{g}(x))^2} \qquad (8-46)$$

式中，$f(x)$ 是实测的载荷概率密度值；$g(x)$ 为理论模型的概率密度值；$\overline{g}(x)$ 为理论模型在所有采样点的概率平均值。

前面已述，对于所确定的最佳基本函数的个数，无论采用上面所述的哪一个检验指标，均能较好地反映实测数据的分布特性，但并不等同于每一个指标均能达到最好。反过来讲，如果上述的五个检验指标尽量或者同时达到最优，则此时对应的这个混合分布模型的个数 k 肯定是最优的。

为此，可以采用多准则技术将这五个检验指标转化成一个综合指标，根据综合指标的数据特性，选择出最佳的个数，避免了凭直觉或者经验做出非科学的决策。对于本节所说的任何一个可行解，其拟合效果均可以采用这 5 个指标进行描述，故相应的多准则模型可以表示为含有 m 个可行解（决策方案）和 n 个属性值（评价指标）组成的评估矩阵 $\boldsymbol{A}$。

$$\boldsymbol{A} = \begin{pmatrix} a_{11} & \cdots & a_{n1} \\ \vdots & \ddots & \vdots \\ a_{1m} & \cdots & a_{mn} \end{pmatrix} \qquad (8-47)$$

式中，m 为备选的可行解的数目；n 为每一个可行解对应的属性值的数目；a_{ij} 为第 i 个可行解在第 j 个准则上的属性值。

本节所选择的这些检验指标都是从不同的方面来衡量这个可行解的性能。这就导致了衡量结果差异较大（数值不处于同一个数量级），单位也不一致，而且彼此之间没有可比性。为了消除不同的准则对最后决策结果的影响，需要对这些指标进行标准化处理，将它们都转化到同一个数量区间 $[0, 1]$ 内。目前进行标准化处理的方法有很多种，像平方根法、比值法、线性比例变换法、比重变换法等[14]。本节根据载荷的特性选择了最简单常用的极差变换归一法将评估矩阵 $\boldsymbol{A}$ 转化成标准矩阵 $\boldsymbol{B}$。具体的过程为：

对于效益性指标，即数值越高表示性能越好，对应的标准化公式为：

$$b_{ij} = \frac{x_{ij} - x_{j\min}}{x_{j\max} - x_{j\min}} \tag{8-48}$$

对于消费型指标，即数值越低表示性能越好，转化公式为：

$$b_{ij} = \frac{x_{j\max} - x_{ij}}{x_{j\max} - x_{j\min}} \tag{8-49}$$

式中，$x_{j\max}$ 与 $x_{j\min}$ 分别为对应于第 j 个准则的所有指标中数值的最大值与最小值。

8.3.3　求解权重系数

本节在确定最佳统计学模型的同时考虑了每一个可行解的 n 个不同方面的属性值，因此在进行决策时，需要寻找一种行之有效的方法确定出每一个准则值的权重因子，使它能够真实客观地反映出每一个指标在最终的决策中所占的比重。确定准则权重系数的方法主要有主观赋权法和客观赋权法。采用不同的方法得到的权重系数可能不一样，进而引起决策结果的差异。而在选择最佳分布函数的过程中存在着大量的自身模糊性和不确定性等问题，决策者有时并不能预先给出相应的权重信息，或者说先前信息是不完全确定的。TOPSIS(Technique for Order Preference by Similarity to an Ideal Solution)方法能够根据已知的偏好信息确定出比较客观的权重，具有较高的方案辨别能力，适用于定性和定量的多准则决策问题。因此本节在借鉴此方法理论依据的基础上，对该方法稍微做了一些改进，取得了比较满意的结果。

确定出标准矩阵 $\boldsymbol{B} = (b_{ij})_{m \times n}$ 的正理想解 $C = (c_1, c_2, \cdots, c_n)$。其中元素 c_j 的值等于矩阵 $\boldsymbol{B}$ 中第 j 列元素中的最大值，即

$$c_j = \max_{1 < j < n} b_{ij} \tag{8-50}$$

设权重向量集合为 $\boldsymbol{W} = (w_1, w_2, \cdots, w_n)$，且满足 $\sum_{i=1}^{n} w_i = 1$。

由于各种原因引起的随机性，每一个决策方案与理想解之间都存在一定的偏差，如果将第 i 个可行解 B_i 与理想解 C 之间的距离定义为

$$\Omega_i^2 = \sum_{j=1}^{\beta} (b_{ij} - c_j)^2 w_j^2 \tag{8-51}$$

显然，B_i 与 C 越接近，说明这个可行解 B_i 越优。

为了减小所有的可行解与理想解之间的差异，使它们之间的分歧降到最低，建立以下的非线性数学模型：

$$\min \Omega = \sum_{i=1}^{\alpha} \Omega_i^2 = \sum_{i=1}^{\alpha} \sum_{j=1}^{\beta} (b_{ij} - c_j)^2 w_j^2 \tag{8-52}$$

$$\text{s. t.} \begin{cases} \sum_{j=1}^{\beta} w_j = 1 \\ w_j \geqslant 0 \end{cases}$$

将式(8-52)转化成拉格朗日函数：

$$L(w,\lambda) = \sum_{i=1}^{\alpha} \sum_{j=1}^{\beta} (b_{ij} - c_j)^2 w_j^2 + \lambda \left(\sum_{j=1}^{\beta} w_j - 1 \right) \qquad (8-53)$$

根据式(8-53)，对其求解偏导数，就可以得到每一个准则对应的权重系数 $W = (w_1, w_2, \cdots, w_j, \cdots, w_\beta)$，即

$$\begin{cases} \dfrac{\partial L}{\partial w_j} = 2 \sum_{i=1}^{m} (b_{ij} - c_j)^2 w_j + 2\lambda = 0 \\ \dfrac{\partial L}{\partial \lambda} = \sum_{j=1}^{n} w_j - 1 = 0 \end{cases} \qquad (8-54)$$

得

$$w_j = \varphi / k_{1j} \qquad (8-55)$$

式中，$\varphi = 1 \Big/ \left(1 + \sum_{j=1}^{\beta} 1/k_{1j} \right)$；$k_{1j} = \sum_{i=1}^{\alpha} (b_{ij} - c_j)^2 \Big/ \sum_{i=1}^{\alpha} (b_{ij} - b_1)^2$。

8.3.4　确定最佳个数

我们知道，当混合模型中基本函数的个数很少的时候，无论是采用哪一个检验指标，拟合精度都不是很高；基本函数过多的时候，拟合程度也是急剧地下降，只有在中间的某些区域，其精度才基本维持在一个定值附近，即精度随函数个数之间的关系近似地是一条开口向下的"浴盆曲线"。为此我们假设各个可行解是公平竞争的，即所有的可行解均对应着同一组权重系数。则对于任何一个固定的 k 值，均可以将这些检验指标转化成一个综合指标 r_k，如式(8-56)所示。

$$r = BW = \begin{matrix} R_1 \\ R_2 \\ \vdots \\ R_i \\ \vdots \\ R_{k_{\sup}} \end{matrix} \begin{bmatrix} r_1 \\ r_2 \\ \vdots \\ r_i \\ \vdots \\ r_{k_{\sup}} \end{bmatrix} \qquad (8-56)$$

这里 r_k 是对应于 Q_k 可行解的所有拟合精度指标(5 个)的合成值，$r_k \in [0,1]$。所有的 r_k 组成了可行解的排序值，这个合成指标的幅值说明了可行解的总体拟合精度质量，其数值越大越好。因此我们可以仅仅通过对比 r_k 的

幅值，与最大的 r_k 相对应的函数个数 k^* 就是最后的最优解 k^*。

$$k^* = \max_{1 \leq k \leq k_{\text{sup}}} \arg (r_k) \tag{8-57}$$

8.4 基于核函数的载荷外推方法

正如前面所述，我们无法测得全寿命载荷时间历程的数据，若要编制全寿命周期内载荷谱，一般是通过一定的外推方法估计得到的。外推方法有参数外推和非参数外推，在参数外推法中，载荷的均值、幅值需要用分布函数来拟合。此时会产生主观人为因素。为了解决上述关键问题，非参数外推被应用到载荷外推上来消除主观人为因素带来的误差。由于非参数估计是一种不用假设分布函数就能估计数据分布的方法，它能够避免参数外推的主观性。同时非参数外推也是编制混合动力汽车载荷谱非常合适的方法。然而，由于选择的核函数不同，非参数外推结果可能相差很大。本节用多准则决策技术来评价载荷均值和幅值的离散程度。为了选择合适的核函数外推测试载荷，提出了一种基于多准则决策技术解决非参数外推核函数选择问题的新方法。

8.4.1 基于核函数估计的非参数外推方法

8.4.1.1 非参数外推方法

参数法将载荷的均值与幅值分别统计，破坏了迟滞回环的结构，这样得到的载荷谱对零件造成的损伤也发生了变化。非参数外推的方法在保证每个迟滞回环结构不被破坏的情况下，推算每个循环在全寿命周期可能出现的频次。非参数外推首先将载荷时间历程进行雨流计数，雨流计数法是一种可以将结果与材料的应力—应变迟滞回环保持一致的一种算法，产生的雨流矩阵的每个元素都代表一定大小的应力—应变迟滞回环，然后可以确定出载荷的均值和幅值。所以，非参数外推适合用来外推没有大的载荷波动的混合动力车载荷数据，减小拟合误差[15]。

8.4.1.2 核函数估计

核函数可以应用到非参数估计方法上[16]，同时，用于核函数带宽选择的拇指法则算法可以提高非参数外推结果的准确性。最大似然估计也可以应用到非参数外推上[17]，这种算法也在很大程度上提高了外推的精度。非参数外推的详细算法如下：

假设数据点 $x_i(i=1, 2, \cdots)$，N 的数据值为 Y_i，伴随着测量误差 ε_i，则有以下等式

$$Y_i = f(x_i) + \varepsilon_i \tag{8-58}$$

设 $f(x)$ 为连续平滑函数，则在 x 邻域 $u(x)$ 内，我们估计

$$\overline{f(x)} = \frac{1}{N_x} \sum_{i:\, x_i \in u(x)} Y_i \qquad\qquad (8-59)$$

其中，N_x 为数集 $\{i:\ x_i \in u(x)\}$ 的基数，如果考虑到邻域内不同的 x_i 对 x 的影响不同，可以加入每个值的权重

$$\overline{f(x)} = \frac{1}{N} \sum_{i=1}^{N} w_i(x) Y_i \qquad\qquad (8-60)$$

所有点的权重的和应该等于 1。

引入核函数 $k_h^{x_i}(u)$，选择合适的带宽 h，则归一化权重函数可以写成

$$w_i(x,h) = k_h^{x_i}(x) \Big/ \frac{1}{N} \sum_{i=1}^{N} k_h^{x_i}(x) \qquad\qquad (8-61)$$

代入式(8-60)可以得到估计的函数为

$$\overline{f(x,h)} = \frac{1}{N} \sum_{i=1}^{N} k_h^{x_i}(x) Y_i \Big/ \frac{1}{N} \sum_{i=1}^{N} k_h^{x_i}(x) \qquad\qquad (8-62)$$

常用的核函数有高斯核函数和 Epanechnikov 核函数，它们分为一维核函数和二维核函数。而二维核函数是以一维核函数构成的，因此以一维核函数为例，其表达式分别如下。

高斯核函数：

$$K(u) = \frac{1}{\sqrt{2\pi}} e^{-\frac{1}{2}u^2} \qquad\qquad (8-63)$$

Epanechnikov 核函数：

$$K(u) = \frac{3}{4}(1-u^2) 1_{\{|u| \leqslant 1\}} \qquad\qquad (8-64)$$

二维核函数的密度估计原理和一维相同，且二维高斯核函数的水平投影是椭圆。为了说明，以一维高斯核函数密度估计为例，如图 8-9 所示。在本节研究的外推方法中，需要用二维核函数来拟合载荷的均幅值。核函数的一个基本参数是带宽，带宽对核函数估计的影响很大，选择合适的核函数和带

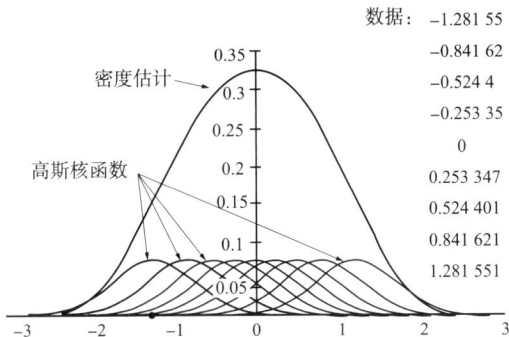

图 8-9　高斯分布密度估计

宽后[18,19]，载荷数据的概率密度函数可以有效地估计出来。

8.4.1.3　雨流矩阵载荷数据研究

在非参数外推中，得到的雨流计数结果可以用"From - To"雨流矩阵表示[20,21]。经过大量的计算，总结了载荷实际变化趋势如图 8 - 10(a) 所示，在矩阵的主对角线上，载荷循环的数量都为零。而均值和幅值的变化趋势由箭头表示，如图 8 - 10(b) 所示，在偏离副对角线的方向，均值变大；同样，在偏离主对角线的方向，幅值变大。雨流矩阵图清晰地显示了载荷循环的分布情况。

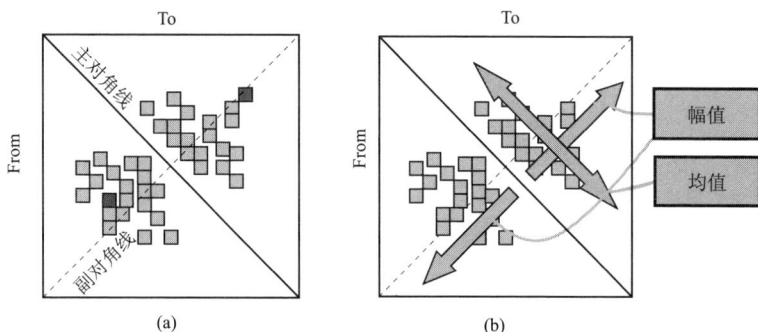

图 8 - 10　雨流矩阵数据分布

(a) 雨流矩阵的 From - to 图；(b) 均幅值变化趋势

8.4.1.4　四种核函数的特性

核函数带宽的确定和核函数类型的选择都能够影响外推的准确性。但是应用自适应带宽可以减少确定带宽带来的影响。所以，核函数类型的选择需要深入研究。常用的核函数其水平投影有圆形核函数(Circular)、椭圆均值核函数(Mean based ellipse)、椭圆幅值核函数(Range based ellipse)、方形核函数(Epanechekov)，上述四种核函数的形式如图 8 - 11 所示。

选择哪一种核函数要根据不同数据形式或数据性质的变化。椭圆幅值核函数通常应用在雨流矩阵上的数据沿着次对角线分布的情况，例如，测得的一个支撑架的振动数据，测试的结果是一个高斯形振动的形式，其特点是对于一个循环固定的均值有很大且重要的幅值波动，此时可以采用椭圆幅值核函数进行计算。而椭圆均值核函数相反，主要应用在雨流矩阵上的数据沿着主对角线分布的情况，例如，许多压载状态的测试数据就会产生很多的均值波动，且变化很大。方形核函数是常用的一种核函数，由于其有边界条件的特性导致在雨流计数图上显示的是方形结构，很适合数据的雨流外推。方形核函数主要应用在雨流计数图上数据均值和幅值分布很均匀的情况，例如一个受到随机输入载荷的悬挂部件，这种方式显得很适用。圆形核函数与方形核函数相似，同样应用到均值与幅值均匀分布的情况，其外推的结果也没有很大的区别。

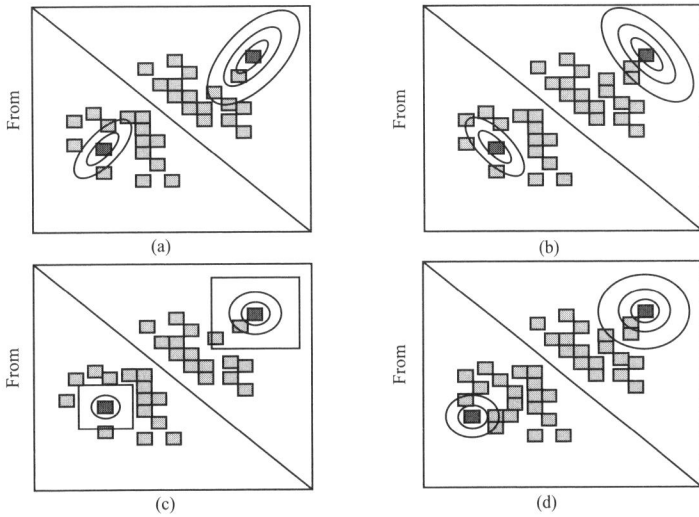

图 8-11 四种外推核函数

(a)椭圆幅值核函数;(b)椭圆均值;(c)方形幅值;(d)圆形幅值

8.4.1.5 核函数对外推结果的影响

对一组测试数据分别用上述四种方法进行外推,得到的外推结果如图8-12所示,从图中我们可以直观地看到外推的结果相差很大,尤其是得到的极值有很大的不同,而极值对疲劳寿命的影响非常大。所以,为了提高外推结果

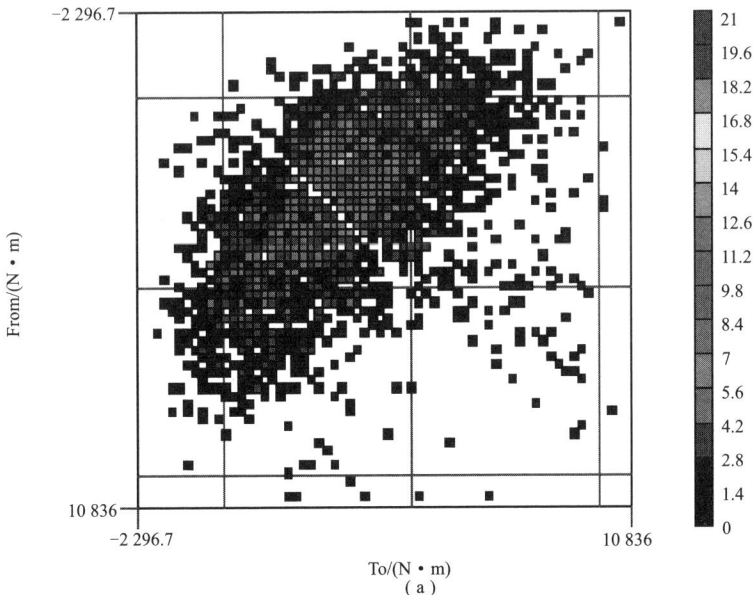

图 8-12 四种核函数外推结果对比

(a)椭圆幅值核函数外推结果

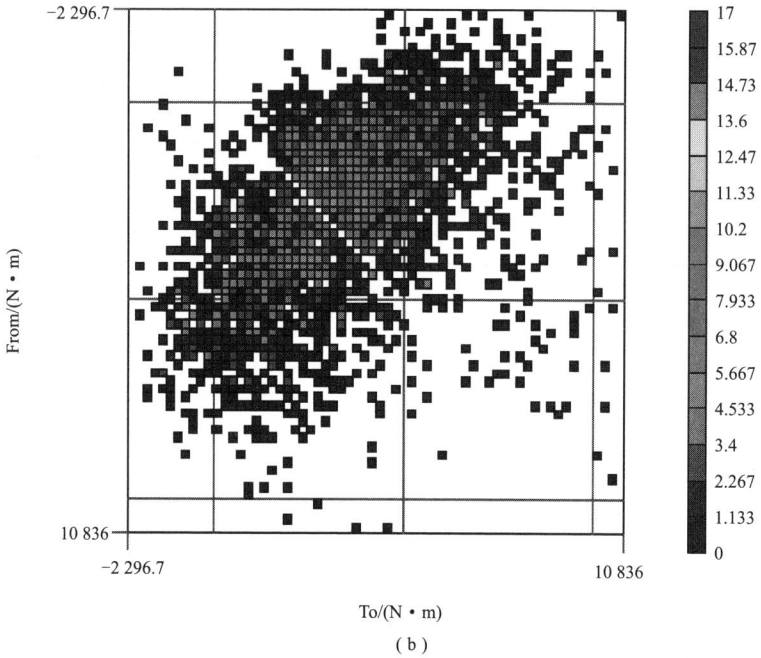

（b）

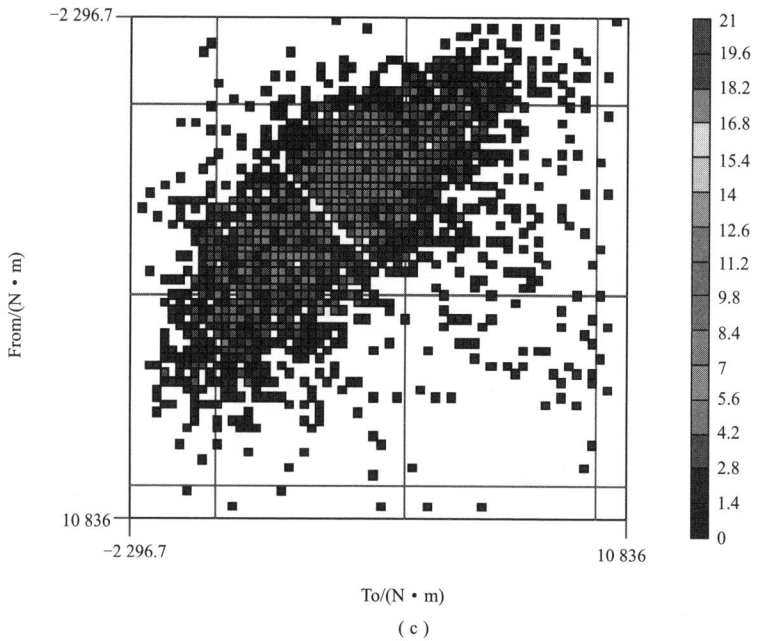

（c）

图 8-12　四种核函数外推结果对比（续）

（b）椭圆均值核函数；（c）方形核函数外推结果

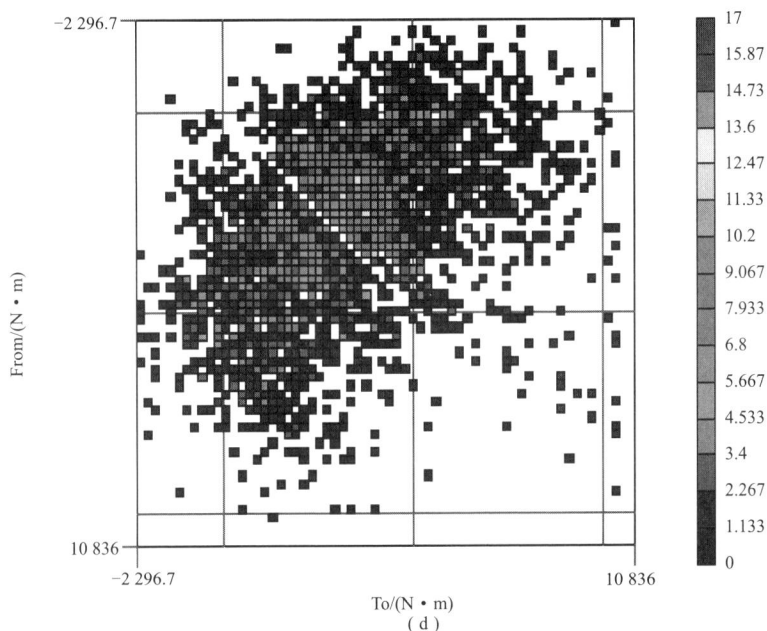

图 8 - 12　四种核函数外推结果对比（续）

(d)圆形核函数外推结果

的精度，选择合适的核函数是非常重要的。通常圆形、方形在外推数据时对均值与幅值同等地对待，并没有更偏向于哪一种数据。而椭圆均值核函数、椭圆幅值核函数在外推时充分地考虑到了数据分布的特性，在比较均值和幅值的离散程度之后，使用这两种核函数对数据进行外推，能够更明确体现数据的变化特性，因此在选择核函数进行外推时，这两种核函数应用地更多一些，所以这两种核函数的选择尤为重要。

8.4.2　核函数的选择准则

对于椭圆均值核函数、椭圆幅值核函数这两种核函数的选择，目前没有相应的标准确定在什么情况下选择哪一种核函数结果会更好，只能根据个人的喜好或者偏向来选择使用哪一种核函数。在 Nsoft 软件"Rainflow"文档中提出，可以根据雨流矩阵中数据的均值和幅值的离散程度来选择椭圆均值核函数或者椭圆幅值核函数，均值离散程度大，则选择椭圆均值核函数；反之，选择椭圆幅值核函数。因此结合雨流矩阵数据的分布特点，研究均值分布与幅值分布的离散程度的大小可以判断选择哪种核函数。

均幅值的离散程度是载荷数据分布的一种特性，它反映了均幅值的波动以及分布程度，评价数据离散程度的指标很多，如全距、方差、标准差、四分位距等。但是单纯的某一因素来评价数据的离散程度并没有足够的说服力，应用多准则技术将多个准则综合起来评价数据的离散程度在一定程度上能够减小判断误差，提高结果的准确性。因此本节将应用载荷均值与幅值的全距、标准差、四分位距这三个准则来综合判断出载荷均值和载荷幅值离散程度相对大的变量，以选择合适的核函数。

（1）全距

全距（R）是一组测量数据中最大值和最小值的距离，见图 8 – 13 中 R。全距反映了数据的总体变化范围，其值越大，意味着数据的波动范围越大；同理，其值越小，意味着数据的波动范围越小。用全距来衡量数据波动的范围，计算量小，但是这种衡量方法的缺点是只考虑了数组的最大值和最小值，并没有体现出其他样本值的变化情况。因此数组中样本含量相差很多时不应该单纯选择全距进行衡量。

（2）四分位距

四分位距（Q）是指数组中上四分位数 Q_U（P75）和下四分位数 Q_L（P25）的距离，见图 8 – 13 中 Q。四分位距表示数组中间一半数据值的全距，性质与全距相同，数值越大，波动范围越大；同理，其值越小，意味着数据的波动范围越小。四分位距不受数组两端最大值和最小值的影响，因此四分位距相对于全距较稳定。但四分位距同样没有考虑到整个样本值的变化，故常用于描述数组两端没有确定数值的离散程度。

（3）标准差

为了全面考虑观察值的变异情况，克服全距和四分位距的缺点，需计算总体中每个数据 X 与总体均值 μ 的差值，故用方差来衡量。为了使原始单位与计算单位相同，我们用标准差来衡量数据的离散程度。见图 8 – 13 中 σ。标准差大，表示观察值的变化度大；反之，标准差小，表示观察值的变化度小。计算公式如下：

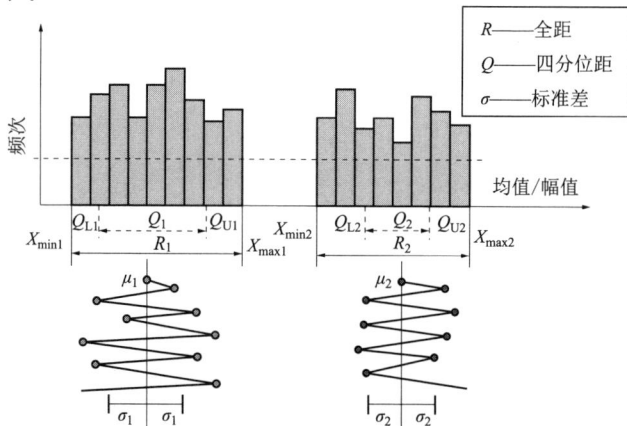

图 8 – 13　三个准则示意图

$$\sigma = \sqrt{\frac{\sum (X - \mu)^2}{n}} \qquad\qquad (8-65)$$

8.5　本章小结

载荷谱的准确估计直接决定于测试的样本载荷对实际行驶路况的代表程度，而准确的载荷谱又直接影响着对零部件疲劳寿命的预测精度。因此，完善样本采集方案、改进样本长度的确定方法从而实现、有效且足够的样本载荷是载荷谱编制中非常关键的。本章的最优载荷样本长度的确定，为混合动力汽车关键零部件的疲劳寿命预测提供了研究基础。另外本章结合混合动力车辆的受力特性，认为采用传统的单峰分布函数会存在较大的风险，只有混合分布模型才能反映数据的分布特性。以混合正态分布函数为例，详细地说明了建立混合模型的过程。在进行非参数外推时，详细介绍了采用多准则决策的方法选择核函数的方法，为精确编制载荷谱奠定了基础。

参 考 文 献

［1］刘庆松. 工程车辆传动系极值载荷度量方法及应用［D］. 长春：吉林大学，2014.

［2］王振雨. 载荷谱编制中极值载荷确定方法及应用［D］. 长春：吉林大学，2014.

［3］王乃祥. 基于多准则的装载机半轴载荷样本长度的确定方法［D］. 长春：吉林大学，2012.

［4］J. X. Wang, N. X. Wang, Z. X. Wang, et al. Determination of the minimum sample size for the transmission load of a wheel loader based on multi-criteria decision-making technology［J］. Journal of Terramechanics, 2012, 49(3): 147-160.

［5］周鋐，张炳安. 工程机械作业载荷谱样本长度确定方法研究［J］. 建筑机械：上半月，1993(6): 17-21.

［6］XIONG J J, SHEONI R A. A reliability-based data treatment system for actual load history［J］. Fatigue & Fracture of Engineering Materials & Structures, 2005, 28(10): 875-889.

［7］张云龙，褚文农，许纯新. 装载机传动系统载荷样本长度的确定［J］. 工程机械，1994, 25(6): 16-19.

[8] 李荣钧. 模糊多准则决策理论与应用[M]. 北京：科学出版社，2002.

[9] 王振雨，王乃祥，王继新，等. 基于混合分布的齿轮载荷谱编制方法综述[J]. 矿山机械，2011，39(4)：11 – 13.

[10] J. Henna. Estimation of the number of components of finite mixtures of multivariate distributions[J]. Annals of the Institute of Statistical Mathematics，2005，57(4)：655 – 664.

[11] M. A. T. Figueiredo. Unsupervised learning of finite mixture model[J]. Pattern Analysis and Machine，2002，24(3)：381 – 396.

[12] J. X. Wang, Z. Y. Wang, C. Yang, N. X. Wang, X. J. Yu. Optimization of thenumber of components in the mixed model using multi – criteria[J]. Applied Mathematical Modelling，2012，36(9)：4227 – 4240.

[13] G. Celeux，G. Soromenho. An entropy criterion for assessing the number of clusters in a mixture model[J]. Journal of Classification，1996，13(2)：195 – 212.

[14] J. J. Wang, Y. Y. Jing, C. F. Zhang, X. T. Zhang, G. H. Shi. Integrated evaluation of distributed triple – generation systems using improved grey incidence approach[J]. Energy，2008，33(9)：1427 – 1437.

[15] L. Yu, Z. Q. Su. Application of kernel density estimation in lamb wave – based damage detection[J]. Mathematical Problems in Engineering，2012，Article ID 406521，24 pages.

[16] B. W. Silverman. Density estimation for statistics and data[J]. Monographs on Statistics and Applied Probability，1986.

[17] S. J. Sheather. Density estimation[J]. Statistical Science，2004，19，(4)：588 – 597.

[18] A. Q. Rio, G. E. Perez. Nonparametric kernel distribution function estimation with kerdiest：an R package for bandwidth choice and applications[J]. Journal of Statistical Software，2012，50(8)：1 – 21.

[19] B. E. Hansen. Bandwidth selection for nonparametric distribution estimation[J]. University of Wisconsin，2004.

[20] J. X. Wang, Y Liu, X. H. Zeng, et al. Selection Method for Kernel Function in Nonparametric Extrapolation Based on Multicriteria Decision-Making Technology[J]. Mathematical Problems in Engineering，2013.

[21] 刘岩. 动力分配器齿轮疲劳载荷外推方法研究[D]. 长春：吉林大学，2014.

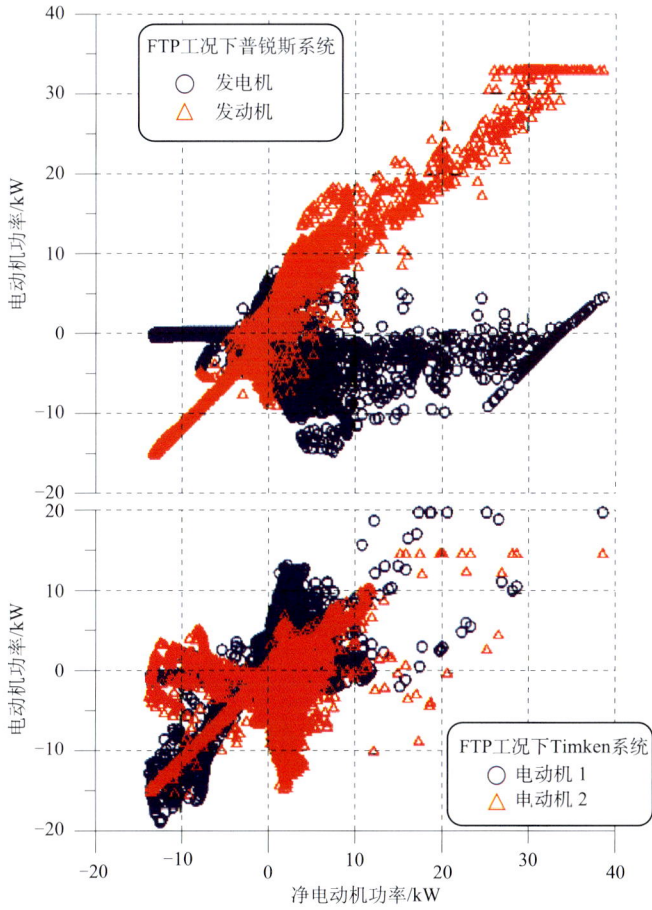

图 2－25　动力源需求对比

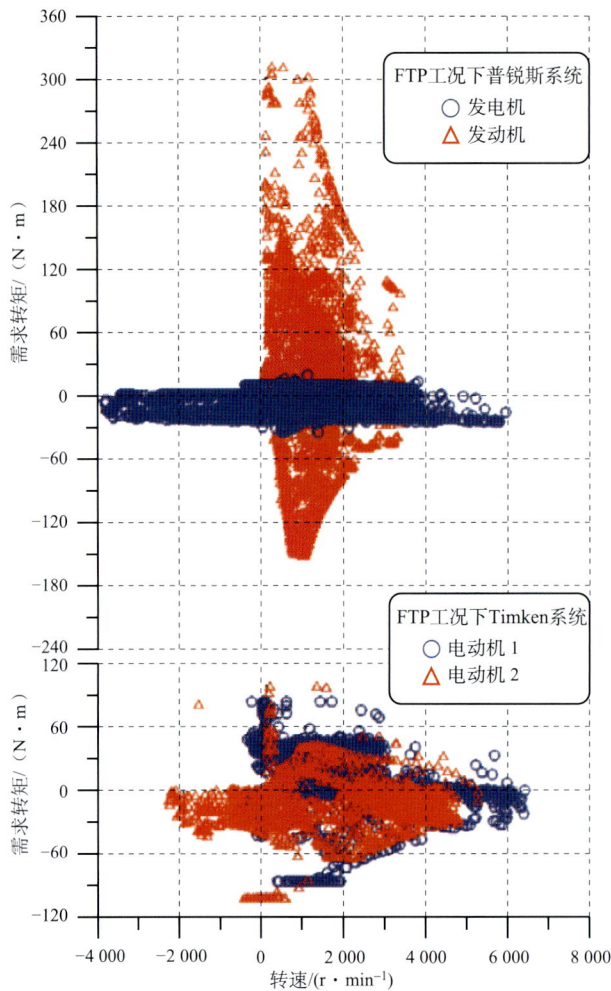

图 2-26　动力源需求对比

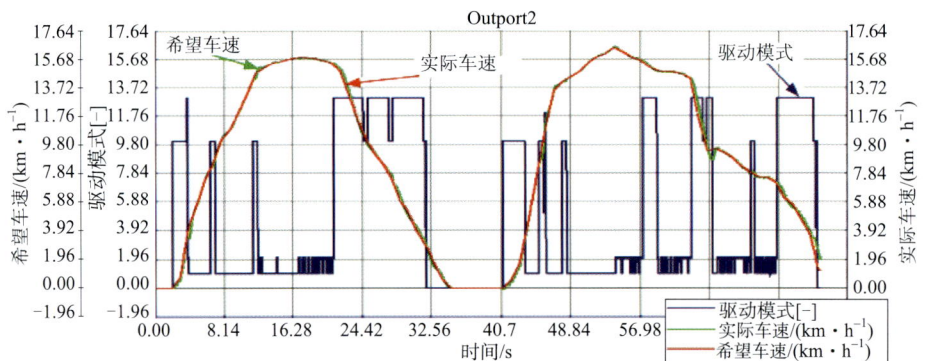

图 3-14　整车的希望车速、实际车速和驱动模式的仿真结果

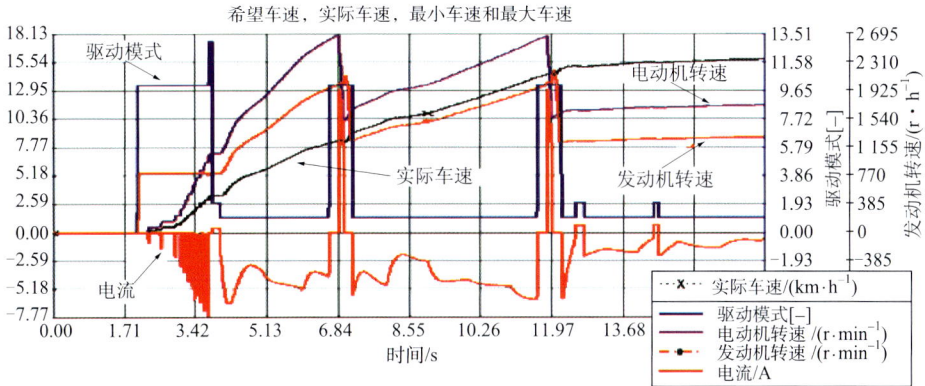

图 3-15　发动机、电池、电动机与驱动模式

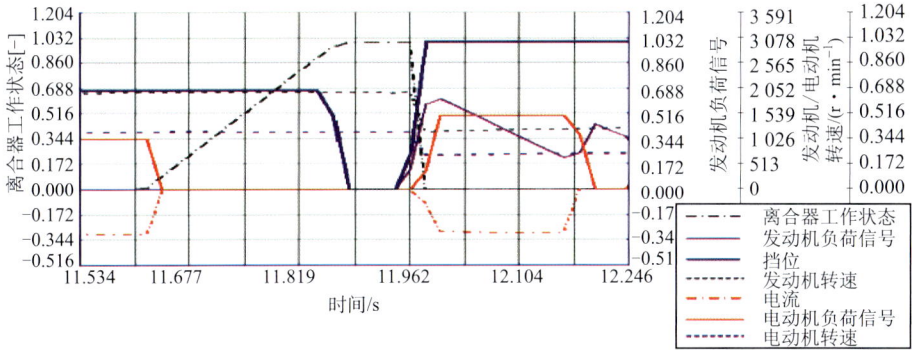

图 3-16　没有主动同步控制的升挡仿真图

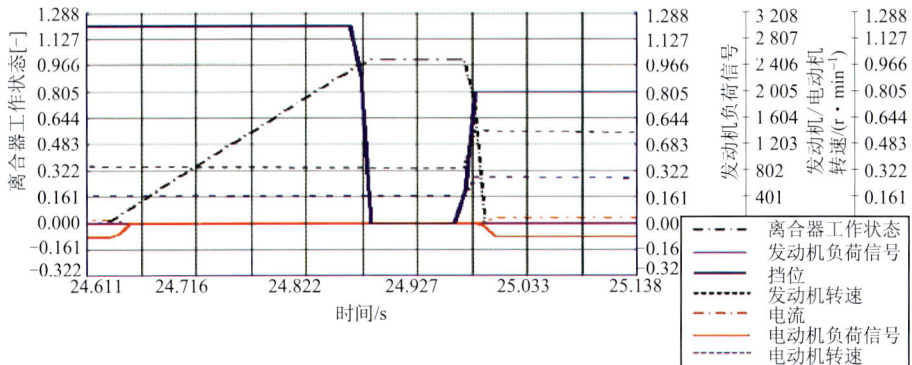

图 3-17　没有主动同步控制的降挡仿真图

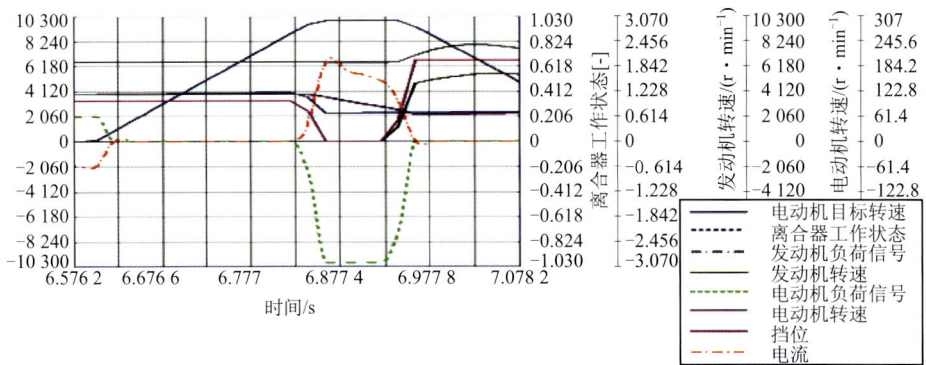

图 3－18　升挡时换挡过程与主要动力部件的仿真图

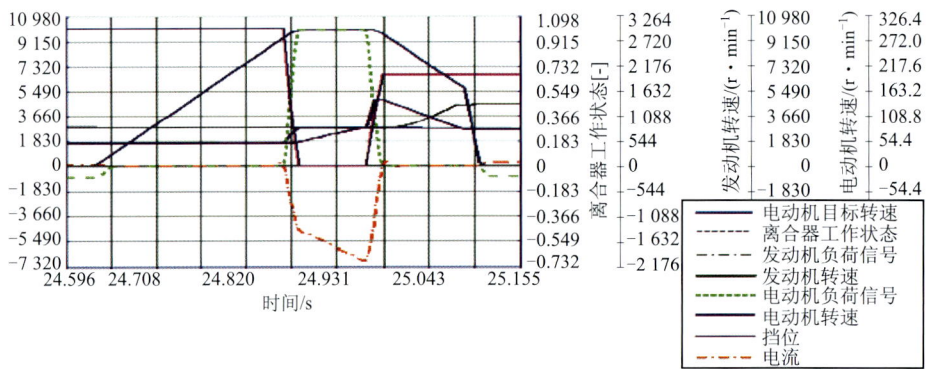

图 3－19　降挡时换挡过程与主要动力部件的仿真图

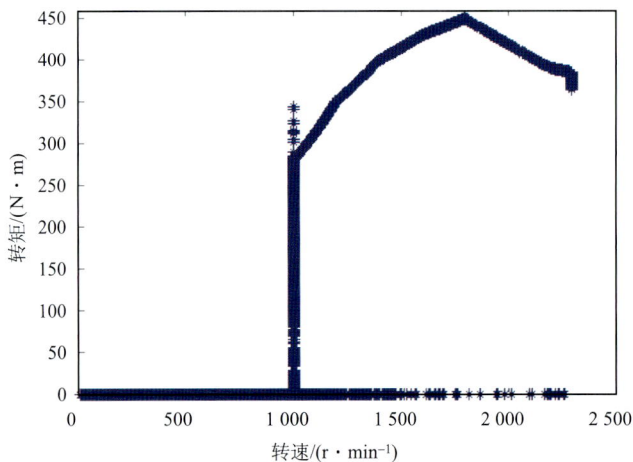

图 3－32　发动机工作点

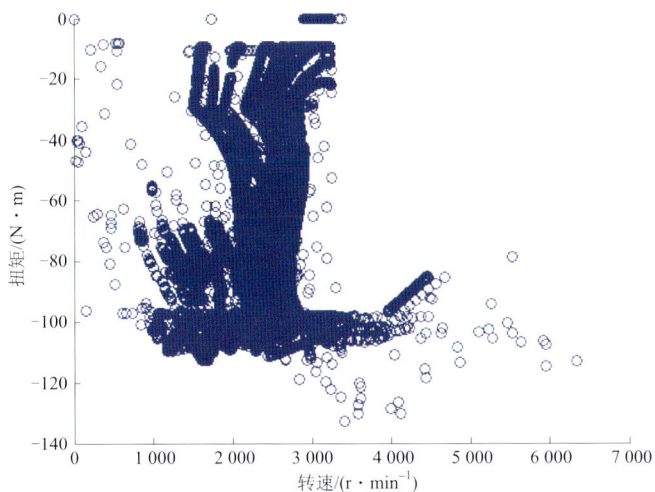

图 3 - 33　液压泵/马达 A 工作点

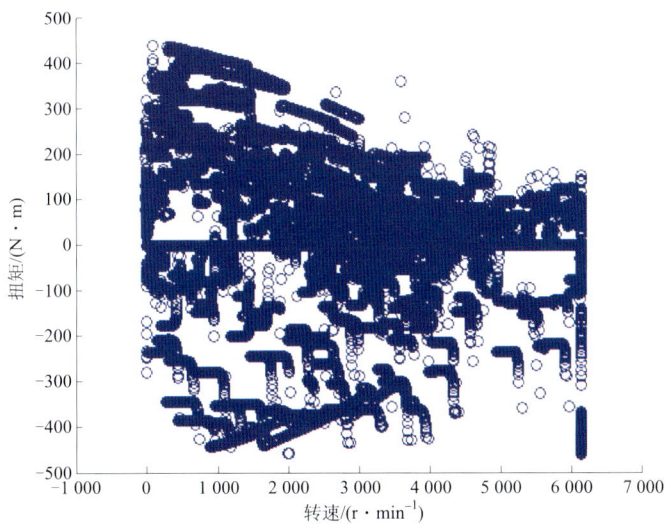

图 3 - 34　液压泵/马达 B 工作点

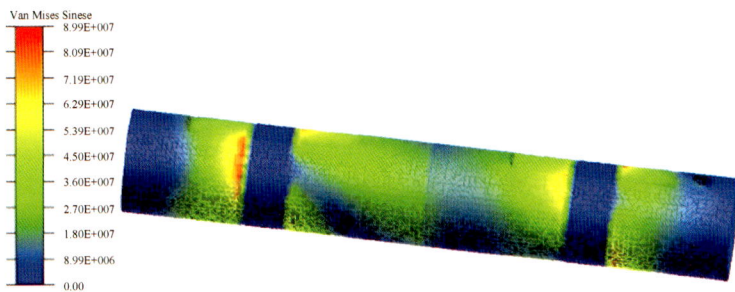

图 4　9　行星齿轮轴上的应力分布

图 4 - 10　行星齿轮轴上的应变分布

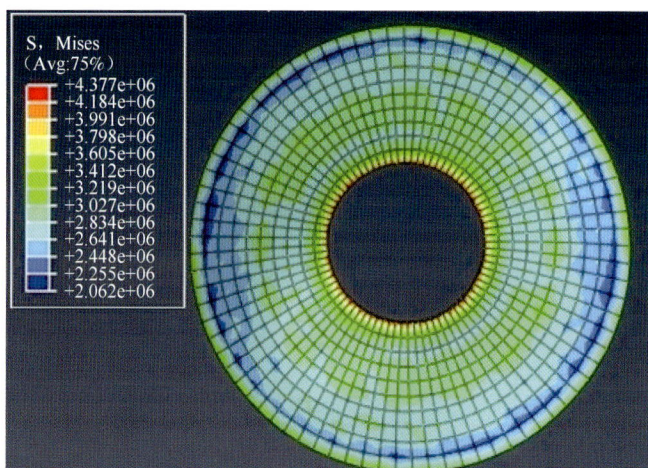

图 4 - 11　行星齿轮垫片应力云图

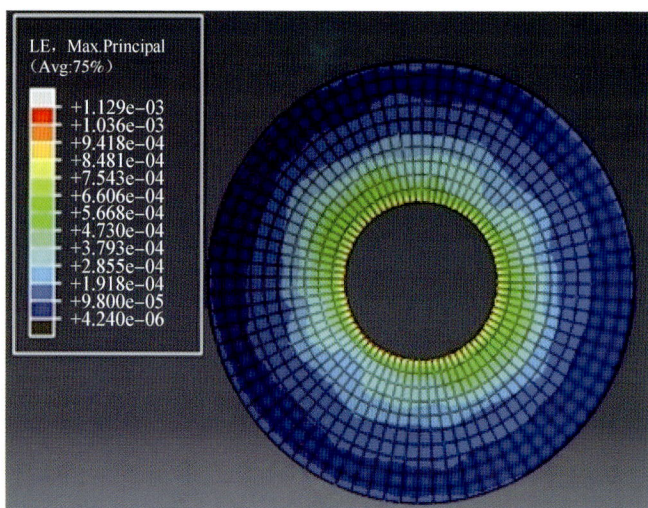

图 4 - 12　行星齿轮垫片变形云图

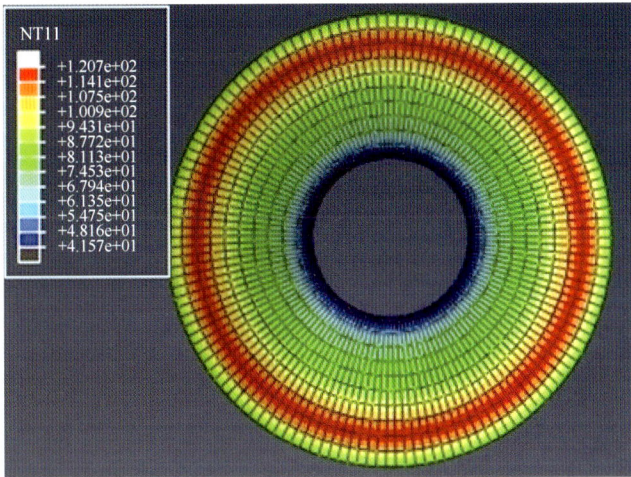

图 4 - 13　行星齿轮垫片温度云图

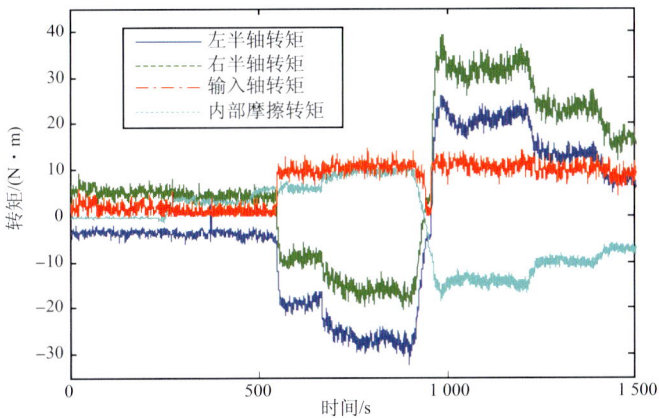

图 4 - 18　DPSD 输入输出轴的转矩

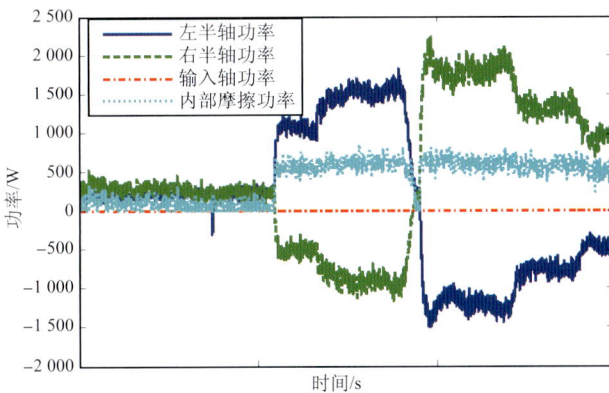

图 4 - 19　DPSD 输入输出轴的功率

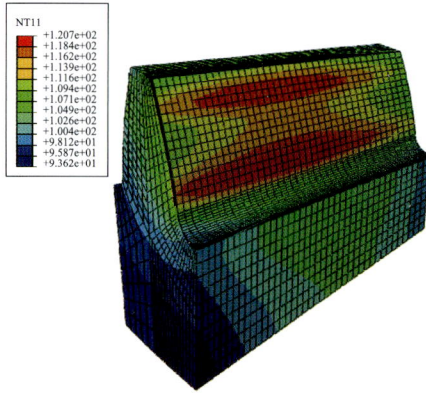

（a）

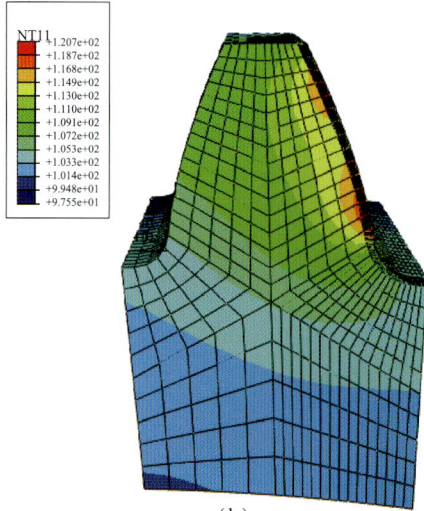

（b）

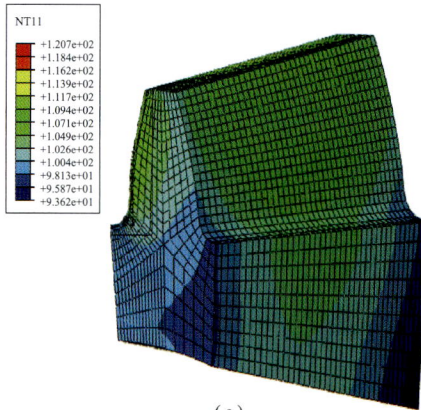

（c）

图 5－14　轮齿温度场分布

（a）啮合齿面温度分布；（b）中间截面温度分布；（c）非啮合面温度分布

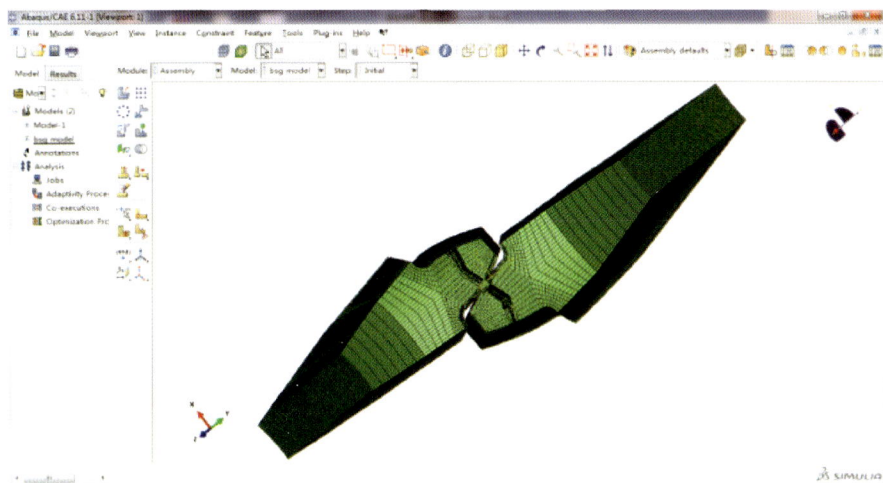

图 6 - 6　导入后的模型显示

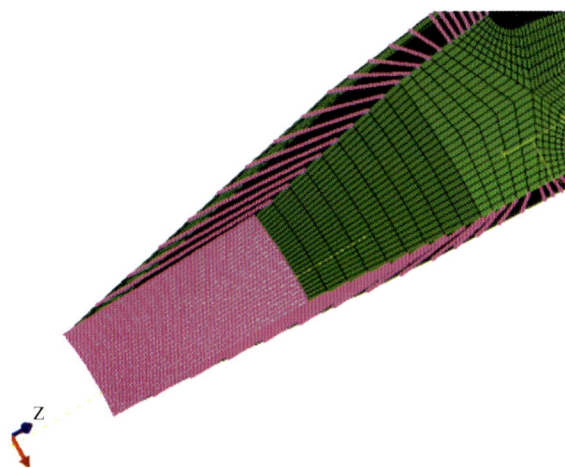

图 6 - 19　选择需耦合的节点

图 6 - 20　建立节点自由度耦合后的模型

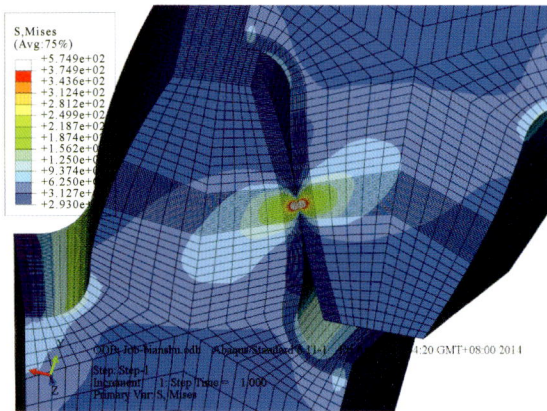

图 6 – 25　接触区域应力云图

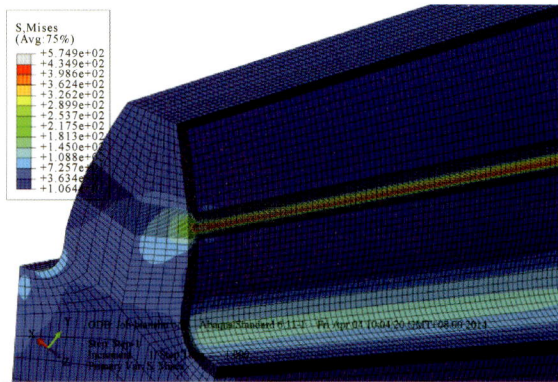

（a）

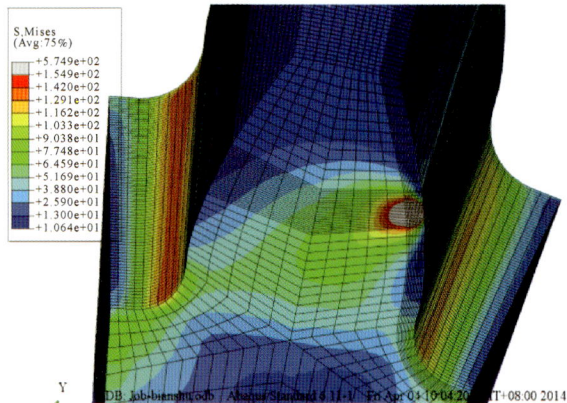

（b）

图 6 – 26　接触应力及弯曲应力

（a）接触应力在齿宽方向分布；（b）弯曲应力在齿宽方向分布

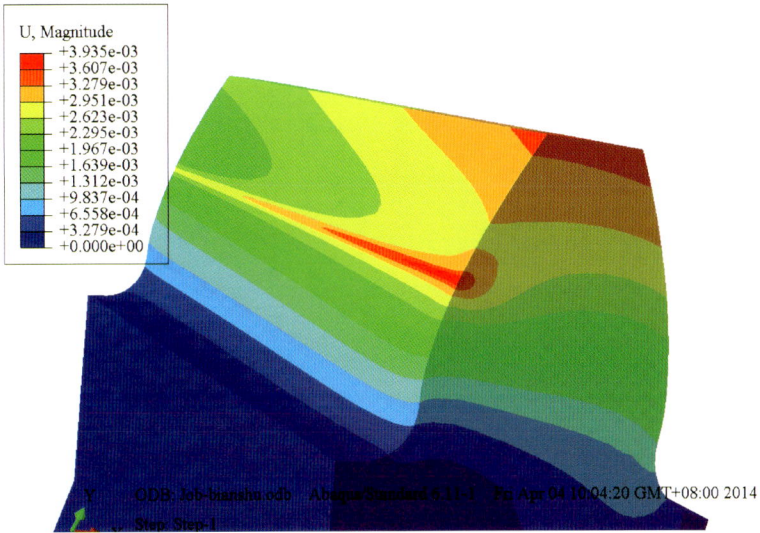

U, Magnitude
+3.935e-03
+3.607e-03
+3.279e-03
+2.951e-03
+2.623e-03
+2.295e-03
+1.967e-03
+1.639e-03
+1.312e-03
+9.837e-04
+6.558e-04
+3.279e-04
+0.000e+00

图 6 - 27　轮齿位移云图

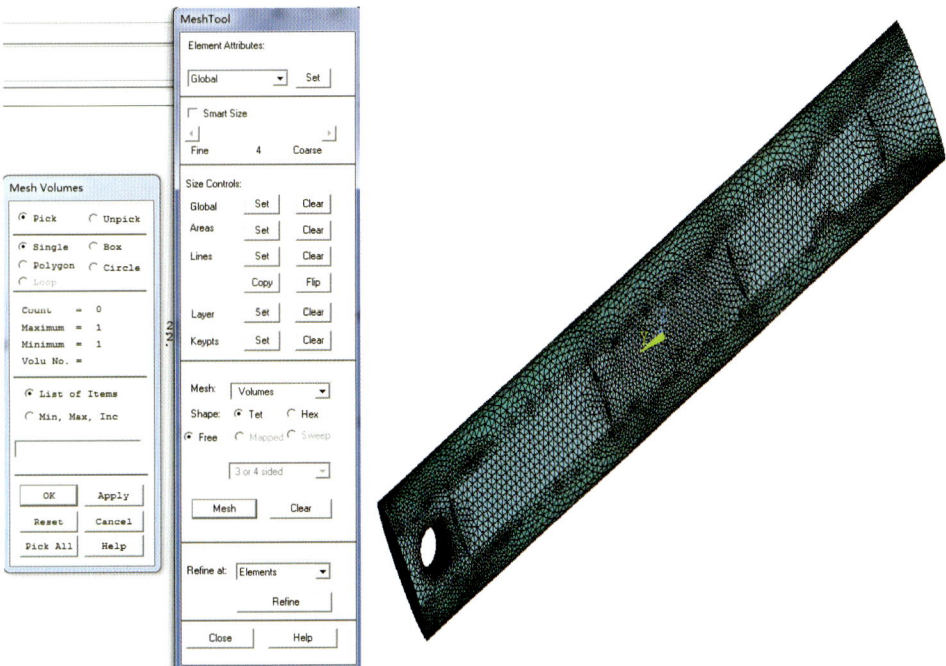

图 6　48　自由划分网格

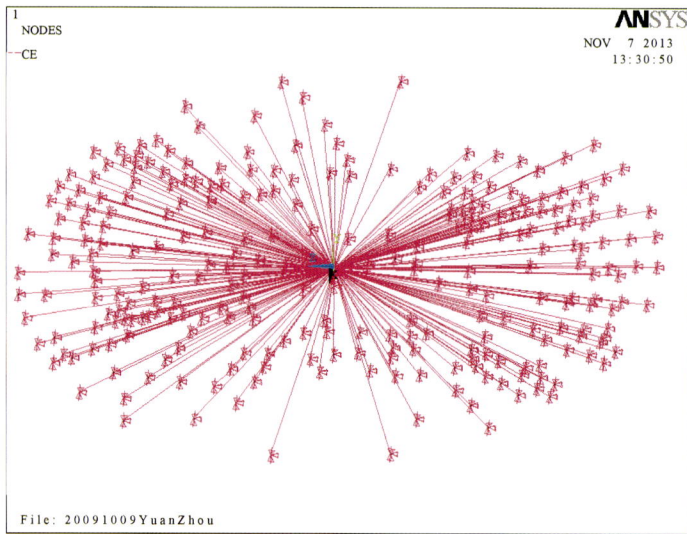

图 6 – 53　刚性区域的建立

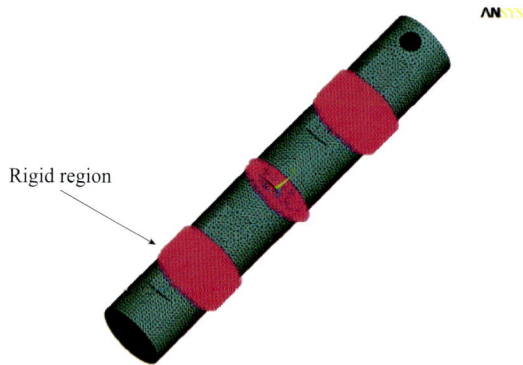

图 6 – 54　包含刚性区域的行星齿轮轴

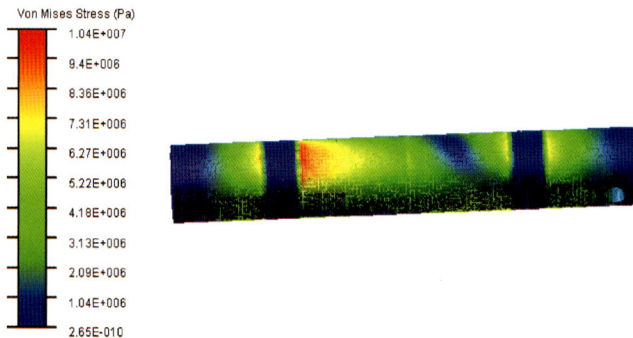

图 6 – 66　最大载荷工况下行星齿轮轴的应力情况

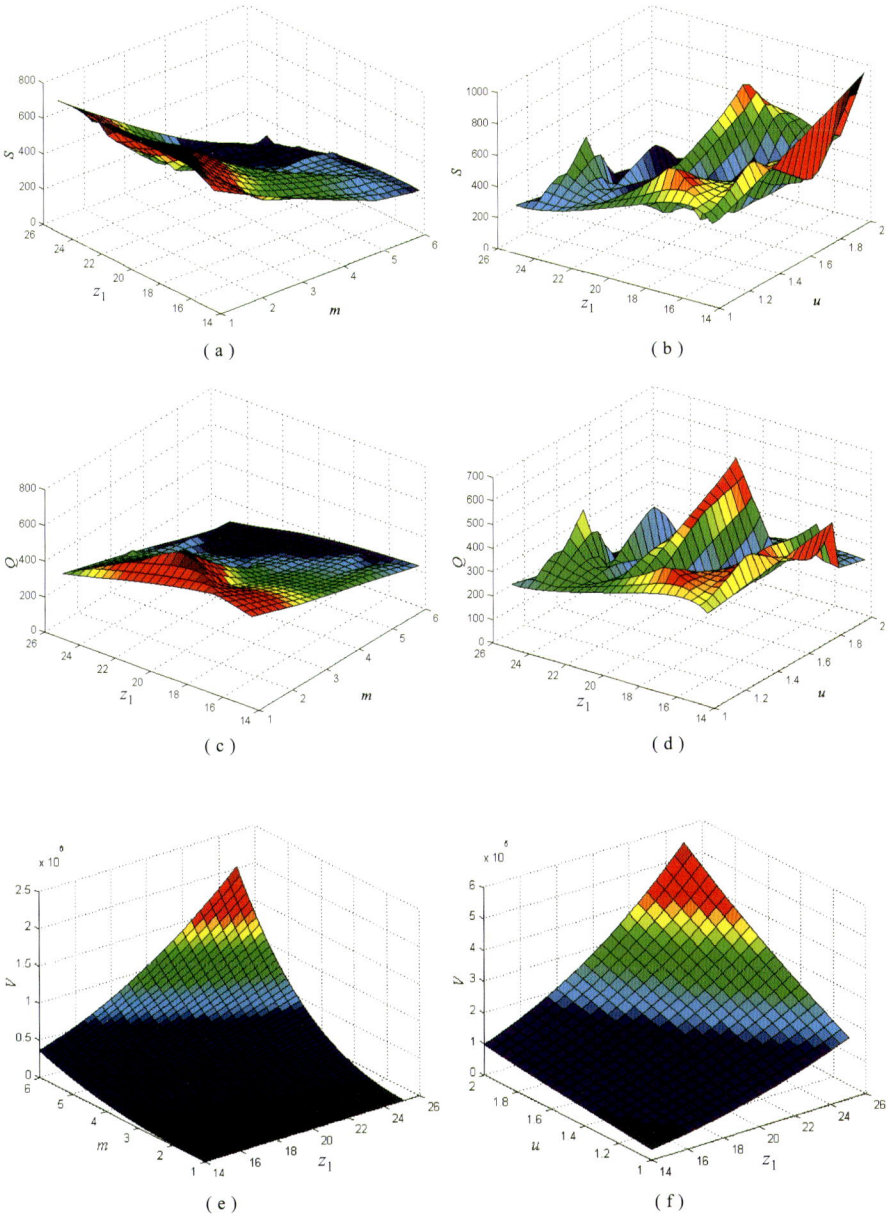

图 7-29　设计变量与其响应值的关系图

（a）m、z_1 与 S；（b）μ、z_1 与 S；（c）m、z_1 与 Q；

（d）μ、z_1 与 Q；（e）m、z_1 与 V；（f）μ、z_1 与 V

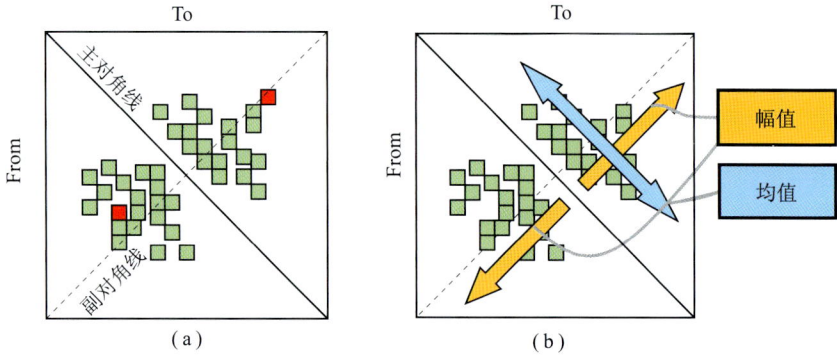

图 8 - 10　雨流矩阵数据分布

（a）雨流矩阵的 From - to 图；（b）均幅值变化趋势

14

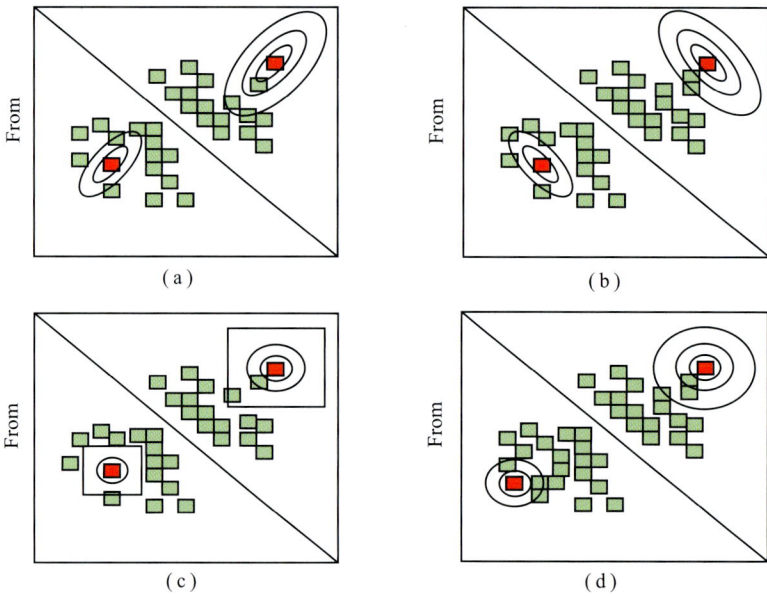

图 8 - 11　四种外推核函数

（a）椭圆幅值核函数；（b）椭圆均值；（c）方形幅值；（d）圆形幅值

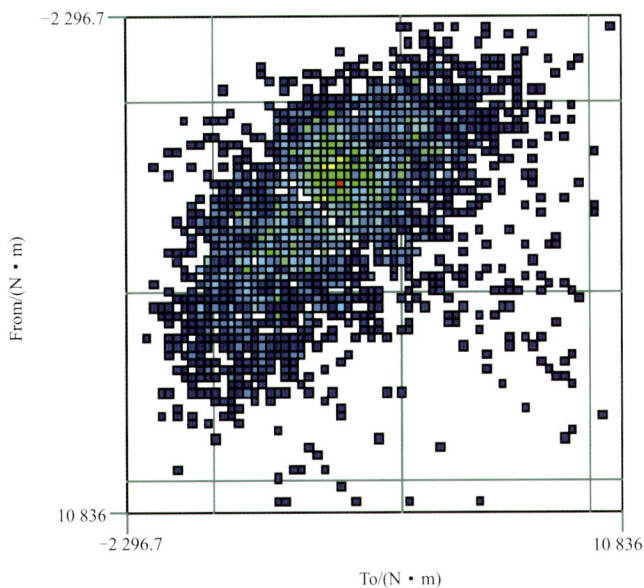

（a）

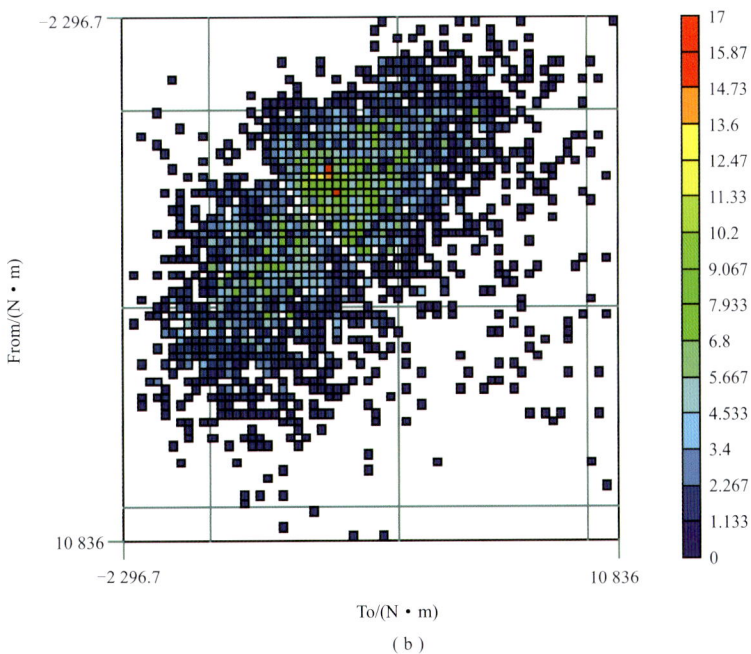

（b）

图 8 - 12　四种核函数外推结果对比

（a）椭圆幅值核函数外推结果；（b）椭圆均值核函数

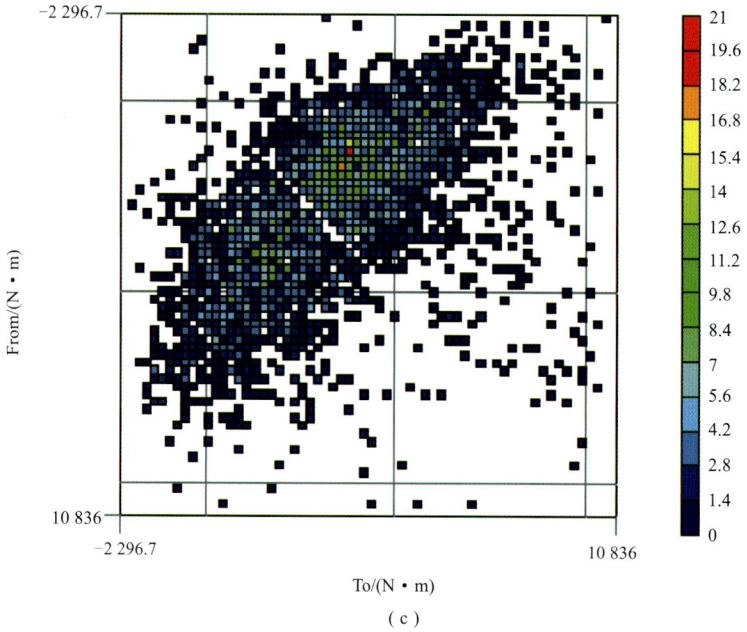

(c)

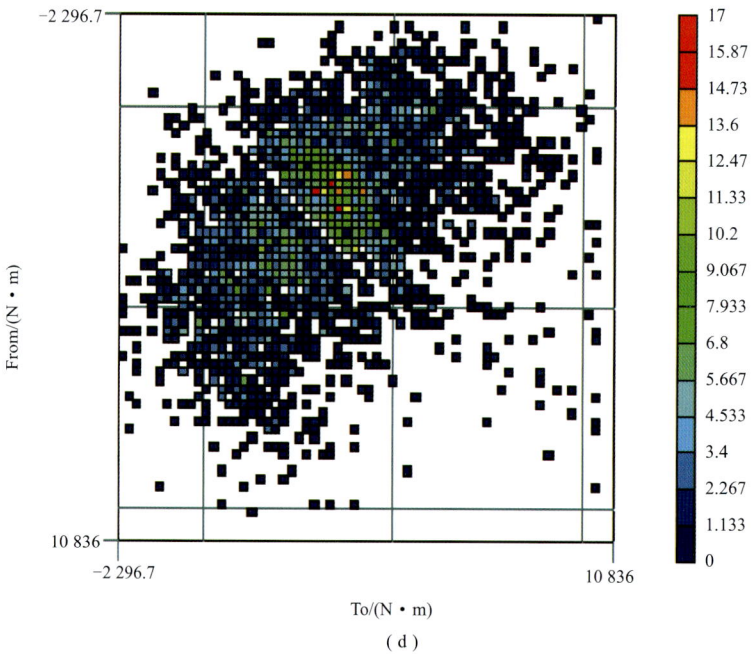

(d)

图 8 - 12　四种核函数外推结果对比 (续)

(c) 方形核函数外推结果；(d) 圆形核函数外推结果